Printed in the United States of America

ISBN 0-8267-0009-8

ABS-10/94-200-1,250-TS-4-102684

Preliminary and Interim Report on
the Hebrew Old Testament Text Project

Compte rendu préliminaire
et provisoire sur le travail d'analyse
textuelle de l'Ancien Testament hébreu

VOL. 2

HISTORICAL   BOOKS

LIVRES HISTORIQUES

*

Committee Members
Membres du Comité
────────────────────
Dominique Barthélemy
A. R. Hulst
Norbert Lohfink
W. D. McHardy
H. P. Rüger
James A. Sanders

Secretaries
Secrétaires
────────────────────
Adrian Schenker
John A. Thompson

United Bible Societies
Alliance Biblique Universelle
New York 1979

Preliminary and Interim Report on
the Hebrew Old Testament Text Project

This preliminary and interim report of the international and interconfessional Committee of the Hebrew Old Testament Text Project, sponsored by the United Bible Societies, is both tentative and summary. It is being made available to Bible translators and scholars on a periodic basis, so as to provide a summary analysis of the continuing work of the Committee. Judgments recorded in this and subsequent reports are, however, subject to revision as the work of the Committee progresses. When the review of Old Testament textual problems is completed, a full scientific report will be published. This will consist of several volumes, in which will be presented a full list of the significant textual data, a complete discussion of the reasons which formed the basis for the decisions of the Committee, and more extensive advice to translators and exegetes concerning related problems of meaning. But in view of the urgent need to supply Bible translators with the preliminary judgments of the Committee on a wide range of textual problems (Old Testament translation committees are now at work in more than 150 languages) a summary listing of important problems, suggested solutions, and reasons for the textual decisions has been regarded as essential.

Basis for Selection of Textual Problems

In view of the practical goals of this project, the selection of textual problems has been governed by two considerations : (1) the textual problems should involve significant differences of meaning, that is to say, they should be exegetically relevant, and (2) they should be those which are likely to come to the attention of Bible translators as the result of their consulting one or more of the four most widely used texts in modern languages, namely, the Revised Standard Version (RSV), the Jerusalem Bible in French (J), the Revised Luther Bible in German (L), and the New English Bible (NEB).

Most of the textual problems treated in this preliminary report are noted in the apparatus of the

Third Edition of the Kittel text of the Hebrew Old
Testament, and hence the reader of this report may
consult the Kittel text for supplementary textual
evidence. When the RSV, NEB, and Jerusalem texts depart from the Massoretic text, there is usually some
indication of this in the margins of the respective
translations, but this is not always true.

In this and subsequent preliminary reports a
number of textual problems in the Hebrew Old Testament
will not be included simply because all four of the
translations employed as a basis for the selection of
variants have followed the Massoretic text. However,
before the Committee concludes its work a number of
additional textual difficulties will be studied and
the results will be reported in the full scientific
report. In this way, the Committee hopes to provide
a wider range of problems and greater balance of view-
point.

Even some of the textual problems noted in the
four "base" translations are not included in this report, since the distinctions in meaning are so slight
as to be relatively unimportant. For the most part,
these involve such minor differences of meaning as :
(1) shifts of first, second, and third person in direct and indirect discourse; (2) differences between
singular and plural, when no real distinction in
meaning is involved; (3) minor differences in the
spelling of proper names; and (4) alternations between Yahweh and Adonai, which are quite common, but
which pose no serious problems of interpretation.

Basic Principles Employed by the Committee

In working out principles and procedures for the
analysis of textual problems in the Hebrew Old Testament, the Committee found it necessary to recognize
four phases in the development of the Hebrew text.
(1) The First Phase, consisting of oral or written
literary products in forms as close as possible to
those originally produced. Literary analysis is the
means primarily employed in attempts to recover these
types of texts usually called "original texts".
(2) The Second Phase, consisting of the earliest form
or forms of text which can be determined by the appli-
cation of techniques of textual analysis to existing
textual evidence. This text stage may be called the

"earliest attested text" (attested either directly or indirectly). (3) The Third Phase, consisting of the consonantal text as authorized by Jewish scholars shortly after A.D. 70. This text stage may be called the "Proto-Massoretic text". (4) The Fourth Phase, called the Massoretic text, as determined by the Massoretes in the 9th and 10th Centuries A.D., and for all practical purposes essentially identical in vowel pointing and accentuation with that which exists in the principal manuscripts of the schools of the Tiberian Massoretes.

In the treatment of various departures from the text tradition as found in the Massoretic text, the Committee has attempted to ascertain what is most likely to have been the form or forms of the Second Phase of Hebrew Old Testament text development. In line with this purpose, the Committee has employed in its work those basic principles of text analysis which have been generally accepted as applicable to all such research. Certain of the more common factors involved in such analysis are enumerated in a following section, and in this Interim Report they are referred to by numbers in order to provide the reader with at least an indication as to some, though not necessarily all, of the more important factors which entered into the judgment of the Committee as it dealt with the different forms of the text.

Special Features of This Report

The textual problems treated in this report are listed in order by chapter and verse. In each instance the form of the Massoretic text is given first, followed by one or more textual and/or conjectural variants, given in most instances in Hebrew. Square brackets indicate that in the absence of direct Hebrew witnesses the text is reconstructed. However, no attempt is made to indicate the complete Hebrew or versional evidence (in most instances some of this is available in the Kittel apparatus, and in the full report all the relevant textual data will be given).

Immediately preceding the form of the text which the Committee has regarded as best representing the text of the Second Phase, the letters A, B, C, or D are employed to denote the degree of probability for

such a form. A rating of A indicates that this form
of the text has a very high probability of representing the text of the Second Phase. A rating of B indicates that there is some doubt about the validity
of this form, while a rating of C suggests that there
is considerable doubt. A rating of D marks the form
of the text as being highly doubtful, or in other
words, as having a relatively much lower probability.
This system of rating from A to D is essentially similar to the practice employed by the New Testament
Text Committee which prepared the Greek text published
by the United Bible Societies.

In those instances in which the members of the
Committee were divided in their judgment as to which
of two or more variant forms of the text was most
probable, the majority decision is marked in the same
way as in those instances in which there was full agreement.

Each variant form of the text, given normally in
Hebrew, is followed by a literal translation, first
in English and then in French. In turn this is followed by renderings in the "base translations" : RSV,
J, L, and NEB, with certain supplementary expressions
placed in parentheses, if these are necessary for understanding the translation.

After each variant there follows a listing of
some, but not necessarily all, of the factors which
prompted the Committee to decide either for or against
the variant, and insofar as possible these factors are
given in the order of their importance. In a few
instances, the reasons for a particular decision are
so specific that the series of factors is supplemented
by a brief description of certain other considerations
which prompted the Committee to decide as it did. In
those instances in which there are special problems of
translation, advice on the translational difficulties
is added.

The renderings which are suggested in the advice
to translators should, however, be regarded not as
models for translation into various receptor languages,
but only as bases for such adjustments as may be required in satisfactorily rendering the meaning of the
text.

Factors Involved in Textual Decisions

If all the different forms of a particular text are carefully compared (without attempting to determine the literary or archeological factors which may have given rise to existing textual differences) it soon becomes evident that there are two distinct but complementary types of factors which are relevant for determining which form of the text is likely to have been original and which form or forms are secondary. The first type of factors may be regarded as essentially descriptive of the structural relations between the different forms of the text, and as such may serve to help evaluate the relative worth of the textual forms. The second type of factors may be viewed as causal in that they attempt to explain the reasons for certain alterations in the text. These factors may be called factors of modification.

A. Factors of evaluation

Three factors of evaluation have been employed by the Committee :

1. Narrow basis for a variant form of the text = Factor 1. If a form of the text occurs in only one tradition, for example, the Targum, Syriac, or Vulgate, one is less inclined to regard it as original than if it occurs in more than one such tradition. On the other hand, in treating textual evidence, one must not count text traditions, one must weigh them. That is to say, it is not the number of textual witnesses but the independence of their witness which is important. For example, sometimes the text of the Syriac version is important, but often this version simply follows the Septuagint or the Targum, and therefore in such instances it cannot be counted as an independent witness.

2. Deceptive broad basis for a variant form of the text tradition = Factor 2. In certain instances a variant form of the text may appear to have a broad base, in that it is represented in a number of different textual traditions, but a closer examination of the situation may reveal that these traditions have all followed the same interpretive tendency. This frequently happens when an original text contains

an obscurity which can be readily removed by what
seemed to early scribes or translators as an obvious
improvement. But instead of being independent witnesses to some earlier Hebrew form of the text, these
alterations are all secondary and dependent, not upon
the particular verbal form of some text, but upon a
special way of interpreting the obscurity.

3. Dependence of a variety of text forms upon one
earlier form = Factor 3. When an original text con-
tained a particularly difficult expression (either
inherently difficult or rendered such through the
loss of background knowledge necessary to understand
its meaning), different scribes and translators often
resolved the textual problem in quite diverse ways.
Accordingly, one must look for a "key" to explain
how the diverse forms may have arisen. Beginning with
this one "key" form of the text one can often readily
describe how the other forms developed, while beginning with any other form of the text would result in
a hopelessly complex description of developments.

These evaluative factors are complementary and
may lead to opposite judgments in apparently similar
situations. Hence they must always be supplemented
by at least one or more of the causal factors (called
"factors of modification") which have given rise to
the changes in question.

B. Factors of modification

If the actual textual situation is considered
to be the result of a historical development which
produced variant text forms under the influence of
different causes, then the causes involved may be
designated as "factors of modification". From this
genetic perspective such factors are viewed as the
reasons for textual alterations.

Two kinds of modificational factors must be
distinguished : (1) the conscious alterations made
by scribes and translators (Factors 4-9) and (2) the
unconscious or "mechanical" errors (Factors 10-13).
The conscious alterations made by scribes and translators can be summed up under the following six
headings listed primarily in the order of their importance and frequency :

1. <u>Simplification of the text (easier reading)</u> =
<u>Factor 4</u>. When a text was particularly difficult,
there was a tendency for ancient scribes and translators to simplify the text by employing contextually
more fitting lexical, grammatical, and stylistic forms
(these modifications are often spoken of as "facilitating"). This is not the same as adjusting the form
of the text to the translational requirements of the
receptor language nor is it equivalent to introducing
some preferred interpretation. It is only the amelio-
ration of what seemed to be unnecessary difficulties.
This tendency toward simplification means, however,
that quite often the more difficult text may be regarded as the better, since one may readily explain
why a complicated form is made simpler, but find it
difficult to explain why a clear, simple text would
have been purposely made more complex.

2. <u>Assimilation to parallel passages</u> = Factor 5. Some
variant forms of a text arose because ancient editors,
scribes, or translators, assimilated the text of one
passage to that of a similar or proximate passage,
usually with the apparent purpose of attaining greater consistency. Some of the more common types of
assimilation include assimilation to more explicit
details given in a nearby passage, assimilation of
described action to a previous account of plans or
command for such action, assimilation to the form of
a passage which has greater literary or theological
importance, and assimilation to the recurring grammatical and lexical forms of a particular passage.
There are also many instances in which repeated content, instead of being presented in a more concise
form (as is so often the case), is reproduced with
precisely the same wording which it has at the place
of its first occurence. Whenever it seems clear that
an assimilation has occurred, the unassimilated form
is presumably earlier.

3. <u>Translational adjustments to the text</u> = Factor 6.
In order to produce satisfactory translations in ancient versions such as Greek, Syriac, and Latin, it
was often necessary to make certain adjustments in
the forms of the receptor lanuage, since a literal
word-for-word reproduction of the Hebrew text would
have been unacceptable. Therefore, when there are
differences between the renderings of the ancient
versions and the traditional form of the Hebrew text,
one must always try to ascertain (1) whether such

differences can be explained on the basis of the
linguistic requirements of these ancient receptor
languages or on the basis of the stylistic peculiar-
ties of ancient translators or (2) whether there was
some different underlying Hebrew text which formed the
basis for the versional tradition.

4. Interpretive modifications = Factor 7. In some instances a particular form of the text may appear to be
essentially interpretive. That is to say, certain ancient editors, scribes, or translators may have thought
that the underlying text should be changed or amplified
to conform to certain views, primarily theological. Or
they may have wished the text to state explicitly a
meaning which was not completely clear. Such variant
forms of the text which would have arisen in later
phases of textual development cannot be regarded as
valid alternatives.

5. Misunderstanding of linguistic data = Factor 8.
Knowledge about certain features of biblical grammar
and lexicography, including related practices of ancient copyists of manuscripts, were sometimes lost
(in certain instances even by the time of the earliest
attested text). As a result certain alterations were
made in texts, because the meaning of these passages
had become obscure. But evidence from (1) the Hebrew
language in particular, (2) related Semitic languages
in general, and (3) the language, style, and peculiari-
ties of the ancient versions helps in many cases to
recover the original meaning of a difficult text and
thus to determine the original form of the text.

6. Misunderstanding of historical data = Factor 9.
Over a period of time certain elements of the historical and cultural settings of the Old Testament which
were understood and tacitly presupposed by the biblical authors as the normal conditions of their life
and speech, disappeared or underwent important changes.
Consequently many texts based on such patterns of
behavior became unintelligible to later readers. Such
misunderstandings of old texts led to textual alterations, which were designed to give a sense to passages
that had become obscure. Newly recovered evidence con-
concerning ancient biblical and Near East cultures
and civilizations, their laws and customs, and cultic,
military and political life assist scholars in recovering the meaning of obscure texts and thus distin-

guish earlier textual forms from the later modified
forms.

    The unconscious alterations that brought about
textual modifications in the course of text transmission may be summed up under four points :

1. Accidental omission of similar letters, words, or
sentences = Factor 10. When scribes copy manuscripts
they may accidentally omit sequences. For example,
if two phrases end with a similar sequence of letters,
the second of the phrases may be accidentally dropped.
(This is technically called homoeoteleuton.) Conver-
sely, if two expressions begin with similar sequences
of letters, scribes may also accidentally omit the
first expression. (This is technically called homoeoarcton.) In some instances, two sequences may be entirely identical (sometimes in Hebrew the consonants
may be identical, while the intended vowels, and hence
the meaning, may be quite different), and the accidental omission of one of these by a scribe is not in-
frequent. (This is technically called haplography.)

2. Accidental repetition of identical sequences =
Factor 11. In contrast with accidental omission of
expressions, there is also the relatively less frequent possibility of accidental repetition of the
same sequence of letters. (This is technically called
dittography.)

3. Other scribal errors = Factor 12. There are many
other scribal mistakes, such as confusion and transposition of letters, false separation of words and sentences (in many old writings there was no indication
of word or sentence separation), and dropping out of
letters; sometimes the consonantal scheme of a word
was badly interpreted (since Semitic writings do not
always note all the vowels in a word, there exist
ambiguous words and phrases which can be interpreted
in more than one way); sometimes there were mistakes
based on confusingly similar sounds (when copyists
wrote from dictation); and finally, there are other
errors difficult to explain.

4. Conflate readings and doublets = Factor 13. Another
type of error is on the boundary line between the unconscious scribal errors and the intentional inter-

ventions of Factors 3 and 6. Difficult texts were sometimes accompanied in manuscripts by short explanations or alternative readings. Often they were put
between the lines, over the difficult passage, or in
the margins of the manuscript. Some copyists unfortu-
nately did not carefully distinguish between the text
and such glosses, but wove them together in the body
of the text. This led to expanded text forms, as well
as to doublets. Sometimes also a textual form underwent modification but the corresponding unmodified,
original form was not deleted. An earlier form and a
later modified form then existed side by side, and
finally both became part of the text. The resulting
text is called a conflate reading.

All these factors of modification may be said to
have a positive and a negative aspect. They explain
both why a given textual form is the result of some
later alteration arising during the history of the
transmission of the text and why the opposite text
form is the more original one. Thus all the causative
factors, stated above in a negative way, that is as
revealing the secondary character of certain textual
forms, can be stated positively as indicating why
features of the rival text form are original. For
example, Factor 4 (Easier Reading) may be positively
restated, namely, that the more difficult or harder
reading is generally a sign of the more original text
form. Similarly, Factor 5 (Assimilation) can be re-
formulated as : the distinctive, dissimilar form is
more likely to be original than an assimilated form.
Likewise, Factor 7 (Interpretive Modification) is
equivalent to saying that a text which does not easily
fit into an interpretive framework of a textual tradition has a stronger claim to authenticity than texts
conforming to it. Since these factors are always used
in this report to determine the rejected (secondary)
readings, they are expressed here in the negative form.
In listing the factors which were involved in the
Committee's decisions no attempt is made to discuss
the procedures of textual analysis nor the manner in
which various combinations of evidence are evaluated.
These matters will, of course, be discussed in the
full scientific report.

C. Additional factors

Two further elements may be added although they cannot be regarded as factors of the same kind as those mentioned above :

1. Conjectural form of the text = Factor 14. When a form of the Hebrew text seems particularly awkward (either because of the grammatical forms or the unusual words involved), scholars have sometimes suggested an alternative expression which seems to fit the context better. Sometimes this involves only a change in the order of words, a shift in the order of letters, a different division of words and phrases, or simply modifications in vowel pointing. In other instances it may involve rather radical rearrangements and substitutions. But in view of the fact that the Committee was asked to analyze the textual rather than the literary problems of the Old Testament, it would be outside the terms of reference adopted by the Committee to propose suggestions which are purely conjectural, that is to say, those which are not reflected, either directly or indirectly, in some existing forms of the Old Testament text, whether in Hebrew or in the various ancient versions.

2. Inexplicable texts = Factor 15. In certain cases the most satisfactory text which can be ascertained by the use of principles of textual analysis may nevertheless be quite inadequate, either because of some early scribal errors or simply because the background data necessary to understand fully the meaning of such a text no longer exists. In such instances it is necessary to recognize the unsatisfactory nature of the selected form of the text, but at the same time to provide translators with advice as to how they can best treat the difficulties. In most cases they are advised to follow the lead of one or more of the ancient versions, despite the fact that such a versional solution is admittedly secondary.

Factors 14 and 15 will sometimes occur in this report because modern translations make use of conjectures, and a few Old Testament passages seem to resist any truly satisfactory judgment about the original reading and its plausible explanation.

As one may readily see from the above listing
of factors involved in textual judgments, a number of
these are related to one another in a variety of ways.
For example, if one is concerned with the distinction
beween intratextual and extratextual evidence, that is
to say, the evidence which comes from actual biblica'.
texts and that which is derived from outside such
textual materials, then obviously Factors 8, 9, and
14 are primarily extratextual, while Factors 1-7 and
10-13 are based essentially on the forms of the Old
Testament text. Often several different factors are
involved and it is not always easy to determine which
has caused the alteration.

The form and contents of this report may lead to
certain misunderstandings   unless the reader remains
constantly aware of the preliminary and limited nature of the report and the restricted scope of the
Committee's purpose. For example, the fact that in
so many instances the readings of the Massoretic text
are preferred, might suggest some underlying, or even
unconscious, bias in favor of the Massoretic tradition. But this is not the case. All the evidence re-
lating to each textual problem has been carefully
analyzed and evaluated, and if the reading of the
Massoretic text has been chosen in any particular
instance, it is only because it appears to be the
most valid form of the text which can be determined
by the methods of textual analysis. All these matters
will be clearly explained in the final technical report, in which both methodology and procedures used
by the Committee will be described in detail.

Certain misconceptions about the Committee's
work can arise if one is not fully aware of the significance of the Committee's goal, namely, to determine
the most valid form of the text for Stage II ("the
earliest attested text"), as mentioned in the first
part of this introduction. Some persons may feel that
the Committee has been too conservative and that it
should have made constant use of literary analysis in
order to establish an Urtext (Stage I). Such a text,
however, would not only be highly speculative and
controversial, but it would also be entirely unsatisfactory as a basis for the numerous Old Testament
translation projects now being undertaken in various
parts of the world.

It is also possible to misunderstand the purpose
of the translational notes in this report. The Committee does not in the least suggest that the proposed translations given for each recommended reading
are to be followed literally. Rather, they should be
treated essentially as underlying bases which can
serve as starting points for such modifications as
may be required by particular receptor languages.
They are, however, given in a more or less literal
form, since only in this way can the reader appreciate
fully the relations between the base form in the
Hebrew and its semantic content, or meaning. It is
possible that a translator will be disappointed because he does not find in the report a discussion of
the exegetical difficulties associated with particular
text problems and he may even imagine that the Committee may have overlooked such matters. He may be
assured, however, that the Committee has in each
instance endeavored to take into consideration all
the related exegetical complications, with special
attention having been given to those cases in which
a recommended reading of the Massoretic tradition
poses special problems fo interpretation. All of these
matters will be fully treated in the technical report
and the basis for the Committee's decisions can then
be seen in the light of all the related considerations.

As has already been noted, the form and contents
of this report are provisional, but these tentative
summaries of the Committee's work are being published
periodically in order to serve the needs of translators who have urgently requested this type of help.
The Committee welcomes comments on any of the problems
or issues mentioned here. Communications may be addres-
sed to the Committee in care of the United Bible Societies, Postfach 755, 7 Stuttgart 1, BRD.

Compte rendu
préliminaire et provisoire sur le travail d'analyse textuelle de l'Ancien Testament hébreu

Ce compte rendu préliminaire est le fruit du travail accompli par le Comité international et interconfessionnel pour l'analyse textuelle de l'Ancien Testament hébreu, Comité que l'Alliance Biblique Universelle a pris l'initiative de réunir. Ce compte-rendu qui n'est pas définitif veut porter périodiquement à la connaissance des traducteurs et des spécialistes un résumé des résultats auxquels le Comité arrive au fur et à mesure que son travail progresse. Les résultats énoncés sont d'ailleurs susceptibles de révision selon les progrès ultérieurs du travail du Comité, réserve valant pour ce rapport-ci comme pour les autres qui vont suivre. Après que l'ensemble des difficultés textuelles de l'Ancien Testament aura été étudié, les résultats en seront publiés dans un rapport scientifique développé. Celui-ci comprendra plusieurs volumes et présentera toutes les données textuelles qui entrent en ligne de compte. Il fournira un ample exposé des raisons qui ont conduit le Comité à ses jugements. Enfin il développera davantage les indications sur la manière dont les passages doivent être compris et traduits. Cependant on a cru faire oeuvre utile, en attendant la publication du rapport complet, d'en donner dès maintenant un résumé préliminaire. Comme il y a actuellement, en effet, des comités qui sont en train de traduire l'Ancien Testament en plus de 150 langues, il est urgent de mettre à leur disposition une aide capable de les orienter dans les difficultés textuelles. Voilà pourquoi on propose dans ce compte rendu un nombre important de difficultés textuelles, accompagnées du jugement provisoire du Comité, des suggestions faites par celui-ci et de l'indication sommaire des raisons qui ont motivé les jugements du Comité.

Critères pour la sélection des difficultés textuelles

Etant donné le but concret de ce travail d'analyse textuelle, la sélection des difficultés textuelles devait remplir deux conditions : (1) Les difficultés textuelles devaient toucher le sens du passage, ou, en

d'autres termes, elles devaient avoir une portée exégétique. (2) Elles devaient être de celles que chaque
traducteur très probablement rencontrera au cours de
son travail. Or, comme les traducteurs consultent
presque toujours une ou plusieurs des grandes traductions modernes, il est vraisemblable qu'ils ren-
contreront les difficultés textuelles dont font état
les traductions les plus répandues : la Revised
Standard Version (RSV), la Bible de Jérusalem (J),
la Revidierte Lutherbibel (L) et la New English Bible
(NEB).

La plupart des difficultés textuelles, discutées
dans ce compte rendu préliminaire, apparaissent d'ailleurs dans l'apparat critique de la Biblia Hebraica
de Rudolph Kittel en sa 3e édition. Aussi le lecteur
pourra-t-il compléter les données textuelles sommaires
de ce compte rendu par celles que fournit cet apparat.
Du reste, quand RSV, NEB ou J s'écartent du Texte
massorétique, elles l'indiquent d'ordinaire dans une
note. Mais ce n'est pas toujours le cas.

Dans ce compte rendu préliminaire et en ceux qui
le suivront, on ne prendra pas en considération un
certain nombre de difficultés textuelles, en des cas
où ces quatre traductions modernes servant de base
à la sélection des difficultés ont adopté toutes le
Texte massorétique. Avant d'achever son travail, le
Comité examinera cependant un certain nombre de difficultés textuelles supplémentaires, et les résultats
de cette étude feront partie du rapport scientifique
complet. De cette façon, le Comité espère élargir la
problématique et arriver à un équilibre plus exact
dans ses jugements.

A l'inverse, il y a des difficultés textuelles
qui, bien que figurant dans les quatre traductions de
référence, seront néanmoins laissées de côté dans ce
compte rendu, car elles ne mettent pas vraiment en
cause la signification du passage. Ces cas n'engagent
pour la plupart que comme de légères modifications de
sens (1) des passages de la 1e à la 2e ou à la 3e
personne dans les discours, directs et indirects;
(2) l'oscillation entre singulier et pluriel sans
réel changement de signification; (3) des différences
mineures dans l'orthographe des noms propres; (4) les
fluctuations entre YAHWEH et ADONAY qui ne sont pas
rares, mais ne posent pas de sérieux problèmes d'interprétation.

Les principes et les méthodes du Comité

Quand le Comité a voulu définir ses principes et ses méthodes en vue de son travail d'analyse textuelle de l'Ancien Testament hébreu, il a été amené à distinguer quatre stades dans le développement du texte hébreu. (1) Le premier stade est celui des productions littéraires orales ou écrites envisagées en des formes aussi proches que possible des productions originales. C'est surtout l'analyse littéraire qui sert à reconstituer ces états textuels qu'on désigne couramment comme les "textes originaux". (2) Le deuxième stade est celui de la forme textuelle la plus primitive (ou des formes les plus primitives) qui soi(en)t attestée(s) par des témoins existants. Ce sont les techniques de l'analyse textuelle qui servent à déterminer ces formes. On pourrait appeler ce stade celui du "texte attesté le plus primitif" (que cette attestation soit d'ailleurs directe ou indirecte). (3) Le troisième stade est celui du texte consonnantique que les savants juifs ont rendu normatif peu après 70 après J.-C. On peut appeler ce stade celui du "texte proto-massorétique". (4) Le quatrième stade enfin est celui du "texte massorétique", c'est-à-dire de la forme textuelle que les Massorètes ont déterminée aux 9e et 10e siècles après J.-C., et qui peut être pratiquement représentée, quant à la vocalisation et à l'accentuation, par les principaux manuscrits des écoles massorétiques de Tibériade.

Lorsque des leçons rivales viennent concurrencer celle qu'atteste la tradition textuelle massorétique, le Comité chargé de les départager a essayé de déterminer celle ou celles de ces leçons que l'on peut considérer comme caractéristique(s) du deuxième stade du développement du texte hébreu de l'Ancien Testament. Pour ce faire, le Comité s'est servi dans son travail des principes d'analyse textuelle ordinairement reconnus comme applicables à ce genre de recherches. Quelques-uns des facteurs qui sont le plus fréquemment pris en considération par l'analyse textuelle seront énumérés plus bas. Dans ce compte rendu provisoire ils recevront des numéros d'ordre par lesquels ils seront cités pour fournir au lecteur quelque indication sur les données principales qui ont orienté le jugement porté par le Comité sur les diverses formes du texte.

Les caractéristiques de ce compte rendu

Les difficultés textuelles que ce compte rendu
discutera seront énumérées dans leur ordre biblique
selon les chapitres et les versets. Pour chaque difficulté, on donnera d'abord le texte massorétique.
Ensuite viendront une ou plusieurs variantes textuelles. Celles-ci seront pour la plupart des formes
textuelles attestées par des témoins, mais parfois
ce seront de pures conjectures. On les donnera
presque toujours en hébreu, et, si ce texte hébreu a
dû être reconstruit parce qu'il n'est attesté par
aucun témoin hébraïque, il sera placé entre crochets.
Dans ce compte rendu provisoire, on n'a pas voulu
donner l'ensemble des témoins anciens, hébraïques ou
écrits en d'autres langues. Pour cela l'apparat mentionné de Kittel donne souvent des informations, et
le rapport complet fournira toutes les données requises.

En regard de la forme textuelle que le Comité
a jugé être la plus représentative du second stade de
développement textuel, une lettre majuscule A, B, C
ou D indiquera au lecteur le degré de probabilité que
le Comité attribue à son jugement. Ainsi, la lettre
A signifiera-t-elle qu'il est très hautement probable
que cette forme soit la plus primitive parmi toutes
les formes textuelles attestées, tandis que la lettre
B indiquera une grande probabilité du même fait avec
cependant une certaine marge de doute. L'adjonction
de la lettre C à une forme donnée la caractérise comme
étant probablement la plus primitive, mais avec un
coefficient de doute considérable. Lorsqu'en revanche
une forme de texte est marquée par la lettre D, elle
présente quelques chances d'être la plus primitive,
mais cela demeure très incertain. Un système de quatre
lettres, A - D, indiquant le degré de probabilité
de la solution adoptée a déjà été employé pour l'analyse du texte grec, conduite par le Comité du Nouveau
Testament et publiée par l'Alliance Biblique Universelle.

Il est arrivé au Comité de se trouver en désac-
cord sur les jugements à porter entre des formes
textuelles concurrentes. Ce compte rendu n'a retenu
que la solution majoritaire sans indiquer ni qu'il y
avait une position minoritaire ni quelle elle était.

XXII

Chaque forme textuelle, normalement donnée en
hébreu, sera suivie par une traduction littérale, en
anglais d'abord, puis en français. A cela s'ajouteront
les traductions modernes qui servent de référence :
RSV, J, L et NEB. Un contexte un peu plus large sera
cité entre parenthèses si le sens le requiert.

Après chaque forme textuelle rejetée, les facteurs ayant conduit à leur rejet seront indiqués. Sans
que l'on prétende être exhaustif dans l'énumération
de ces facteurs qui ont déterminé le jugement du Comité, on a essayé cependant de les donner dans l'ordre
de leur importance. Dans quelques cas particuliers,
la liste des facteurs sera complétée par un résumé
d'autres considérations qui ont joué un rôle dans le
jugement du Comité. Quand une forme textuelle soulève
des questions de traduction, elle sera pourvue de
suggestions appropriées.

Notons cependant que les traducteurs ne devraient
pas interpréter ces suggestions comme des modèles de
traduction à imiter, mais seulement comme des interprétations correctes du sens qui pourront servir comme
point de départ à des traductions justes et heureuses
du texte biblique dans les différentes langues.

Les facteurs entrant en ligne de compte dans les jugements sur les formes textuelles

Lorsqu'on compare soigneusement les diverses
variantes d'un texte donné (sans essayer de comprendre
les causes littéraires ou historiques qui ont donné
naissance à ces variantes), on remarque tout de suite
deux séries distinctes, quoique complémentaires, de
facteurs permettant de déterminer quelle forme a des
chances d'être la plus primitive et quelle est la
forme ou quelles sont les formes qui sont dérivées.
La première série est surtout descriptive et considère les relations existant entre les différentes
formes textuelles. C'est par là qu'elle peut servir
à apprécier la valeur relative de chacune des variantes. La deuxième série de facteurs est génétique
car elle énumère les causes qui ont produit des altérations textuelles. On pourrait appeler les critères
de cette seconde série des facteurs de modification.

A. Facteurs d'appréciation

Le Comité a fait appel à trois facteurs d'appréciation.

1. Etroitesse de la base d'une variante textuelle =
Facteur 1. Lorsqu'une variante ne se rencontre qu'en
une tradition du texte biblique, par exemple, dans
le Targum, la Syriaque ou la Vulgate seulement, on
donnera moins de poids à cette forme que lorsqu'elle
se rencontre dans plusieurs traditions. Cependant, en
analyse textuelle, il ne s'agit pas de faire l'addition des traditions textuelles. Il faut peser celles-
ci. Cela veut dire que ce n'est pas tant le nombre
des témoins textuels qui compte que l'indépendance de
leur attestation. Ainsi, la version syriaque, bien
qu'étant importante quelquefois, n'est souvent qu'un
reflet de la Septante ou d'un Targum et ne peut être
comptée alors comme un témoin indépendant.

2. Largeur trompeuse de la base d'une variante textuelle = Facteur 2. Quelquefois une variante semble
s'appuyer sur une large base parce que plusieurs traditions textuelles différentes l'attestent. Mais un
examen plus attentif de la situation peut révéler que
ces diverses traditions ont toutes cédé à une même
tendance d'interprétation. Cela se passe fréquemment
là où un passage obscur pouvait être rendu clair par
un changement qui s'imposait aux anciens scribes et
traducteurs comme une amélioration évidente du texte.
De la sorte, au lieu d'être des témoins indépendants
de quelque texte hébraïque plus ancien, ces nombreuses
formes textuelles identiques ne sont que des témoins
secondaires. Elles dérivent en effet non de quelque
archétype textuel, commun à elles toutes, mais d'une
même manière obvie d'échapper à une difficulté textuelle.

3. Dépendance de diverses formes textuelles à l'égard
d'une forme unique plus primitive = Facteur 3. Quand
une expression d'un texte primitif offre une difficulté particulière (que cette difficulté soit inhé-
rente au texte ou qu'elle tienne à la perte de certaines connaissances prérequises pour en déchiffrer
le sens), il arrive que différents scribes et traducteurs se tirent de cette difficulté par des moyens

très divers. Il s'agit donc de trouver la clef qui
explique cette diversité. Une fois cette forme-clef
découverte, il est souvent possible d'expliquer comment à partir d'elle on est allé en différentes di-
rections pour chercher une solution à la difficulté
qu'elle recélait. Aucune autre forme textuelle ne
fournirait un point de départ permettant de rendre
compte avec aisance de la complexité des développe-
ments.

Ces trois facteurs d'appréciation sont complémentaires. Ils peuvent conduire à des jugements op-
posés en des situations apparemment semblables. C'est
pourquoi ils doivent s'accompagner toujours au moins
d'un facteur génétique (ou "facteur de modification")
qui indique la cause des divergences en question.

B. Facteurs de modification

Lorsqu'on envisage la situation textuelle présente comme le résultat d'un développement historique
qui a donné naissance à des variantes sous l'influence
de causes diverses, on peut alors appeler ces causes
d'altération du texte "facteurs de modification". Dans
cette perspective génétique, de tels facteurs motivent
en effet les altérations du texte.

Il y a lieu de distinguer deux espèces de facteurs de modification : (1) Les changements conscients
dont sont responsables les scribes et les traducteurs
(Facteurs 4-9) et (2) les erreurs inconscientes ou
"mécaniques" (Facteurs 10-13). Les altérations con-
scientes à la charge des scribes et des traducteurs
peuvent se regrouper dans les six catégories suivantes
énumérées dans l'ordre de leur importance et fréquence.

1. Simplification du texte (leçon plus facile) =
Facteur 4. Lorsqu'un texte était difficile à comprendre,
les scribes et les traducteurs tendaient à simplifier
le texte. Dans ce but ils faisaient choix de mots ou
de formes grammaticales et stylistiques s'insérant de
façon plus coulante dans le contexte. (On appelle de
tels changements des "leçons facilitantes".)Cela n'est
pas la même chose que d'adapter le texte original aux

requêtes de la langue dans laquelle on le traduit,
ou d'introduire dans le texte une interprétation
tendancieuse. Cela revient plutôt à l'amélioration
de passages qui semblaient être grevés de difficultés
inutiles. Cette tendance vers des textes plus cou-
lants donne aux textes plus difficiles une meilleure
chance d'être primitifs. Car, à la lumière de cette
tendance, on s'explique aisément pourquoi on a simpli-
fié une forme compliquée, mais on ne voit pas comment
on aurait délibérément obscurci un texte clair et
simple.

2. <u>Assimilation à des passages parallèles</u> = <u>Facteur 5</u>.
Certaines formes textuelles divergentes ont vu le
jour parce que d'anciens éditeurs, scribes ou traducteurs ont assimilé un passage biblique à un autre
qui était semblable ou se trouvait dans le proche
voisinage. L'intention de ce procédé était d'arriver
à une plus grande cohérence. Voici quelques types
d'assimilation plus fréquents : assimiler un passage
plus condensé à son parallèle plus détaillé, assimiler
l'exécution d'une action à l'ordre donné ou au plan
énoncé de cette action, assimiler un passage moins
important à son parallèle littérairement et théolo-
giquement plus important, assimiler les choix de mots
ou les tournures grammaticales à celles des passages
semblables.

3. <u>Altérations textuelles requises par la traduction</u>
= <u>Facteur 6</u>. Lorsque l'on entreprit de traduire la
Bible en grec, syriaque, latin etc., il fallut quelquefois faire subir au texte quelques adaptations
requises par ces langues dans lesquelles on tradui-
sait. Une transposition littérale et mot-à-mot de
l'hébreu en une autre langue eût en effet été into-
lérable. C'est pourquoi, lorsqu'on relève des différences entre le texte hébreu traditionnel et les
versions anciennes, il s'agit de déterminer (1) si
elles relèvent des adaptations requises par les
langues dans lesquelles on devait traduire, ou par
les particularités de style propres à chaque traducteur, ou bien (2) si elles supposent qu'un autre
texte hébraïque se trouvait sous les yeux des traducteurs.

4. <u>Modifications du texte pour des motifs d'exégèse</u>
= <u>Facteur 7</u>. Dans certains cas, la forme particulière
d'un texte est le résultat d'une exégèse spéciale

que l'on en donnait. En d'autres termes, certains
éditeurs anciens, scribes ou traducteurs, croyaient
devoir modifier le texte reçu en le changeant ou en
l'amplifiant pour le rendre conforme à certaines
conceptions, principalement théologiques. Ou il
arrivait aussi qu'ils voulaient un texte qui exprimât
plus clairement un sens qui n'en ressortait qu'im-
parfaitement. De telles formes divergentes du texte,
lorsqu'elles sont nées en des stades tardifs du développement textuel, ne peuvent évidemment être pré-
férées aux formes textuelles qui ne trahissent aucune
préoccupation exégétique de cet ordre.

5. Mauvaise compréhension de certaines données linguis-
tiques = Facteur 8. Au cours de certaines époques, il
est arrivé que l'on perde la connaissance de certaines
données de la grammaire et du vocabulaire bibliques
ainsi que de certains procédés employés par les copistes des manuscrits. (Ces connaissances étaient parfois déjà perdues à l'époque du texte attesté le plus
primitif.) Des textes devenus de ce fait inintelli-
gibles ne purent demeurer à l'abri de corrections qui
semblaient s'imposer. Mais les connaissances dont
nous disposons actuellement dans les domaines (1) de
la langue hébraïque en particulier, (2) des langues
sémitiques apparentées en général, et (3) de la
langue, du style et des particularités des traductions
anciennes de la Bible, aident, dans maint cas, à
retrouver le sens original d'un texte difficile. Ainsi
devient-il possible d'identifier la forme primitive
d'un texte.

6. Mauvaise compréhension de données historiques =
Facteur 9. Chaque auteur présuppose dans ses oeuvres
un grand nombre d'éléments de vie qui composent le
monde historique et culturel dont il est issu. Ce
sont les conditions normales dans lesquelles il vit
et parle. En progressant, l'histoire cependant modi-
fie, ou emporte même, ces conditions en les rempla-
çant par d'autres. Par conséquent, des lecteurs pos-
térieurs, ignorant les conditions du passé, risquent
de ne plus comprendre le sens des textes nés dans le
passé. De telles incompréhensions des textes anciens
devenus obscurs donnèrent occasion à des changements
textuels visant à leur rendre un sens. Cependant, les
découvertes faites depuis lors dans le domaine de la
culture et de la civilisation du Proche Orient Ancien
et du monde biblique permettent parfois de redécouvrir

le sens original des textes obscurs. La redécouverte
des lois et des coutumes anciennes, de la vie cultu-
elle, politique et militaire peut rouvrir l'accès de
certains textes énigmatiques, permettant ainsi de
distinguer les formes textuelles primitives de celles
qui ont subi des modifications subséquentes. Les altérations inconscientes qui ont abouti à la modification de la forme du texte, peuvent se ramener aux
quatre types suivants :

1. Omission accidentelle de lettres, syllabes ou pa-
roles semblables = Facteur 10. Lorsque les scribes
copient des manuscrits, il arrive qu'ils omettent par
mégarde des séquences. Par exemple, quand deux phrases
se terminent par la même séquence de lettres, la
deuxième peut tomber par une méprise du scribe. (Cette
méprise s'appelle techniquement homéotéleuton.) In-
versement, lorsque deux phrases débutent par la même
séquence de lettres, la première phrase peut tomber,
victime de l'erreur d'un scribe. (Cela s'appelle
techniquement homéoarcton.) En d'autres cas, deux
séquences sont parfaitement identiques (en Hébreu,
il arrive que les consonnes soient identiques tandis
que la vocalisation prévue, et par conséquent le
sens, diffère du tout au tout). Les scribes laissent
parfois tomber une de ces deux séquences par erreur.
(Cela s'appelle techniquement haplographie.)

2. Répétition accidentelle d'une séquence identique
= Facteur 11. A l'opposé de l'omission accidentelle
d'expressions, une erreur inverse, moins fréquente
il est vrai, consiste à répéter une séquence de
lettres. (Cette erreur s'appelle techniquement ditto-
graphie.)

3. Autres erreurs de scribes = Facteur 12. Il existe
de nombreuses autres erreurs de scribes, telle la
confusion, la transposition ou l'omission de lettres
ou de groupes de lettres et les fausses coupures entre
mots ou entre phrases (dans beaucoup d'anciennes
écritures il n'y a ni coupure entre les mots ni
ponctuation de la phrase). Parfois on interprétait
mal le schéma des consonnes d'un mot (puisque les
écritures sémitiques n'ont pas toujours noté les
voyelles des mots, elles offraient des mots et des
phrases ambigus, c.-à-d. ouverts à plusieurs interprétations). Quelquefois aussi des erreurs provenaient
de sons phonétiquement voisins (lorsque le scribe
copiait en écoutant la dictée d'un texte). On ren-

contre enfin d'autres fautes de copie difficiles à
expliquer.

4. Leçons gonflées et doublets = Facteur 13. Une autre
espèce d'erreurs se situe à la limite entre erreurs
de scribes inconscientes et interventions délibérées
sous l'influence des Facteurs 3 et 6. Des textes difficiles portaient dans certains manuscrits de brèves
explications (gloses) ou des leçons concurrentes (variantes) inscrites sur les marges ou entre les lignes
au-dessus du passage faisant difficulté. Or, certains
scribes malheureusement ne prenaient pas la peine de
distinguer soigneusement entre le texte et ces gloses.
Aussi incorporaient-ils ces éléments étrangers dans
la trame même du texte. Le résultat en était des
textes amplifiés et des doublets. En d'autres occa-
sions, le texte subissait une correction, mais on
omettait d'ôter du texte la forme primitive qu'on
venait de remplacer par la forme corrigée, si bien
qu'alors les deux formes l'une plus ancienne et
l'autre plus récente et modifiée, existaient côte-à-
côte, et devenaient, avec le temps, toutes les deux
partie intégrante du texte. Le texte qui en résulte
s'appelle leçon gonflée.

Tous ces facteurs de modification peuvent être
regardés sous un aspect positif ou négatif. Car ils
expliquent pourquoi telle forme du texte est le résultat d'une altération survenue au cours de la
transmission du texte et disent en même temps pourquoi la forme textuelle opposée est primitive. Ainsi
est-il toujours possible de présenter les facteurs de
modification soit négativement comme ci-dessus, c'est-
à-dire comme révélateurs du caractère secondaire de
certaines formes du texte, soit positivement, c'est-
à-dire comme preuves de l'authenticité des formes
textuelles rivales. Par exemple le facteur 4 (leçon
plus facile) dirait en termes positifs qu'une forme
du texte plus dure ou plus difficile a généralement
davantage de chances d'être sa forme originale qu'une
forme plus aisée. Ou de façon semblable, le facteur
5 (assimilation) serait en termes positifs : la forme
textuelle caractéristique ou dissymétrique a un meilleur titre à être la forme primitive que la forme
semblable ou symétrique. Ou de même le facteur 7 (modification pour des motifs d'exégèse) équivaut à ob-
server qu'un texte qui répugne à l'une des options
exégétiques typiques d'une tradition textuelle, offre
par là même une meilleure garantie d'authenticité qu'un

texte qui est parfaitement conforme à cette option.
Puisque dans ce rapport cependant les facteurs seront
toujours indiqués à propos des leçons rejetées,
c'est-à-dire secondaires, ils y seront formulés sous
leur aspect négatif. En énumérant dans ce rapport les
facteurs qui ont joué un rôle dans les décisions du
Comité, on n'a voulu ni décrire l'analyse textuelle
que le Comité a faite ni développer les motifs pré-
cis de son jugement dans chaque cas. Cela est ré-
servé bien sûr à l'exposé détaillé du rapport scientifique.

C. Deux facteurs supplémentaires

Deux autres motifs intervenant quelquefois dans
le jugement du Comité, méritent une mention ici quoiqu'ils ne puissent être considérés comme des facteurs
de même type que les précédents.

1. Conjectures = Facteur 14. Lorsqu'un texte hébreu
apparaissait spécialement étrange (que ce soit dû à
sa structure grammaticale ou à un vocabulaire inso-
lite), des érudits proposèrent parfois d'autres expressions qui semblaient correspondre mieux au contexte. Quelquefois ils se bornèrent à changer l'ordre
des mots, à déplacer des lettres, à couper différemment les mots et les phrases ou à modifier simplement
la ponctuation vocalique. Dans d'autres cas, ils arrivèrent à des changements et substitutions assez ra-
dicaux. Le Comité étant chargé cependant d'analyser
les problèmes textuels, non les problèmes littéraires,
de l'Ancien Testament, ne pouvait entrer dans ce domaine des suggestions purement conjecturales. Car
celles-ci entraîneraient le Comité hors des limites
qu'il s'est fixées lui-même puisque les conjectures
ne se basent sur aucune forme existante du texte de
l'Ancien Testament, c'est-à-dire sur aucune forme
attestée directement ou indirectement soit par
l'Hébreu soit par les différentes traductions anciennes.

2. Textes inexplicables = Facteur 15. Il existe des
cas où la forme du texte que les principes de l'analyse textuelle permettent de considérer comme la
meilleure ne donne cependant pas un sens très heureux.
Car il se peut que se soit déjà glissée dans cette
forme quelque erreur de scribe très ancienne, ou que

nous ne comprenions plus pleinement toutes les données
présupposées par ce texte. Dans de tels cas, force
est de reconnaître le caractère insatisfaisant de la
forme textuelle choisie. Dans ces cas difficiles, on
proposera aux traducteurs des solutions à adopter. Le
plus souvent on leur recommandera de s'inspirer de
l'une ou de plusieurs des traductions anciennes,
quoi que celles-ci aient adopté des solutions sans
aucun doute secondaires.

Les Facteurs 14 et 15 se juxtaposeront quelquefois dans ce rapport parce que les traductions modernes ont donné accès aux conjectures dans leur texte,
à propos de quelques passages de l'Ancien Testament
qui semblent résister à tout jugement vraiment satis-
faisant sur la forme originale du texte et son interprétation plausible.

En passant en revue ces différents facteurs
énumérés, on se rend aisément compte que plusieurs
d'entre eux sont reliés les uns aux autres de multiples façons. Par exemple, si on les classe en critères
intérieurs au texte et extérieurs à lui, c'est-à-dire
en critères que fournit l'étude des textes bibliques
existants, et ceux qui viennent d'ailleurs, alors les
facteurs 8, 9 et 14 sont surtout des critères extérieurs au texte, tandis que les facteurs 1-7 et 10-13
se fondent essentiellement sur l'étude des textes de
l'Ancien Testament eux-mêmes. Il n'est pas rare d'ailleurs que plusieurs de ces facteurs entrent en ligne
de compte. Il n'est pas facile alors de déterminer
celui ou ceux qui ont réellement causé l'altération
du texte.

La forme et le contenu de ce compte rendu pourraient donner lieu à des malentendus, si le lecteur
ne restait pas constamment conscient de son caractère
provisoire et limité et du but restreint que le Comité
poursuit. Ainsi, le grand nombre de cas où le Comité
donne sa préférence au texte massorétique, pourrait
éveiller un soupçon : N'y a-t-il pas là un préjugé,
peut-être inconscient, en faveur de la tradition massorétique ? Cela n'est pas le cas. Pour chaque problème l'ensemble des données a été examiné et pesé avec
soin, et si c'est la leçon du texte massorétique qui
a été choisie en tel ou tel cas, ce fut pour l'unique
raison que ce texte apparaissait le meilleur selon les
critères dont use l'analyse textuelle. Tout cela sera

justifié clairement dans le rapport technique final
qui exposera en détail les méthodes et les démarches
du Comité.

Certains malentendus pourraient surgir si l'on
oubliait le but visé par le Comité. Celui-ci se
propose de déterminer la meilleure forme textuelle
de la deuxième période (le texte attesté le plus
primitif), comme on l'a précisé dans la première partie de cette introduction. Il n'est pas impossible
que quelques lecteurs jugent le Comité trop conser-
vateur et se demandent pourquoi le Comité n'a pas
constamment recouru à l'analyse littéraire afin d'é-
tablir un Urtext (première période). Un tel texte
cependant ne serait pas seulement hautement conjectural et partant objet de multiples controverses, il
serait en plus totalement inadapté pour servir de
base aux nombreuses traductions de l'Ancien Testament
que l'on projette ou entreprend dans les différentes
parties du monde.

Il se peut aussi qu'on se méprenne sur le sens
des traductions fournies aux traducteurs dans ce
rapport. Ce n'est nullement dans les intentions du
Comité de vouloir inviter les traducteurs à suivre
textuellement les suggestions de traduction qui
accompagnent chaque leçon retenue. Celles-ci sont
bien plutôt des bases correctes à partir desquelles
les traducteurs peuvent concevoir l'expression adap-
tée qu'exigeront leurs langues particulières. Si l'on
donne cependant ces traductions sous une forme plus
ou moins littérale, c'est pour que le lecteur puisse
se rendre pleinement compte du rapport existant entre
la forme de base hébraïque et son contenu sémantique
ou son sens. Peut-être le traducteur sera-t-il déçu
parce qu'il cherchera en vain dans ce rapport une
discussion des difficultés exégétiques liées aux
problèmes textuels. Il pourra même croire que le
Comité ne s'en est point préoccupé. Qu'il soit assuré,
au contraire, que le Comité s'est efforcé de tenir
compte de toutes les implications exégétiques des
problèmes textuels. Il a accordé une attention spéciale à tous les cas où une leçon retenue de la tradition massorétique soulève des difficultés particulières d'interprétation. Toutes ces questions recevront un traitement développé dans le rapport technique. C'est alors qu'on pourra juger des décisions
du Comité en ayant sous les yeux toutes les données
qui entrent en ligne de compte.

Il a déjà été noté que la forme et le contenu de ce compte rendu ne sont pas définitifs. Si on a décidé de publier périodiquement ces résumés provisoires du travail du Comité, c'est pour seconder les traducteurs qui ont réclamé avec instance cette aide dans les difficultés textuelles. Le Comité accueillera avec reconnaissance toute suggestion à propos des problèmes et questions traités ici. On voudra bien les adresser au comité : United Bible Societies, Postfach 755, 7 Stuttgart 1, BRD.

Foreword to Vol. 2

The editing of this volume is very largely the work
of Carmel McCarthy. The typing was done by Bernadette
Schacher, assistant at the Biblical Institute, Uni-
versity of Fribourg, Switzerland. Vitus Huonder and
Dominique Barthélemy read and corrected the manuscript.

Beginning with this volume, the readings of NEB are
given in more exact form, following L.H. Brockington,
The Hebrew Text of the Old Testament. The Readings
adopted by the Translators of the New English Bible
(Oxford-Cambridge 1973), which had not been published
when vol. 1 was being prepared. (Nevertheless, NEB*
still has the same significance as in vol.1, namely,
the presence of a textual note in NEB; it does not
refer to a note in Brockington.)

The reader is asked to excuse a certain number of
inconsistencies which, despite the editors' efforts
to the contrary, have managed to survive. They are to
be found in the use of quotation marks, now and again
in transcriptions and in references to textual notes
in J's various editions. (So, for example, when the
first and second edition contain a note which is omit-
ted in the third edition, this is usually indicated
as follows : [1e*, 2e*, 3e éd.]; but it sometimes
appears [in Sam] as [1e, 2e éd.*]).

An appendix at the end of the volume gives certain
further textual problems.

Adrian Schenker   Fribourg, february 1976

Préface au Vol. 2

La rédaction de ce volume est due en grande partie à
Carmel McCarthy. La dactylographie est l'oeuvre de
Bernadette Schacher, assistante à l'Institut Biblique
de l'Université de Fribourg en Suisse. Vitus Huonder
et Dominique Barthélemy ont relu et corrigé le ma-
nuscrit.

A partir de ce volume, les leçons de la NEB sont
données avec plus de précision grâce à l'ouvrage de
L.H. Brockington, The Hebrew Text of the Old Testament.
The Readings adopted by the Translators of the New
English Bible (Oxford-Cambridge 1973), ouvrage qui
n'existait pas encore lorsque le vol.1 fut rédigé.
(NEB* signifie cependant la même chose qu'au vol.1,
à savoir l'existence d'une note textuelle en NEB,
et non pas l'existence d'une note en Brockington.)

Le lecteur est prié d'excuser les quelques inconsé-
quences qui ont résisté à l'unification rédaction-
nelle. Elles subsistent dans l'emploi des guillemets,
rarement dans les transcriptions, et dans l'indication des notes textuelles de J en ses différentes
éditions (quand par exemple éd. 1 et 2 ont une note,
alors que éd.3 l'omet, cela est signalé le plus souvent ainsi : [1e*, 2e*, 3e éd.], mais parfois [en
Sam] ainsi : [1e, 2e éd.*]).

Le volume se termine par un appendice où quelques
problèmes textuels se trouvent ajoutés.

Adrian Schenker   Fribourg, février 1976

JOSHUA   JOSUE

===============

J   =   La sainte Bible, traduite en français sous
        la direction de l'Ecole Biblique de Jéru-
        salem, Le livre de Josué, le éd., Paris 1950,
        2e éd., Paris 1958, 3e éd., Paris 1973 (en
        un volume).

L   =   Die Bibel oder die ganze Heilige Schrift des
        Alten und Neuen Testaments nach der Ueber-
        setzung Martin Luthers, 3. Aufl., Stuttgart
        1971.

NEB =   The New English Bible, The Old Testament,
        Oxford 1970.

RSV =   The Holy Bible, Revised Standard Version,
        New York 1952.

1.4

B כל ארץ החתים
   all the land of the Hittites
   tout le pays des Hittites
     RSV : all the land of the Hittites
     NEB : and across all the Hittite
     J   : (3e éd.) (tout le pays des Hittites)
     L   : das ganze Land der Hethiter
  [Lacking. Manque] = J (le éd.), J* (2e éd.)
  Fac.: 5
  Transl.: all the territory of the Hittites
  Trad.:   tout le pays des Hittites

1.7

A ואמץ מאד
   and be very strong
   et sois très fort
     RSV : (be strong) and very courageous
     J   : (3e éd.) et tiens très bon
     L   : (sei...) und ganz unverzagt
  [Lacking. Manque] = NEB, J (le éd.), J* (2e éd.)
  Fac.: 5
  Transl.: and be very brave
  Trad.:   et sois très ferme

1.15

A וירשתם אותה
   and you will inherit it (i.e. the land)
   et vous allez la prendre en possession (c.-à-d.
   la terre)
     RSV : and shall possess
     J   : (3e éd.) et vous en prendrez possession
  [Lacking. Manque] = NEB*,J (le, 2e* éd.), L
  Fac.: 5
  Transl.: and you will inherit it (i.e. the land)
  Trad.:   et vous allez la prendre en possession
         (c.-à-d. la terre)

2.4

A והצפנו
   and she hid it / and she hid him
   et elle le cacha
  ותצפנם
   and she hid them
   et elle les cacha

RSV : (the woman had...) and hidden them
NEB*: (the woman... had...) and hidden them
J   : (la femme...) et les cacha
L   : (die Frau) verbarg (die beiden Männer)
Fac.: 4
Rem.: Two interpretations are possible :
  1. The suffix ו- is impersonal "it" or "the fact".
  V. 4a would then mean "the woman ⟨in fact⟩ took
  the ⟨two⟩ men, but she hid it", i.e. she hid the
  fact of having received them into her house.
  2. The suffix ו- has a collective or distributive
  meaning, "each one ⟨of them⟩".
  The first solution is preferable.
Rem.: Deux interprétations sont pensables :
  1. Le pronom suffixe ו- est impersonnel "cela" ou
  "la chose, le fait". Le V. 4a signifie donc "la
  femme prit ⟨bien⟩ les ⟨deux⟩ hommes, mais elle
  dissimula cela", c.-à-d. elle dissimula le fait de
  les avoir accueillis chez elle.
  2. Le pronom suffixe ו- a valeur collective ou
  distributive "chacun ⟨d'eux⟩".
  La première solution semble toutefois préférable.
Transl.: See Remark
Trad.:   Voir Remarque

2.18

A בארץ
  into the land
  dans le pays
    RSV : into the land
    NEB : (enter) the land
    J   : (3e éd.) dans le pays
    L   : ins Land
  [בארץ חתני האות]
    into the land, you (f.sg.) will give the sign
    dans le pays, tu (f.) donneras le signe
      J   : (le, 2e* éd.) dans le pays, tu useras de
            ce signe
  Fac.: 5,6
  Transl.: into the land
  Trad.:   dans le pays

2.20

C משבעתך אשר השבעתנו
    of your (f.sg.) oath which you (m.sg) made us swear
    de ton (f.) serment que tu (m) nous fis prêter

RSV : with respect to your oath which you have
      made us swear
NEB : of the oath you have made us take
J   : (1e, 3e éd.) du serment (1e éd.), de ce
      serment (3e éd.) que tu nous as fait prê-
      ter
L   : des Eides (los), den du uns hast schwö-
      ren lassen

[משבעתך הזה]
   of this your (f.sg.) oath
   de ce serment ⟨qui est⟩ tien (f.)
      J* : (2e éd.) de ton serment
Fac.: 5
Rem.: 1. The verb has feminine value, "you (f.sg.)".
   2. The relative clause may be a gloss, not present
   in the original text. Its aim would have been to
   clarify the meaning of the terse expression,
   משבעתך, "of your (f.sg.) oath".
Rem.: 1. Le verbe a valeur d'un féminin "toi (f.)".
   2. La phrase relative pourrait être une glose, absente du texte original et visant à expliciter le
   sens de l'expression succinte משבעתך, "de ton (f.)
   serment".
Transl.: of your (f.sg.) oath which you (f.sg.) made
         us swear
Trad.:   de ton (f.) serment que tu (f.) nous fis
         prêter

3.11

ארון הברית אדון כל-הארץ A
   the ark of the covenant, the lord of all the
   earth / the ark of the covenant of the lord of
   all the earth
   l'arche de l'alliance, le seigneur de toute la
   terre / l'arche de l'alliance du seigneur de toute
   la terre
      RSV : the ark of the covenant of the Lord of all
            the earth
      J   : (1e, 3e éd.) l'arche de l'alliance du
            Maître (1e éd.), du Seigneur (3e éd.) de
            toute la terre
      L   : die Lade des Bundes des Herrschers über
            alle Welt
[ארון ברית יהוה אדון כל-הארץ]
   the ark of the covenant of the LORD, the lord of
   all the earth
   l'arche de l'alliance du SEIGNEUR, du seigneur de
   toute la terre

NEB*: the Ark of the Covenant of the LORD, the
       lord of all the earth
J*   : (2e éd.) l'arche de Yahvé, Seigneur de
       toute la terre

Fac.: 5

Rem.: 1. The meaning of the expression is not "the
ark of the covenant, ⟨i.e.⟩ the lord of all the
earth".
2. The meaning is either "the ark of the covenant
of the lord of all the earth" or "the ark of the
covenant, ⟨i.e. that⟩ of the lord of all the earth".
The second meaning is preferable.
3. The expression הברית הארון in V. 14 must be
interpreted similarly : "the ark ⟨i.e. that⟩ of
the covenant" or "the ark of the covenant". In
V. 17 likewise, הארון ברית-יהוה means "the ark
⟨i.e. that⟩ of the covenant of the LORD" or "the
ark of the covenant of the LORD". This is how
RSV, NEB, J and L translate.

Rem.: 1. Le sens de l'expression n'est pas "l'arche
de l'alliance, ⟨c'est-à-dire⟩ le seigneur de toute
la terre".
2. Le sens est ou bien "l'arche de l'alliance du
seigneur de toute la terre" ou bien "l'arche de
l'alliance ⟨c'est-à-dire celle⟩ du seigneur de
toute la terre". Le deuxième sens semble meilleur.
3. Il faut interpréter de même l'expression
הברית הארון au V. 14 "l'arche, ⟨c'est-à-dire celle⟩
de l'alliance" ou "l'arche de l'alliance", et, au
V. 17, la tournure הארון ברית-יהוה signifie, d'une
manière analogue, "l'arche, ⟨c'est-à-dire celle⟩
de l'alliance du SEIGNEUR" ou "l'arche de l'alliance du SEIGNEUR". C'est ainsi que RSV, NEB,
J et L traduisent.

Transl.: See Remarks 2 and 3
Trad.:   Voir Remarques 2 et 3

3.16

הרחק מאד באדם העיר אשר מצד צרתן [= מאדם Qere]
very far from Adam, the city that ⟨is⟩ beside
Zarethan
très loin de Adâm, la ville qui ⟨est⟩ à côté
de Çartân
  NEB : a long way back, as far as Adam, a town
        near Zarethan (?)
  J   : (1e éd.) sur une grande distance - depuis
        Adama jusqu'à la forteresse Sartan -

באדם [= הרחק מאד בָּאָדָם אשר מצד צרתן   Ketiv]
very far, at Adam, the city that ⟨is⟩ beside
Zarethan
très loin, à Adâm, la ville qui ⟨est⟩ à côté de
Çartân
    RSV : far off, at Adam, the city that is beside
          Zarethan
    NEB : a long way back, as far as Adam, a town
          near Zarethan (?)
    J   : (3e éd.) à une très grande distance, à
          Adâm, la ville qui est à côté de Çartân
    L   : sehr fern, bei der Stadt Adam, die zur
          Seite von Zarethan liegt
[הרחק מאד מאד עד קצה צרתן]
very far off, very ⟨far⟩ to the end of Zarethan
très loin, très loin jusqu'à la limite de Çartân
    J* : (2e éd.) sur une grande distance, - loin
         jusqu'à la limite de Çartân
Fac.: 12
Rem.: 1. The Committee were not in agreement as to
whether the Qere or Ketiv should be preferred.
Consequently they refrained from determining the
relative probability of either of these two textual forms.
2. Translators may therefore choose either Qere :
"very far from Adam, the city that ⟨is⟩ beside
Zarethan" or Ketiv : "very far, at (or : near)
Adam, the city that ⟨is⟩ beside Zarethan".
Rem.: 1. Le Comité ne s'est accordé pour préférer
ni le qéré au ketiv, ni le ketiv au qéré. Par
conséquent, il s'est abstenu de déterminer la probabilité relative de chacune de ces deux formes
textuelles.
2. Les traducteurs ont donc le choix entre le
qéré : "très loin de Adâm, la ville ⟨sise⟩ à
côté de Çartân" et le ketiv : "très loin, à Adâm
(ou : près de Adâm), la ville ⟨sise⟩ à côté de
Çartân".
Transl.: See Remark 2
Trad.:   Voir Remarque 2

4.3

C ממצב רגלי הכהנים
from the placing of the priests' feet
du ⟨lieu où⟩ se posèrent les pieds des prêtres
(litt. "du posement")
    RSV : from the very place where the priests'
         feet stood

```
NEB : (from this place,...) where the feet of
      the priests' stood
J   : (3e éd.) là où se sont posés les pieds
      des prêtres
L   : von der Stelle, wo die Füsse der Priester
      still stehen
```
[Lacking. Manque] = J* (1e, 2e éd.)
Fac.: 4
Transl.: from the place ⟨where⟩ the priests' feet
         ⟨stood⟩
Trad.:   du lieu ⟨où⟩ les pieds des prêtres ⟨s'é-
         taient posés⟩

4.7

B נכרתו מי הירדן
    the waters of the Jordan were cut off
    les eaux du Jourdain se fendirent
```
RSV : the waters of the Jordan were cut off
J   : (1e, 3e éd.) les eaux du fleuve dispa-
      rurent (1e éd.), du Jourdain se sont sé-
      parées (3e éd.)
```
[Lacking. Manque] = NEB*, J* (2e éd.), L
Fac.: 4
Rem.: 1. The phrase in question is not simply a
repetition of what has already been said in the
beginning of the V. The liturgical context re-
quires that the answer to the question in V. 6
be given with a certain solemnity.
2. V. 7a should therefore be translated as follows : "and you shall answer them that the waters of the Jordan were cut off before the ark
of the covenant of the LORD : When it passed over
the Jordan, the waters of the Jordan were cut
off...".
Rem.: 1. Il ne s'agit pas d'une pure redite de ce
que le début du V. avait déjà exprimé. Le contexte
liturgique demande que la réponse à la question du
V. 6 soit donnée avec ampleur.
2. La traduction du V. 7a serait donc : "et vous
leur répondrez que les eaux du Jourdain se sont
fendues devant l'arche de l'alliance du SEIGNEUR:
Lorsqu'elle traversait le Jourdain, les eaux du
Jourdain se fendirent...".
Transl.: See Remark 2
Trad.:   Voir Remarque 2

__4.10__

B ככל אשר-צוה משה את-יהושע
    according to all that Moses commanded Joshua
    selon tout ce que Moïse ordonna à Josué
      RSV : according to all that Moses had commanded
           Joshua
      J   : (2e, 3e éd.) selon tout ce que Moïse avait
           ordonné à Josué
      L   : genau wie Mose dem Josua geboten hatte
[כאשר צוה משה את יהושע]
    according to what Moses commanded Joshua
    selon ce que Moïse ordonna à Josué
      J   : (le éd.) selon ce que Moïse avait ordonné
           à Josué
  Fac.: 4,5
  [Lacking. Manque] = NEB*
  Fac.: 4
  Transl.: according to all that Moses had commanded
        Joshua
  Trad.:   selon tout ce que Moïse avait ordonné à
        Josué

__4.11__

A לפני העם
    before the people
    devant le peuple
      RSV : before the people
      J   : à la tête du peuple
      L   : vor dem Volk
  [Lacking. Manque] = NEB*
  Fac.: 14
  Rem.: 1. The verb עבר "to pass" has two meanings in
    this V. In V. 11a it means "to cross over", i.e.
    the river, in V. 11b it means "to pass by".
    2. The V. should therefore be translated : "and it
    came to pass that when the entire people had
    finished crossing over, the ark of the LORD and
    the priests moved up (i.e. bypassed) before the
    people."
  Rem.: 1. Le verbe עבר "passer" a deux sens dans notre
    V. Au V. 11a il signifie "traverser", c'est-à-dire
    le fleuve, au V. 11b il signifie "passer à côté",
    c'est-à-dire dépasser.
    2. Partant, la traduction du V. sera : "et il
    arriva quand le peuple entier eut fini de passer,
    l'arche du SEIGNEUR et les prêtres passèrent à la
    tête du peuple."

Transl.: See Remark 2
Trad.:   Voir Remarque 2

5.14

B ויאמר לא
  and he said : no
  et il dit : non
    RSV : and he said, "No; ..."
    J   : pas du tout, répondit-il (1e éd.), non,
          répondit-il (2e éd.), il répondit : "Non!"
          (3e éd.)
    L   : er sprach : Nein
  ויאמר לו
  and he said to him
  et il lui dit
    NEB*: and the man said to him
  Fac.: 5,4
  Transl.: and he said : no
  Trad.:   et il dit : non

6.2

A גבורי החיל
  the strong warriors (lit. "the warriors of
  strength")
  les preux puissants (litt. "de puissance")
    RSV : and mighty men of valor
    J   : (3e éd.) gens d'élite
    L   : (samt...) und seinen Kriegsleuten
  [Lacking. Manque] = NEB*
  Fac.: 14
  [גבורי החיל] carried over into V. 3 ⎫
  [גבורי החיל] déplacé en V. 3   ⎬ J (1e, 2e* éd.)
  Fac.: 14   ⎭
  Rem.: 1. It is not impossible that the MT, suppor-
  ted by probably all the versions, may be secondary
  in relation to the original text. However textual
  criticism may not go beyond what is attested.
  2. The expression is best interpreted as an abso-
  lute apposition "<although they are> mighty warriors".
  Rem.: 1. Quoique le texte attesté par le TM et
  probablement par l'ensemble des versions soit
  peut-être secondaire par rapport au texte original,
  la critique textuelle ne peut remonter au-delà de
  ce qui est attesté.
  2. Il faut interpréter l'expression comme une apposition absolue : "<bien qu'ils soient> de vail-

lants guerriers".
Transl.: See Remark 2
Trad.:   Voir Remarque 2

6.18

פֶּן-תַּחֲרִימוּ
  lest you put under the ban
  afin que vous ne placiez sous anathème
    RSV : lest when you have devoted them
  Fac.: 12
B[פֶּן-תַּחְמְדוּ]
  lest you covet
  afin que vous ne convoitiez point
    NEB*: (and you must beware) of coveting
    J   : n'allez pas, poussés par la convoitise
          (1e éd.), de peur que, poussés par la
          convoitise (2e, 3e éd.*)
    L   : und lasst euch nicht gelüsten
  Transl.: lest you covet
  Trad.:   afin que vous ne convoitiez point

6.20

A וַיָּרַע הָעָם
  and the people shouted
  et le peuple cria
    RSV : so the people shouted
    J   : le peuple cria (1e, 2e éd.), le peuple
          poussa le cri de guerre (3e éd.)
    L   : da erhob das Volk ein Kriegsgeschrei
  [Lacking. Manque] = NEB*
  Fac.: 5
  Rem.: וַיָּרַע הָעָם, "and the people shouted (the war-
    cry)", may be understood in the context of the
    entire V. in two ways :
    1. In V. 16 Joshua gives the order to raise the
    war-cry. In V. 20 the people obey his command :
    "and the people shouted. The trumpets were blown,
    (and it happened that) as soon as the people heard
    the sound of the trumpet, the people raised a
    great shout...".
    2. "And the people shouted ⟨when⟩ the trumpets
    were blown. (And it happened that) as soon as
    the people heard the sound of the trumpet, the
    people raised a great shout...".
  Rem.: On peut comprendre וַיָּרַע הָעָם, "et le peuple
    cria (le cri de guerre)", dans le contexte de
    tout le V., de deux façons :

1. Au V. 16 Josué donne l'ordre d'élever le cri
de guerre. Ici en notre V. le peuple obéit : "et
le peuple éleva le cri de guerre. On sonna les
trompettes, (et il arriva), aussitôt que le peuple
entendit le son de la trompette, le peuple s'écria
dans un grand cri...".
2. "Et le peuple cria ⟨quand⟩ on sonna les trompettes. (Et il arriva), aussitôt que le peuple entendit le son de la trompette, le peuple s'écria dans
un grand cri...".
Transl.: See Remark
Trad.:   Voir Remarque

6.26

B לאמר ארור האיש לפני יהוה
        saying, "Cursed the man before the LORD
        disant : maudit l'homme devant le SEIGNEUR
          RSV : saying, "Cursed before the LORD be the
                man
          NEB : (this curse...): May the LORD's curse
                light on the man (?)
          J   : (3e éd.) (ce serment): "Maudit soit, de-
                vant Yahvé, l'homme
          L   : (schwören) : Verflucht vor dem HERRN sei
                der Mann
[לפני יהוה לאמר ארור האיש]
        before the LORD, saying, "Cursed the man
        devant le SEIGNEUR, disant : maudit l'homme
          J   : devant Yahvé : Maudit l'homme (le éd.),
                devant Yahvé : Maudit soit l'homme (2e éd.*)
Fac.: 4
Transl.: saying, "Cursed before the LORD ⟨be⟩ the
         man
Trad.:   disant : maudit devant le SEIGNEUR ⟨soit⟩
         l'homme

6.26

C את-יריחו
     Jericho
     Jéricho
       RSV : Jericho
       NEB : Jericho
       J   : (3e éd.) (Jéricho)
       L   : Jericho
   [Lacking. Manque] = J (le, 2e* éd.)
   Fac.: 4
   Transl.: Jericho
   Trad.:   Jéricho

7.2

C עם-בית און
   near Beth-aven
   près de Beth Awen
      RSV : near Beth-aven
      NEB : near Beth-aven
      J* : (3e éd.) (qui est près de Bet-Avèn)
      L   : bei Beth-Awen
 [Lacking. Manque] = J* (le, 2e éd.)
 Fac.: 4
 Rem.: It would appear that the omission is facili-
   tating. For it is possible that Beth-aven and
   Beth-el are not the same place.
 Rem.: Il semble que l'omission soit facilitante.
   En effet, Beth-Awen n'est peut-être pas la même
   localité que Beth-El.
 Transl.: near Beth-aven
 Trad.:   près de Beth-Awen

7.17

את-מִשְׁפַּחַת יהודה
   the clan of Judah
   le clan de Juda
 Fac.: 5
B את-מִשְׁפְּחֹת יהודה
   the clans of Judah
   les clans de Juda
      RSV : the families of Judah
      NEB : the clans of Judah
      J   : (le, 2e*, 3e* éd.) les clans de Juda
      L   : die Geschlechter Judas
 Transl.: the clans of Judah
 Trad.:   les clans de Juda

7.17

C לגברים
   to the men
   aux hommes
      RSV : man by man
 לבתים
   to the houses / families
   aux maisons / familles
      NEB*: family by family
      J   : parmi les familles (le éd.), par familles
            (2e*, 3e* éd.)
 Fac.: 5,4

[Lacking. Manque] = L
 Fac.: 4
 Transl.: man by man
 Trad.:   homme par homme

7.23

C כל-בני ישראל
    all the sons of Israel
    tous les fils d'Israël
      RSV : all the people of Israel
      NEB : all the Israelites
      J   : (3e éd.) tous les Israélites
      L   : (zu) allen Kindern Israel
 [זקני ישראל]
    the elders of Israel
    les anciens d'Israël
      J   : (1e, 2e* éd.) (aux) anciens d'Israël
 Fac.: 5,4
 Transl.: all the people of Israel
 Trad.:   tous les fils d'Israël

7.25

A וישרפו אתם באש ויסקלו אתם באבנים
    and they burned them with fire and heaped stones
    upon them
    et ils les consumèrent par le feu et amoncelèrent
    des pierres sur eux
      RSV : they burned them with fire, and stoned
            them with stones
      J* : (3e éd.) (et on les livra au feu et on leur
            jeta des pierres)
 וישרפו אתם באש
    and they burned them with fire
    et ils les consumèrent par le feu
      L   : (ganz Israel...) und verbrannte sie mit
            Feuer
 Fac.: 4
 [Lacking. Manque] = NEB*, J* (1e, 2e éd.)
 Fac.: 4
 Rem.: For the comprehension of the V. the meaning of
    the verbs and pronouns used must be clarified :
    רגם means "throw stones at", "stone", סקל "heap
    stones upon"; אתו refers to Achan and to his fa-
    mily, whereas אתם refers to the objects which
    Achan had stolen and to his own property.

Rem.: Pour comprendre le sens du V., il faut
distinguer le sens des verbes et des pronoms
employés : רגם signifie "jeter des pierres sur",
"lapider", סקל "amonceler des pierres sur"; אחו
désigne Akân et sa famille, tandis que אתם désigne
les objets qu'Akân avait dérobés, et ses propres
biens.
Transl.: and they burned them with fire, and heaped
         stones upon them
Trad.:   et ils les consumèrent par le feu et amon-
         celèrent des pierres sur eux.

8.6

D ונסנו לפניהם
   and we will flee before them
   et nous fuirons devant eux
     RSV : so we will flee from them
     L   : und wenn wir vor ihnen fliehen
 [Lacking. Manque] = NEB, J (1e, 2e*, 3e* éd.)
   Fac.: 4
   Rem.: 1. It is difficult to decide whether the MT
   or the LXX is more original.
   2. If the MT is retained, it is best translated :
   "so we will flee from them. (V. 7) But as for
   you, you will rise up from the ambush...".
   Rem.: 1. Il est difficile de décider si le TM ou la
   LXX est la forme textuelle la plus primitive.
   2. Si l'on garde le TM, la meilleure traduction
   paraît être : "nous fuirons donc devant eux. (V.7)
   Quant à vous, vous vous leverez de l'embuscade...".
   Transl.: See Remark 2
   Trad.:   Voir Remarque 2

8.8

A כדבר יהוה
   as the word of the LORD
   selon la parole du SEIGNEUR
     RSV : as the LORD has bidden
     NEB : what the LORD commands
     J   : (3e éd.) agissant selon la parole de
           Yahvé
     L   : nach dem Wort des HERRN
 [כדבר הזה]
   as this word
   selon cette parole
     J   : (1e, 2e* éd.) tels sont les ordres
   Fac.: 4

Transl.: as the LORD has bidden
Trad.:   selon la parole du SEIGNEUR

8.13

A The entire V. / tout le V. = RSV, J, L
 [Lacking. Manque] = NEB*
  Fac.: 4
  Transl.: See the two following cases
  Trad.:   Voir les deux cas suivants

8.13

B וילך
    and he went
    et il alla
      J : (3e éd.) (Josué) alla
      L : und (Josua) zog hin
      (NEB in the note where the entire V. is given :
              ... while (Joshua) went...)
  וילן
    and he spent (the nigth)
    et il passa (la nuit)
      RSV : but (Joshua) spent (that night)
      J   : (1e, 2e* éd.) (Josué) passa (cette nuit)
  Fac.: 5
  Transl.: See following case
  Trad.:   Voir cas suivant

8.13

B בתוך העמק
    in the midst of the valley
    au milieu de la vallée
      RSV : in the valley
      J   : (1e, 3e éd.) au milieu de la vallée
            (1e éd.), de la plaine (3e éd.)
      L   : mitten in das Tal
      (NEB in the note where the entire verse is
            given : into the valley)
  [בתוך העם]
    in the midst of the people
    au milieu du peuple
      J* : (2e éd.) au milieu du peuple
  Fac.: 5,4
  Rem.: The entire V. runs as follows : "And the army
    (lit. the people, i.e., the soldiers) pitched
    the entire camp which <was> to the north of the
    city and the rearguard <which was> to the west of

the city. But Joshua went that night into the
midst of the valley."
Rem.: Le V. entier serait : "et l'armée (litt. le
  peuple, c'est-à-dire les soldats) dressa l'ensemble du camp qui ⟨était⟩ au nord de la ville et
  l'arrière garde ⟨qui était⟩ à l'ouest de la ville.
  Mais Josué alla, cette nuit-là, au milieu de la
  vallée."
Transl.: See Remark
Trad.:   Voir Remarque

8.14

A למועד לפני הערבה
    for the encounter in front of the Arabah
    pour la rencontre en face de la Araba
      J : (le éd.) sur la place en vue de la Araba
      L : an einen bestimmten Ort nach dem Jordan-
           tal zu
  [למורד לפני הערבה]
    to the slope in front of the Arabah
    sur la pente en face de la Araba
      RSV*: to the descent toward the Arabah
      J* : (2e, 3e éd.) sur la pente qui regarde la
            Araba (2e éd.), sur la descente qui est
            face à la Araba (3e éd.)
  Fac.: 14
[Lacking. Manque] = NEB*
  Fac.: 4
Rem.: למועד can refer to an agreement, whether of
  place, time, tactic or sign, while לפני הערבה
  means "towards the Arabah".
Rem.: למועד désigne quelque convention de lieu ou
  de temps ou de tactique ou de signe, alors que par
  לפני הערבה on entend "en direction de la Araba".
Transl.: for the encounter in the direction of the
         Arabah
Trad.:   pour la rencontre en direction de la Araba

8.17

B ובית אל
    and Beth-el / Bethel
    et Beth-El
      RSV : or Bethel
      J* : (3e éd.)(ni dans Béthel)
      L   : und Bethel
  [Lacking. Manque] = NEB*, J* (le, 2e éd.)
  Fac.: 4

Transl.: and Beth-el/ Bethel
Trad.:   et Beth-El / Béthel

8.21

B עשן העיר
    the smoke of the city
    la fumée de la ville
      RSV : the smoke of the city
      NEB : the smoke.. from it
      J   : (3e éd.) la fumée (montait) de la ville
      L   : von der Stadt Rauch
[עשן העיר שמימה]
    the smoke of the city towards the heavens
    la fumée de la ville vers les cieux
      J   : de la ville, une fumée (montait) vers le
          ciel (le éd.), la fumée (montait) de la
          ville vers le ciel (2e* éd.)
Fac.: 5
Transl.: the smoke of the city
Trad.:   la fumée de la ville

8.32

A אשר כתב
    which he wrote
    qu'il écrivit
      RSV : which he had written
      J   : que (Moïse) avait écrite (le éd.), qu'il
          avait écrite (2e éd.), que celui-ci avait
          écrite(3e éd.)
      L   : das (Mose...) geschrieben hatte
[Lacking. Manque] = NEB*
Fac.: 4
Transl.: which he had written
Trad.:   qu'il avait écrite

9.4

C ויצטירו
    they pretended to be messengers
    ils firent semblant d'être envoyés
      NEB : and disguised themselves
ויצטידו
    they furnished themselves with provisions
    ils se munirent de provisions
      RSV : and made ready provisions
      J   : munis de provisions pour le voyage (le éd.),
          munis de provisions (2e* éd.), se munir
          de provisions (3e* éd.)

Fac.: 8, 12, 5
Transl.: they disguised themselves as ambassadors
Trad.:   ils se déguisèrent en ambassadeurs

9.14

B האנשים
   the men
   les hommes
     RSV : the men
[הנשיאים]
   the princes
   les princes
     NEB*: the chief men of the community
     J   : (1e, 2e*, 3e* éd.) les notables
     L   : die Obersten
  Fac.: 6,5
  Transl.: the men
  Trad.:   les hommes

9.17

A ביום השלישי
   on the third day
   au troisième jour
     RSV : on the third day
     NEB : on the third day
     J   : (3e éd.) le troisième jour
     L   : am dritten Tage
 [Lacking. Manque] = J* (1e, 2e éd.)
 Fac.: 7, 5
 Rem.: V. 16 and 17 must not be so translated as to
   give the impression that the three days of V. 17
   should be added to the three days of V. 16. The
   translation accordingly should be either :
  -(V.16) "at the end of three days, after they had
   made a covenant with them, they heard..., (V.17)
   for the people of Israel had moved camp and had
   reached their cities (i.e. the Gibeonite cities)
   on the third day."
   or :
  -(V.16) as above, (V. 17) "for the people of Israel
   moved camp and reached their cities (i.e. the
   Gibeonite cities) on the third (of these) days".
 Rem.: La traduction des V. 16 et 17 ne doit pas
   donner l'impression au lecteur que les trois jours
   du V. 17 s'ajoutent aux trois jours du V. 16.
   On traduira donc ou bien :

-(V.16) "au bout de trois jours, après qu'on avait
conclu une alliance avec eux, on apprit..., (V.17)
⟨en effet⟩, les fils d'Israël avaient décampé et
étaient arrivés dans leurs villes (c'est-à-dire
les villes des Gabaonites) au troisième jour";
ou bien :
-(V.16) comme ci-dessus, (V.17) "⟨en effet⟩, les
fils d'Israël décampèrent et arrivèrent dans leurs
villes (c'est-à-dire les villes des Gabaonites) ce
⟨même⟩ troisième jour".
Transl.: See Remark
Trad.:   Voir Remarque

9.21

יחיו וַיִּהְיוּ
let them live, and they became
qu'ils vivent, et ils devinrent
   RSV : "Let them live." So they became
Fac.: 10
[יחיו ויהיו] = יחיו וְיִהְיוּ
let them live and become
qu'ils vivent et qu'ils deviennent
   NEB*: but though their lives must be spared,
         they shall be
   J : "qu'ils vivent ! mais qu'ils soient
   L : lasst sie leben, damit sie ... seien
Fac.: 10,4
B[יחיו והיו חטבי עצים ושאבי מים לכל העדה וַיִּהְיוּ
let them live and become hewers of wood and drawers of water for the entire community ! And they
became
qu'ils vivent et qu'ils soient des fendeurs de
bois et porteurs d'eau pour toute la communauté !
Et ils devinrent
Transl.: let them live and become hewers of wood
and drawers of water for the entire community !
And they became
Trad.: qu'ils vivent et qu'ils soient des fendeurs
de bois et des porteurs d'eau ! Et ils devinrent

9.21

B לכל העדה
for the entire community
pour toute la communauté
   RSV : for all the congregation
   J : au service de l'assemblée entière (1e éd.),
        au service de toute la communauté (3e éd.)

     L   : für die ganze Gemeinde

[לכל-העדה ויעשו כל-העדה]

   for the entire community", and the entire community did
   pour la communauté entière", et la communauté
entière fit
     NEB*: for the community." The people agreed to do
     J* : (2e éd.) au service de toute la communau-
          té." La communauté fit
Fac.: 5
Transl.: for the entire community
Trad.:   pour toute la communauté

10.2

A ויראו

   and they feared
   et ils eurent peur
     J   : ils en furent terrifiés (le éd.), on en
          fut terrifié (2e, 3e éd.)
     L   : fürchteten sie sich

ויירא

   and he feared
   et il eut peur
     RSV*: he feared
     NEB*: he was ... alarmed
Fac.: 4
Rem.: The plural here is impersonal.
Rem.: Le pluriel est à prendre ici au sens imper-
sonnel.
Transl.: and they feared / and there was a (great)
         fear
Trad.:   et on eut peur

10.21

C אל-המחנה

   to the camp
   au camp
     RSV : in the camp
     J   : au camp
     L   : ins Lager
 [Lacking. Manque] = NEB*
 Fac.: 4
 Transl.: to the camp
 Trad.:   au camp

11.1

מלך מדון
   the king of Madon
    le roi de Madôn
      RSV : king of Madon
      NEB : king of Madon
      J   : (le éd.) roi de Madon
      L   : dem König von Madon
  Fac.: 12,9
D[מלך מרון/מרום]
   the king of Maron/Merom
    le roi de Marôn/Merôm
      J* : (2e, 3e éd.) roi de Mérom
  Rem.: See same case in 12.19.
  Rem.: Voir le même cas en 12.19.
  Transl.: the king of Maron
  Trad.:   le roi de Marôn

11.1

ואל-מלך שמרון
   and to the king of Shimron
    et au roi de Simrôn/Shimerôn
      RSV : and to the king of Shimron
      NEB : to the kings of Shimron...
      J   : (3e éd.) le roi de Shimrôn
      L   : zum König von Schimron
  Fac.: 12,9
D ואל-מלך שמעון
   and to the king of Shimeon
    et au roi de Siméôn/Shiméôn
      J   : (le, 2e éd.) le roi de Symoôn
  Rem.: See the same case in 12.20 and 19.15.
  Rem.: Voir les mêmes cas en 12.20 et 19.15.
  Transl.: and to the King of Shimeon
  Trad.:   et au roi de Siméôn/Shiméôn

11.2

B נגב
   south
   sud
     RSV : south
     J   : au sud
     L   : südlich
  [נגד]
   opposite
   en face
     NEB*: opposite

Fac.: 12
Transl.: south
Trad.:   sud

11.3

B והחתי
   and the Hittite
   et le Hittite
     RSV : the Hittites
     NEB : Hittites
     J   : (3e éd.) les Hittites
[והחוי]
   and the Hivite
   et le Hivvite
     J   : l'Hévéen (le éd.), le Hivvite (2e* éd.)
  Fac.: 5
  Transl.: and the Hittite
  Trad.:   et le Hittite

11.3

B והחוי
   and the Hivite
   et le Hivvite
     RSV : and the Hivites
     NEB : and the Hivites
     J   : (3e éd.) les Hivvites
     L   : den Hewitern
[והחתי]
   and the Hittite
   et le Hittite
     J   : (le, 2e* éd.) le Hittite
  Fac.: 5
  Transl.: and the Hivite
  Trad.:   et le Hivvite

11.8

A ועד משרפות מַיִם
   and as far as Misrephoth-maim
   et jusqu'à Misrephot-mayim
     RSV : as far as ... and Misrephot-maim
     J   : (le éd.) et jusqu'à Misrefot-Maïm
     L   : und bis Misrephot-Majim
[ועד משרפות מַיִם =] ועד משרפות מים
   and as far as Misrephoth on the west
   et jusqu'à Misrephot à l'ouest
     NEB : as far as ... Misrephoth on the west

J* : (2e, 3e éd.) et jusqu'à Misrephot à
       l'occident
Fac.: 4,9,12
Rem.: The meaning of this place-name is probably
   "salt-pit", lit. "burning water". See a similar
   case in 13.6
Rem.: Ce nom de lieu signifie probablement "salines",
   litt. "eaux brûlantes". Voir cas semblable en 13.6.
Transl.: Misrephoth-maim
Trad.:   Misrephot-mayim

12.4

תחת אשדות הפסגה:ונבול עוג
   under the slopes of the Pisgah. And the territory
   of Og
   sous les pentes du Pisga. Et le territoire de Og
   L   : bis unten an die Abhänge des Gebirges
          Pisga. Dazu das Gebiet des Königs Og
Fac.: 8
[תחת אשדות הפסגה:ועוג]
   under the slopes of the Pisgah. And Og
   sous les pentes du Pisga. Et Og
      RSV*: to the foot of the slopes of Pisgah; and
             Og
      NEB*: under the watershed of Pisgah. Og
      J   : la base des rampes du Pisga. De son côté,
             Og (1e, 2e* éd.), la base des pentes arro-
             sées du Pisga. Og (3e* éd.)
Fac.: 4
B[תחת אשדות הפסגה ונבול:עוג]
   under the slopes of the Pisgah and its territory.
   Og
   sous les pentes du Pisga et de son territoire. Og
Rem.: See the same expression in Num.34.6 and the
   Remark there.
Rem.: Voir la même expression en Nb 34.6 et la Re-
   marque qui s'y trouve jointe.
Transl.: under the slopes of Pisgah and its <neigh-
          bouring> territory. Og
Trad.:   sous les pentes du Pisga et de son terri-
          toire <voisin>. Og

12.5

וחצי הגלעד גבול סיחון B
   and half of Gilead, territory of Sihon
   et la moitié de Galaad, territoire de Sihôn
[וחצי הגלעד עד גבול סיחון]
   and half of Gilead as far as the territory of
   Sihon
   et la moitié de Galaad jusqu'au territoire de
   Sihôn
     RSV : and over half of Gilead to the boundary
           of Sihon
     NEB*: and half Gilead as far as the boundary
     J   : plus la moitié de Galaad jusqu'aux limites
           de Sihon (1e éd.), plus (2e éd.), et (3e
           éd.) la moitié de Galaad jusqu'aux fron-
           tières de Sihôn (2e, 3e éd.)
     L   : und über das halbe Gilead bis zum Gebiet
           Sihons
  Fac.: 4,5,11
  Rem.: 1. עד-גבול הגשורי והמעכתי וחצי הגלעד should
  be interpreted as follows : "as far as the territory of the Geshurite(s) and the Maacathite(s)
  and ⟨as far as⟩ half of Gilead".
  2. גבול סחון is in apposition : "⟨as far as⟩ half
  of Gilead ⟨which is⟩ the territory of Sihon".
  Rem.: 1. Il faut comprendre le membre de la phrase :
  עד-גבול הגשורי והמעכתי וחצי הגלעד comme suit :
  "jusqu'au territoire du Geshourite et du Maaka-
  tite et ⟨jusqu'à⟩ la moitié de Galaad".
  2. גבול סחון est apposition : "⟨jusqu'à⟩ la
  moitié de Galaad ⟨qui est⟩ le territoire de Sihôn".
  Transl.: See Remark
  Trad.:   Voir Remarque

12.18

מלך אפק אחד מלך לשרון אחד
  king of Aphek : one; king of Lasharon : one
  roi d'Apheq : un; roi de Lasharôn : un
    RSV : the king of Aphek, one; the king of
         Lasharon, one
    J   : le roi d'Apheq, le roi du Saron (1e* éd.)(?),
         le roi d'Aphêqu, un; le roi en Sarôn, un
         (3e éd.)
    L   : der König von Aphek, der König von Saron(?)
  Fac.: 9
[מלך אפק אחד מלך אפק לשרון אחד]
  king of Aphek one, king of Aphek of the Sharon: one
  roi d'Apheq : un; roi d'Apheq en Sarôn : un

NEB*: the king of Aphek; the king of Aphek-in-
        Sharon
Fac.: 14
B[מלך אפק לשרון אחד]
    king of Aphek of the Sharon : one
    roi d'Apheq en Sarôn : un
      J : (2e éd.) le roi d'Aphèq en Saron, un
    Transl.: the king of Aphek-in-Sharon, one
    Trad.:   le roi d'Apheq en Sarôn, un

12.19

מלך מדון אחד
    king of Madon : one
    roi de Madôn : un
      RSV : the king of Madon, one
      NEB : the king of Madon
      J   : (1e éd.) le roi de Madon
      L   : der König von Madon
    Fac.: 5
[מלך מרום]
    the king of Merom
    le roi de Mérôm
      J* : (3e éd.) le roi de Mérom
    Fac.: 5
D[Lacking. Manque] = J* (2e éd.)
    Transl./Trad.: omit / omettre

12.20

מלך שמרון מראון אחד
    king of Shimron-Meron : one
    roi de Simerôn-Mérôn / Shimerôn-Mérôn : un
      RSV : the king of Shimron-meron, one
      NEB : the king of Shimron-meron
      J   : (3e éd.) le roi de Shimerôn Merôn, un
      L   : der König von Schimron-Meron
    Fac.: 5,12,9
[מלך שמעון אחד]
    king of Shimeon : one
    roi de Siméôn / Shiméôn
      J* : (1e éd.) le roi de Symoôn
    Fac.: 14
D[מלך שמעון אחד מלך מראון אחד]
    king of Shimeon : one; king of Meron : one
    roi de Siméôn / Shiméôn : un; roi de Mérôn : un
      J* : (2e éd.) le roi de Symoôn, un; le roi de
            Mérom, un
    Rem.: See 11.1 and 19.15 for the same textual diffi-
       culty with שמעון\שמרון.

Rem.: Voir 11.1 et 19.15 pour la même difficulté
 textuelle avec שמעון\שמרון.
Transl.: the king of Shimeon, one; the king of Meron,
         one
Trad.:   le roi de Siméôn/Shiméôn : un; le roi de
         Mérôn, un

12.23

מלך-גוים לגלגל
 king of Goiim of Gilgal
 roi de Goyim en Guilgal
 Fac.: 9,12
[מלך גוים לגליל]C
 king of Goiim of Galilee
 roi de Goyim en Galilée
   RSV*: the king of Goiim in Galilee
   J : le roi des Goïm de Galilée (le éd.),
        le roi des Goyim de Galilée (2e* éd.),
        le roi des nations en Galilée (3e* éd.)
   L : der König von Völkern in Galiläa
[מלך גַּיִם לגליל]
 the king of Gaiam in Galilee
 le roi de Gayâm en Galilée
   NEB*: the king of Gaiam-in-Galilee
 Fac.: 14
 Transl.: the king of Goiim in Galilee
 Trad.:   le roi de Goyim en Galilée

13.4

וּמְעָרָה אשר לצידנים
 and Mearah/ and a cave, which belongs to the Sidonians
 et Meara/ et une caverne, qui est aux Sidoniens
   RSV : and Mearah which belongs to the Sidonians
   J* : (3e éd.) et Mearah qui est aux Sidoniens
   L : und Meara, das den Sidoniern gehört
 Fac.: 9
[מעזה והצידנים]
 from Gaza and the Sidonians
 depuis Gaza et les Sidoniens
   J* : (2e éd.) depuis Gaza, et les Sidoniens
 Fac.: 12,4
D [וּמְעָרָה אשר לצידנים]=] ומערה אשר לצידנים
 and from Arah which <belongs> to the Sidonians
 et depuis Ara qui <est> aux Sidoniens
   NEB : from the low-lying land which belongs
         to the Sidonians (?)

J* : (le éd.) et depuis Ara qui est aux Si-
      doniens
Transl.: and from Arah which ⟨belongs⟩ to the Sido-
      nians
Trad.: et depuis Ara qui ⟨est⟩ aux Sidoniens

13.6

A עד-משרפות מַיִם
    as far as Misrephoth-maim
    jusqu'à Misrephot-mayim
      RSV : to Misrephot-maim
      L   : bis Misrephoth-Majim
    [עד-משרפות מָיָם=] עד-משרפות מים
    as far as Misrephoth on the west
    jusqu'à Misrephot à l'ouest
      NEB : as far as Misrephoth on the west
      J   : jusqu'à Misrephot à l'occident
Fac.: 14
Rem.: See the same case above at 11.8 and the Re-
    mark there.
Rem.: Voir le même cas ci-dessus en 11.8 et la Re-
    marque qui y est faite.
Transl.: Misrephoth-maim
Trad.:   Misrephot-mayim

13.7

לתשעת השבטים וחצי השבט המנשה
    for nine of the tribes and half of the tribe of
    Manasseh
    pour les neuf tribus et la demi-tribu de Manassé
      RSV : to the nine tribes and half the tribe of
            Manasseh
      NEB : to the nine tribes and half the tribe of
            Manasseh
      L   : unter die neun Stämme und unter den hal-
            ben Stamm Manasse
Fac.: 10
[לתשעת השבטים וחצי השבט המנשה מן הירדן עד הים הגדול
            מבוא השמש תחננה הים הגדול וגבול]
    for nine of the tribes and half of the tribe of
    Manasseh; from the Jordan as far as the great sea,
    at sun-set, you shall give it (i.e. the land), the
    great sea and its ⟨neighbouring⟩ territory. (See
    following case, V.8)
    pour neuf des tribus et la demi⁃tribu de Manassé;
    depuis le Jourdain jusqu'à la grande mer, au cou-
    chant du soleil, tu la donneras (c.-à-d. la terre),
    la grande mer et son territoire ⟨adjacent⟩ . (Voir

cas suivant, V.8)
   J* : entre les neufs tribus et la demi-tribu de
         Manassé : depuis le Jourdain jusqu'à la
         grande mer à l'occident, tu le leur donne-
         ras; la Grande Mer sera leur limite. (le
         éd.); entre les neuf tribus et la demi-
         tribu de Manassé : depuis le Jourdain jus-
         qu'à la Grande Mer à l'occident, tu le
         leur donneras; la Grande Mer sera leur
         limite (2e, 3e éd.)
Fac.: 14
Rem.: The text of J corresponds to part of LXX text.
    But J does not follow it right to the end, for in
    V.8 it would appear to adopt instead the text of
    the Arabic version. In this sense the text of J
    for V.1-8 is eclectic and therefore conjectural.
    See following case.
Rem.: Le texte de J correspond à une partie du
    texte de LXX. Mais J ne le suit pas jusqu'au bout,
    car au V.8 elle adopte à sa place, semble-t-il, le
    texte de la version arabe. En ce sens, l'ensemble
    du texte de J pour V.1-8 est éclectique et donc
    conjectural. Voir cas suivant.

B הגדול הים עד הירדן מן המנשה השבט וחצי השבטים ולתשעת[
   שבט וחצי השבטים : וגבול הגדול הים תחנה השמש מבוא
   [המנשה

    for nine of the tribes and half of the tribe of
    Manasseh; from the Jordan as far as the great sea,
    at sun-set, you shall give it (i.e. the land), the
    great sea and its ⟨neighbouring⟩ territory. The
    ⟨two remaining⟩ tribes and half of the tribe of
    Manasseh (see following case, V.8)
    pour neuf des tribus et la demi-tribu de Manassé;
    depuis le Jourdain jusqu'à la grande mer, au cou-
    chant du soleil, tu la donneras (c.-à-d. la terre),
    la grande mer et son territoire ⟨adjacent⟩. Les
    ⟨deux⟩ tribus et la demi-tribu de Manassé (voir
    cas suivant, V.8)
Rem.: The Committee gave two ratings for the textual
    form adopted.
    1. The first one B, given above, indicates that it
    is highly probable that the most primitive text
    attested is that of the LXX, which has been drop-
    ped in the MT through homoeoteleuton or homoearc-
    ton (Fac.10).
    2. But certain doubts remain regarding the form
    restored from the LXX, given its tendency to trans-
    late rather freely. This is why the Committee gave
    the rating D for details in the text adopted.

Rem.: Le Comité a donné deux votes pour la forme
textuelle choisie.
1. Le premier vote B, noté ci-dessus, marque
qu'il est hautement probable que le texte attesté
le plus primitif soit celui de LXX, et que, dans
le TM, il soit tombé par homéotéleuton ou homéoarcton (Fac.10).
2. Mais pour la forme textuelle exacte, restituée
à partir de LXX, on ne peut être très sûr, étant
donné le tour libre que LXX donne à sa traduction.
C'est pourquoi le Comité n'a taxé le détail du
texte restitué que de la cote D.
Transl.: See following case, Remark 2
Trad.:   Voir cas suivant, Remarque 2

13.8

B עִמּוֹ
     with it (i.e. the half-tribe of Manasseh)
     avec elle (c.-à-d. la demi-tribu de Manassé)
[כי חצי שבט מנשה ועמו]
     for half the tribe of Manasseh and with it
     car la demi-tribu de Manassé et avec elle
          NEB*: for half the tribe of Manasseh and with
                them
  Fac.: 14
[כי חצי שבט המנשה אחר עם]
     for half the tribe of Manasseh, the other one, with
     car la demi-tribu de Manassé, l'autre, avec
          RSV*: with the other half of the tribe of
                Manasseh (?)
          J   : (1e, 2e*, 3e* éd.) quant à l'autre demi-
                tribu de Manassé... avec
          L   : denn... mit dem andern halben Stamm Ma-
                nasse
  Fac.: 10,4
  Rem.: 1. Once the text of the preceding V. has been
  restored (see below), עמו "with it" may be understood as referring to the other half of the tribe
  of Manasseh.
  2. Thus the translation of V.7-8 runs as follows :
  (V.7) "and now divide this land as an inheritance
  for the nine tribes and half the tribe of Manasseh;
  from the Jordan as far as the great sea in the
  west, you shall give it - the great sea and its
  ⟨neighbouring⟩ territory. (V.8 LXX) ⟨As regards
  the two remaining⟩ tribes and half the tribe of
  Manasseh, (V.8 MT) with it (i.e. this half tribe
  of Manasseh) the Reubenites and the Gadites have

⟨already⟩ received their inheritance which Moses
had given them beyond the Jordan eastward, as
Moses the servant of the LORD had given them."
Rem.: 1. Le texte du V. précédent une fois restitué
(voir ci-dessous), עמו "avec elle" s'explique
comme se rapportant à l'<u>autre</u> demi-tribu de Manassé.
2. Ainsi l'ensemble des V. 7-8 serait à comprendre
comme suit : (V.7) "et maintenant partage ce pays
en héritage entre les neuf tribus et la demi-tribu de Manassé; depuis le Jourdain jusqu'à la grande mer au couchant, tu le donneras - la grande
mer et son territoire ⟨adjacent⟩. (V.8 LXX) ⟨Quant
aux deux⟩ tribus ⟨qui restent⟩ et à la demi-tribu
de Manassé, (V.8 TM) avec elle (c.-à-d. cette
demi-tribu de Manassé) les Rubénites et les Gadites ont ⟨déjà⟩ reçu leur héritage que Moïse leur
avait donné au-delà du Jourdain au levant, comme
Moïse, le serviteur du SEIGNEUR, le leur avait
donné."
Transl.: See Remark 2
Trad.: Voir Remarque 2

13.9

A וכל-המישר מידבא
    and all the plain of Medeba
    et toute la plaine de Médeba
      RSV : and all the tableland of Medeba
[וכל המישר ממידבא]
    and all the plain from Medeba
    et toute la plaine à partir de Médeba
      NEB : and... all the tableland from Medebah
      J   : tout le plateau depuis Mêdeba (le éd.),
            tout le plateau depuis Médba (2e*, 3e* éd.)
      L   : und die ganze Ebene von Medeba
Fac.: 11, 8
Rem.: V.9-10 should be interpreted as follows :
    "(i.e. the territory, beginning) with Aroer ...
and the city which ... and all the tableland of
Medebah as far as Dibon, (V.10) and all the
cities of Sihon ... as far as the territory of
the Ammonites".
Rem.: V.9-10 sont à interpréter comme suit :
    "(c.-à-d. le territoire commençant) par Aroër ...
et la ville qui ... et tout le plateau de Médeba
jusqu'à Dibôn, (V.10) et toutes les villes de
Sihôn ... jusqu'au territoire des fils d'Ammôn".
Transl.: See Remark
Trad.: Voir Remarque

13.14

אשי יהוה B
the fire-offerings of the LORD
les mets-consumés du SEIGNEUR
 RSV : the offerings by fire to the LORD
 J : (le éd.) les sacrifices offerts à Yahvé
 L : die Feueropfer des HERRN
[יהוה]
the LORD
le SEIGNEUR
 NEB*: the LORD
 J* : (2e, 3e éd.) Yahvé
Fac.: 5
Transl.: the fire-offerings for the LORD
Trad.: les offrandes pour le SEIGNEUR

13.26

עד-גבול לִדְבִר
 to the territory ⟨belonging⟩ to Debir
 jusqu'au territoire ⟨appartenant⟩ à Debir
Fac.: 5
[עד-גבול דבר]
 to the territory of Debir
 jusqu'au territoire de Debir
  RSV*: to the territory of Debir
Fac.: 6
[עד-גבול לו דבר / עד-גבול לא דבר]
 to the territory of Lodebar
 jusqu'au territoire de Lodebar
  NEB : as far as the boundary of Lo-
     debar
  J : jusqu'au territoire de Lodebar (le éd.),
     jusqu'au territoire de Lo-Debar (2e, 3e éd.)
  L : bis zum Gebiet von Lo-Dabar
Fac.: 14
[עד-גבול לִדְבֹר =] עד-גבול לדבר C
 to the territory of Lidebor
 jusqu'au territoire de Lidebor
Rem.: 1. This city is surely the city Lodebar
mentioned in 2 Sam. 9.4,5; 17.27 and alluded to
by Amos in 6.13. The Committee voted A for this
identification. Translators who use notes could
indicate this identity in a note.
2. Nevertheless Lodebar is not attested by any textual witness in the present V. It would therefore
be conjectural to adopt it here.
3. The solution which best respects the textual

data is that which takes both the original form
of the LXX and the Tiberian vocalisation of the
MT into account.
Rem.: 1. Cette ville est certainement la ville Lodebar mentionnée en 2 S 9.4,5; 17.27, et celle à
laquelle Amos fait allusion en 6.13. Le Comité a
qualifié cette identification de certaine en lui
attribuant le vote A. Les traducteurs qui ajoutent
des notes à leur traduction, pourraient indiquer
cette identité dans une note.
2. Néanmoins aucun témoin textuel n'atteste Lodebar en notre passage. Il serait donc conjectural
de l'y introduire.
3. La solution la plus respectueuse des données
textuelles est celle qui tient compte à la fois
de la forme originelle de la LXX et de la vocalisation tibérienne du TM.
Transl.: as far as the territory of Lidebor
Trad.:   jusqu'au territoire de Lidebor

13.32

A יריחו
    Jericho
    Jéricho
      RSV : of Jericho
      J   : en face de Jéricho
      L   : von Jericho
  [Lacking. Manque] = NEB*
  Fac.: 4,5
  Transl.: (beyond the Jordan east of) Jericho /
           (beyond the Jordan) of Jericho, (eastwards)
  Trad.:   (au-delà du Jourdain, à l'est de) Jéricho /
           (au-delà du Jourdain) de Jéricho, (à l'o-
           rient)

15.1

B מדבר-צן
    the wilderness of Zin
    le désert de Çîn
      RSV : to the wilderness of Zin
      NEB : at the wilderness of Zin
      L   : nach der Wüste Zin
  [ממדבר-צן]
    from the wilderness of Zin
    depuis le désert de Çîn
      J   : depuis le désert de Sîn (1e éd.), depuis
            le désert de Çîn (2e* éd.), depuis le
            désert de Cîn (3e* éd.)

Fac.: 6
Transl.: the wilderness of Zin
Trad.:   le désert de Çîn

15.1

B נגבה מקצה תימן
    in the direction of the Negeb, at the southern end
    vers le Négueb, à l'extrémité méridionale
      RSV : at the farthest south
      NEB : as far as the Negeb at its southern end
      L   : im äussersten Süden
[עד קדש תימן]
    as far as Kadesh, in the south
    jusqu'à Cadès au sud
      J   : jusqu'à Cadès vers le sud-ouest (le, 2e*
          éd.), jusqu'à Cadès au sud (3e* éd.)
Fac.: 5
Transl.: in the direction of the Negeb, at its
        southern end
Trad.:   vers le Négueb, à l'extrémité méridionale

15.4

A זה-יהיה לכם גבול נגב
    this shall be for you a southern border
    telle sera pour vous la limite méridionale
      RSV : this shall be your south boundary
      J   : telle sera votre limite méridionale (le,
          2e éd.), telle sera votre frontière méri-
          dionale (3e éd.)
      L   : das sei eure Grenze nach Süden
[זה-היה להם גבול נגב]
    this was for them a southern border
    telle fut pour eux la limite méridionale
      NEB*: this was their southern border
Fac.: 14,5
Rem.: Having described the boundaries of Judah in
    V. 1-4a, the author addresses the Israelites di-
    rectly in V. 4b, telling them that this southern
    border of Judah ("their border", V.2) is "your
    southern border", since Judah was the most southern
    tribe of Israel.
Rem.: Après avoir décrit les frontières de Juda, V.
    1-4a, l'auteur s'adresse directement, au V. 4b,
    aux Israélites, en disant que cette limite méri-
    dionale de Juda ("leur limite", V.2) est "votre
    limite méridionale", Juda étant la tribu la plus
    méridionale d'Israël.

Transl.: this shall be your southern border
Trad.:   telle sera votre limite méridionale

15.7

אל הגלגל B
   towards Gilgal
   vers Guilgal
      RSV : toward Gilgal
      J   : vers le cercle des pierres
      L   : nach Gilgal
 [אל הגלילות]
   towards the districts
   vers les districts
      NEB*: to the districts
   Fac.: 5
   Transl.: towards Gilgal
   Trad.:   vers Guilgal

15.9

אל-ערי הר-עפרון
   towards the cities of the mountain of Ephron
   vers les villes de la montagne d'Ephrôn
      RSV : to the cities of Mount Ephron
      NEB : to the cities of Mount Ephron
      J   : (3e éd.) vers les villes du mont Ephrôn
      L   : zu den Städten des Gebirges Ephron
   Fac.: 12
   [Lacking. Manque] = J (le, 2e* éd.)
   Fac.: 6
C[אל-עיי הר-עפרון]
   towards the ruins / Iyyim of the mountain of
   Ephron
   vers les ruines / Iyyîm de la montagne d'Ephrôn
   Rem.: See a similar problem in the description of
      the same Benjaminite border in 18.15.
   Rem.: Voir un problème analogue dans la description
      de la même frontière benjaminite en 18.15.
   Transl.: towards Iyyim / the ruins of Mount Ephron
   Trad.:   vers Iyyîm / les ruines de Mont Ephrôn

15.18

ותסיתהו A
   and she incited him
   et elle le poussa
      RSV : she urged him
      J   : (le éd.) elle suggéra à son époux

[ויסיתה]
    and he incited her
    et il la poussa
      NEB*: he incited her
      J*   : (2e, 3e éd.) celui-ci lui suggéra (c.-à-d.
              à Aksa, fille de Caleb)
      L   : beredete er sie
    Fac.: 4
    Rem.: See same case in Judg 1.14.
    Rem.: Voir même cas en Jg 1.14.
    Transl.: and she incited him
    Trad.:   et elle le poussa

15.21

C ועדר
    and Eder
    et Eder
      RSV : Eder
      NEB : Eder
      J   : (le éd.) Eder
      L   : Eder
 [וערד]
    and Arad
    et Arad
      J* : (2e, 3e éd.) Arad
    Fac.: 5
    Transl.: and Eder
    Trad.:   et Eder

15.22

  ועדעדה
    and Adadah
    et Adada
      RSV : Adadah
      L   : Adada
   Fac.: 12,9
 [וערערה]
    and Ararah
    et Arara
      NEB*: Ararah
      J   : (le éd.) Arara
   Fac.: 12,9
 [וערער]
    and Aroer
    et Aroër
      J* : (2e, 3e éd.) Aroër
   Fac.: 4,9

D[וְעַרְעָדָה]
    and Aradah
    et Arada
  Rem.: See a similar case in 1 Sam 30.28.
  Rem.: Voir un cas semblable en 1 S 30.28.
  Transl.: Aradah
  Trad.:   Arada

15.23

וחצור ויתנן
    and Hazor and Ithnan
    et Haçor et Yitnân
      RSV : Hazor, Ithnan
      NEB : Hazor, Ithnan
      L   : Hazor, Jithnan
  Fac.: 9,5
C[וחצור יתנן]
    and Hazor of Ithnan
    et Haçor de Yitnân
      J   : Haçor - Ithnan (le éd.), Haçor - Yitnân
            (2e*, 3e* éd.)
  Transl.: Hazor of Ithnan
  Trad.:   Haçor de Yitnân

15.25

A היא חצור
    that is, Hazor
    c'est Haçor
      RSV : (that is, Hazor)
      J   : (c'est-à-dire Haçor)(le, 2e éd.), - c'est
            Haçor - (3e éd.)
      L   : - das ist Hazor -
  [Lacking. Manque] = NEB*
  Fac.: 4
  Transl.: that is, Hazor
  Trad.:   c'est Haçor

15.28

ובזיותיה
    and Biziothiah
    et Biziothia
      RSV : Biziothiah
      J   : (le éd.) Biziothia
  Fac.: 12,9

B[ורבנותיה]
  and its daughters (i.e. dependent cities)
  et ses filles (c.-à-d. ses villes dépendantes)
    NEB*: and its villages
    J* : (2e, 3e éd.) et ses dépendances
    L   : und seine Ortschaften
  Transl.: and its dependent villages
  Trad.: et ses dépendances

15.32

  ועין ורמון
    and Ain and Rimmon
    et Aîn et Rimmôn
      RSV : Ain and Rimmon
      NEB : Ain, and Rimmon
      J   : (3e éd.) Ayîn et Rimmôn
      L   : Ajin, Rimmon
  Fac.: 9,4,7
A[וְעַיִן רִמּוֹן]
    and En-Rimmon
    et En-Rimmôn
      J   : En Rimmon (1e éd.), En-Rimmôn (2e* éd.)
  Rem.: See similar cases in 19.7 and in 1 Chron 4.32.
  Rem.: Voir cas analagues en 19.7 et en 1 Ch 4.32.
  Transl.: and En-rimmon
  Trad.: et En-Rimmôn

15.36

C וגדרתים
  and Gederothaim
  et Guedérotayim
    RSV : Gederothaim
    NEB : namely both parts of Gederah
    J   : Gedêrothaim (1e éd.), Gedérotaïm (3e éd.)
    L   : Gederothajim
 [וגדרתיה]
  and its hamlets
  et ses hameaux
    J* : (2e éd.) et ses villages
  Fac.: 7
  Transl.: and Gederothaim
  Trad.: et Guedérotayim

15.40

A ‏ולחמס‎
    and Lahmas
    et Lahmas
      NEB : Lahmas
      J   : Lahmas
      L   : Lachmas
  ‏ולחמם‎
    and Lahmam
    et Lahmâm
      RSV : Lahmam
  Fac.: 12,4
  Transl.: and Lahmas
  Trad.:   et Lahmas

15.49

A ‏וקרית סנה‎
    and Kiriath-sannah
    et Qiryat-Sanna
      RSV : Kiriath-sannah
      NEB : Kiriath-sannah
      J   : (le éd.) Qiryat-Sanna
      L   : Kirjath-Sanna
 [‏וקרית ספר‎]
    and Kiriath-sepher
    et Qiryat-Sépher
      J* : (2e, 3e éd.) Qiryat-Séphèr
  Fac.: 9
  Transl.: and Kiriath-sannah
  Trad.:   et Qiryat-Sanna

15.56

  ‏ויקדעם‎
    and Jokdeam
    et Yoqdeâm
      RSV : Jokdeam
      NEB : Jokdeam
      J   : (le éd.) Yoqdeam
      L   : Jokdeam
  Fac.: 12,9
D[‏וירקעם‎]
    and Jorkeam
    et Yorqeâm
      J* : (2e, 3e éd.) Yorqéam
  Rem.: See same case in 1 Chron 2.44.
  Rem.: Voir même cas en 1 Ch 2.44.

Transl.: and Jorkeam
Trad.:   et Yorqeâm

15.59

וחצריהן
  and their hamlets
  et leurs hameaux
    RSV : with their villages
Fac.: 10
A LXX : <u>and their hamlets</u> : Tekoa and Ephrathah (that
is, Bethlehem) and Peor and Etam and Culon and Tatam
and Shoresh and Cerem and Gallim and Bether and Ma-
nocho, eleven cities <u>and their hamlets</u>
A LXX : <u>et leurs hameaux</u> : Teqoa et Ephrata (c'est
Bethléem) et Péor et Etâm et Koulôn et Tatâm et
Shoresh et Kèrem et Gallîm et Béter et Manoho,
onze villes <u>et leurs hameaux</u>
        NEB*: includes this text of LXX, see its trans-
              lation.
        J* : (le éd.) insère ce texte de LXX, mais
              incomplètement, voir l'éd.
              (2e, 3e éd.) insèrent ce texte de LXX
              complètement, voir leurs traductions
        L* : gibt den Text der LXX vollständig, siehe
              ihre Uebertragung
Rem.: It is almost certain that LXX has preserved
  a more original text, lacking in the MT due to
  a scribal error (homoeoteleuton). However,
  certain details in the LXX text are impossible
  to reconstruct in Hebrew. The textual form proposed by the Committee is therefore that of the
  LXX.
Rem.: Il est quasi certain que LXX a conservé un
  texte plus originel, qui est tombé dans le
  TM par une erreur de scribe (homéotéleuton). Cependant, certains détails du texte de LXX ne se
  laissent pas retraduire en hébreu avec certitude.
  La forme textuelle proposée par le Comité est
  donc celle de LXX.
Transl.: See above
Trad.:   Voir ci-dessus

16.1

B ויצא הגורל
    and the lot went
    et le sort sortit

RSV : the allotment ... went
NEB : this is the lot that fell ...: the
      boundary runs (conflate reading or free
      translation ?)
J   : le lot ... s'étendit (le éd.), le lot ...
      partait (3e éd.)
L   : das Los ... nahm seinen Anfang
[ויהי הגבול]
  and the boundary / territory was
  et la frontière / territoire était
    J* : (2e éd.) la frontière ... partait
  Fac.: 5
  Transl.: and the allotment went
  Trad.:   et le lot alla

16.1

A למי יריחו
  to the waters of Jericho
  vers les eaux de Jéricho
    RSV : (east of) the waters of Jericho
    NEB : (east of) the waters of Jericho
    J   : (3e éd.) - les eaux de Jéricho -
    L   : an den Wassern von Jericho
  [Lacking. Manque] = J (le, 2e* éd.)
  Fac.: 10
  Transl.: to the waters of Jericho
  Trad.:   vers les eaux de Jéricho

16.1

A בית-אל
  Bethel / Beth-el
  Béthel / Beth-El
    RSV : to Bethel
    NEB : to Bethel
    J   : (3e éd.) Béthel
    L   : nach Bethel
  [בית-אל לוזה]
  Bethel/Beth-el to Luz
  Béthel/Beth-El vers Luz
    J   : de Béthel-Louza (le éd.), à Béthel-Luz
          (2e* éd.)
  Fac.: 12
  Rem.: See following case.
  Rem.: Voir cas suivant.
  Transl.: Bethel/Beth-el
  Trad.:   Béthel/Beth-El

16.2

A מבית-אל לוזה
   from Bethel/Beth-el to Luz
   de Béthel/Beth-El à Luz
      RSV : from Bethel to Luz
      NEB : from Bethel to Luz
      J   : de Béthel-Louza (le éd.), de Béthel-Luz
            (2e* éd.), de Béthel vers Luz (3e éd.)
      L   : von Bethel heraus nach Lus
  [מבית-אל]
   from Bethel/Beth-el
   depuis Béthel/Beth-El
  Fac.: 12
  Rem.: מבית-אל לוזה should not be translated as a
    compound place-name "Bethel-Luz(a)", but as "from
    Bethel to Luz" (i.e. two distinct places).
  Rem.: מבית-אל לוזה n'est pas un nom de lieu composé
    "Béthel-Louz(a)", mais désigne deux endroits
    distincts "de Béthel à Luz".
  Transl.: See Remark
  Trad.:   Voir Remarque

16.5

C עטרות אדר
   Ataroth-addar
   Aterot-Addar
      RSV : Ataroth-addar
      NEB : Ataroth-addar
      J   : (le éd.) Ateroth Addar
      L   : Ataroth-Addar
  [עטרות ארך]
   Ataroth-arach
   Aterot-Arak
      J* : (2e, 3e éd.) Atrot-Arak
  Fac.: 5
  Rem.: See 18.13 Remark.
  Rem.: Voir 18.13 Remarque.
  Transl.: Ataroth-addar
  Trad.:   Aterot-Addar

17.7

   אל-ישבי עין חפוח
   to the inhabitants of En-tappuah
   aux habitants de En-Tappuah
      RSV : to the inhabitants of En-tappuah
   Fac.: 5,9

[אל ישוב עין חפוח]
   to Jashub-en-tappuah
   à Yashub-En-Tappuah
     NEB*: towards Jashub by En-tappuah
  Fac.: 14
B[אל ישיב עין חפוח]
   to Jashib-en-tappuah
   vers Yashib-En-Tappuah
     J   : vers Yashib sur la source de Tappuah
          (1e, 2e* éd.), vers Yashib qui est sur
          la source de Tappuah (3e* éd.)
  Rem.: It is not easy to make out whether L, in
    translating "ישבי, inhabitants" by "Gebiet" (i.e.
    territory), meant to give a free rendering of the
    MT, or whether it adopted a conjectural text.
  Rem.: Il est difficile de dire si L a voulu donner
    une traduction libre en rendant "ישבי, habitants"
    par "Gebiet" (c.-à-d. territoire) ou si elle a
    adopté un texte conjectural.
  Transl.: to Jashib-en-tappuah
  Trad.:   vers Yashib-En-Tappuah

17.11

B וישבי עין-דר ובנתיה
   and the inhabitants of En-dor and its daughters
   (i.e. dependent cities)
   et les habitants de En-Dor et ses filles (c.-à-d.
   ses villes dépendantes)
     RSV : and the inhabitants of En-dor and its
          villages
     NEB : the inhabitants of En-dor and its villages
     J   : (1e éd.) les habitants ... avec (leurs)
          dépendances (voir contexte du V.), (3e éd.)
          les habitants de Dor et les villes qui en
          dépendent
     L   : und die von Endor und seine Ortschaften
  [Lacking. Manque] = J (2e* éd.)
  Fac.: 4
  Rem.: See following case, Remark 1.
  Rem.: Voir cas suivant, Remarque 1.
  Transl.: and the inhabitants of En-dor and its
         dependent villages
  Trad.:   et les habitants de En-dor et ses dépen-
         dances

17.11

שְׁלֹשֶׁת הנפת
  three, the district / three, the height / the
  three of the Nepheth
  trois, le district / trois, la hauteur / les trois
  du Nèphèt
      J   : (2e, 3e éd.) les trois du Néphèt (2e éd.)
            du Coteau (3e éd.)
      L   : samt den drei Höhen
  Fac.: 12,9
[וּשְׁלָשֶׁת הנפת]
  and the third of the district / of the Nepheth
  et le tiers du district / du Nèphèt
      J   : (le éd.) et le tiers du Naphat
  Fac.: 4, 12, 9
B הנפת שלשת [= שְׁלָשֶׁת הנפת]
  the third ⟨is⟩ the district / the Nepheth
  le troisième ⟨est⟩ le district / le Nèphèt
      RSV*: the third is Naphath
[השלישית נפת דור]
  the third is the district of Dor
  le troisième est le district de Dor
      NEB*: (The third is the district of Dor.)
  Fac.: 14 (See Remark 3) / (Voir Remarque 3)
  Rem.: 1. Although the consonantal form of the MT
      in V. 11 is the result of a complex evolution,
      it nevertheless represents the earliest attested
      text. "The inhabitants of En-dor" in this V. (see
      preceeding case) is more primitive than the in-
      sertion of "the inhabitants of Dor", borrowed
      from Judg 1.27. Later on a brief gloss was added
      at the end of the V., indicating that the third
      place-name in the V., namely "דאר, Dor", is to
      be identified with "נפת דאר, Naphath-dor" (see
      12.23; 1 Kings 4.11; cf. also 11.2).
      2. "נפת, Naphath" may be transcribed as a proper
      name or translated as "district" or "height".
      Therefore, translators who use notes might render
      the sense of the gloss more explicit in a note as
      follows : "⟨to⟩ the third ⟨name, add:⟩ 'Naphath'
      (or : 'the district' [i.e. the district of Dor]):".
      3. After "the district", NEB adds "of Dor", which,
      although a correct interpretation of the gloss, is
      not found in the MT.
  Rem.: 1. Encore que le TM dans sa forme consonantique
      au V. 11 soit le résultat d'une évolution graduelle,
      il représente néanmoins le texte attesté le plus
      primitif. "Les habitants de En-Dor" dans ce V.,
      (voir le cas précédent) est plus primitif que

l'insertion de "les habitants de Dor", empruntée
à Jg 1.27. Plus tard on a ajouté à la fin du V.
une glose pour indiquer que le troisème nom de
lieu du V., "דאר, Dor" est identique à "נפת דאר,
Nèphèt Dor" (voir 12.23; 1 R 4.11; cf. aussi 11.2).
2. On peut ou bien transcrire "נפת, Nèphèt" comme
un nom propre, ou bien le traduire par "district"
ou "hauteur". Donc, les traducteurs qui se servent
de notes pourraient expliciter le sens de la glose
dans la note suivante : "⟨au⟩ troisième ⟨nom, a-
jouter :⟩ 'Nèphèt' (ou : 'le district' [c.-à-d.
le district de Dor])".
3. Après "the district", NEB introduit "of Dor",
ce qui est correct quant au sens, mais ne se
trouve pas dans le TM.
Transl.: the third ⟨is⟩ Nepheth / the district; see
         Rem. 2
Trad.:   le troisième ⟨est⟩ Nèphèt / le district;
         voir Rem. 2

17.15

A כי-אץ לך הר-אפרים
    since the mountain of Ephraim is ⟨too⟩ narrow for
    you
    car la montagne d'Ephraïm est ⟨trop⟩ étroite pour
    toi
      RSV : since the hill country of Ephraim is too
            narrow for you
      J   : puisque la montagne d'Ephraïm est trop
            étroite pour toi
      L   : wenn dir das Gebirge Ephraim zu eng ist
[כי אצלך הר-אפרים]
    since the mountain of Ephraim is beside you
    car la montagne d'Ephraïm est à côté de toi
      NEB*: you are their near neighbours in the hill-
            country of Ephraim
Fac.: 14
Transl.: since the hill country of Ephraim is too
         narrow for you
Trad.:   car la montagne d'Ephraïm est trop
         étroite pour toi

17.18

A כי חזק הוא
    though he (i.e. the Canaanite) ⟨is⟩ strong
    bien qu'il (c.-à-d. le Cananéen) ⟨soit⟩ fort
      RSV : and though they are strong

NEB : the Canaanites may be poweful

J   : à cause ... de la supériorité de ses
      forces (le éd.), bien qu'il soit fort
      (2e éd.), bien qu'ils soient forts (3e éd.)

[כי חזקת ממנו]

for you will be stronger than him (i.e. the Canaa-
nite)

car tu seras plus fort que lui (c.-à-d. le Canané-
en)

    L* : denn du wirst mächtiger sein als sie

Fac.: 7

Transl.: although they may be strong

Trad.: quoi qu'il soit fort

18.8

ושובו אלי ופה אשליך לכם גורל B

and return to me, and here I will cast lots for you
et retournez vers moi, et ici je jetterai pour vous
le sort

    RSV : and come again to me; and I will cast lots
          for you here

    NEB : and return to me, and I will cast lots for
          you here

    J   : (3e éd.) puis venez me retrouver et je
          jetterai pour vous le sort ici

    L   : und kehrt zu mir zurück, damit ich für
          euch hier das Los werfe

[ושובו אלי פה ואשליך לכם גורל]

and return to me here, and I will cast lots for you
et retournez vers moi ici, et je jetterai pour vous
le sort

    J   : et venez me retrouver ici : je jetterai
          pour vous le sort (le éd.); puis venez
          me retrouver ici : je jetterai pour vous
          le sort (2e* éd.)

Fac.: 4

Transl.: and return to me and I will cast lots for
         you here

Trad.:   et revenez à moi, et je jetterai pour vous
         le sort ici

18.9

ויבאו C

and they came
et ils vinrent

    RSV : then they came

    NEB : they ... and came

    J   : (3e éd.) puis ils retournèrent trouver
    L   : und kamen wieder
ויבאו [= וַיָּבִאוּ]
  and they brought
  et ils apportèrent
    J   : (1e, 2e* éd.) (qu') ils apportèrent
Fac.: 4, 5
Transl.: and they came
Trad.:   et ils vinrent

18.13

עטרות אדר
  Ataroth-addar
  Aterot-Addar
    RSV : Ataroth-addar
    NEB : Ataroth-addar
    J   : (1e éd.) Aterot-Addar
    L   : Ataroth-Addar
  Fac.: 4
C[עטרות אֹרֶךְ]
  Ataroth-orech
  Aterot-Orek
    J* : (2e, 3e éd.) Atrot-Arak
  Rem.: The place-name Ataroth-orech is mentioned in
    16.2 as : "towards the territory of the <u>Archites</u>,
    Ataroth", and is not to be assimilated to the
    Ataroth-addar of 16.5. See this case above.
  Rem.: Le nom de lieu Aterot-Orek est mentionné en
    16.2 sous la forme de : "vers le territoire des
    <u>Arkites</u>, Aterot". Il ne faut pas l'assimiler à
    l'Aterot-Addar de 16.5. Voir ce cas ci-dessus.
  Transl.: Ataroth-orech
  Trad.:   Aterot-Orek

18.15

ימה ויצא
  towards the sea / west and goes
  vers la mer / l'ouest et sort
    L   : zuerst nach Westen und läuft dann hin
  Fac.: 12
[עזה ויצא]
  towards Gaza and goes
  vers Gaza et sort
    J* : vers Gazin et sortait (1e éd.), vers
        Gazîn et sortait (2e éd.), vers Gasîn
        et aboutissait (3e éd.)

Fac.: 12

[עפרונה ויצא]

   towards Ephron and goes
   vers Ephrôn et sort
     RSV*: (goes...) to Ephron, (to...)

Fac.: 14

[Lacking. Manque] = NEB*

Fac.: 14

C[עִיּיׇמָה ויצא]

   towards Iyyim / the ruins and goes
   vers Iyyîm / les ruines et sort
   Rem.: See a similar problem in the description of
    the same Benjaminite border in 15.9.
   Rem.: Voir un problème analogue dans la description
    de la même frontière benjaminite en 15.9.
   Transl.: towards Iyyim / the ruins and goes
   Trad.:   vers Iyyîm / les ruines et sort

18.18

C אל-כתף מול הערבה

   to the shoulder / slope facing the Arabah
   vers l'épaule en face de la Araba
    NEB : to ... the slope facing the Arabah
    J : (le éd.) à Kétef en vue de la Araba

[אל-כתף בית הערבה]

   to the shoulder / slope of Beth-ha-arabah
   vers l'épaule de Beth-ha-Araba
    RSV*: to ... the shoulder of Beth-arabah
    J* : sur le flanc ... de Beth-ha-Araba (2e éd.),
       sur le flanc de Bet-ha-Araba (3e éd.)
    L : zu dem Hang von Beth-Araba

Fac.: 5

Transl.: to the slope (lit. shoulder) facing the Arabah
Trad.:   vers l'épaule / le flanc en face de la
     Araba

18.28

B והיבוסי היא ירושלם

   and the Jebusi, that ⟨is⟩ Jerusalem
   et le Jébusi, c'⟨est⟩ Jérusalem
    J : Jebousi c'est-à-dire Jérusalem (le éd.),
       le Jébuséen - c'est Jérusalem - (3e éd.)
    L : und die Stadt der Jebusiter - das ist
       Jerusalem - (?), (siehe Rem.2)

[ויבוס היא ירושלם]

   and Jebus, that ⟨is⟩ Jerusalem
   et Jébus, qui ⟨est⟩ Jérusalem

RSV*: Jebus (that is, Jerusalem)
NEB*: and Jebus, that is Jerusalem
Fac.: 5,4
[ירושלם]
    Jerusalem
    Jérusalem
        J* : (2e éd.) Jérusalem
    Fac.: 14
    Rem.: 1. There are two forms of the old name for
    Jerusalem : Jebusi and Jebus.
    2. It is not clear whether L changed the MT in
    translating : "... die Stadt der Jebusiter..."
    or whether it is merely a loose translation of
    the MT.
    Rem.: 1. Il y a deux formes pour le nom ancien de
    Jérusalem : Jébusi et Jébus.
    2. Il n'est pas clair si L a voulu changer le TM
    en traduisant par "... die Stadt der Jebusiter..."
    ou si elle a simplement traduit librement.
Transl.: and Jebusi, that ⟨is⟩ Jerusalem
Trad.:   et Jébusi, qui ⟨est⟩ Jérusalem

18.28

קרית
    Kiriath
    Qiryat
        J : Qiryat (1e éd.), et Qiryat (2e, 3e éd.)
    Fac.: 10
B קרית יערים
    Kiriath-jearim
    Qiryat-Yéarim
        RSV*: Kiriath-jearim
        NEB*: Kiriath-jearim
        L : Kirjath-Jearim
    Transl.: Kiriath-jearim
    Trad.:   Qiryat-Yéarim

19.2

ושבע
    and Sheba
    et Shèba
        RSV : Sheba
        J : (2e éd.) Shèba
    Fac.: 5,9,10
[Lacking. Manque] = NEB*
    Fac.: 14

B [ושמע]
   and Shema
   et Shema
     J   : Sama (le éd.), Shema (3e éd.)
     L   : Schema
  Transl.: and Shema
  Trad.: et Shema

19.7

עַיִן רמון
  Ain, Rimmon
  Aîn, Rimmôn
   NEB : Ain, Rimmon
   J   : Aîn, Rimmon (le éd.), Ayin, Rimmôn (3e*
       éd.)
   L   : Ajin, Rimmon
  Fac.: 7,9
A עֵין רמון
  En-rimmon
  En-Rimmôn
   RSV : En-rimmon
   J   : (2e* éd.) En-Rimmôn
Rem.: See similar cases in 15.32 and in 1 Chron 4.32.
Rem.: Voir cas analogues en 15.32 et en 1 Ch 4.32.
Transl.: En-rimmon
Trad.: En-Rimmôn

19.7

ועתר
  and Ether
  et Ether
   RSV : Ether
   NEB : Ether
   J   : Ether (le éd.), Etèr (2e, 3e éd.)
   L   : Ether
  Fac.: 12, 9
C ותכן ועתר
  and Tachan and Ether
  et Takan et Ether
  Transl.: and Tachan and Ether
  Trad.: et Takan et Ether

19.10

D עד-שריד
  as far as Sarid
  jusqu'à Sarid

      RSV : as far as Sarid
      J   : (1e éd.) jusqu'à Sarid
      L   : bis Sarid
  [עד-שדוד]
    as far as Shadud / Sadud
    jusqu'à Shadud / Sadud
      NEB*: to Shadud
      J* : (2e, 3e éd.) jusqu'à Sadud
   Fac.: 12, 9
   Transl.: as far as Sarid
   Trad.:   jusqu'à Sarid

19.12

D משריד
    from Sarid
    de Sarid
      RSV : from Sarid
      J   : (1e éd.) de Sarid
      L   : von Sarid
  [משדוד]
    from Shadud / Sadud
    de Shadud / Sadud
      NEB*: from Shadud
      J* : (2e, 3e éd.) de Sadud
   Fac.: 12, 9
   Transl.: from Sarid
   Trad.:   de Sarid

19.13

   רמון
    ⟨towards⟩ Rimmon
    ⟨vers⟩ Rimmôn
      RSV : to Rimmon
      J   : vers Rimmon (1e éd.), vers Rimmôn (2e éd.)
      L   : nach Rimmon
   Fac.: 9, 10
  [רמונה]
    towards Rimmon
    vers Rimmôn
      NEB : to Rimmon
      J* : (3e éd.) à Rimmôn
   Fac.: 9
B[רמונה]
    ⟨towards⟩ Rimmonah
    ⟨vers⟩ Rimmôna
  Rem.: It would seem that the place name "רמונה,
    Rimmonah" posed difficulties for the MT since it

has also been inaccurately handed down in 21.35
and 1 Chron 6.62. See these cases.

Rem.: Il semble que le TM ait eu des difficultés à
situer avec exactitude ce nom de lieu "רמונה,
Rimmôna", car il a été également mal transmis
en 21.35 et 1 Ch 6.62; voir ces cas.

Transl.: ⟨towards⟩ Rimmonah

Trad.:   ⟨vers⟩ Rimmôna

19.13

המחאר
  that which has been bent
  ce qui a été infléchi
    RSV : it bends (toward Neah) (?)
    L   : neigt sich (nach Nea) (?)
 Fac.: 10

[ותאר]
  and bent
  et tournait
    NEB*: and bent round (to Neah)
    J   : (1e, 2e*, 3e* éd.) et tournait (vers Néa)
 Fac.: 14

C מחאר
  bent
  infléchi

Rem.: 1. This is a gloss similar to that of Num
32.38 "with changed names" (see this case). It
may be translated : "⟨the border being⟩ bent (towards Neah)".
2. It may be that RSV and L have given either a
loose translation of the MT or have actually
changed it.

Rem.: 1. Il s'agit d'une glose semblable à celle de
Nb 32.38 "avec des noms changés" (voir ce cas).
On peut la traduire : "⟨la frontière étant⟩ in-
fléchie (vers Néa)".
2. Il se peut que RSV et L aient ou bien rendu
librement le TM, ou bien changé celui-ci.

Transl.: See Rem. 1

Trad.:   Voir Rem. 1

19.15

ושמרון
  and Shimron
  et Simrôn / Shimrôn
    RSV : Shimron
    NEB : Shimron

    J   : Shimron (1e éd.), Shimrôn (3e éd.)
    L   : Schimron
  Fac.: 12,9
D[ושמעון]
    and Shimeon
    et Siméôn / Shiméôn
    J   : (2e éd.) Symoôn
  Rem.: See 11.1 and 12.20 above for the same textual
    difficulty with שמעון/שמרון.
  Rem.: Voir 11.1 et 12.20 ci-dessus pour la même
    difficulté textuelle avec שמעון/שמרון.
  Transl.: and Shimeon
  Trad.:   et Siméôn / Shiméôn

19.15

וידאלה
    and Jidalah
    et Yidala
      RSV : Idalah
      NEB : Idalah
      L   : Jidala
  Fac.: 12, 9
C ויראלה
    and Jiralah
    et Yirala
    J   : Yreala (1e éd.), Yiréala (2e*, 3e* éd.)
  Transl.: and Jiralah
  Trad.:   et Yirala

19.20

והרבית
    and the Rabbith / and Rabbith
    et la Rabbit / et Rabbit
      RSV : Rabbith
      NEB : Rabbith
      L   : Rabbith
[והדברת]
    and the Daberath / and Daberath
    et la Daberat / et Daberat
    J   : (1e, 2e*, 3e* éd.) Daberat
  Fac.: 5,9
C[והדבירת]
    and the Debirath / and Debirath
    et la Debirat / et Debirat
  Rem.: This place is the same as "דברת(ה), Daberath",
    mentioned in 19.12, 21.28 and 1 Chron 6.57.

Rem.: Cet endroit est le même que "דברת(ה), Daberat",
mentionné en 19.12, 21.28 et 1 Ch 6.57.
Transl.: and the Debirath / and Debirath
Trad.:   et la Debirat / et Debirat

19.28

ועברן
  and Ebron
  et Ebrôn
    RSV : Ebron
    L   : Ebron
Fac.: 12,9
B ועבדון
  and Abdon
  et Abdôn
    NEB*: and Abdon
    J   : Abdon (1e éd.), Abdôn (2e*, 3e* éd.)
Transl.: and Abdon
Trad.:   et Abdôn

19.29

מחבל
  Mehebel / from the territory (lit. measuring line)
  of...
  Méhèbel / du territoire (litt. cordeau de mesure)
  de...
Fac.: 12,9
[מֶחְלָב]
  Meheleb
  Méhèleb
    J   : (1e éd.) Meheleb (?)
Fac.: 9,12
[מַחַלְבֶּה]
  Mehalbeh
  Mehalbé
    NEB*: Mehalbeh
Fac.: 12,9
C[מֶחְלָב]
  Mahlab
  Mahlab
    RSV*: Mahalab
Rem.: 1. The modern translations do not fully indi-
cate their textual options. RSV appears to have
adopted the same textual form as the Committee,
but with. a slightly different vocalisation. Is
this also the case for J* (2e, 3e éd.) "Mahaleb"
and for L "Machaleb" ?
2. See Judg 1.31 for another textual difficulty
with this place-name.

Rem.: 1. Les traductions modernes n'indiquent qu'im-
parfaitement leurs choix textuels. RSV paraît
avoir adopté la même forme textuelle que le Comité
quoique sa vocalisation en diffère légèrement.
Est-ce que cela vaut aussi pour J* (2e, 3e éd.)
"Mahaleb" et L "Machaleb" ?
2. Voir Jg 1.31 pour une autre difficulté textuelle dans le nom du même lieu.
Transl.: Mahlab
Trad.:   Mahlab

19.30

ועמה
  and Umah / Ummah
  et Uma / Umma
    RSV : Ummah
    L   : Umma
  Fac.: 12,9
B[וְעַמֹּה]
  and Acco
  et Akko
    NEB*: Acco
    J   : (1e, 2e*, 3e* éd.) Akko
  Transl.: and Acco
  Trad.:   et Akko

19.34

B וביהודה הירדן
  and in Juda, the Jordan
  et en Juda, le Jourdain
    RSV : and Judah ... at the Jordan
  [ובירדן]
  and at the Jordan
  et au Jourdain
    J   : (1e, 2e*, 3e* éd.) (touchait...) et le
          Jourdain
    L   : und an den Jordan
  Fac.: 14
[וביהוד הירדן]
  and in Jehud, the Jordan
  et à Yehud, le Jourdain
    NEB : and the low-lying land by the Jordan (?)
  Fac.: 14
  Rem.: 1. The translation of J is partly that of
  the LXX and partly conjectural.
  2. "יהודה, Jehuda" in this V. does not refer to
  either the tribe or territory of Judah, but is

the corrupt form of a place-name which at present cannot be reconstructed. It should therefore be transcribed as "Jehudah".
Rem.: 1. La traduction de J suit partiellement la
LXX, et partiellement elle est une conjecture.
2. "יהודה, Yehuda" ne désigne dans ce V. ni la
tribu ni le territoire de Juda, mais un nom de
lieu à la forme corrompue qu'il n'est plus
possible de restituer. Les traducteurs pourraient
simplement transcrire ce nom "Yehuda".
Transl.: (and touches...) and Jehuda at / on the
         Jordan
Trad.:   (et touche...) et Yehuda près du / sur le
         Jourdain

19.42

ריתלה B
    and Jithlah
    et Yitla
      RSV : Ithlah
      NEB : Jithlah
      J   : (1e éd.) Ythla
      L   : Jithla
  [ושלחה]
    and Shilathah / Silathah
    et Shilata / Silata
        J* : (2e, 3e éd.) Silata
    Fac.: 12, 9
    Transl.: and Jithlah
    Trad.:   et Yitla

19.45

ויהוד
    and Jehud
    et Yehud
      RSV : Jehud
      NEB : Jehud
      J   : (1e éd.) Yehoud
      L   : Jehud
  Fac.: 9,12
  [ואזר]
    and Azor
    et Azor
        J* : (2e, 3e éd.) Azor
  Fac.: 9,12
C[ויהוד ואזר]
    and Jehud and Azor

et Yehud et Azor
Transl.: and Jehud and Azor
Trad.:   et Yehud et Azor

19.46

ומי הירקון והרקון עם-הגבול
and the Waters of the Jarkon and the Rakkon with
the territory
et les Eaux du Yarqôn et le Raqqôn avec le territoire
   RSV : and Mejarkon and Rakkon with the territory
   L   : Me-Jarkon, Rakkon mit dem Gebiet
[ומים הירקון והרקון עם-הגבול]
and on the west (lit. on the sea), the Jarkon and
the Rakkon with the territory
et à l'ouest (litt. vers la mer), le Yarqôn et
le Raqqôn avec le territoire
   J   : (1e éd.) et, à l'ouest, le Yarqon et le
        Raqqon avec le territoire
Fac.: 9
[ומים הירקון הגבול]
and on the west (lit. on the sea), the Jarkon
⟨is⟩ the territory / boundary
et à l'ouest (litt. vers la mer), le Yarqôn ⟨est⟩
le territoire / la frontière
   NEB*: and on the west Jarkon was the boundary
Fac.: 9, 10, 4
[ומים הירקון עם-הגבול]
and on the west (lit. on the sea), the Jarkon
with the territory
et à l'ouest (litt. vers la mer), le Yarqôn avec
le territoire
   J* : (2e, 3e éd.) et vers la mer Yerakôn avec
        le territoire
Fac.: 9,10
Rem.: 1. The Committee considered the MT as the
earliest attested text. To "(הירקון) מי, the
Waters (of the Jarkon)" it gave the rating C,
and to "הרקון, the Rakkon" after "הירקון, of the
Jarkon" it gave B.
2. The "Waters of the Jarkon" and "the Rakkon"
are place-names. Therefore the former may be
transcribed as "Me-(ha-) Jarkon", or translated
as "Waters of Jarkon".
Rem.: 1. Le Comité considère le TM comme le texte
attesté le plus primitif. Il attribue à "(הירקון)מי,
les Eaux (du Yarqôn)" le degré de probabilité
C, et à "הרקון, le Raqqôn" après "הירקון, du Yar-

qôn", celui de B.   2. Les "Eaux du Yarqôn" et "le
Raqqôn" sont des noms de lieu. On peut par consé-
quent transcrire le premier : "Mê-ha-Yarqôn", ou
bien le traduire : "Eaux du Yarqôn".
Transl.: See Rem. 2
Trad.:   Voir Rem. 2

21.5

A ממשפחת מטה-אפרים
   from the clans of the tribe of Ephraim
   des clans de la tribu d'Ephraïm
      RSV : from the families of the tribe of Ephraim
      L   : von den Geschlechtern des Stammes Ephraim
[ממטה-אפרים]
   from the tribe of Ephraim
   de la tribu d'Ephraïm
      J   : (1e éd.) de(s) tribu(s) d'Ephraïm
   Fac.: 5
[למשפחתם ממטה-אפרים]
   according to their clans, from the tribe of
   Ephraim
   selon leurs clans, de la tribu d'Ephraïm
      NEB*: family by family ... from the tribe(s) of
            Ephraim
      J* : (2e, 3e éd.) selon leurs clans ... de(s)
            tribu(s) d'Ephraïm
   Fac.: 14
   Transl.: from the clans of the tribe of Ephraim
   Trad.:   des clans de la tribu d'Ephraïm

21.6

A ממשפחת מטה-יששכר
   from the clans of the tribe of Issachar
   des clans de la tribu d'Issachar
      RSV : from the families of the tribe of Issachar
      L   : von den Geschlechtern des Stammes Issachar
[ממטה-יששכר]
   from the tribe of Issachar
   de la tribu d'Issachar
      J   : (1e éd.) de(s) tribu(s) d'Issachar
   Fac.: 5
[למשפחתם ממטה-יששכר]
   according to their clans, from the tribe of Issachar
   selon leurs clans, de la tribu d'Issachar
      NEB*: family by family ... from the tribe(s) of
            Issachar
      J* : (2e, 3e éd.) selon leurs clans ... de(s)
            tribu(s) d'Issachar

Fac.: 14
Transl.: from the clans of the tribe of Issachar
Trad.:   des clans de la tribu d'Issachar

21.16

וְאֶת-עַיִן
   and Ain
   et Aîn
     RSV : Ain
     L   : Ajin
  Fac.: 5, 9
B וְאֶת-עָשָׁן
   and Ashan
   et Ashân
     NEB*: Ashan
     J   : Asan (1e éd.), Ashân (2e*, 3e* éd.)
  Transl.: and Ashan
  Trad.:   et Ashân

21.25

וְאֶת-גַּת-רִמּוֹן
   and Gath-rimmon
   et Gat-Rimmôn
     RSV : and Gath-rimmon
     NEB : and Gath-rimmon
     L   : Gath-Rimmon
  Fac.: 5,9
C[וְאֶת-יִבְלְעָם]
   and Jibleam
   et Yibleam
     J   : Ybleam (1e éd.), Yibleam (2e*, 3e* éd.)
  Rem.: The same place is mentioned in 1 Chron 6.55 as
  "בִּלְעָם, Bileam".
  Rem.: Le même lieu est mentionné aussi en 1 Ch 6.55
  sous la forme "בִּלְעָם, Biléâm".
  Transl.: and Jibleam
  Trad.:   et Yibleam

21.35

אֶת-דִּמְנָה
   Dimnah
   Dimna
     RSV : Dimnah
     L   : Dimna
  Fac.: 12,9

[אֶת־רִמּוֹן]
  Rimmon
  Rimmôn
    J*   : (2e, 3e éd.) Rimmôn
Fac.: 12,9
רמונו
  Rimmono
  Rimmono
    J   : (1e éd.) Rimmono
Fac.: 8,9
B[רמונה]
  Rimmonah
  Rimmona
    NEB*: Rimmon
Rem.: See 19.13 and 1 Chron 6.62 for similar diffi-
culties with this place-name.
Rem.: Voir 19.13 et 1 Ch 6.62 pour des problèmes
semblables en ce nom de lieu.
Transl.: Rimmonah
Trad.:   Rimmona

21.36

וממטה ראובן את־בצר
  and from the tribe of Reuben, Bezer
  et de la tribu de Ruben, Béçèr
    RSV : and out of the tribe of Reuben, Bezer
Fac.: See Rem. 1 / Voir Rem. 1
[וממטה ראובן את עיר מקלט הרצח את־בצר]
  and from the tribe of Reuben, the city of refuge
  for the slayer, Bezer
  et de la tribu de Ruben, la ville de refuge pour
  le meurtrier, Béçèr
    L   : von dem Stamm Ruben ... die Freistadt
         für die Totschläger : Bezer (siehe Rem.3)
Fac.: See Rem.1 / Voir Rem.1
[ומעבר לירדן ממטה ראובן את עיר מקלט הרצח את־בצר במדבר
המישר]
  and from beyond the Jordan, from the tribe of
  Reuben, the city of refuge for the slayer, Bezer
  in the desert of the plateau
  et de l'autre côté du Jourdain, de la tribu de
  Ruben, la ville de refuge pour le meurtrier,
  Béçèr dans le désert du plateau
    J*   : au delà du Jourdain, de la tribu de
         Ruben la ville de refuge Beçer dans le
         désert, sur le plateau (1e éd.), au delà
         du Jourdain, de la tribu de Ruben la ville
         de refuge Béçèr dans le désert, sur le

plateau (2e éd.), de l'autre côté du
Jourdain de Jéricho, de la tribu de Ruben,
Béçèr dans le désert, sur le plateau,
ville de refuge pour le meurtrier (3e éd.)

Fac.: See Rem.1 / Voir Rem.1

ומעבר לירדן יריחו ממטה ראובן את עיר מקלט הרצח בצר]
LXX = [בְּמִדבר בַּמִּישֹׁר

and from beyond the Jordan at Jericho, from the
tribe of Reuben, the city of refuge for the slayer, Bezer in the desert of the plateau
et de l'autre côté du Jourdain à Jéricho, de la
tribu de Ruben, la ville de refuge pour le meurtrier, Béçèr dans le désert du plateau

> NEB*: east of Jordan at Jericho, from the tribe
> of Reuben... Bezer-in-the-wilderness on
> the table-land, a city of refuge for the
> homicide (The reconstructed Hebrew text
> proposed by Brockington differs, in two
> minor details, from that proposed by the
> Committee. Brockington, here and in fur-
> ther references : L.H. BROCKINGTON, The
> Hebrew Text of the Old Testament, The
> Readings adopted by the Translators of
> The New English Bible, Oxford 1973.)

Rem.: 1. The Committee gave two types of rating for
V. 36. The first rating, A, indicates that for the
V. as a whole the LXX represents the earliest attested text. In almost all the MT-witnesses, VV.
36-37 are missing. Only a few witnesses attest
these two VV., but in varying forms and influen-
ced by the parallel of 1 Chr 6.63-64. Consequently the rating A applies also to V. 37. The absence
of these two VV. in the MT may be attributed to
Fac.10. However, for elements within V. 36 various
ratings were given, thereby indicating the relative probability of the LXX-text thus adopted.
2. "ומעבר לירדן יריחו, and from beyond the Jordan at Jericho" was given the rating B; "את עיר
מקלט הרצח, the city of refuge for the slayer"
was given A; finally "בְּמִדבר הַמִּישֹׁר, in the desert
of the plateau" was given C.
3. L follows the text indicated above, but changes
the division between VV. 35-36.
4. The translation of the entire V. therefore runs
as follows : "and from beyound the Jordan at Jericho, out of the tribe of Reuben ⟨they gave as⟩
a city of refuge for the slayer Bezer in the desert of the plateau and its pasture lands, and
Jazer and its pasture lands, (V. 37)...".

Rem.: 1. Le Comité a donné deux types de vote pour
le V. 36. Le premier vote A indique que pour l'ensemble de ce V. le texte attesté le plus primitif
est celui de la LXX. Dans la très grande majorité
des témoins du TM, les VV. 36-37 manquent, et il
n'y a que des témoins épars qui les attestent,
sous des formes d'ailleurs variées et influencées
par le parallèle de 1 Ch 6.63-64. Par conséquent
le vote A s'applique également au V. 37. La chute
de ces deux VV. dans le TM est dû au Fac.10.
Quant aux éléments à l'intérieur du V. 36, divers
votes ont été donnés pour indiquer la probabilité
relative du texte de la LXX ainsi adopté.
2. "ומעבר לירדן יריחו",et de l'autre côté du Jourdain à Jéricho" a reçu la note B; "בְּמדבר הַמִּישֹׁר",
dans le désert du plateau" a reçu C. (cf. errata!)
3. L suit le texte indiqué ci-dessus en changeant
cependant la division des VV. 35 et 36.
4. La traduction du V. entier serait donc : "et
de l'autre côté du Jourdain à Jéricho, de la tribu
de Ruben ‹on a donné comme› une ville de refuge
pour le meurtrier Béçèr dans le désert du plateau
et son pâturage, et Yazer et son pâturage, (V.
37) ...".
Transl.: See above, Remark 4
Trad.:   Voir ci-dessus, Remarque 4

22.10

A אשר בארץ כנען
    that ‹is› in the land of Canaan
    qui ‹est› dans le pays de Canaan
      RSV : that lies in the land of Canaan
      J   : qui sont encore en terre cananéenne (1e,
            2e éd.), qui sont au pays de Canaan (3e éd.)
      L   : die noch im Lande Kanaan liegen
    [Lacking.Manque]= NEB*
    Fac.: 14
    Transl.: that ‹is› in the land of Canaan
    Trad.:   qui ‹est› dans le pays de Canaan

22.14

A לבית אב
    for a paternal house
    pour une maison paternelle
      RSV : from each of the ... families
      J   : (chacun chef) de famille (1e éd.), (un
            notable chef) de famille (2e éd.), (un
            notable) par famille (3e éd.)

        L   : aus jeder Sippe
    [Lacking.Manque] = NEB*
    Fac.: 4
    Transl.: for ⟨each⟩ family (of all the tribes of
             Israel)
    Trad.:   pour ⟨chaque⟩ famille (dans toutes les
             tribus d'Israël)

22.19

A ואתנו אל-תֶּמְרֹדוּ
    and do not rebel against us
    et ne vous révoltez pas contre nous
        L   : (lehnt euch nicht auf...) und gegen uns
    [ואחנו אל-תַּמְרָדוּ=]ואתנו אל-תמרדו
    and do not make us rebels
    et ne nous rendez pas rebelles
        RSV : (do not...) or make us as rebels
        NEB : (do not...) and involve us in your de-
              fiance
        J   : (1e, 2e*, 3e éd.) et ne nous entraînez
              pas dans votre rébellion
    Fac.: 14
    Rem.: Although the verb "מרד, to rebel" is construc-
        ted here with two different prepositions (ב and
        את), it has the same meaning, namely "to rebel
        against". This is how all the ancient witnesses
        have understood it.
    Rem.: Encore que le verbe "מרד, se révolter" soit
        construit ici avec deux prépositions différentes
        (ב et את), il a le même sens "se révolter contre".
        C'est ainsi que tous les témoins anciens l'ont
        compris.
    Transl.: and do not rebel against us
    Trad.:   et ne vous révoltez pas contre nous

22.34

B ויקראו בני-ראובן ובני-גד למזבה
    and the sons of Reuben and the sons of Gad gave
    a name to the altar
    et les fils de Ruben et les fils de Gad donnèrent
    un nom à l'autel
        L   : und die Söhne Ruben und Gad benannten den
              Altar
    [ויקראו בני-ראובן ובני-גד למזבה]
    and the sons of Reuben and the sons of Gad named
    the altar...
    et les fils de Ruben et les fils de Gad appelèrent
    l'autel...

J* : Rubénites et Gadites appelèrent l'autel...,
car, disaient-ils

Fac.: 4

[ויקראו בני-ראובן ובני-גד למזבה עד]

and the sons of Reuben and the sons of Gad named
the altar "witness"
et les fils de Ruben et les fils de Gad appelèrent
l'autel "témoin"

RSV : the Reubenites and the Gadites called the
altar Witness;
NEB*: the Reubenites and Gadites said, ...,
and they named it (i.e. the altar)
'Witness' (See Rem.2)

Fac.: 4

Rem.: 1. Three interpretations of this seemingly
incomplete phrase are possible : a) "The Reubenites and the Gadites gave the altar a name, 'for
it is a witness between us that the LORD is God'."
(The altar was given a name because it was to
serve as a witness.)
b) "The Reubenites and the Gadites named the
altar : 'It is a witness between us that the LORD
is God.'." (The latter part of the V. being the
name given.)
c) "The Reubenites and the Gadites declared ⟨con-
cerning⟩ the altar : 'It is a witness between us
that the LORD is God.'."
2. According to Brockington, NEB reads "ועד, and
a witness" after "למזבה, to the altar". The
translation of NEB would appear to imply another
text, different also from MT.

Rem.: 1. Trois interprétations de cette phrase apparemment incomplète s'offrent au traducteur :
a) "Les Rubénites et les Gadites donnèrent un
nom à l'autel, 'car il est témoin entre nous que
le SEIGNEUR est Dieu'." (On lui a donné un nom parce que sa fonction est de servir comme témoin.)
b) "Les Rubénites et les Gadites nommèrent l'autel : 'Il est témoin entre nous que le SEIGNEUR
est Dieu.'." (La deuxième partie du V. est le
nom ainsi donné.)
c) "Les Rubénites et les Gadites déclarèrent ⟨à
propos⟩ de l'autel : 'Il est témoin entre nous que
le SEIGNEUR est Dieu.'."
2. Selon Brockington NEB lit "ועד, et un témoin"
après "למזבה, à l'autel". La traduction de NEB
semble impliquer d'autres lectures encore qui
diffèrent de TM.

Transl.: See Rem.1
Trad.:   Voir Rem.1

23.13

A ולשטט
    and for a whip
    et pour un fouet
      RSV : a scourge
      NEB : whips
      J   : (1e éd.) un fouet
      L   : und zur Geissel
 [ולשכם]
    and for thorns
    et pour des épines
      J* : (2e, 3e éd.) des épines
  Fac.: 4,8
  Transl.: and as a whip
  Trad.:   et comme un fouet

23.13

A ולצננים
    and for thorns
    et pour des épines
      RSV : and thorns
      NEB : and barbed hooks (?)
      J   : et des épines (1e éd.), et des chardons
            (3e éd.)
      L   : und zum Stachel
  [?]
      J   : (2e éd.*) et des poussières
  Fac.: 14
  Transl.: and as thorns
  Trad.:   et comme des épines

24.5

B כאשר עשיתי
    as I did
    comme j'ai fait
      RSV : with what I did
      NEB : - you know well what I did - (?)
      L   : wie ich ... getan habe
 [באתות כאשר עשיתי]
    by the signs which I performed
    par les signes que j'ai faits
      J   : (1e, 2e*, 3e* éd.) par les prodiges que
            j'opérai

Fac.: 4
Rem.: In this context "כאשר" does not mean "when",
    but introduces a global reference to all the acts
    which God performed in Egypt.
Rem.: "כאשר" ne signifie pas ici "lorsque, quand"
    au sens temporel, mais introduit une référence
    globale à toutes les actions que Dieu accomplit
    en Egypte.
Transl.: with what I did ⟨there⟩
Trad.:   avec ce que j'⟨y⟩ ai fait

24.11

A האמרי והפרזי והכנעני והחתי והגרגשי החוי והיבוסי
    the Amorite and the Perizzite and the Canaanite
    and the Hittite and the Girgashite, the Hivite
    and the Jebusite
    l'Amorite et le Perizzite et le Cananéen et le
    Hittite et le Girgashite, le Hivvite et le Jébu-
    séen
        RSV : the Amorites, the Perizzites, the Canaani-
              tes, the Hittites, the Girgashites, the
              Hivites, and the Jebusites
        J   : les Amorréens, les Perizzites, les Canané-
              ens, les Hittites, les Girgashites, les
              Hévéens et les Jébuséens (le éd.), les
              Amorites, les Perizzites, les Cananéens,
              les Hittites, les Girgashites, les Hiv-
              vites et les Jébuséens (2e, 3e éd.)
        L   : die Amoriter, Perisiter, Kanaaniter,
              Hethiter, Girgasiter, Hewiter und Jebusi-
              ter
    [Lacking.Manque] = NEB*
    Fac.: 14
    Transl.: the Amorite and the Perizzite and the Ca-
             naanite and the Hittite and the Girgashite,
             the Hivite and the Jebusite
    Trad.:   l'Amorite et le Perizzite et le Cananéen
             et le Hittite et le Girgashite, le Hivvite
             et le Jébuséen

24.32

A ויהיו
    and they were / became
    et ils furent / devinrent
        NEB : and they passed into (the patrimony)

[ותהי]
    and it (i.e. the portion of ground) was / became
    et elle (c.-à-d. la parcelle de champ) fut / de-
    vint
      RSV : it became
      J   : (le, 2e*, 3e* éd.) et qui était devenue
      L   : und das ... ward
Fac.: 4
Transl.: and they (i.e. the bones) became
Trad.:   et ils (c.-à-d. les ossements) devinrent

JUDGES   JUGES
==============

J   = La sainte Bible, traduite en français
         sous la direction de l'Ecole Biblique de
         Jérusalem, Le livre des Juges, le éd.,
         Paris 1952; 2e éd., Paris 1958; 3e éd.,
         Paris 1973 (en un volume).

L   = Die Bibel oder die ganze Heilige Schrift
         des Alten und Neuen Testaments nach der
         Uebersetzung Martin Luthers, 3. Aufl.,
         Stuttgart 1971.

NEB   = The New English Bible, The Old Testament,
         Oxford 1970.

RSV   = The Holy Bible, Revised Standard Version,
         New York 1952.

1.5,6,7

A אדני בזק (אדני-בזק V.7)
    Adoni-bezek
    Adoni-bézeq
      RSV : Adoni-bezek
      NEB : Adoni-bezek
      J   : (3e éd.*) Adoni-Bézeq
      L   : Adoni-Besek
 [אדני צדק]
    Adoni-zedek
    Adoni-çédeq
      J   : Adonî-sédéq (1e éd.*), Adoni-Çédeq (2e éd.*)
  Fac.: 14
  Transl.: Adoni-bezek
  Trad.:   Adoni-bézeq

1.14

C וחסיתהו
    and she incited him
    et elle le poussa
      RSV : she urged him
 [ויסיתה]
    and he incited her
    et il la poussa
      NEB*: he incited her
      J* : celui-ci lui suggéra (c.-à-d. à Aksa,
            fille de Caleb) (1e, 2e éd.), il lui
            suggéra (3e éd.)
      L   : beredete er sie
  Fac.: 4
  Rem.: See same case in Josh 15.18.
  Rem.: Voir même cas en Jos 15.18.
  Transl.: and she incited him
  Trad.:   et elle le poussa

1.16

A ובני קיני חתן משה
    and the sons of the Kenite, the father-in-law of
    Moses
    et les fils du Qénite, beau-père de Moïse
      RSV : and the descendants of the Kenite, Moses'
           father-in-law
      NEB : the descendants of Moses' father-in-law,
           the Kenite

[רובני חבב הקיני חתן משה]
and the sons of Hobab, the Kenite, the father-in-
law of Moses
et les fils de Hobab, le Qénite, beau-père de
Moïse
  J*   : les fils de Hobab, le Qénite, beau-père
     de Moïse
  L   : und die Nachkommen des Keniters Hobab,
     mit dem Mose verschwägert war
Fac.: 5
Rem.: Two translations are possible :
 1. "and the descendants of the Kenite ⟨who was⟩
 Moses' father-in-law";
 2. "and the Kenites ⟨who descended⟩ from Moses'
 father-in-law".
Rem.: Deux traductions sont possibles :
 1. "et les fils du Qénite ⟨qui était⟩ beau-père
 de Moïse";
 2. "les Qénites ⟨qui descendaient⟩ du beau-père
 de Moïse"
Transl.: See Remark
Trad.:   Voir Remarque

1.16

C מדבר יהודה אשר בנגב ערד
the wilderness of Judah which ⟨is⟩ in the Negeb
of Arad
le désert de Juda qui ⟨est⟩ dans le Négeb d'Arad
  RSV : (into) the wilderness of Judah, which lies
     in the Negeb near Arad
  NEB : (to) the wilderness of Judah which is in
     the Negeb of Arad
  J   : (3e éd.) (jusqu'au) désert de Juda qui est
     dans le Négeb d'Arad
  L   : (in) die Wüste Juda, die im Süden von Arad
     liegt
[מדבר אשר בנגב יהודה אשר במורד ערד]
the wilderness which ⟨is⟩ in the Negeb of Judah
which ⟨is⟩ at the slope of Arad
le désert qui ⟨est⟩ dans le Négeb de Juda qui
⟨est⟩ à la descente d'Arad
  J*   : (1e, 2e éd.) (jusqu'au) désert qui est dans
     le Négéb (Négeb, 2e éd.) de Juda à la
     descente d'Arad
Fac.: 4,5
Transl.: into the wilderness of Judah which is in the
    Negeb of Arad
Trad.:   juqu'au désert de Juda qui est dans le Négeb
    d'Arad

1.16

וילך וישב את-העם

and he (i.e. collectively for the descendants of
the Kenite) went and dwelt with the people
et il (pronom collectif pour les fils du Qénite)
alla et habita avec le peuple
    RSV : and they went and settled with the people
    J   : (3e éd.) et ils vinrent habiter avec le
         peuple
    L   : und gingen hin und wohnten mitten unter
         dem Volk
 Fac.: 12,5

[וילך וישב את העמלקי]

and he (i.e. collectively for the descendants of
the Kenite) went and dwelt with the Amalekite
et il (pronom collectif pour les fils du Qénite)
vint et habita avec l'Amalécite
    NEB*: and settled among the Amalekites
    J   : (1e, 2e* éd.) et ils vinrent habiter avec
         les Amalécites
 Fac.: 12

C[וילך וישב אֹתֹה עמלק]

and Amalek went and dwelt with him (i.e. them,
the descendants of the Kenite)
et Amaleq vint et habita avec lui (pronom collectif pour les fils du Qénite)
Transl.: and Amalek went and dwelt with them
Trad.:   et Amaleq vint habiter avec eux

1.18

B וילכד

   and he captured
   et il s'empara
     RSV : (Judah) also took
     NEB : (Judah) took
     J* : (3e éd.) puis (Juda) s'empara
[ולא הוריש]

   and he did not take possession of
   et il ne prit pas possession de
     J* : (1e, 2e éd.) mais (Juda) ne s'empara pas
     L : doch eroberte (Juda) nicht
 Fac.: 4,5
 Transl.: and he captured
 Trad.:   et il s'empara

1.31

ואת-אחלב
  and Ahlab
  et Ahlab
    RSV : or of Ahlab
    NEB*: of Ahlab
    L   : von Achlab
 Fac.: 12,9
[וְאֶת-מַחֲלָב]
  and Mahalab
  et Mahalab
    J* : de Mahalib (1e éd.), de Mahaleb (2e, 3e
         éd.)
 Fac.: 12,9
C[וְאֶת-מַחְלָב]
  and Mahlab
  et Mahlab
Rem.: See the textual difficulties with the same
  place-name in Josh 19.29.
Rem.: Voir la difficulté textuelle avec le même
  nom de lieu en Jos 19.29.
Transl.: and Mahlab
Trad.:   et Mahlab

1.31

A ואת-חלבה
  and Helbah
  et Helba
    RSV : or of Helbah
    NEB : Helbah
    J   : (3e éd.) d'Helbah
    L   : von Helba
 [Lacking.Manque] = J* (1e, 2e éd.)
 Fac.: 14
Transl.: and Helbah
Trad.:   et Helba

1.36

 וגבול האמרי ממעלה עקרבים
  and the boundary of the Amorite ⟨was⟩ from the
  ascent of Akrabbim
  et la frontière de l'Amorite ⟨allait⟩ de la
  montée d'Aqrabbîm
    RSV : and the border of the Amorites ran from
         the ascent of Akrabbim
 Fac.: 10

[ורגבול האדמי ממעלה עקרבים]
and the boundary of the Edomite ⟨was⟩ from the
ascent of Akrabbim
et la frontière de l'Edomite ⟨allait⟩ de la
montée d'Aqrabbîm
    NEB*: the boundary of the Edomites ran from the
          ascent of Akrabbim
    J* : le territoire des Edomites s'étend à par-
          tir de la montée d'Aqrabbîm (1e éd.)
          (d'Aqrabbim, 2e éd.) (des Scorpions, 3e
          éd.)
    L   : und das Gebiet der Edomiter ging vom
          Skorpionensteig
Fac.: 14
C[ורגבול האמרי האדמי ממעלה עקרבים]
and the boundary of the Amorite ⟨was⟩ the Edomite
from the ascent of Akrabbim
et la frontière de l'Amorite ⟨était constituée
par⟩ l'Edomite depuis la montée d'Aqrabbîm
Transl.: and the boundary of the Amorites ⟨consisted
        of⟩ the Edomites, from the ascent of Akrab-
        bim
Trad.:   et la frontière des Amorites ⟨était con-
        stituée par⟩ les Edom⊥tes depuis la montée
        d'Aqrabbîm

2.1

A אל-הבכים
    to Bochim
    à Bokîm
      RSV : to Bochim
      NEB : to Bokim
      L   : nach Bochim
 [אל בית-אל]
    to Bethel/Beth-el
    à Béthel/Beth-El
    J   : (3e* éd.) à Béthel
 Fac.: 14
[אל-בית-אל ואל-בית ישראל]
    to Bethel/Beth-el and to the house of Israel
    à Béthel/Beth-El et à la maison d'Israël
      J* : (1e, 2e éd.) à Béthel auprès de la maison
          d'Israël
 Fac.: 14
 Rem.: The Committee gave two ratings here: the ra-
    ting A for the reading "אל-הבכים, to Bochim", and
    the rating B for the absence of "and to Bethel
    and to the house of Israel".

Rem.: Le Comité a donné deux votes : le vote A pour
la leçon "אל-הבכים, à Bokîm", et le vote B pour
l'absence de "et à Béthel et à la maison d'Israël".
Transl.: to Bochim
Trad.:   à Bokîm

2.3

B לצדים
    as a snare / as snares / as sides
    comme un filet / comme des filets / comme des cô-
    tés
      NEB : (they will) decoy (you)
      L   : zum Fangstrick
  [לצרים]
    as adversaries
    comme des adversaires
      RSV*: adversaries
      J* : des oppresseurs
  Fac.: 4,12
  Rem.: The exact meaning of לצדים is not quite clear.
    In any event it refers to a hunting instrument and
    may be interpreted as singular or plural : "as a
    snare", "as snares".
  Rem.: Le sens exact de לצדים n'est pas tout à fait
    clair. En tout cas il désigne un instrument de
    chasse et peut être interprété comme singulier
    ou comme pluriel : "comme un filet", "comme des
    filets".
  Transl.: See Remark
  Trad.:   Voir Remarque

3.3

A והחוי
    and the Hivite
    et le Hivvite
      RSV : and the Hivites
      NEB : and the Hivites
      L   : und Hewiter
  והחתי
    and the Hittite
    et le Hittite
      J* : et les Hittites
  Fac.: 14
  Transl.: and the Hivites
  Trad.:   et les Hivvites

3.8

A ארם נהרים
    Aram-naharaim
    Arâm-Naharaïm
      RSV : Mesopotamia
      NEB : Aram-naharaim
      L   : (von) Mesopotamien
  [אדם]
    Edom
    Edôm
      J*   : Edom
  Fac.: 14
  Transl.: Aram-naharaim
  Trad.:   Arâm-Naharaïm

3.19

B ויצאו
    and they went out
    et ils sortirent
      RSV : and (his attendants) went out
      J   : et (tous...) sortirent
      L   : da gingen hinaus (... alle..)
  [ויוצא]
    and he sent away
    et il renvoya
      NEB*: and dismissed
  Fac.: 4,5
  Transl.: and they went out
  Trad.:   et ils sortirent

4.8

B לא אלך
    I will not go
    je n'irai pas
      RSV : I will not go
      NEB : (if you will not go,) neither will I
      L   : so will auch ich nicht ziehen
  [I will not go, for I do not know on which day the
  angel of the LORD will grant me success]= LXX
  [je n'irai pas, car je ne sais pas en quel jour
  l'ange du SEIGNEUR me donnera le succès]= LXX
      J*   : je n'irai pas, car je ne sais pas en
              quel jour l'Ange de Yahvé me donnera le
              succès
  Fac.: 1,13
  Transl.: I will not go
  Trad.:   je n'irai pas

4.15

לפי-חרב A
    at the edge of the sword
    au fil de l'épée
        RSV : at the edge of the sword
        NEB : before (Barak's) onslaught (?)
        L : vor der Schärfe von (Baraks) Schwert
  [Lacking.Manque] = J*
  Fac.: 14
  Rem.: 1. "לפי חרב, at the edge of the sword",
    occurs in V. 15 and V. 16. This expression fits
    into V. 16 without difficulty. Since the לפי חרב
    of V. 15 is attested by all the textual witnesses
    it cannot be omitted on the basis of textual cri-
    ticism, although literary criticism may pronounce
    it to be secondary.
    2. The translation of V. 15a is as follows :
    "and the LORD routed Sisera and all his chariots
    and all his army, at the edge of the sword   be-
    fore Barak...".
  Rem.: 1. "לפי חרב, au fil de l'épée", se trouve au
    V. 15 et au V. 16. Cette expression est mieux en
    place au V. 16. Etant donné que le premier לפי חרב
    est attesté par tous les témoins textuels, il ne
    peut être omis pour des motifs de critique textu-
    elle, quoique la critique littéraire puisse le dé-
    clarer secondaire.
    2. La traduction du V. 15a serait la suivante :
    "et Yahvé bouleversa Sisera, tous ses chars et
    toute son armée, au fil de l'épée, devant Baraq".
  Transl.: See Rem. 2 / Trad. : Voir Rem. 2

5.4

שמים נָטָפוּ A
    <the> heavens dropped (... water)
    <les> cieux déversèrent (... de l'eau)
        RSV : the heavens dropped
        J : (3e éd.) les cieux se déversèrent
        L : der Himmel troff
    [שמים נָטָפוּ=] שמים נטפו
    <the> heavens trembled
    <les> cieux tremblèrent
        NEB : heaven quaked
  Fac.: 1, 8, 12
    [שמים נמגו]
    <the> heavens melted
    <les> cieux fondirent
        J : (le* éd.) les cieux ont frémi
  Fac.: 1, 8

[שמים נמטו]
   ⟨the⟩ heavens tottered
   ⟨les⟩ cieux chancelèrent
      J*   : (2e éd.) les cieux frémirent
  Fac.: 1,8
  Transl.: the heavens dropped (... water)
  Trad.:   les cieux déversèrent (... de l'eau)

5.5

A זה סיני
   this, Sinaï
   celui-ci, le Sinaï
     RSV : yon Sinai
     NEB : the lord of Sinai (?)
     J   : (3e éd.) celui du Sinaï
     L   : der Sinai
 [Lacking. Manque] = J* (le, 2e éd.)
  Fac.: 1,8
  Transl.: the One of Sinai
  Trad.:   celui du Sinaï

5.7

A פרזון
   peasantry / villagers
   les campagnards / les villageois
     RSV : the peasantry
     NEB : champions
     L   : (bei) den Bauern
  פרזות
   the villages
   les villages
     J   : (le*, 2e*, 3e éd.) les villages
  Fac.: 8
  Rem.: The meaning of the expression is collective :
    "all the villagers", "the peasantry", "the rural
    population". It should therefore be translated :
    "the peasantry has become idle".
  Rem.: Le sens de l'expression est collectif : "l'en-
    semble des villageois", "la paysannerie", "la
    population campagnarde". La traduction serait
    donc : "la paysannerie chômait".
  Transl.: See Remark
  Trad.:   Voir Remarque

5.8

B יבחר אלהים חדשים אז לָחֶם שָׁעָרִים
one would choose new gods, then ⟨there was⟩
war in ⟨the⟩ gates
on choisissait des dieux nouveaux, alors ⟨il y
eut la⟩ guerre dans ⟨les⟩ portes
   RSV : when new gods were chosen, then war was
       in the gates
   J   : (3e éd.) on choisissait des dieux nouveaux,
       alors la guerre était aux portes

[יבחר אלהים חדשים אז לָחֶם שְׂעִירִים]
one would choose new gods, then one would consort
with satyrs
on choisissait des dieux nouveaux, alors on se
lia aux satyres
   NEB*: they chose new gods, they consorted with
      demons
Fac.: 14

[לַחֲמֵשׁ עָרִים]
for five cities
pour cinq villes
   J   : (le* éd.) pour cinq villes
Fac.: 14

[בחרי אלהים חרשים לחמש ערים] (?)
the champions of God are silent, for five cities
les champions de Dieu se taisaient, pour cinq
villes
   J   : (2e* éd.) les champions de Dieu se tai-
      saient : pour cinq villes
Fac.: 14

[יבחר אלהים חדשים אֵין לֶחֶם שְׁעָרִים]
one would choose new gods, ⟨there was⟩   no
bread in ⟨the⟩ gates
on choisissait des dieux nouveaux, ⟨il⟩ n' ⟨y
eut⟩ pas de pain dans ⟨les⟩ portes
   L   : man erwählte sich neue Götter; es gab
      kein Brot in den Toren
Fac.: 14

Rem.: 1. In relation to V. 7, V. 8 is a further
stage in the development of the war : in V. 7 the
war is still in the country, in V. 8 it is already at the town gates.
2. Two translations are possible : (a) "one would
choose new gods, then the war was at the gates";
(b) "one would choose new gods, while the war was
at the gates".
Rem.: 1. Par rapport au V. 7, le V. 8 est une nou-
velle étape dans la progression de la guerre :
au V. 7 la guerre est encore à la campagne, au

V. 8 elle est déjà aux portes de la ville.
2. Deux traductions sont possibles : (a) "on
choisissait des dieux nouveaux, alors la guerre
était aux portes"; (b) "on choisissait des dieux
nouveaux, alors que la guerre était aux portes".
Transl.: See above, Remark 2
Trad.:   Voir ci-dessus, Remarque 2

5.11

A מְחַצְצִים
     dividers
     ceux qui divisent
        J   : (3e* éd.) (des) pâtres
     [מְחַצְצִים] = מחצהים
     musicians
     musiciens
        RSV*: musicians
        NEB : the players striking up
     Fac.: 14
  [מצחקים]
     those who are joyful
     ceux qui sont joyeux
        J* : ceux qui sont joyeux (le éd.), des
              gens en liesse (2e éd.)
        L   : (wie) sie jubeln
     Fac.: 14
     Rem.: The interpretation of חצץ in this context is
        "to divide (= distribute) water". The beginning
        of V. 11 may be translated as follows : "from the
        voice of those who distribute water...".
     Rem.: L'interprétation de חצץ dans ce contexte est
        "diviser (=distribuer) les eaux". La traduction
        des premiers mots du V. 11 serait donc : "de la
        voix de ceux qui distribuent l'eau...".
     Transl.: See Remark
     Trad.:   Voir Remarque

5.12

A קוּם
     arise !
     lève-toi !
        RSV : arise
        NEB : up
        L   : mach dich auf
  [חזק קוּם]
     be strong ! arise !
     sois courageux ! lève-toi !

    J* : Courage ! Debout
  Fac.: 1,5
  Transl.: arise !
  Trad.:   debout !

5.12

A שְׁבְיְךָ
    your captives
    tes captifs
      RSV : your captives
      NEB : prisoners
  [שְׁבְיְךָ] = שביך
    your captors
    tes ravisseurs
      J* : ceux qui t'ont pris
      L   : die dich fingen
  Fac.: 1,5,4
  Rem.: The expression ושבה שביך, lit. "capture your
    captives" means "take back your captives".
  Rem.: L'expression ושבה שביך, litt. "fais prisonniers
    tes prisonniers" signifie "reprends tes prison-
    niers".
  Transl.: your captives
  Trad.: . tes captifs

5.13

A אז יָרַד שריד לאדירים עָם יהוה יְרַד-לי בנבורים:
    then Sarid went down to the nobles (or: Go down,
    Sarid, to the nobles) <as> a people, the LORD
    went down (or: O LORD, go down) for me among the
    warriors
    alors descendit Sarid vers les nobles (ou: descends,
    Sarid, vers les nobles) <comme> un peuple, le
    Seigneur descendit (ou: SEIGNEUR descends) pour
    moi parmi les vaillants
      L   : Da zog herab, was übrig war von Herrlichen
            im Volk. Der HERR zog mit mir herab unter
            den Helden
  [אז ירד שריד לאדירים עָם יהוה ירד-לו בנבורים:]
    then the survivors of the nobles went down, the
    people of the LORD went down for him among /
    against the warriors
    alors descendit le reste des nobles, le peuple
    du SEIGNEUR descendit pour lui parmi/contre les
    vaillants
      RSV*: then down marched the remnant of the nob-'
            le; the people of the LORD marched down
            for him against the mighty

Fac.: 4,12,1

[אָז יָרַד שָׂדִיר לָאדִירִים עִם יהוה יָרַד בגבורים:]
then the column went down to the nobles, the
people of the LORD went down among/against the
warriors
alors descendit là colonne vers les nobles, le
peuple du SEIGNEUR descendit parmi/contre les
vaillants

> NEB*: then down marched the column and its
>   chieftains, the people of the LORD marched
>   down like warriors

Fac.: 14

[אָז יָרַד ישראל לָשֶׁעָרִים עִם יהוה יָרַד לוֹ בגבורים:]
then Israel went down to the gates, the people
of the LORD went down for him among/against the
warriors
alors descendit Israël aux portes, le peuple du
SEIGNEUR descendit pour lui parmi/contre les vaillants

> J* : alors Israël est descendu aux portes, le
>   peuple de Yahvé est descendu pour sa cause,
>   en héros

Fac.: 14,4

Rem.: 1. The Committee gave three ratings in con-
nection with this verse : the first one, A, added
above, concerns the consonantal text of the entire verse; the second one, C, not indicated above,
favours the transferral of the main phrase division
from עִם to אדירים; the third rating, D, not indicated above, involves the vocalisation of יְרַד as
יָרַד in both instances.
2. ב in בגבורים is interpreted as ב essentiae,
"as warriors". שריד refers to both the clan of
Sarid, and "the survivor".
3. The translation of the entire verse is as
follows : "then Sarid/the survivor went down to
the nobles, the people of the LORD went down for
me as warriors".
4. The rendering of L is included under the MT,
since its translation appears to follow it, but
its translation differs from that adopted by the
Committee, since L retains the phrase division of
the Masoretes, see above Remark 1.

Rem.: 1. Le Comité a donné trois votes à propos de
ce verset : le premier vote, A, noté   ci-dessus,
se rapporte au texte consonantique du verset entier; le second vote, C, non-indiqué ci-dessus,
qualifie le déplacement de la division principale
de la phrase de עִם à אדירים; le troisième vote, D,

suggère la vocalisation de יָרַד comme יְרַד dans les
deux cas.
2. ב en בגבורים est à comprendre comme ב essentiae, "en tant que vaillants". שריד signifie le
clan de Sarid et en même temps "le rescapé".
3. La traduction du verset entier serait donc
comme suit : "alors descendit Sarid/le rescapé
vers les nobles, le peuple du SEIGNEUR descendit
pour moi comme des vaillants".
4. La traduction de L est mise sous le TM, puisqu'elle paraît le suivre. Mais cette traduction
diffère de celle qu'a adoptée le Comité, puisque
L maintient la division de la phrase des Massorètes,
voir Rem.1.
Transl.: See Remark 3
Trad.:   Voir Remarque 3

5.14

C מני אפרים שרשם בעמלק
    from Ephraim their root ⟨is⟩ in Amalek
    d'Ephraïm leur racine ⟨est⟩ en Amaleq
[מני אפרים שר שם בעמק]
    from Ephraim they set out there into the valley
    d'Ephraïm ils partirent là dans la vallée
      RSV*: from Ephraim they set out thither into
            the valley
      L : aus Ephraim zogen sie herab ins Tal
  Fac.: 14
[מני אפרים שֹרְשִׁים בעמק]
      NEB*: the men of Ephraim showed a brave front
            in the vale (The reconstructed Hebrew
            text [Brockington] is not clear)
  Fac.: 14
[מני אפרים שרים בעמק]
    from Ephraim the princes are in the valley
    d'Ephraïm les princes sont dans la vallée
      J* : les princes d'Ephraïm sont dans la vallée
  Fac.: 14
  Transl.: See following case
  Trad.:   Voir cas suivant

5.14

C אחריך
    after you
    derrière toi
      RSV : following you
      NEB : (crying) : with you
      J   : (3e éd.) derrière toi
      L   : und nach ihm

[אחיך]
   your brother
   ton frère
     J* : (le, 2e éd.) ton frère
Fac.: 4,1
Rem.: The translation of V. 14a is : "from Ephraim
    ⟨are⟩ those who conquer (lit. uproot) Amalek;
    after you (i.e. after Ephraim), Benjamin in your
    tribes".
Rem.: La traduction du V. 14a est : "d'Ephraïm
    ⟨sont⟩ ceux qui vainquent (litt. déracinent) Ama-
    leq; derrière toi (c.-à-d. derrière Ephraïm),
    Benjamin dans tes tribus".
Transl.: See Remark
Trad.:   Voir Remarque

5.14

A בשבט ספר
   with a scribe's rod / with a marshal's stick
   avec un bâton de scribe / avec un bâton d'officier
    RSV : (bear) the marshal's staff
    NEB : of the musterer's staff
    L   : (die) den Führerstab (halten)
[בשבט]
   with the rod
   avec le bâton
    J* : (qui portent) le bâton de commandement
Fac.: 14
Rem.: The translation of V. 14b is : "from Machir
    the commanders came down, and from Zebulon ⟨those
    who⟩ lead with the marshal's stick (the muster-
    officer's stick)".
Rem.: La traduction du V. 14b est : "de Makir
    descendent les chefs, et de Zabulon ⟨ceux qui⟩
    entraînent avec le bâton du guide (de l'adjudant,
    de l'officier)".
Transl.: See Remark
Trad.:   Voir Remarque

5.15

A ושרי ביששכר
   and my princes in Issachar / and the princes in
   Issachar
   et mes princes en Issachar / et les princes en
   Issachar
    L   : und die Fürsten in Isaschar

[וְשָׂרַי יששכר]
  and the princes of Issachar
  et les princes d'Issachar
    RSV : the princes of Issachar
    J   : les princes d'Issakar (1e* éd.), les
           princes d'Issachar (2e* et 3e éd.)
  Fac.: 4
[וְשָׂרַב יששכר]
  and Issachar rebelled
  et Issachar se révolta
    NEB* : Issachar joined ... in the uprising
  Fac.: 14
  Rem.: Two translations of MT are possible :
    1. "my princes in Issachar";
    2. "the princes in Issachar". (For other instances
    where יְ may be translated as ים [absolute plu-
    ral] see Is 19.9; 20.4; Jer 17.13; 22.14; Ezek
    13.18; Amos 7.1; 2 Chron 33.19.)
  Rem.: Deux traductions du TM sont possibles :
    1. "mes princes en Issachar";
    2. "les princes en Issachar". (Pour d'autres cas
    de יְ traduit comme ים [pluriel absolu] voir
    Is 19.9; 20.4; Jr 17.13; 22.14; Ez 13.18; Am 7.1;
    2 Ch 33.19.)
  Transl.: See Remark
  Trad.:   Voir Remarque

5.15

וישׁשכר כן ברק A
  and ⟨as⟩ Issachar so Barak
  et ⟨comme⟩ Issachar de même Baraq
    RSV : and Issachar faithful to Barak
    NEB : Issachar stood by Barak
    L : Wie Isaschar so Barak
[ונפתלי עם ברק]
  and Naphtali with Barak
  et Nephtali avec Baraq
    J* : et Nephtali avec Baraq
  Fac.: 14
  Transl.: and as Issachar so Barak
  Trad.:   et comme Issachar de même Barak

5.16

לפלגות ראובן גדולים חקרי-לב A
    for the clans / streams of Reuben ⟨there are⟩
    great heart-searchings
    pour les clans / ruisseaux de Ruben ⟨il y a⟩
    grands sondages de coeur
        RSV : among the clans of Reuben there were great
              searchings of heart
        J   : (auprès des ruisseaux de Ruben, grandes
              délibérations de l'esprit) (le éd.), (au-
              près des ruisseaux de Ruben, on se con-
              sulte longuement) (2e éd.), (dans les
              clans de Ruben, on s'est concerté longue-
              ment) (3e éd.)
        L   : an Rubens Bächen überlegten sie lange
    [Lacking. Manque]= NEB*
    Fac.: 14
    Transl.: among the clans/beside the streams of Reu-
             ben there were great heart-searchings
    Trad.: dans les clans/auprès des ruisseaux de Ru-
             ben il y avait de grands sondages de
             coeur

5.21

נחל קדומים B
    a torrent of ancient times / an ancient torrent
    un torrent des temps anciens / un torrent antique
        RSV : the onrushing torrent (?)
        J   : (3e* éd.) le torrent.des temps anciens
        L   : der uralte Bach
    [נחל קדמם]
    a torrent came before them / prevented them
    un torrent les précéda / les arrêta
        NEB : the Torrent barred his flight
    Fac.: 14
    [נחל קדשים]
    a torrent of holiness / a sacred torrent
    un torrent de sainteté / un torrent sacré
        J* : (le, 2e éd.) le torrent sacré
    Fac.: 6,8,12
    Transl.: the ancient torrent
    Trad.:   le torrent antique

5.28

A ‎וַתְּיַבֵּב
    and she shrieked / and she looked
    et elle poussa un cri / et elle regarda
      L : und klagte
[‎וַתְּחַבֵּט]
    and she gazed
    et elle regarda
      RSV*: she ... gazed
      J* : elle guette
  Fac.: 14
[‎וַתְּחַבֵּט וַתְּיַבֵּב]
    and she gazed and sighed
    et elle regarda et gémit
      NEB : she peered and shrilly cried (?)
  Fac.: 14
  Rem.: For ‎יבב there are two exegetical traditions :
    1. to cry shrilly, sigh; 2. to look at. Consequent-
    ly there is no need to presuppose, with RSV and J,
    another Vorlage for the Septuagint.
  Rem.: Pour ‎יבב il y a deux traditions exégétiques :
    1. crier, gémir; 2. regarder. Donc nul besoin de
    présupposer, avec RSV et J, une autre Vorlage
    pour la Septante.
  Transl.: and she shrieked / and she looked
  Trad.:   et elle cria / et elle regarda

5.30

A ‎שְׁלַל צְבָעִים לְסִיסְרָא שְׁלַל צְבָעִים רִקְמָה צֶבַע רִקְמָתַיִם
    spoil of dyed stuffs for Sisera, spoil of dyed
    stuffs, embroidery, dyed stuff, two ⟨pieces of⟩
    embroidery
    butin d'étoffes de couleur pour Sisera, butin
    d'étoffes de couleur, de la broderie, étoffe de
    couleur, deux broderies
      RSV : spoil of dyed stuffs for Sisera, spoil of
            dyed stuffs embroidered, two pieces of
            dyed work embroidered
      NEB : booty of dyed stuffs for Sisera, booty of
            dyed stuffs, dyed stuff, and striped, two
            lengths of striped stuff
      L   : und für Sisera bunte gestickte Kleider
            zur Beute, gewirkte bunte Tücher (?)
[‎שְׁלַל צְבָעִים רִקְמָה לְסִיסְרָא רִקְמָה רִקְמָתַיִם]
    spoil of dyed stuffs, embroidery, for Sisera, one
    embroidery, two embroideries
    butin d'étoffes de couleur, de la broderie, pour
    Sisera, une broderie, deux broderies

    J : (3e* éd.) un butin d'étoffes de couleur
         brodées pour Sisera, une broderie, deux
         broderies (de la note de J [3e* éd.] on ne
         peut reconstituer avec certitude le texte
         hébraïque qu'elle a choisi)
  Fac.: 14
[צבע צבעים לסיסרא רקמה רקמתים]
  a ⟨piece of⟩ dyed stuff, two ⟨pieces of⟩ dyed
  stuff for Sisera, an embroidered work two embroidered works
  une étoffe de couleur, deux étoffes de couleur
  pour Sisera, une broderie, deux broderies
    J : une étoffe de couleur, deux étoffes de
         couleur pour Sisera, un vêtement brodé,
         deux vêtements brodés (le* éd.), une étof-
         fe, deux étoffes de couleur pour Sisera,
         une broderie, deux broderies (2e* éd.)
  Fac.: 14
  Transl.: See following case, Remark 2
  Trad.:   Voir cas suivant, Remarque 2

5.30
B לְצַוְּארֵי שָׁלָל
    for the necks of the booty
    pour les cous du butin
      L : um den Hals als Beute (?)
  [לְצַוָּארִי שָׁלָל =] לצוארי שלל
    for my neck as booty
    pour mon cou comme butin
      RSV : for my neck as spoil
  Fac.: 4
  [לְצוּאֵרֵי שֹׁלֵל =] לצוארי שלל
    for the plunderer's neck
    pour le cou du ravisseur
      NEB : to grace the victor's neck
  Fac.: 14
[לצוארו]
    for his neck
    pour son cou
      J : (le* éd.) pour son cou
  Fac.: 14,4
[לצוארי]
    for my neck
    pour mon cou
      J* : (2e, 3e éd.) pour mon cou
  Fac.: 14,4
  Rem.: 1. "שלל, booty" refers to either the female
    prisoners (cf. "רחם, womb" of V. 30a), or to the

captured animals : "for the necks of the booty".
2. The translation of V. 30b is as follows :
"spoil of dyed stuffs for Sisera, spoil of dyed
stuffs embroidered, dyed stuff, two ⟨pieces of⟩
embroidery for the necks of the booty".
Rem.: 1. "שלל, butin" est à comprendre ou bien des
femmes capturées (cf. "רחם, sein" du V. 30a), ou
bien des bêtes capturées : "pour les cous du
butin".
2. La traduction du V. 30b serait comme suit :
"butin d'étoffes de couleur pour Sisera, butin
d'étoffes de couleur brodées, étoffe de couleur,
deux broderies pour les cous du butin".
Transl.: See Remark 2
Trad.:   Voir Remarque 2

6.19

A וַיַּגֵּשׁ
    and he brought near / and he offered
    et il fit approcher / et il offrit
       RSV : and presented them
    ויגש [=וַיִּגַּשׁ]
    and he approached
    et il s'approcha
       NEB : as he approached
       J   : (1e*, 2e*, 3e éd.) comme il s'approchait
       L   : und trat hinzu
Fac.: 1,4,12
Rem.: "וַיַּגֵּשׁ, and he brought near", describes the
    ritual act of presenting the offering : "and he
    offered", "and he presented the offering".
Rem.: "וַיַּגֵּשׁ, et il fit approcher", décrit le geste
    rituel de la présentation de l'offrande; "et il
    offrit", "et il présenta l'offrande".
Transl.: and he offered / and he presented the offe-
         ring
Trad.:   et il offrit / et il présenta l'offrande

6.25

B את-פר-השׁור
    the young bullock of the bull
    le bouvillon du taureau
       RSV : (your father's bull)
       NEB : a young bull
       J   : (3e* éd.) le taureau
       L   : einen jungen Stier von den Stieren

[אֵת־פַּר־הַשֹּׁמֶן]
   the fatted bull
   le taureau gras
      J*   : (le, 2e éd.) le veau gras
   Fac.: 4,6
   Rem.: See following case.
   Rem.: Voir cas suivant.
   Transl.: the young bull
   Trad.:   le jeune taureau

6.25

וּפַר הַשֵּׁנִי שֶׁבַע שָׁנִים B
   and the second ⟨young⟩ bull of seven years
   et le deuxième ⟨jeune⟩ taureau de sept ans
      RSV : the second bull seven years old
      L   : und einen zweiten Stier, der siebenjährig
            ist
[הַפָּר הַשֵּׁנִי]
   the yearling bull
   le taureau d'un an
      NEB*: the yearling bull
   Fac.: 14
[וּפַר שֶׁבַע שָׁנִים]
   and a bull of seven years
   et un taureau de sept ans
      J*   : (3e éd.) le taureau de sept ans
   Fac.: 4,9
[Lacking. Manque] = J* (le, 2e éd.)
   Fac.: 14
   Rem.: 1. The textual problems of 6.25, 1° and 2°,
   6.26 and 6.28 are interrelated. MT seems to presuppose one sacrifice only with one bull only.
   Consequently, the description "פַר שֵׁנִי, a second
   bull" indicates the quality of the only bull sacrificed : it is the best bull which remains
   after the first, as first-born, had been immola-
   ted immediately after birth.
   2. The ו in V. 25 is epexegetic, i.e., it does
   not link a second bull to the first, but it spe-
   cifies the quality of the one and only bull.
   3. "פַר, bull", as also "פַר הַשּׁוֹר,young bullock of
   the bull" designate the young bull in its full
   vigour.
   4. V. 25a should therefore be translated as follows : "take your father's young bull, ⟨that is⟩
   the second bull, seven years old".

Rem.: 1. Les problèmes textuels de 6.25, 1° et 2°,
6.26 et 6.28 sont liés. Le TM semble présupposer
un seul sacrifice avec un seul taureau. Par conséquent la désignation פר שני", second taureau"
indique la qualité de l'unique taureau sacrifié :
il s'agit du meilleur taureau après que le premier, comme premier-né, avait été immolé tout de
suite après sa naissance.
2. Le ו, au V.25, est épexégétique, c.-à-d. il
n'ajoute pas un deuxième taureau au premier, mais
il spécifie la qualité du premier et unique taureau.
3. "פר, taureau", tout comme "פר השור, bouvillon du
taureau" désigne le jeune taureau qui est dans sa
pleine force.
4. La traduction de cette phrase serait donc la
suivante : "prends le jeune taureau de ton père,
⟨je veux dire⟩ le deuxième taureau,celui de sept ans".
Transl.: See Remark 4
Trad.:   Voir Remarque 4

6.26

הפר השני B
   the second bull
   le deuxième taureau
     RSV : the second bull
     L   : den zweiten Stier
[הפר הַשָּׁנִי =] הפר השני
   the yearling bull
   le taureau d'un an
     NEB : the yearling bull
  Fac.: 14
[הפר]
   the bull
   le taureau
     J* : le veau (1e éd.), le taureau (3e éd.)
  Fac.: 4,1
[הפר השמן]
   the fatted bull
   le taureau gras
     J* : (2e éd.) le veau gras
  Fac.: 14
  Rem.: See the preceding case with Rem. 1-3.
  Rem.: Voir le cas précédent avec Rem. 1-3.
  Transl.: the second bull
  Trad.:   le deuxième taureau

6.28

B הפר השני
   the second bull
   le deuxième taureau
     RSV : the second bull
     L   : der zweite Stier
[הפר הַשֵּׁנִי =] הפר השני
   the yearling bull
   le taureau d'un an
     NEB : the yearling bull
  Fac.: 14
[והפר]
   the bull
   le taureau
     J*   : le veau (le éd.), le taureau (3e éd.)
  Fac.: 14
[הפר השמן]
   the fatted bull
   le taureau gras
     J*   : (2e éd.) le veau gras
  Fac.: 4, 1
  Rem.: See Rem. at 6.25, 2°.
  Rem.: Voir Rem. en 6.25, 2°.
  Transl.: the second bull
  Trad.:   le deuxième taureau

7.3

B ויצפר מהר
   let him depart early from the mountain
   qu'il se mette en route tôt, de la montagne
     NEB : is to leave Mount ... at once
[ויצרפם]
   and he tested them
   et il les mit à l'épreuve
     RSV*: and (Gideon) tested them
     J*   : ainsi (Gédéon) les mit à cette épreuve
          (le éd.), (Gédéon) les mit à l'épreuve
          (2e éd.)
     L   : so sichtete sie (Gideon)
  Fac.: 14,6
     J*   : (3e éd.) et qu'il observe du mont...
          (sans indiquer quel texte hébraïque
          elle présuppose à la place du TM qu'elle
          rejette)
  Fac.: 14
  Rem.: The meaning of the verb צפר is not certain;
   it may be either corrupt or a technical term for
   holy war. The translations of the Versions depend

more or less on the context and on the parallel
of Deut 20.5-8. It may be translated : "and let
him depart early in the morning from Mount Gilead".
Rem.: Le sens du verbe צפר n'est pas certain; il
pourrait être ou bien corrompu ou bien un terme
technique de la guerre sainte. Les traductions
des Versions dépendent plus ou moins du contexte
et du parallèle en Dt 20.5-8. On pourrait le traduire comme suit : "et qu'il se mette en route de
bonne heure de Mont Galaad".
Transl.: See Remarque
Trad.:   Voir Remarque

7.3

A הגלעד
   Gilead
   Galaad
[גדעון]
   Gideon
   Gédéon
     RSV*: Gideon
     J* : (1e, 2e éd.) Gédéon
     L   : Gideon
   Fac.: 14
[גלוד]
   Galud
   Galûd
     NEB*: Galud
   Fac.: 14
[גלבע]
   Gilboa
   Gelboé
     J* : (3e éd.) Gelboé
   Fac.: 14
   Transl.: Gilead
   Trad.:   Galaad

7.6

A בידם אל-פיהם
   with their hand to their mouth
   avec leur main à leur bouche
     RSV : putting their hands to their mouths
     NEB*: putting their hands to their mouths
           (however, see Remark 1, below)
     J* : (3e éd.) avec leurs mains à leur bouche
     L   : aus der Hand zum Mund (doch siehe Rem. 1,
           unten)

[בלשונם]
   with their tongue
   avec leur langue
     J* : (le, 2e éd.) avec la langue
   Fac.: 1,4
   Rem.: 1. NEB and L, although they translate the
   phrase according to MT, are incorrect in conjec-
   turally placing it at the end of the verse.
   2. The translation of V.6 is : "The number of
   those who lapped up the water <raised> to their
   mouths by hand (lit. by their hand) was three
   hundred men, but all the rest of the people knelt
   down to drink the water".
   Rem.: 1. NEB et L, quoiqu'ils traduisent la phrase
   en suivant le TM, n'ont pas raison de la mettre,
   par conjecture, à la fin du verset.
   2. La traduction du V.6 est : "Le nombre de ceux
   qui lappaient l'eau, <en la portant> à leur bouche
   avec la (litt. leur)main, fut de trois cents
   hommes, mais tout le reste du peuple se mit sur
   les genoux (litt. leurs genoux) pour boire l'eau".
   Transl.: See Rem. 2
   Trad.:   Voir Rem. 2

7.8

B ויקחו את-צדה העם בידם
   and they took the provisions of the people in
   their hand
   et ils prirent les provisions du peuple dans leur
   main
     J   : (3e éd.) ils prirent les provisions du
           peuple
     L   : und sie nahmen die Verpflegung des Volkes
           ... an sich
[ויקח את-כדי העם מידם]
   and he took the jars of the people from their hand
   et il prit les cruches du peuple de leur main
     RSV*: so he took the jars of the people from
           their hands
     J* : (le, 2e éd.) Gédéon se fit alors remettre
           par le peuple cruches
   Fac.: 14
[ויקחו את-כדי העם בידם]
   and they took the jars of the people in their hand
   et ils prirent les cruches du peuple dans leur
   main
     NEB*: and they took with them the jars ... which
           the people had

Fac.: 14
Transl.: and they took the provisions of the people
         in their hand
Trad.:   et ils prirent les provisions du peuple
         dans leur main

7.20

A חרב
    a sword
    une épée
      RSV : a sword
      NEB : a sword
      J   : (3e éd.) épée
      L   : Schwert
  [Lacking. Manque] = J* (1e, 2e éd.)
  Fac.: 14
  Transl.: a sword
  Trad.:   une épée

7.21

A וירץ
    and he ran / and they ran
    et il courut / et ils coururent
      RSV : (the army) ran
      NEB : (the whole camp) leapt up
      J   : (3e éd.) (le camp...) s'agita
      L   : da fing (das ganze Heer) an zu laufen
  [וייקץ] / [יקיץ] (?)
    and he awoke / and they awoke
    et il s'éveilla / et ils s'éveillèrent
      J* : (1e, 2e éd.) (le camp...) s'éveilla
  Fac.: 14
  Transl.: and they ran
  Trad.:   et il courut

7.22

    צררתה
    Zererathah / towards Zererah
    Çerératha / vers Çeréra
      RSV*: towards Zererah
      NEB : in Zererah
  Fac.: 9,12
C צְרֵדָתָה
    Zeredathah / towards Zeredah
    Çerédatha / vers Çeréda
      L   : auf Zereda zu

[צרתנה]
   Zarethanah / towards Zerethan
   Çartâna / vers Çartân
      J* : vers Sarthan (1e éd.), vers Çartân (2e,
            3e éd.)
   Fac.: 14
   Transl.: Zeredathah / towards Zeredah
   Trad.: Çerédatha / vers Çeréda

8.4

B עיפים ורדפים
   weary and following after
   fatigués et poursuivant
      RSV : faint yet pursuing
      NEB : to continue the pursuit, weary though
            they were
      J   : (3e éd.) étaient harassés par la pour-
            suite
      L   : die waren müde und jagten den Feinden
            nach
[עיפים ורעבים]
   weary and starving
   fatigués et affamés
      J* : (1e, 2e éd.) étaient harassés et affamés
   Fac.: 5,4
   Transl.: weary yet pursuing
   Trad.: fatigués mais poursuivant

8.12

A וכל-המהנה החריד
   and all the army he drove into terror
   et toute l'armée, il la fit trembler
      RSV : and he threw all the army into a panic
      NEB : and their whole army melted away (?)
      J   : (3e éd.) quant à l'armée, il la mit en
            déroute
      L   : und setzte das ganze Heerlager in Schrecken
[וכל-המהנה הכהיד]
   and he annihilated all the army
   et il détruisit toute l'armée
      J* : (1e éd.) Quant à l'armée, il la détruisit
            tout entière
   Fac.: 1,6
[וכל-המחנה ההריב]
   and he annihilated all the army
   et il détruisit toute l'armée
      J* : (2e éd.) Quant à l'armée, il la détruisit
            tout entière

Fac.: 1,6
Transl.: and all the army he threw into a panic
Trad.:   et toute l'armée, il la mit en panique

8.16

וידע
    and he made known
    et il fit connaître
        RSV : and ... taught
        L   : und liess es ... fühlen
    Fac.: 12
C[וידש]
    and he flailed
    et il écrasa
        NEB : and he disciplined
        J* : et ... il déchira
    Transl.: and he flailed
    Trad.:   et il écrasa

8.18

B איפה
    where ?
    où ?
        RSV : where
        NEB : what of (?)
  [איכה]
    how ?
    comment ?
        J* : comment
        L   : wie
    Fac.: 6,5
    Transl.: where ?
    Trad.:   où ?

8.21

B כי כאיש גבורתו
    for as a man ⟨is⟩, so ⟨is⟩ his strength
    car tel ⟨est⟩ un homme, telle ⟨est⟩ sa force
        RSV : for as the man is, so is his strength
        J   : (2e* éd.) car comme (tel, 3e éd) est
              l'homme, telle est sa force
        L   : denn wie der Mann ist, so ist auch seine
              Kraft
  [כי כאיש גבורתך]
    for as ⟨of⟩ a man ⟨is⟩ your strength
    car comme ⟨celle d'⟩ un homme ⟨est⟩ ta force

        NEB : for you have a man's strength
     Fac.: 4,1
[כי איש גבור אתה]
     for you are a warrior
     car tu es un guerrier
        J* : (le éd.) car toi, tu es un guerrier
     Fac.: 14
     Transl.: for as the man ⟨is⟩, so ⟨is⟩ his strength
     Trad.:   car tel ⟨est⟩ l'homme, telle ⟨est⟩ sa force

9.9

A אשר-בי
     which ⟨is⟩ in me
     qui ⟨est⟩ en moi
        RSV : my (fatness) by which
        NEB : my (rich oil) by which
        L   : an mir
[אשר בו]
     with which
     avec laquelle
        J   : avec laquelle (le* éd.), qui (rend honneur)
              (2e*, 3e éd.)
     Fac.: 6
     Rem.: The expression "gods and men" is the direct
        object of the phrase, and not subject. Therefore,
        the translation of the relative clause is either :
        "... my fatness, by which gods and men are honou-
        red", or : "... my fatness : by me gods and men
        are honoured".
     Rem.: L'expression "dieux et hommes" est objet, non
        pas sujet de la phrase. C'est pourquoi la tra-
        duction de la phrase relative sera ou bien : "...
        mon huile, par laquelle on honore dieux et hommes"
        ou bien : "... mon huile : par moi on honore dieux
        et hommes".
     Transl.: See Remark
     Trad.:   Voir Remarque

9.28

B עִבְדוּ
     serve ! (imperative plural)
     servez !
        L   : dienet !
[עבדו = עִבְדוּ]
     they served
     ils servirent

```
      RSV : did ... serve
      NEB : have ... been subjects
 Fac.: 1,4
[יעבדו]
   they will serve
   ils serviront
      J*   : (ne serait-ce pas à...) de servir
 Fac.: 14
 Transl.: serve ! (imperative plural)
 Trad.:   servez !
```

9.29

```
C ויאמר לאבימלך
   and he said to Abimelek
   et il dit à Abimélek
ואמר לאבימלך
   and I would say to Abimelek
   et je dirais à Abimélek
      RSV*: I would say to Abimelek
      NEB*: I would say to him (?)
      L   : so würde ich ... und ihm sagen (?)
 Fac.: 4
[ואמר לו]
   and I would say to him
   et je lui dirais
      J*  : et je lui dirais
 Fac.: 4
 Rem.: 1. The Committee's rating, C, for MT is only
    provisional.
    2. VV. 28-29 are not a continuous discourse of
    Gaal, but the most offensive extracts of this
    discourse. This explains the repetition of "and
    he said <moreover>" in V. 29b. The meaning of
    V. 29b is : "and he said for Abimelech : multip-
    ly..." or, less likely, "and he had it said to
    Abimelech".
 Rem.: 1. Le Comité n'a attribué que provisoirement
    la qualité C au TM.
    2. Les VV. 28-29 ne sont pas un discours continu
    de Gaal, mais les extraits les plus offensants de
    ce discours. D'où la nouvelle mention : "et il
    dit <encore>" au V. 29b. V. 29b signifie : "et
    il dit à l'intention de Abimélek : multiplie..."
    ou, "et il fit dire à Abimélek...", mais c'est
    moins vraisemblable.
 Transl.: See Rem. 2
 Trad.:   Voir Rem. 2
```

9.31

B בתרמה
   aside
   en aparté
     NEB : he resorted to a ruse
     J   : (3e éd.) en secret
     L   : heimlich
באר ומה
   in Arumah
   à Arûma
     RSV*: at Arumah
     J* : à Arouma (le éd.), à Aruma (2e éd.)
  Fac.: 14,8
  Transl.: aside
  Trad.:   en aparté

9.31

A צרים
   besieging / inciting
   assiégeant / excitant
     NEB : (and) are turning (the city against you)
     L   : (und) machen ... aufrührerisch
[מעירים]
   stirring up
   excitant
     RSV*: (and they) are stirring up
     J* : (et) ils excitent
  Fac.: 14
  Transl.: they are inciting
  Trad.:   ils excitent

9.41

B וַיֵּשֶׁב אבימלך באר ומה
   and Abimelech dwelt at Arumah
   et Abimélek demeura à Arûma
     RSV : and Abimelech dwelt at Arumah
     NEB : Abimelech established himself in Arumah
     J   : (3e éd.) Abimélek demeura alors à Aruma
     L   : und Abimelech blieb in Aruma
[וַיָּשָׁב אבימלך באר ומה =] וישב אבימלך באר ומה
   and Abimelech returned to Arumah
   et Abimélek retourna à Arûma
     J* : Abimélek s'en revint alors à Arouma
        (le éd.), à Aruma (2e éd.)
  Fac.: 14
  Transl.: and Abimelech remained on at Arumah
  Trad.:   et Abimélek se tint à Arûma

9.48

A את-הקרדמות
    the axe / the axes
    la hache / les haches
      RSV : an axe
      NEB : axes
      J   : (3e éd.) une hache
      L   : eine Axt
 [קרדמו]
    his axe
    sa hache
      J* : (1e éd.) sa hache
 Fac.: 14
 [הקרדם]
    the axe
    la hache
      J* : (2e éd.) une hache
 Fac.: 6
 Rem.: Two interpretations of הקרדמות are possible :
    1. "a (double-) axe". 2. "axes", in which case
    בידו should not be translated "in his hand" but
    "(took) with him".
 Rem.: Deux interprétations de הקרדמות sont possib-
    les : 1. "(double-) hache". 2. "haches";
    dans ce dernier cas, בידו ne signifie pas "dans
    sa main", mais "(il prit) avec lui".
 Transl.: See Remark
 Trad.:   Voir Remarque

10.8

B בשנה ההיא
    in that year
    en cette année-là
      RSV : that year
      J   : (1e*, 2e*, 3e éd.) à partir de cette année-là
 [בשעה ההיא]
    at that time
    en ce temps-là
      L   : zu jener Zeit (?)
 Fac.: 4,6
 [Lacking. Manque] = NEB*
 Fac.: 4
 Rem.: Two interpretations of this phrase are pos-
    sible : 1. "in that year" = "at that time".
    2. "in that year", referring to V.5, means "in
    that same year".
 Rem.: Deux interprétations de cette phrase sont pos-

sibles : 1. "en cette année-là" = "en ce temps-là".
2. "en cette année-là", se référant au V.5, signifie : "en cette même année".
Transl.: See Remark
Trad.:   Voir Remarque

10.12

C ומעון
    and Maon
    et Maôn
      RSV : and the Maonites
      L   : und Maoniter
 [ומדין]
    and Midian
    et Madiân
      NEB*: and the Midianites
      J* : et Madian (1e éd.), et Madiân (2e, 3e éd.)
  Fac.: 1, 9, 12
  Transl.: and Maon / and the Maonites
  Trad.:   et Maôn / et les Maônites

11.26

B ובערעור
    and in Aror
    et en Aror
      RSV : and in Aroer (?)
      NEB : and in Aroer (?)
      J   : (3e éd.) à Aroër (?)
      L   : und in Aroër (?)
 [וביעזר]
    and in Yazer
    et à Yazer
      J* : à Yazer (1e éd.), à Yazèr (2e éd.)
  Fac.: 8,9
  Rem.: "ערעור, Aror" is but another form of "ערוער,
    Aroer" (see RSV, NEB, J [3e éd.] and L above, and
    Josh 13.9).
  Rem.: "ערעור, Aror" n'est qu'une autre forme de
    "ערוער, Aroër" (voir RSV, NEB, J [3e éd.] et L
    ci-dessus, et Jos 13.9).
  Transl.: See Remark
  Trad.:   Voir Remarque

11.26

B ארנון
    Arnon
    Arnôn
      RSV : the Arnon
      NEB : the Arnon
      J   : (3e éd.) l'Arnon
      L   : am Arnon
 [הירדן]
    the Jordan
    le Jourdain
      J*   : (1e, 2e éd.) du Jourdain
  Fac.: 4,9
  Transl.: the Arnon
  Trad.:   l'Arnôn

11.37

A ירדתי
    and I will go down
    et je descendrai
      NEB*: that I may roam
 [ורדתי]
    and I will roam about
    et j'errerai
      RSV*: that I may ... wander
      J*   : je (m'en irai) errer
  Fac.: 6,14
  [Lacking. Manque] = L
  Fac.: 14
  Rem.: The mountains are <u>lower</u> than the plateaux
    where the villages are situated.
  Rem.: Les montagnes sont <u>en-dessous</u> des plateaux
    où les villages sont situés.
  Transl.: and I will go down
  Trad.:   et je descendrai

12.4

A כי אמרו פליטי אפרים אתם גלעד בתוך אפרים בתוך מנשה
    for they said : "⟨you are⟩ the fugitives of Eph-
    raim, you Gileadites, in the midst of Ephraim,
    in the midst of Manasseh"
    car ils dirent : "⟨vous êtes⟩ les fuyards d'Eph-
    raïm, vous Galaadites, au milieu d'Ephraïm, au
    milieu de Manassé"
      RSV : because they said, "You are fugitives of
          Ephraim, you Gileadites, in the midst of
          Ephraim and Manasseh."

     J*   : car ceux-ci disaient : "Vous n'êtes que
             des transfuges (des fuyards, 3e éd.) d'Eph-
             raïm, vous Galaadites, au milieu d'Eph-
             raïm, au milieu de Manassé."
     L   : - denn diese hatten gesagt : Ihr seid
             Flüchtlinge aus Ephraim; denn Gilead liegt
             mitten in Ephraim und Manasse -
  [Lacking. Manque] = NEB*
  Fac.: 4
  Transl.: for they said : "You are fugitives of
          Ephraim, you Gileadites, in the midst of
          Ephraim and Manasseh."
  Trad.: car ils disaient : "vous êtes les fuyards
          d'Ephraïm, vous, Galaadites, au milieu
          d'Ephraïm et de Manassé."

12.6

B ולא יכין
  and he did not establish / and he did not accomplish
  et il n'établit pas / et il n'accomplit pas
     J   : (3e éd.) car il n'arrivait pas à (pro-
          noncer)
  [ולא יכל]
  and he was not able
  et il ne pouvait pas
     RSV : for he could not (pronounce) (?)
     NEB : and because he could not (pronounce) (?)
     J*   : (1e, 2e éd.) car il ne pouvait pas (pro-
          noncer)
     L   : weil er's nicht ... (aussprechen) konnte (?)
  Fac.: 6,4
  Transl.: and he did not accomplish
  Trad.: il n'arrivait pas à

12.7

  בערי גלעד
    in the cities of Gilead
    dans les villes de Galaad
  Fac.: 9,12
  [בעירו גלעד]
    in his city, in Gilead
    dans sa ville, en Galaad
      RSV*: in his city in Gilead
      NEB*: in his own city in Gilead
      J*   : (3e éd.) dans sa ville, en Galaad
      L   : in seiner Stadt in Gilead

Fac.: 9,12

[בעירו מצפה גלעד]
    in his city, Mizpah of Gilead
    dans sa ville, Miçpé de Galaad
        J* : (le éd.) dans sa ville, Mispa de Galaad
           (Miçpé, 2e éd.)

Fac.: 9,12

C[בְּעִירוֹ בְצָפֶה גלעד]
    in his city, in Zepheh of Gilead
    dans sa ville, à Çephé de Galaad
  Rem.: The city of Zepheh (צפה) here is the same as
    the city of Mizpah mentioned in 11.11, 29,34.
  Rem.: La ville de Çephé (צפה) ici est identique à
    מצפה, Miçpé, mentionné en 11.11, 29,34.
  Transl.: in his city, in Zepheh of Gilead
  Trad.:   dans sa ville, à Çephé de Galaad

12.15

B בארץ אפרים בהר העמלקי
    in the land of Ephraim, on the mountain of the
    Amalekite
    au pays d'Ephraïm, dans la montagne de l'Amalé-
    cite
      RSV : in the land of Ephraim, in the hill
           country of the Amalekites
      NEB : in the land of Ephraim on the hill of the
           Amalekite
      J   : (3e éd.) au pays d'Ephraïm, dans la mon-
           tagne des Amalécites
      L   : im Lande Ephraïm, auf dem Gebirge der
           Amalekiter
[בהר אפרים בארץ שעלים]
    on the mountain of Ephraim in the land of Shaalim
    dans la montagne d'Ephraïm au pays de Shaalîm
      J* : dans la montagne d'Ephraïm, au pays de
           Saalîm (le éd.), Shaalim (2e éd.)
  Fac.: 1, 5, 7
  Transl.: in the land of Ephraim, in the hill-
         country of the Amalekite / Amalekites
  Trad.:   au pays d'Ephraïm, dans la montagne de
         l'Amalécite / des Amalécites

13.13-14

A תשמר: ...תשמר...אל-תאכל...אל-תשת...אל-תאכל... לא תאכל ...(V.14):תשמר
   she shall keep herself ... she shall not eat ...
   she shall not drink ... she shall not eat ... she
   shall take heed
   qu'elle se garde ... qu'elle ne mange ... qu'elle
   ne boive ... qu'elle ne mange ... qu'elle prenne
   garde
   RSV : let her beware. (V.14) She may not eat...
         neither let her drink... or eat... let
         her observe
   NEB*: (your wife) must be careful to do...:
         she must not taste ... she must drink
         no... and she must eat no... she must
         do...
   J*   : (3e éd.) qu'elle s'en abstienne. (V.14)
         Qu'elle n'absorbe rien ... qu'elle ne
         boive ... qu'elle ne mange rien ... qu'el-
         le observe...
   L   : soll sie sich hüten : (V.14) sie soll
         nicht essen ... und soll (keinen Wein...)
         trinken und nichts (Unreines) essen...
         soll sie halten

[ישמר:...יאכל...אל-ישת...אל-יאכל... לא יאכל ...(V.14)   :ישמר]
   he shall keep himself ... he shall not eat ... he
   shall not drink ... he shall not eat ... he shall
   take heed
   qu'il se garde ... qu'il ne mange ... qu'il ne
   boive ... qu'il ne mange ... qu'il prenne garde
   J*   : (le, 2e éd.) qu'il s'en abstienne. (V.14)
         Qu'il n'absorbe rien ... qu'il ne boive ...
         qu'il ne mange rien ... et qu'il observe...
   Fac.: 14
   Transl.: she must keep herself ... she must not eat
         ... she must not drink ... she must not
         eat ... she must observe ...
   Trad.: qu'elle se garde ... qu'elle ne mange ...
         qu'elle ne boive ... qu'elle ne mange ...
         qu'elle observe

14.5

A ואביו ואמו
   and his father and his mother
   et son père et sa mère
   RSV : with his father and mother
   L   : mit seinem Vater und seiner Mutter
   [Lacking. Manque] = NEB*, J*

Fac.: 14
Transl.: and his father and mother
Trad.:   et son père et sa mère

14.5

B ויבאו
   and they came
   et ils vinrent
     L   : und als sie kamen
[ויבא]
   and he came
   et il vint
     RSV : and he came
     NEB : and, when he reached
     J* : et, comme il arrivait
  Fac.: 1,4
  Transl.: and when they came
  Trad.:   et comme ils arrivaient

14.10

A אביהו
   his father
   son père
     RSV : his father
     NEB : his father
     J   : (3e éd.) son père
     L   : sein Vater
 [Lacking. Manque] = J* (1e, 2e éd.)
  Fac.: 14
  Transl.: his father
  Trad.:   son père

14.10

A משתה
   a feast / a banquet
   une fête / un banquet
     RSV : a feast
     NEB : a feast
     J   : (3e éd.) un festin
     L   : ein Hochzeitsgelage
[משתה שבעת ימים]
   a feast of seven days
   une fête de sept jours
     J* : une fête (durant sept jours) (1e éd.),
           une fête durant sept jours (2e éd.)
  Fac.: 5

Transl.: a feast
Trad.:   un festin

14.11

B כראותם
   when they saw
   quand ils virent
      RSV : and when (the people) saw
      NEB : when (the people) saw
      J   : (3e éd.) quand on (le) vit
      L   : und als sie (ihn) sahen
  [ביראתם]
   because they feared
   comme ils craignirent
      J* : (1e éd.) mais, comme on (le) craignait
  Fac.: 1, 4, 12
  [כיראתם]
   as they feared
   quand ils craignirent
      J* : (2e éd.) mais, comme on (le) craignait
  Fac.: 1,4,12
  Transl.: when they saw
  Trad.:   quand ils virent

14.15

C ביום השביעי
   on the seventh day
   au septième jour
  [ביום הרביעי]
   on the fourth day
   au quatrième jour
      RSV*: on the fourth day
      NEB*: on the fourth day
      J* : au quatrième jour
      L   : am vierten Tage
  Fac.: 5
  Transl.: on the seventh day
  Trad.:   au septième jour

14.15

A ויגד-לנו
   so that he may tell us
   pour qu'il nous dise
      RSV : to tell us
      J   : (3e éd.) pour qu'il nous explique
      L   : dass er uns ... sagt

‎[ויגד-לך]
    so that he may tell you
    pour qu'il te dise
      NEB*: and make him tell you
      J*   : (1e, 2e éd.) pour qu'il te donne le mot
  Fac.: 4
  Transl.: so that he may tell us
  Trad.:   pour qu'il nous annonce

14.15

B ‎הלא
    is it not ? / or not ?
    n'est-il pas ? / ou non ?
‎הלם
    hither
    ici
      RSV : here
      NEB*: here
      J   : (1e*, 2e, 3e éd.) ici
      L   : hierher
  Fac.: 8
  Rem.: ‎הלא ... ‎ה means the same as ‎ה ... ‎אם לא‎,
    that is, a double question.
  Rem.: ‎הלא ... ‎ה signifie la même chose que ‎ה... ‎אם לא‎,
    c'est-à-dire une double question.
  Transl.: or not ?
  Trad.:   ou non ?

14.18

A ‎החרסה
    the sun
    le soleil
      RSV : the sun
      L   : die Sonne
‎[החדרה]
    the chamber
    la chambre
      NEB*: the bridal chamber
      J*   : (dans) la chambre à coucher
  Fac.: 14
  Transl.: the sun
  Trad.:   le soleil

15.6

ואת-אביה B
   and her father
   et son père (à elle)
     RSV : and her father
     NEB : and her father
  ואת-בית אביה
   and her father's house
   et la maison de son père (à elle)
     J* : et sa famille (1e, 2e éd.), et la
           maison de son père (3e éd.)
     L   : samt ihrer Familie
  Fac.: 5
  Transl.: and her father
  Trad.: et son père

15.16

  חֲמוֹר חֲמֹרָתָיִם
   one heap, two heaps
   un tas, deux tas
     RSV : heaps upon heaps
  Fac.: 6,8
  [חֲמוֹר חֲמַרְתִּי]
   I heaped a heap
   je mis en tas
     J* : (3e éd.) je les ai mis en tas
  Fac.: 14
  חמור חמרתים = [חֲמוֹר חֲמַרְתִּים]
   I have flayed them like an ass
   je les ai écorchés comme un âne
     NEB*: I have flayed them like asses
  Fac.: 14,6
  חמור חמרתים = [חֲמוֹר חֲמַרְתִּים] C
   I have drubbed them well
   je les ai bien étrillés
     J* : (1e, 2e éd.) je les ai bien rossés
     L   : hab ich sie geschunden
  Rem.: The root חמר in this context means "to thrash,
  to drub". The expression should be translated :
  "I have drubbed them well".
  Rem.: La racine חמר signifie ici "gratter, étriller".
  La traduction de la phrase serait donc : "je les
  ai bien étrillés".
  Transl.: See Remark
  Trad.: Voir Remarque

16.2

C לעזתים

    to the Gazites
    aux gens de Gaza
      RSV : the Gazites (were told)
      J   : (3e éd.) (on fit savoir) aux gens de Gaza
      L   : (da wurde) den Gazitern (gesagt)

[ויגד לעזתים]

    and it was told to the Gazites
    et il fut dit aux gens de Gaza
      NEB*: the people of Gaza heard
      J* : (le, 2e éd.) on fit connaître (savoir,
            2e éd.) aux gens de Gaza
  Fac.: 4,6
  Rem.: MT is elliptic, and may be translated : "the
  Gazites were told".
  Rem.: Le TM est elliptique; on pourrait le traduire :
  "il fut dit aux gens de Gaza".
  Transl.: See Remark
  Trad.:   Voir Remarque

16.3

A על-פני חברון

    before Hebron
    en face d'Hébron
      RSV : before Hebron
      NEB : east of Hebron
      J   : (3e éd.) en face d'Hébron
      L   : vor Hebron

[על-פני חברון ויניחם שם]

    before Hebron, and he placed them there
    en face d'Hébron, et il les y déposa
      J* : (le, 2e éd.)qui est vis-à-vis d'Hébron
            et il les y déposa
  Fac.: 13
  Rem.:"ויניחם שם, and he placed them there" is a
  gloss within the Septuagint tradition. Transla-
  tors who use notes might add this gloss of the
  Septuagint in a note.
  Rem.:"ויניחם שם, et il les y déposa" est une glose
  à l'intérieur du grec. Si les traducteurs donnent
  des notes, ils peuvent ajouter cette glose de la
  Septante en note.
  Transl.: before Hebron
  Trad.:   en face d'Hébron

16.13

עם-המסכת
  with the warp
  avec la chaîne
  Fac.: 10
A[עם-המסכת ותקעת ביתד אל הקיר וחליתי כאחד האדם
    with the warp/the web, and you shall drive ⟨them⟩
    with the pin into the wall and I shall become
    weak as any man
    avec la chaîne/le tissu, et tu ⟨les⟩ planteras
    avec le piquet dans le mur et je deviendrai
    faible comme n'importe quel homme
[עם-המסכת ותקעת ביתד וחליתי כאחד האדם]
    with the warp/the web, and you shall fix ⟨them⟩
    with the pin and I shall become weak as any man
    avec la chaîne/le tissu, et tu ⟨les⟩ fixeras
    avec le piquet et je deviendrai faible comme
    n'importe quel homme
      RSV*: with the web and make it tight with the
            pin, then I shall become weak, and be
            like any other man
      NEB*: into the warp, and then drive them tight
            with the beater; and I shall become as weak
            as any other man
      J* : avec la chaîne, et si tu les fixais avec
            le peigne du tisserand, je perdrais ma
            force et deviendrais comme un homme ordi-
            naire (le éd.), avec la chaîne du tissu,
            et si tu enfonçais le piquet, je perdrais
            ma force et deviendrais comme un homme
            ordinaire (2e éd.), avec la chaîne d'un
            tissu, et si tu les resserrais en frap-
            pant avec la batte, je perdrais ma force
            et deviendrais comme un homme ordinaire
            (3e éd.)
      L   : mit dem Aufzug deines Webstuhls und hef-
            tetest sie mit dem Pflock an, so würde ich
            schwach und wie ein anderer Mensch
  Fac.: 14,5
  Rem.: See the following case. In both instances MT
    has undergone the one textual corruption through
    homoeoteleuton.
  Rem.: Voir le cas suivant : il s'agit de la même
    corruption textuelle par homéotéleuton dans le TM.
  Transl.: with the warp / the web, and you shall
    drive ⟨them⟩ with the pin into the wall and I
    shall become weak as any man

Trad.:   avec la chaîne/le tissu, et tu ⟨les⟩
planteras avec le piquet dans le mur et je de-
viendrai faible comme n'importe quel homme

16.14

ותתקע
  and she fixed
  et elle fixa
Fac.: 10

A ויהי בשנתו ותקח דלילה את-שבע מחלפות ראשו והארג עם]
המסכת ותתקע[

and as he slept Delilah took the seven locks of
his head and wove ⟨them⟩ with the warp/the web
and fixed ⟨them⟩
et pendant qu'il dormait Dalila prit les sept
tresses de sa tête et elle ⟨les⟩ tissa avec la
chaîne/le tissu et ⟨les⟩ fixa
    RSV*: so while he slept, Delilah took the se-
           ven locks of his head and wove them into
           the web. And she made them tight

ותישנהו ותארג את-שבע מחלפות ראשו עם המסכת ותתקע]

and she made him sleep and she wove the seven
locks of his head with the warp/the web, and she
fixed ⟨them⟩
et elle l'endormit et elle tissa les sept tresses
de sa tête avec la chaîne/le tissu et ⟨les⟩ fixa
    NEB*: so she lulled him to sleep, wove the
           seven loose locks of his hair into the
           warp and drove them tight
    J* : elle l'endormit, puis elle tissa les sept
           tresses de sa chevelure avec la chaîne,
           elle enfonça (2e éd.), elle l'endormit,
           puis elle tissa les sept tresses de sa
           chevelure avec la chaîne, elle les res-
           serra (3e éd.)
    L : da liess sie ihn einschlafen und flocht
           die sieben Locken seines Hauptes zusam-
           men mit dem Gewebe und heftete sie ... an
Fac.: 5

ותישנהו ותארג את-שבע מחלפות ראשו ותתקע]

and she made him sleep and she wove the seven
locks of his head and drew ⟨them⟩ together
et elle l'endormit et elle tissa les sept
tresses de sa tête et elle resserra
    J* : elle l'endormit, puis elle tissa les sept
           tresses de cheveux de sa tête, elle les
           fixa (1e éd.)
Fac.: 14

Rem.: See preceding case.
Rem.: Voir le cas précédent.
Transl.: and as he slept, Delilah took the seven
         locks of his head and wove ⟨them⟩ with
         the warp/the web, and fixed ⟨them⟩
Trad.:   et pendant qu'il dormait Dalila prit les
         sept tresses de sa tête et elle ⟨les⟩ tissa
         avec la chaîne/le tissu, et ⟨les⟩ fixa

16.14

B את-היתד הארג
    the pin, the loom / the pin of the loom
    le piquet, le métier à tisser / le piquet du
    métier à tisser
       RSV : the pin, the loom
  [את-הא רג]
    the loom
    le métier à tisser
       NEB*: the warp (?) / the loom (?)
  Fac.: 14
  [את-היתד]
    the pin
    le piquet
       J* : le métier (le éd.), la pièce (2e éd.),
             la batte (3e éd.) (?)
  Fac.: 14
  [את-מחלפות את-היתד]
    the locks with the pin
    les tresses avec le piquet
       L   : die geflochtenen Locken mit Pflock
  Fac.: 6,4
  Transl.: See following case
  Trad.:   Voir cas suivant

16.14

A ואת-המסכת
    and the warp / and the web
    et la chaîne / et le tissu
       RSV : and the web
       NEB*: the warp (?) / and the loom with it (?)
       J   : (3e éd.) avec la chaîne
       L   : und Gewebe
  [ואת-המסכת ולא נודע כהו]
    and the warp/the web and his strength was not
    known
    et la chaîne/le tissu et sa force demeura inconnue

J*   : et la chaîne. Ainsi le secret de sa force
       demeura inconnu (le éd.), et le piquet.
       Ainsi le secret de sa force demeura in-
       connu (2e éd.)
Fac.: 1, 13, 5
Rem.: V. 14b may be translated as follows : "and he
   awoke from his sleep and pulled away the pin,
   the loom and the warp/the web".
Rem.: V. 14b pourra donc se traduire ainsi : "et il
   se réveilla de son sommeil et arracha le piquet,
   le métier à tisser et la chaîne/le tissu".
Transl.: See Remark
Trad.:   Voir Remarque

16.19

B ותחל לענותו
   and she began to torment him / to subdue him
   et elle commença à le tourmenter / à le dominer
      RSV : then she began to torment him
      NEB : she began to take him captive (?)
      J   : (3e éd.) ainsi elle commença à le dominer
      L   : und sie fing an, ihn zu bezwingen
[ויהל לענות]
   and he began to weaken
   et il commença à s'affaiblir
      J*   : alors il commença à s'affaiblir (le éd.),
             alors il commença à perdre sa vigueur
             (2e éd.)
Fac.: 4, 5, 1
Transl.: and she began to subdue him
Trad.:   et elle commença à le dominer

17.2-3

Sequence of the verses / Ordre des versets :
A 2aα, 2aβ, 2b, 3a, 3bα, 3bβ = RSV, J(3e* éd.), L
[2aα, 2aβ, 3bβ, 2b, 3a, 3bα]=NEB*
Fac.: 14
[2aα, 3bα, 2aβ, 3bβ, 2b, 3a]= J* (le, 2e éd.)
Fac. 14
Rem.: Though difficult MT makes good sense :
   V.3 : "and he restored the eleven-thousand ⟨pieces⟩
   of silver to his mother, and his mother said :
   ... and now I will return it (i.e. the silver) to
   you". V.4 : "He had ⟨thus⟩ restored the silver to
   his mother...". The end of V.3 may also be understood as follows : "and his mother said...: and
   now I will withdraw ⟨my curse⟩ for you".

Rem.: Le TM est difficile, mais il donne un bon
sens : V.3 : "et il restitua les onze mille
⟨pièces⟩ d'argent à sa mère, et sa mère dit :
... et maintenant je veux te le (à savoir l'argent)
rendre". V.4 : "Il avait ⟨donc⟩ restitué l'argent
à sa mère...". On peut aussi comprendre la fin du
V.3 : "et sa mère dit...: et maintenant je veux
reprendre ⟨ma malédiction⟩ pour toi".

17.4

A וישב את-הכסף לאמו
   and he returned the silver to his mother
   et il rendit l'argent à sa mère
      RSV : so when he restored the money to his
            mother
      NEB : he returned the money to his mother
      J   : (3e éd.) Mais il rendit l'argent à sa
            mère (= fin du V.3 !)
      L   : Aber er gab seiner Mutter das Geld zurück
   [Lacking. Manque] = J* (1e, 2e éd.)
   Fac.: 14
   Rem.: The omission of J (1st, 2nd ed.) is a conse-
      quence of the text adopted in the preceding case,
      see there.
   Rem.: L'omission de J (1e, 2e éd.) découle du texte
      qu'elle a suivi dans le cas précédent, voir là.
   Transl.: and he returned the money to his mother
   Trad.:   et il rendit l'argent à sa mère

17.5

A והאיש מיכה לו בית אלהים
   and the man Micah ⟨owned⟩ a house of God
   et l'homme Mika ⟨possédait⟩ une maison de Dieu
      RSV : and the man Micah had a shrine
      NEB : this man Micah had a shrine
      J   : (3e éd.) cet homme, Mika, avait une
            maison de Dieu
      L   : der Mann Micha hatte nämlich ein Gottes-
            haus
   [והאיש בנה לו בית-אלהים]
   and the man built for himself / for him a house of
   God
   et l'homme se / lui construisit une maison de Dieu
      J* : (1e, 2e éd.) cet homme lui construisit un
            sanctuaire
   Fac.: 14

Transl.: and the man Micah had a sanctuary / a
         house of God
Trad.:   et l'homme Mika avait un sanctuaire / une
         maison de Dieu

17.7

A והוא גר-שם
   and he sojourned there
   et il séjournait là
      RSV : and he sojourned there
      J   : et résidait là comme étranger
      L   : und war dort fremd
   והוא גרשם [=גֵרְשֹׁם והוא]
   and he ⟨was⟩ Gershom
   et lui ⟨était⟩ Gershom
      NEB*: named Ben-gershom
   Fac.: 14,5
   Transl.: and he sojourned there ⟨as a foreigner⟩
   Trad.:   et il résidait là ⟨comme étranger⟩

17.10

B וילך הלוי
   and the Levite went
   et le lévite alla
   [ויאץ בלוי]
   and he pressed the Levite
   et il insista auprès du lévite
      J* : (1e, 2e éd.) et il insista auprès du lé-
            vite
   Fac.: 13, 4, 12
   [Lacking. Manque] = RSV*, NEB*, J* (3e éd.), L
   Fac.: 1,4
   Transl.: and the Levite went away
   Trad.:   et le lévite s'en alla

18.7

B ואין-מכלים דבר בארץ יורש עצר
   and there was no one who put to shame, in anything
   in the land, the power-holder / and there was no
   power-holder who put ⟨anyone⟩ to shame, in anything in the land
   et il n'y avait personne qui blâmât en quoi que
   ce soit, dans le pays, le détenteur du pouvoir /
   il n'existait pas de détenteur du pouvoir qui
   blâmât ⟨quelqu'un⟩, en quoi que ce soit, dans le
   pays

[וְאֵין־מַחְסוֹר כָּל־דָּבָר בָּאָרֶץ יוֹרֵשׁ עֶצֶר]

and there was no one lacking anything in the land,
one possessed wealth
et rien ne manquait ⟨à personne⟩, dans le pays, on
possédait des richesses
> RSV*: lacking nothing that is in the earth, and
>   possessing wealth
> L   : sie waren reich an Besitz, und es fehlte
>   ihnen nichts an alledem, was es auf Erden
>   gibt

Fac.: 14,5

[וְאֵין־מַחְסוֹר כָּל־דָּבָר בָּאָרֶץ וְרֵישׁ וְעֶצֶר]

and there was no lack of anything in the land,
neither poverty nor restriction
et il n'y avait pas de manque de tout ce qu'il y
a dans le pays : ni pauvreté ni restriction
> J* : (3e éd.) qu'il n'y avait ni insuffisance
>   ni restriction d'aucune sorte dans le
>   pays (?)

Fac.: 14,5

[וְאֵין־מַחְסוֹר כָּל־דָּבָר בָּאָרֶץ]

and there was no lack of anything in the land
et il n'y avait pas de manque de tout ce qu'il y
a dans le pays
> J* : (1e, 2e éd.) que rien n'y manquait de ce
>   que produit la terre

Fac.: 14

[וְאֵין־מֶלֶךְ מְדַבֵּר בָּאָרֶץ יוֹרֵשׁ עֶצֶר]

and there was no king exerting pressure in the
land, ⟨as⟩ a power-holder
et il n'y avait aucun roi oppresseur dans le pays,
détenant le pouvoir
> NEB*: with no hereditary king to keep the
>   country under his thumb (?)

Fac.: 14

Rem.: Two translations of this phrase are possible :
1. with "יוֹרֵשׁ עֶצֶר, power-holder" as direct complement of מכלים : "and there was no one who put to
shame in anything, in the land, the power-holder";
2. with "יוֹרֵשׁ עֶצֶר, power-holder" as subject :
"there was no power-holder who put ⟨anyone⟩ to
shame in anything in the land".

Rem.: Deux traductions de cette phrase sont possibles:
1. avec "יוֹרֵשׁ עֶצֶר, détenteur du pouvoir" comme
complément à l'accusatif : "il n'y avait personne
qui blâmât en quoi que ce soit, dans le pays, le
détenteur du pouvoir";
2. avec "יוֹרֵשׁ עֶצֶר, détenteur du pouvoir" comme sujet de la phrase : "le détenteur du pouvoir n'exis-

tait pas qui eût blâmé ⟨quelqu'un⟩ en quoi que ce
soit, dans le pays".
Transl.: See Remark
Trad.:   Voir Remarque

18.7

C אדם
  man / anyone
  homme / quelqu'un
    RSV : anyone
 [ארם]
  Aram
  Arâm
    NEB*: the Arameans
    J* : les Araméens
    L   : (mit) Aramäern
  Fac.: 12, 9, 4
  Rem.: See a similar problem in 18.28, with Remark.
  Rem.: Voir un cas analogue en 18.28, avec Remarque.
  Transl.: anyone
  Trad.:   quelqu'un

18.8

A מה אתם
    how ⟨are⟩ you ? / what ⟨with⟩ you ?
    comment ⟨allez⟩ vous ? / quoi ⟨avec⟩ vous ?
      RSV : what do you report ?
      NEB : (asked) their news
      J   : (3e éd.) que nous rapportez-vous ?
      L   : wie steht's mit euch ?
   [מה אתם משיבים]
    what are you reporting back ?
    que rapportez-vous ?
        J* : quelles informations nous rapportez-vous ?
              (1e éd.), que nous rapportez-vous ? (2e éd.)
    Fac.: 6
    Transl.: how ⟨are⟩ you ?
    Trad.:   comment ⟨allez⟩ vous ?

18.21

A את-הטף
    the little ones
    les enfants
      RSV : the little ones
      NEB : the dependants

[‏הנשים ואת-הטף‎]
  the women and the children
  les femmes et les enfants
    J   : (1e*, 2e*, 3e éd.) les femmes et les en-
        fants
    L   : die Frauen und die Kinder
Fac.: 14,5
Rem.: ‏טף‎ refers not only to "children", but also to
  those who may be incapable of marching a long
  distance : women, elderly people, children.
Rem.: ‏טף‎ ne signifie pas seulement "enfants", mais
  ceux qui ne sont pas capables de marcher une
  longue distance : femmes, vieux, enfants.
Transl.: those who were not able to walk
Trad.:   ceux qui n'étaient pas capables de marcher

18.28

A ‏אדם‎
  man / anyone
  homme / quelqu'un
    RSV : anyone
[‏ארם‎]
  Aram
  Arâm
    NEB*: the Arameans
    J* : les Araméens
    L   : (mit) den Aramäern
Fac.: 14,9,12
Rem.: See a similar problem in 18.7. The Committee
  gave a different rating for each of these problems : C for V.7, since there may have been assimilation between the two passages (V.7, V.28) and
  since there ‏ארם‎ is geographically possible; A for
  V.28, since there are no textual witnesses for
  the reading ‏ארם‎.
Rem.: Voir un cas analogue en 18.7. Le Comité vota
  différemment pour ces deux cas : C pour le V.7,
  car il pourrait y avoir eu assimilation entre les
  deux passages (V.7, V.28), et ‏ארם‎ y est de fait
  géographiquement possible; A pour le V.28, car il
  n'y a pas de variantes dans les témoins anciens.
Transl.: anyone
Trad.:   quelqu'un

18.30

מנשה
  Manasseh
  Manassé
 Fac.: 7
A[משה]
  Moses
  Moïse
    RSV*: Moses
    NEB*: Moses
    J*   : Moïse
    L*   : Mose
 Transl.: Moses
 Trad.:   Moïse

19.2

B ותזנה
  and she played the harlot / and she was angry
  et elle se prostitua / et elle se mit en colère
    NEB : in a fit of anger
    L   : und als sie (über ihn) erzürnt war
 [ותזעף]
  and she was angry
  et elle se mit en colère
    RSV*: and (his concubine) became angry (?)
    J*   : dans un moment de colère
 Fac.: 6,8
 Rem.: There are three meanings for the verb זנה :
    a) to play the harlot, b) detest, become angry
    with, c) go away. In this context the verb should
    be translated : "and she became angry with (him)".
 Rem.: Le verbe זנה a trois significations : a) se
    prostituer, b) mépriser, être en colère, c) s'en
    aller. L'interprétation du verbe dans ce contexte
    serait : "et elle se mit en colère avec (lui)".
 Transl.: See Remark
 Trad.:   Voir Remarque

19.3

A ותביאהו
  and she brought him
  et elle l'amena
    NEB : she brought him
    L   : und sie führte ihn
 [ויבא]
  and he came
  et il arriva

```
     RSV*: and he came
     J   : (le*, 2e*, 3e éd.) comme il arrivait
  Fac.: 1,4
  Transl.: and she brought him
  Trad.:   et elle l'amena
```

19.8

B והתמהמהו
```
    and tarry !
    et attardez-vous !
      RSV : and tarry
 [ויתמהמהו]
    and they tarried
    et ils s'attardèrent
      NEB : so they lingered
      J*  : ils perdirent ainsi du temps (le, 2e éd.),
            ils s'attardèrent ainsi (3e éd.)
  Fac.: 14
 [ונתמהמה]
    and let us tarry !
    et attardons-nous !
      L   : und lass uns warten (?)
  Fac.: 14,6
  Transl.: and tarry
  Trad.:   et attardez-vous
```

19.8

A שניהם
```
    the two of them
    à eux deux
      RSV : both of them
      J   : tous deux ensemble
      L   : die beiden miteinander
 [וישתו שניהם]
    and they drank, the two of them
    et ils burent, tous deux
      NEB*: and drinking together
  Fac.: 5
  Transl.: the two of them
  Trad.:   à eux deux
```

19.10

A עמו
```
    with him
    avec lui
      RSV : with him
```

    NEB : with... his (concubine)
[ונערו]
  and his servant
  et son serviteur
      J*   : et son serviteur
      L   : und seinen Knecht
  Fac.: 14
  Transl.: with him
  Trad.:   avec lui

19.12

B הנה ... נכרי אל-עיר
    into a city of the foreigner ... here
    dans une ville de l'étranger ... ici
      NEB : into a strange town where
[הם ... נכרים אל-עיר]
    into a city of foreigners, ... they
    dans une ville d'étrangers, ... eux
      RSV : into the city of foreigners, who
      J   : (1e*, 2e*, 3e éd.) dans (vers, 3e éd.)
            une ville d'étrangers qui..., ceux-là
      L   : in die Stadt der Fremden..., die
  Fac.: 3,4
  Transl.: into a city of the foreigner, here where
          (⟨people⟩ are not Israelites)
  Trad.:   dans une ville de l'étranger, ici où ⟨les
           gens⟩ ne sont pas des Israélites)

19.18

B ואת-בית יהוה
    and the house of the LORD
    et la maison du SEIGNEUR
[ואל-ביתי]
    and to my house
    et vers ma maison
      RSV*: and ... to my home
      J* : et ... chez moi
      L   : und ... nach Hause
  Fac.: 5
[ואת-ביתי]
    and my house
    et ma maison
      NEB*: and ... home
  Fac.: 5
  Rem.: The house of the LORD is the sanctuary where
    the Levite dwells.
  Rem.: La maison du SEIGNEUR est le sanctuaire où le
    Lévite habite.

Transl.: and ⟨to⟩ the house of the LORD
Trad.:   et ⟨vers⟩ la maison du SEIGNEUR

19.24

A להם ... אותם ... אותם ... ופילגשהו"
    and his concubine ... them ... them ... to them
    et sa concubine ... eux ... eux ... à eux
        RSV : and his concubine ... them ... them ...
              with them
        L   : und dieser hat eine Nebenfrau ... die ...
              die ... mit ihnen
 [לה ... אותה ... אותה ...]
    her ... her ... to her
    elle ... elle ... à elle
        NEB*: her ... her ... to her
        J* : la ... d'elle
    Fac.: 4
    Rem.: The suffix ם- can be masculine or feminine
          (perhaps because it might be an ancient dual
          suffix).
    Rem.: ם- comme suffixe peut être masculin ou fémi-
          nin (peut-être s'agit-il d'un ancien suffixe
          duel).
    Transl.: and his concubine...them...them...to them
    Trad.:   et sa concubine...eux...eux...à eux

19.30

והיה כל-הראה ואמר לא-נהיתה ולא-נראתה כזאת למיום עלות
בני-ישראל מארץ מצרים עד היום הזה שימו-לכם עליה עצו
                                                   :ודברו
    and it happened that all who saw ⟨it⟩ said : "such
    a thing has never happened or been seen from the
    day the sons of Israel went up from the land of
    Egypt until this day; consider it, take counsel
    and speak."
    et il se trouvait que quiconque voyait disait :
    "jamais n'est arrivée et jamais ne s'est vue chose
    semblable depuis le jour où les enfants d'Israël
    montèrent du pays d'Egypte jusqu'à ce jour; ré-
    fléchissez-y, consultez-vous et prononcez."
        RSV : and all who saw it said, "Such a thing
              has never happened or been seen from the
              day that the people of Israel came up out
              of the land of Egypt until this day; con-
              sider it, take counsel, and speak."
        L   : Wer das sah, der sprach : Solches ist nicht
              geschehen noch gesehen, seitdem Israel aus

Aegyptenland gezogen ist, bis auf diesen
Tag. Nun denkt darüber nach, beratet und
sprecht !

Fac.: 10

[ויצו האנשים אשר שלח לאמר כה תאמרו לכל איש ישראל
הנהיתה כדבר הזה למיום עלות בני ישראל מארץ מצרים
עד היום הזה שימו-לכם עליה עצו ודברו והיה כל-הראה
ואמר לא נהיתה ולא-נראתה כזאת]

and he commanded the men he sent, saying : "thus
shall you say to every man of Israel, 'Has anything like this ever happened from the day that
the sons of Israel went up from the land of Egypt
until this day ? Consider it, take counsel and
speak'." And all who saw ⟨it⟩ said, "Nothing like
this has happened or been seen ⟨before⟩".

et il fit précepte aux hommes qu'il envoya en disant : "Voici ce que vous direz à tout homme
d'Israël : Y a-t-il eu chose semblable depuis le
jour où les enfants d'Israël montèrent du pays
d'Egypte jusqu'à ce jour ? Réfléchissez-y, consultez-vous et prononcez." Or il se trouvait que
quiconque voyait disait : "Jamais n'a eu lieu et
jamais ne s'est vue chose semblable".

NEB*: he told the men he sent with them to say
to every Israelite, 'Has the like of this
happened *or been seen* from the time the
Israelites came up from Egypt till today ?
Consider this among yourselves and speak
your minds ? So everyone who saw them
said, 'No such thing has ever happened or
been seen before ?

** (This translation does not correspond
to the Hebrew text NEB presupposes,
cf. Brockington)

Fac.: 14

[ויצו האנשים אשר שלח לאמר כה תאמרו לכל איש ישראל
הנהיתה כדבר הזה למיום עלות בני ישראל מארץ מצרים
עד היום הזה שימו-לכם עליה עצו ודברו והיה כל הראה
ואמר לא נהיתה ולא-נראתה כזאת למיום עלות בני
ישראל מארץ מצרים עד היום הזה]

and he commanded the men he sent, saying : "thus
shall you say to every man of Israel, 'Has anything like this ever happened from the day that
the sons of Israel went up from the land of Egypt
until this day ? Consider it, take counsel and
speak'." And all who saw ⟨it⟩ said, "Nothing like
this has happened or been seen from the day that
the sons of Israel went up from the land of Egypt
until this day."

et il fit précepte aux hommes qu'il envoya en disant : "Voici ce que vous direz à tout homme d'Israël : Y a-t-il eu chose semblable depuis le jour où les enfants d'Israël montèrent du pays d'Egypte jusqu'à ce jour ? Réfléchissez-y, consultez-vous et prononcez". Or il se trouvait que quiconque voyait disait : "Jamais n'a eu lieu et jamais ne s'est vue chose semblable depuis le jour où les enfants d'Israël montèrent du pays d'Egypte jusqu'à ce jour".

    J* : (1e, 2e, 3e éd.) (V. 30b : le éd.; V. 30 2e, 3e éd.) Il donna des ordres aux gens qu'il envoyait (à ses émissaires :, 2e, 3e éd.), disant (disant manque en 3e éd.): "Voici ce que vous direz à tous ceux d'Israël (à tous les Israélites, 2e, 3e éd.) : A-t-on jamais vu pareille chose depuis le jour où les fils d'Israël (les Israélites, 2e, 3e éd.) sont montés du pays d'Egypte jusqu'aujourd'hui? (V. 30a: le éd.) Réfléchissez-y, consultez-vous et prononcez." (V.31 : le éd.) Et tous ceux qui voyaient, disaient : "Jamais chose pareille n'est arrivée et ne s'est vue depuis que les enfants d'Israël (les Israélites, 2e, 3e éd.) sont montés (au : le éd.!) du pays d'Egypte jusqu'aujourd'hui".

  Fac.: 14

B   [והיה כל־הראה ואמר לא־נהיתה ולא־נראתה כזאת למיום
עלות בני־ישראל מארץ מצרים עד היום הזה ויצו את
האנשים אשר שלח לאמר כה תאמרו לכל איש ישראל הנהיתה
כזאת למיום עלות בני ישראל ממצרים עד היום הזה
שימו־לכם עליה עצו ודברו:]

and all who saw ⟨it⟩ said, "⟨Nothing⟩ has ever happened or been seen like that from the day the sons of Israel came up out of the land of Egypt until this day." And he commanded the men he sent saying, Thus shall you say to every man of Israel, Has such ⟨a thing⟩ ever happened from the day the sons of Israel came up from Egypt until this day ? Consider it, take counsel and speak."
et il se trouvait que quiconque voyait disait : "Jamais n'a eu lieu et jamais ne s'est vue chose semblable depuis le jour où les enfants d'Israël montèrent du pays d'Egypte jusqu'à ce jour". Et il fit précepte aux hommes qu'il envoya en disant : "Voici ce que vous direz à tout homme d'Israël : Y a-t-il eu chose semblable depuis le jour

où les enfants d'Israël montèrent d'Egypte jusqu'à ce jour ? Réfléchissez-y, consultez-vous et
prononcez."
Transl.: See above
Trad.:   Voir ci-dessus

20.9

B עליה בגורל
      against her (i.e. Gibeah) by lot !
      contre elle (c.-à-d. Guibéa) au sort !
        RSV : we will go up against it by lot (?)
        L   : auf, lasst uns gegen die Stadt hinauf-
              ziehen nach dem Los ! (?)
  [נעלה עליה בגורל]
      we will go up against her (i.e. Gibeah) by lot
      nous montons contre elle (c.-à-d. Guibéa) au sort
        NEB*: we will draw lots for the attack
   Fac.: 3, 4, 6
  [נעלה הגורל]
      we will cast lots
      nous tirerons au sort
        J* : (1e, 2e éd.) nous jetterons le sort,
              (3e éd.) nous tirerons au sort
   Fac.: 14
   Rem.: MT may be interpreted either as an exclama-
      tion and translated : "against it by lot !" or
      as an elliptic expression : "⟨let us go up⟩
      against it by lot !" See 16.2 for another such
      elliptic expression.
   Rem.: On peut interpréter le TM ou bien comme une
      exclamation qu'on traduira : "contre elle au
      sort !" ou bien comme une expression elliptique :
      "⟨montons⟩ contre elle au sort !" Voir 16.2 pour
      une autre tournure elliptique.
   Transl.: See Remark
   Trad.:   Voir Remarque

20.10

C לעשות לבואם
      to do at their coming
      à faire lorsqu'ils viennent
        RSV : that when they come they may requite
        J   : (3e éd.) pour que dès leur arrivée,
              celui-ci traite
  [לבאים לעשות]
      for those coming to do
      pour ceux qui arrivent pour faire

NEB*: for those who have taken the field against
J* : (1e, 2e éd.) pour ceux qui iront punir
L   : das gekommen ist, um ... zu vergelten (?)
Fac.: 4
Transl.: to do, when they come
Trad.:   pour faire, lorsqu'ils viennent

20.10

A לגבע
    to Geba
    à Guéba
[לגבעה]
    to Gibeah of
    à Guibéa de
      RSV : Gibe-ah of
      NEB*: (against) Gibeah in
      J* : Guibea (1e éd.), Gibéa (2e, 3e éd.) de
      L   : Gibea in
    Fac.: 14
    Rem.: 1. See a similar problem in 20.43, and see the
    Remark there.
    2. This is the same place which is called elsewhere
    Gibeah of Benjamin.
    Rem.: 1. Voir un problème analogue en 20.43, et voir
    la Remarque à cet endroit.
    2. Il s'agit en fait du lieu qui est appelé ail-
    leurs Guibéa de Benjamin.
    Transl.: Geba / Gibeah (of Benjamin)
    Trad.:   Guéba / Guibéa (de Benjamin)

20.15

B ושׁשׁה
   and (twenty-) six (thousand)
   et (vingt-) six (mille)
     RSV : (twenty-) six (thousand)
     NEB : (twenty-) six (thousand)
     J   : (3e éd.) (vingt-) six (mille)
     L   : sechs (undzwanzigtausend)
 [והמשׁה]
   and (twenty-) five (thousand)
   et (vingt-) cinq (mille)
     J* : (1e, 2e éd.) (vingt-) cinq (mille)
 Fac.: 1,5
 Transl.: (twenty-) six (thousand)
 Trad.:   (vingt-) six (mille)

20.15

A התפקדו שׁבע מאות אישׁ בחור
   they mustered seven hundred chosen men (impersonal pl.)
   on recensa sept cents hommes d'élite
     RSV : who mustered seven hundred picked men
     NEB : there were also seven hundred picked men
     L   : (von ihnen) wurden siebenhundert gezählt,
         auserlesene Männer
 [התפקדו]
   they mustered / they were mustered
   ils recensèrent / on recensa
     J* : (3e éd.) ils furent dénombrés
 Fac.: 1, 10
 [Lacking. Manque] = J* (1e, 2e éd.)
 Fac.: 14
 Transl.: they mustered seven hundred chosen men
 Trad.:   on recensa sept cents hommes d'élite

20.16

B מכל העם הזה שׁבע מאות אישׁ בחור
   from all this people seven hundred chosen men
   de tout ce peuple sept cents hommes d'élite
     RSV : among all these were seven hundred picked
         men
     J   : dans toute cette armée il y avait sept
         cents hommes d'élite
     L   : und unter diesem ganzen Volk waren sieben-
         hundert auserlesene Männer
 [Lacking. Manque] = NEB*
 Fac.: 10

Transl.: from all this people seven hundred chosen
         men
Trad.:   de tout ce peuple sept cents hommes d'é-
         lite

20.23

בני-ישראל A
   the sons of Israel / the Israelites
   les fils d'Israël / les Israélites
     RSV : the people of Israel
     J   : les enfants d'Israël (le éd.), les
           Israélites (2e, 3e éd.)
     L   : die Kinder Israel
 [בני-ישראל בית-אל]
   the sons of Israel / the Israelites, Bethel /
   Beth-el
   les fils d'Israël / les Israélites, Béthel / Beth-
   El
     NEB*: the Israelites (went up) to Bethel
  Fac.: 14
  Transl.: the Israelites
  Trad.:   les Israélites

20.31

גבעתה A
   to Gibeah
   à Guibéa
     RSV : to Gibeah
     NEB : to Gibeah
     J   : (3e éd.) à Gibéa
 [גבענה]
   to Gibeon
   à Gabaon
     J* : à Gabaon (le éd.), à Gabaôn (2e éd.)
     L   : nach Gibeon
  Fac.: 14
  Transl.: to Gibeah
  Trad.:   à Guibéa

20.33

ממערה-גבע B
   from the clearing of Geba
   de la clairière de Guéba
 [ממערה-גבעה]
   from the clearing of Gibeah
   de la clairière de Guibéa

NEB*: in the neighbourhood of Gibeah
Fac.: 5
[ממערב לגבע]
  to the west of Geba
  à l'ouest de Guéba
    RSV*: west of Geba
    J*   : à l'ouest de Guéba (le éd.), de Géba (2e,
        3e éd.)
    L   : westlich von Geba
  Fac.: 4, 12, 8
  Transl.: from the exposed point of Geba
  Trad.: du côté ouvert de Guéba

20.42

ואשר מהערים B
  and those from the cities
  et ceux des villes
    RSV : and those who came out of the cities
[ואשר מהעיר]
  and those from the city
  et ceux de la ville
    NEB*: those from the town
    J*   : et ceux qui venaient de la ville
    L   : und die von der Stadt her kamen
  Fac.: 4
  Rem.: The phrase may be best translated as follows :
    "And they turned away from the men of Israel to-
    wards the desert route; but the battle overtook
    them there and those coming from the cities ex-
    terminated them there in between."
  Rem.: La phrase est le mieux interprétée comme
    suit : "Ils se détournèrent donc de devant les
    hommes d'Israël vers la route du désert; mais la
    bataille les y rejoignit et ceux qui venaient des
    villes les exterminèrent entre ⟨les deux⟩ (c'est-
    à-dire les deux groupes de l'armée des Israélites)
  Transl.: See Remark
  Trad.: Voir Remarque

20.43

מְנוּחָה הדריכהו B
  ⟨from their⟩ resting place they trod him down
  ⟨de leur⟩ place de repos ils le foulèrent

מְנוּחָה הדריכהו] = מנוחה הדריכהו
  from Nohah they trod him down
  depuis Noha ils le foulèrent
    RSV : and trod them down from Nohah
Fac.: 4,8
מְנֻּחָה הדריכהו] = מנוחה הדריכהו
  without rest they trod him down
  sans repos, ils le foulèrent
    NEB*: without respite, and overtook them
Fac.: 1,4
ממנוחה הדריכהו]
  without rest, they trod him down
  sans repos, ils le foulèrent
    J* : sans repos, et ils l'écrasèrent (1e éd.),
           sans répit, et ils l'écrasèrent (2e éd.),
           sans répit et l'écrasèrent (3e éd.)
    L   : ohne ihnen Ruhe zu lassen, und zertraten
           sie
Fac.: 1,4
Transl.: ⟨from their⟩ resting place they trod them
          down (lit. him, i.e. the tribe of Benja-
          min)
Trad.:   ⟨de leur⟩ place de repos ils les écrasèrent
          (litt. la, c.-à-d. la tribu de Benjamin)

20.45

עַד-גִּדְעֹם
  as far as Gidom
  jusqu'à Gidôm
    RSV : to Gidom
    L   : bis Gidom
  Fac.: 8,9
B עד-גדעם [= עַד-גַּדְעָם]
  until they cut them down
  jusqu'à ce qu'ils les abattissent
    NEB : until they had cut down
[עד-גבע]
  as far as Geba
  jusqu'à Guéba
    J* : jusqu'à Guéba (le éd.), Géba (2e éd.)
  Fac.: 14
[עד-גדעון]
  as far as Gideon
  jusqu'à Gideôn
    J* : (3e éd.) jusqu'à Gideôn
  Fac.: 1,8,9
  Transl.: until they had hewed them down
  Trad.: jusqu'à ce qu'ils les abattisent

20.48

B עיר מְתֹם
  city of males / male population
  ville de mâles / population mâle
    RSV : men
    NEB : the people in the towns
    L   : in der Stadt ... Leute
עיר מְתָם
  city of males / male population
  ville de mâles / population mâle
    J* : la population mâle des villes (le, 2e éd.),
        de la ville (3e éd.)
  Fac.: 8
  Rem.: Since the Massoretes no longer understood the
    expression עיר מתם (Deut 2.34, 3.6 and Judg 20.48),
    they created two different vocalisations. But the
    meaning of the expression remains the same in the
    three places where it occurs : מְתָם in Deut 2.34
    and 3.6, and מְתֹם in Judg 20.48. In order to be
    consistent, the Committee voted B for מְתֹם (MT) in
    Judg 20.48, and C for מְתֹם (against MT) in Deut.
    2.34 and 3.6.

Rem.: Etant donné que les Massorètes n'ont plus
  compris l'expression עיר מתם (Dt 2.34, 3.6 et
  Jg 20.48), ils ont créé deux vocalisations différentes. Mais le sens reste le même aux trois
  endroits où l'expression se rencontre : מְתִם en
  Dt 2.34 et 3.6 et מְתֹם en Jg 20.48. Pour être
  logique, le Comité a voté B pour מְתֹם (TM) en
  Jg 20.48, et C pour מְתֹם (contre le TM) en Dt 2.34
  et 3.6.
Transl.: male population
Trad.:   population mâle

21.11

תחרימו B
    you shall put under the ban / you shall extermi-
    nate
    vous vouerez à l'anathème / vous exterminerez
      RSV : you shall utterly destroy
      L   : sollt ihr den Bann vollstrecken
[תחרימו ואת הבתולות תחיו ויעשו כן] = LXX
    you shall put under the ban, but the virgins
    you shall spare, and they did accordingly
    vous vouerez à l'anathème, mais vous laisserez
    la vie aux vierges, et ils firent ainsi
      NEB*: put to death ..., but spare any who are
            virgins.' This they did.
      J* : vous dévouerez (vous vouerez, 3e éd.) à
            l'anathème..., mais vous laisserez la vie
            aux vierges." Et c'est ce qu'ils firent
    Fac.: 5
    Rem.: The Septuagint addition is borrowed, for the
    most part, from VV. 12, 14.
    Rem.: Ici la Septante a une ajoute empruntée, pour
    l'essentiel, aux VV. 12, 14.
    Transl.: and you shall exterminate
    Trad.:   et vous vouerez à l'anathème

21.17

ירשת פליטה A
    the inheritance of a remnant
    l'héritage d'un reste
      RSV : there must be an inheritance for the
            survivors
      NEB : heirs there must be for the remnant
      L   : die Entronnenen ... müssen doch ihr Erbe
            behalten

[איך תשאר פליטה]
   how shall a remnant be kept ?
   comment conserver un reste ?
     J* : comment conserver un reste
Fac.: 14
Rem.: The phrase ירשת פליטה should be interpreted
   here as : "<let> an endowment for survivors <be
   allocated> to Benjamin..."
Rem.: La phrase ירשת פליטה doit être ici interprétée
   comme : "<qu'> une dotation pour réfugiés <soit
   allouée> à Benjamin..."
Transl.: See Remark
Trad.:   Voir Remarque

21.22

B אלינו
   to us
   à nous
     RSV : to us
     J   : (3e éd.) nous
     L   : mit uns
[אליכם]
   to you
   à vous
     NEB*: to you
     J* : (1e, 2e éd.) vous
Fac.: 4,8
Rem.: אלינו in this context means "before us",i.e.
   before the elders of Israel.
Rem.: אלינו dans ce contexte signifie "auprès de
   nous", c'est-à-dire : auprès des anciens d'Israël.
Transl.: See Remark
Trad.:   Voir Remarque

21.22

A ואמרנו
   and we shall say
   et nous dirons
     RSV : we will say
     J   : nous (leur) dirons
     L   : wollen wir (zu ihnen) sagen
[ואמרתם]
   and you shall say
   et vous direz
     NEB*: say
Fac.: 14
Transl.: and we shall say
Trad.:   et nous dirons

21.22

A חנונו אותם
   grant them to us !
   accordez-les nous !
     RSV : grant them graciously to us
     NEB : let us keep them with your approval
     J   : (3e éd.) accordez-les nous
     L   : gönnt sie uns
 [חנו אותם]
   show favour to them
   faites-leur la faveur
     J* : (1e, 2e éd.) pardonnez-leur
  Fac.: 4,8
  Rem.: חנונו אותם should be interpreted as "grant
   them to us", i.e. be gracious to them on our
   account.
  Rem.: חנונו אותם doit être interprété comme : "accordez-les nous", c.-à-d. faites-leur grâce à
   cause de nous.
  Transl.: See Remark
  Trad.:   Voir Remarque

21.22

B כי לא לקחנו
   for we have not taken
   car nous ne prîmes pas
     RSV : because we did not take
     NEB : for none of us has captured
     J   : (3e éd.) car nous n'avons pas pu prendre
     L   : denn wir haben nicht ... gewonnen
 [כי לקחו]
   for they took
   car ils prirent
     J* : (1e, 2e éd.) (pardonnez-leur) d'avoir pris
  Fac.: 4
  Transl.: for we did not take
  Trad.:   car nous n'avons pas pris

RUTH
====

J   = La sainte Bible, traduite en français
         sous la direction de l'Ecole Biblique de
         Jérusalem, Le livre de Ruth, le éd.,
         Paris 1952; 2e éd., Paris 1958;
         3e éd., Paris 1973 (en un volume).

L   = Die Bibel oder die ganze Heilige Schrift
         des Alten und Neuen Testaments nach der
         Uebersetzung Martin Luthers, 3. Aufl.,
         Stuttgart 1971.

NEB   = The New English Bible, The Old Testament,
         Oxford 1970.

RSV   = The Holy Bible, Revised Standard Version,
         New York 1952.

1.14

A לחמותה
   to her mother-in-law
   à sa belle-mère
     RSV : her mother-in-law
     L   : ihre Schwiegermutter
 [לחמותה ותשב אל עמה] = LXX
   to her mother-in-law and returned to her people
   à sa belle-mère et retourna vers son peuple
     NEB*: her mother-in-law and returned to her
           people
     J*   : sa belle-mère et retourna vers son peuple
   Fac.: 5
   Rem.: The variant reading of the Septuagint expands
     the more concise MT and suggests Orpah's kiss to
     be her farewell-kiss for her mother-in-law.
   Rem.: La leçon de la Septante explicite le TM plus
     concis et suggère que le baiser d'Orpa est son
     baiser d'adieu pour sa belle-mère.
   Transl.: her mother-in-law
   Trad.:   sa belle-mère

1.15

A שובי
   return
   retourne
     RSV : return
     NEB : go back
 [שובי גם את]
   return, you too
   retourne, toi aussi
     J : (1e*, 2e*, 3e éd.) retourne, toi aussi
     L : kehre auch du um
   Fac.: 5
   Transl.: return
   Trad.:   retourne

1.21

A ויהוה ענה בי
   and the LORD testified against me
   et le SEIGNEUR témoigna contre moi
     NEB : the LORD has pronounced against me
     J   : alors que Yahvé a témoigné contre moi
     L   : da doch der HERR gegen mich gesprochen...
           hat

[ויהוה עָנָה / עָנָּה בי =] ויהוה ענה בי
    and the LORD afflicted me
    et le SEIGNEUR m'affligea
        RSV*: when the LORD has afflicted me
    Fac.: 6,8
    Transl.: and the LORD has testified against me
    Trad.:   et le SEIGNEUR a témoigné contre moi

2.7

B ואספתי בעמרים
    and I will gather among the sheaves
    et je ramasserai parmi les gerbes
        RSV : let me ... and gather among the sheaves
        NEB : she might ... and gather among the swathes
        J   : (3e éd.) permets-moi ... et de ramasser ce
              qui tombe des gerbes
        L   : lasst mich ... und sammeln hinter den Gar-
              ben
[ואספתי]
    and I will gather
    et je ramasserai
        J* : (le, 2e éd.) permets-moi ... de ramasser
    Fac.: 4,1
    Rem.: ואספתי בעמרים may be interpreted in two ways :
        1. בעמרים may refer to the sheaves which she will
        make : "... that I may glean in order to gather
        it into sheaves after the reapers";
        2. "... that I may glean, and I will gather up
        the sheaves".
    Rem.: ואספתי בעמרים peut être interprété dans deux
        sens : 1. בעמרים peut se référer aux gerbes qu'elle
        constituera : "... que je puisse glaner afin que
        je le ramasse en gerbes derrière les moissonneurs";
        2. "... que je puisse glaner, et je ramasserai les
        gerbes..."
    Transl.: See Remark
    Trad.:   Voir Remarque

2.7

B : ותבוא ותעמוד מאז הבקר ועד-עתה זה שִׁבְתָּהּ הבית מעט
    and she came and remained standing from morning
    until now; this her sitting <in> the house is just
    a moment
    et elle vint et se tenait debout depuis le matin
    jusqu'à maintenant; le <fait> qu'elle est assise
    à la maison <n'est que> d'un petit moment

[וַתָּבוֹא וַתַּעֲמוֹד מֵאָז הַבֹּקֶר וְעַד־עַתָּה לֹא שָׁבְתָה מְעָט]
    and she came and remained standing from morning
    until now; she did not rest ⟨even⟩ for a moment
    et elle vint et se tenait debout depuis le matin
    jusqu'à maintenant; elle ne s'est ⟨même⟩ pas re-
    posée un moment
        RSV*: so she came, and she has continued from
              early morning until now, without resting
              even for a moment
        NEB*: she came and has been on her feet with
              hardly a moment's rest from daybreak till
              now (?)
        J* : elle est donc venue et elle est restée
              sur ses jambes (en note : "litt. 'elle
              n'a pas pris le moindre repos' conj.
              d'après G [qui ajoute 'dans le champ'])
              depuis ce matin jusqu'à présent (2e éd.),
              elle est donc venue et elle est restée;
              depuis le matin jusqu'à présent elle
              s'est à peine reposée (3e éd.)
        L   : und ist gekommen und dageblieben vom
              Morgen an bis jetzt und hat nur wenig
              ausgeruht
    Fac.: 14
[מֵאָז הַבֹּקֶר וְעַד־עתה לֹא שָׁבְתָה שֶׁבֶת מְעָט]
    from morning until now she has not taken ⟨even⟩
    a little rest
    depuis le matin jusqu'à maintenant elle ne s'est
    ⟨même⟩ pas accordé un instant de repos
        J* : (1e éd.) depuis ce matin jusqu'à présent,
              elle ne s'est même pas accordé un instant
              de repos
    Fac.: 14
    Rem.: 1. The four modern translations only partial-
    ly follow the ancient versions. They are con-
    jectural to the extent that they depart from
    them in varying details.
    2. There are two possible translations : (i) (with
    a change in the MT phrase division) "and she came
    and remained standing from morning until just
    (lit. this) now; her resting (lit. her sitting)
    in the hut ⟨has only been⟩ for a moment"; (ii)
    "and she came and remained standing from morning
    until now; this her resting (lit. her sitting) in
    the hut ⟨has only been⟩ for a moment".
    Rem.: 1. Les quatre traductions modernes ne suivent
    que partiellement les versions anciennes. Là où
    elles s'en écartent, elles se tournent vers des
    conjectures.

2. Deux traductions sont possibles : (i) (avec
changement de la division de la phrase du TM)
"et elle vint et elle se tenait debout depuis le
matin jusqu'à ce moment même (litt. jusqu'à ce
maintenant); son repos (litt. le ⟨fait⟩ qu'elle
est assise) dans la hutte ⟨n'a été que⟩ peu";
(ii)"et elle vint et elle se tenait debout depuis
le matin jusqu'à maintenant; son repos (litt. ce
⟨fait⟩ qu'elle est assise) dans la hutte ⟨n'a
été que⟩ peu".
Transl.: See Remark 2
Trad.:   Voir Remarque 2

2.14

A ויצבט-לה
    and he held out to her
    et il lui tendit
      RSV : and he passed to her
      NEB : and he passed her
      L   : er aber legte ihr ... vor
[ויצבר-לה]
    and he heaped up for her
    et il lui amassa
        J* : et (Booz) lui fit un gros tas (le éd.),
              et (Booz) lui fit aussi un tas (2e, 3e
              éd.)
    Fac.: 4,5,8
    Transl.: and he passed to her
    Trad.:   et il lui tendit

2.18

B וַתֵּרֶא
     and she saw
    et elle vit
      NEB : and (her mother-in-law) saw
      J   : (3e éd.) et (sa belle-mère) vit
      L   : und (ihre Schwiegermutter) sah
וַתֵּרֶא
     and she showed
    et elle montra
      RSV : she showed
      J* : (le, 2e éd.) elle montra
    Fac.: 4,5
    Transl.: and she saw (i.e. her mother-in-law)
    Trad.:   et elle vit (c.-à-d. sa belle-mère)

3.14

A ותקם
    and she arose
    et elle se leva
      RSV : but arose
      NEB : but rose
      J   : (3e éd.) puis elle se leva
      L   : und sie stand auf
 [ויקם]
    and he arose
    et il se leva
      J* : (le, 2e éd.) (Booz) se leva
  Fac.: 14
  Transl.: and she arose
  Trad.:   et elle se leva

3.15

C ויבא
    and he came
    et il vint
      L   : und er ging
  ותבא
    and she came
    et elle vint
      RSV : and she went
      NEB*: and she went
      J   : et elle revint (le*, 2e* éd.), puis elle
            retourna (3e éd.)
  Fac.: 4
  Transl.: and he went / came
  Trad.:   et il alla / vint

4.4

  ואם-לא יגאל
    and if he does not redeem
    et s'il ne rachète pas
      NEB : but if not, someone must do it (i.e. act
            as next-of kin) (?)
  Fac.: 1,12
D ואם-לא תגאל
    and if you do not redeem
    et si tu ne rachètes pas
      RSV : but if you will not (i.e. redeem)
      J   : (le*, 2e*, 3e éd.) mais si tu ne le veux
            pas (c.-à-d. racheter)
      L   : willst du es aber nicht lösen

Transl.: and if you do not redeem
Trad.:   et si tu ne rachètes pas

4.5

B ומאת רות
    and from Ruth
    et de Ruth
[גם את רות]
    Ruth also
    Ruth aussi
      RSV*: also ... Ruth
      NEB*: also ... Ruth
      J : (1e*, 2e, 3e éd.) aussi Ruth
      L : auch Ruth
    Fac.: 1, 4, 8
    Rem.: מאת in this context means "on behalf of" and
    is somewhat parallel to "מיד, in the name of". The
    phrase may be translated as follows : "and the day
    you buy the field (i.e. the rights on the field)
    in the name of Naomi, you will buy ⟨it⟩ also on
    behalf of Ruth...".
    Rem.: מאת signifie dans ce contexte : "de la part
    de" et est plus ou moins parallèle à "מיד, au nom
    de". On pourrait traduire la phrase comme suit :
    "et le jour où tu acquiers le champ (c.-à-d. les
    droits sur le champ) au nom de Noémi, tu ⟨1⟩'ac-
    quiers aussi de la part de Ruth".
    Transl.: See Remark
    Trad.:   Voir Remarque

4.11

B והזקנים עדים
    and the elders, "⟨we are⟩ witnesses"
    et les anciens, "⟨nous en sommes⟩ témoins"
      RSV : and the elders, (said,) "we are witnesses
      NEB : the elders... (said,) we are witnesses
      L   : samt den Aeltesten ... (sprach :) Wir
            sind Zeugen
[עדים ויאמרו הזקנים]
    "⟨we are⟩ witnesses", and the elders said
    "⟨nous en sommes⟩ témoins", et les anciens dirent
      J   : (1e*, 2e*, 3e éd.) "Nous en sommes témoins."
            Et les anciens répondirent
    Fac.: 1,4
    Transl.: and the elders, "⟨we are⟩ witnesses"
    Trad.:   et les anciens, "⟨nous en sommes⟩ témoins"

4.14

A לא השבית לך
   he has not left you without
   il ne t'a pas laissé manquer
     RSV : (who) has not left you ... without
     NEB : he has not left you without
     J   : (3e éd.) qui ne t'a pas laissé manquer
     L   : der dir ... nicht versagt hat
[לא השבית למת]
   he has not left the dead one without
   il n'a pas laissé manquer au défunt
     J* : (le, 2e éd.) (qui) a fait ... que ... ne
          manquât pas au défunt
Fac.: 14
Rem.: "גאל, redeemer, goel" refers here to the
  child mentioned in V. 13. שמו may refer to the
  name of the deceased person, or more likely to
  the name of this new-born child.
Rem.: "גאל, rédempteur, goel" est ici l'enfant mentionné au V.13; שמו peut être le nom du défunt ou,
  plus probablement encore, le nom de cet enfant
  nouveau-né.
Transl.: he has not left you without
Trad.:   il ne t'a pas laissé manquer

4.20

A את-שלמה
   Salmah
   Salma
     L   : Salma
את-שלמון
   Salmon
   Salmôn
     RSV : Salmon
     NEB*: Salmon
     J   : Salmôn
Fac.: 5
Rem.: Salmah (V.20), Salmon (V.21) and Salma (1
  Chron 2.11) are different names for the same per-
  son.
Rem.: Salma (V.20), Salmôn (V.21) et Salma (1 Chr
  2.11) sont des noms différents pour le même per-
  sonnage.
Transl.: Salmah
Trad.:   Salma

<u>4.21</u>

A ‏ושלמון‎
   and Salmon
   et Salmôn
    RSV : Salmon
    NEB : Salmon
    J   : Salmôn
‏ושלמה‎
   and Salmah
   et Salma
    L : Salma
Fac.: 5
Rem.: See preceding case with its Remark.
Rem.: Voir le cas précédent avec sa Remarque.
Transl.: and Salmon
Trad.:   et Salmôn

THE BOOKS OF SAMUEL

LES LIVRES DE SAMUEL

=====================

J   = La sainte Bible, traduite en français sous la direction de l'Ecole Biblique de Jérusalem, Les Livres de Samuel, le éd., Paris 1953; 2e éd., Paris 1961; 3e éd., Paris 1973 (en un volume).

L   = Die Bibel oder die ganze Heilige Schrift des Alten und Neuen Testaments nach der Uebersetzung Martin Luthers, 3. Aufl., Stuttgart 1971.

NEB   = The New English Bible, The Old Testament, Oxford 1970.

RSV   = The Holy Bible, Revised Standard Version, New York 1952.

1.1

צוֹפִים
  Zophim
  Çôphîm
    RSV : (Ramathaim)-zophim
    L   : (Ramathajim)-Zophim
  Fac.: 9
C צוּפִים [= צוּפִים]
  Zuphim / Zuphites
  Çuphîm / Çufites
 [צוּפִי]
  a Zuphite
  un Çufite
    NEB*: a Zuphite
    J   : (1e*, 2e*, 3e éd.) un Çufite (Çûfite :
        1e éd.)
  Fac.: 9
  Rem.: מן-הרמתים צופים should be interpreted as
    follows : "from Ramathaim, ⟨the Ramathaim⟩ of the
    Zuphites".
  Rem.: מן-הרמתים צופים devrait être interprété : "de
    Ramathaim, ⟨la Ramathaim⟩ des Çufites".
  Transl.: See Remark
  Trad.:   Voir Remarque

1.5

B מנה אַחַת אַפַּיִם כִּי
  a portion, one of face, for
  une portion, une de face, car
    L   : e i n Stück traurig; denn (?)
 [מנה אַחַת אֶפֶס כִּי]
  one portion, although
  une portion, bien que
    RSV*: although ... only one portion
    NEB*: although ... only one share
    J*   : (il n') en (donnait) qu'une ... bien qu'il
  Fac.: 9,4
  Rem.: The expression אחת אפים (literally, "one
    ⟨portion⟩ of face") refers to a portion which was
    particularly large and honourable. It may be trans-
    lated as "a worthy portion".
  Rem.: L'expression אחת אפים (littéralement, "une
    ⟨part⟩ de face") désigne une part spécialement
    grande et honorable. On pourrait la traduire comme
    "une portion d'honneur".
  Transl.: See Remark
  Trad.:   Voir Remarque

1.9

A אחרי אכלה בשלה
   after having eaten at Shiloh
   après avoir mangé à Silo
     RSV : after they had eaten ... in Shiloh
     NEB : after they had finished eating ... at
          Shiloh
     L   : nachdem sie in Silo gegessen ... hatten
[אחרי אכלם בלשכה]
   after having eaten in the room
   après avoir mangé dans la chambre
     J* : après qu'ils eurent mangé dans la chambre
  Fac.: 14
  Transl.: after having eaten in Shiloh
  Trad.:   après avoir mangé à Silo

1.9

B ואחרי שתה
   and after having drunk
   et après avoir bu
     RSV : after they had ... and drunk
     L   : nachdem sie ... und getrunken hatten
[ואחרי שתה ותחיצב לפני יהוה]
   and after having drunk, and she stood before the
   LORD
   et après avoir bu, et elle se tint devant le
   SEIGNEUR
     NEB*: after they had finished ... and drinking
       ... and stood before the LORD
  Fac.: 4
[ותחיצב לפני יהוה]
   and she stood before the LORD
   et elle se tint devant le SEIGNEUR
     J* : et elle se tint devant Yahvé
  Fac.: 4
  Rem.: Part of the Septuagint adds after "after
  having drunk" : "and she stood before the LORD",
  while another Septuagint strand replaces "after
  having drunk" by the addition : "and she stood
  before the LORD". Translators who use notes may
  quote the addition of the former text-form of
  the Septuagint in a note, but the latter should
  be discarded.
  Rem.: Une partie de la Septante ajoute en suite de :
  "après avoir bu" : "et elle se tint devant le
  SEIGNEUR", tandis qu'une autre partie remplace
  "après avoir bu" par : "et elle se tint devant le
  SEIGNEUR". Les traducteurs qui utilisent des notes

pourraient mentionner la <u>première</u> des deux formes
textuelles de la Septante en note mais la deuxième
devrait être écartée.
Transl.: and after having drunk
Trad.:   et après avoir bu

1.23

B דברו
   his word
   sa parole
     RSV : his word
     J* : (2e, 3e éd.) sa parole
     L   : was er geredet hat
 [דברך]
   your word
   ta parole
     NEB*: your vow
     J* : (1e éd.) ta parole
   Fac.: 4,1
   Transl.: his word
   Trad.:   sa parole

1.24

   בפרים שלשה
   with three bulls
   avec trois taureaux
   Fac.: 12
B[בפר משלש]
   with a three-year-old bull
   avec un taureau de trois ans
     RSV*: along with a three-year-old bull
     NEB*: a bull three years old
     J* : en même temps qu'un taureau de trois ans
     L   : einen dreijährigen Stier
   Transl.: with a three-year-old bull
   Trad.:   avec un taureau de trois ans

1.24

C ואיפה
   and an ephah
   et un épha
     RSV : an ephah
     NEB : an ephah
     J   : un boisseau (1e éd.), une mesure (2e,
           3e éd.)
     L   : einen Scheffel (Mehl)

ולחם ואיפה
  and bread and an ephah
  et du pain et un épha
  Fac.: 13
  Transl.: and an epha
  Trad.:   et un épha

2.10

A עלו
  on him / against him / Alaw / the Most-High
  sur lui / contre lui / Alaw / le Très-Haut
    RSV : against them
    L   : der Höchste
 [וְעַל]
  and the High God
  et le Dieu exalté
    NEB*: when the High God
 Fac.: 14
 [עֶלְיוֹן]
  the Most-High
  le Très-Haut
    J* : le Très Haut
 Fac.: 14
 Rem.: Two interpretations of עלו are possible :
  1. The Qere, עָלָו (= עָלָיו) "against him".
  2. "עָלוֹ, Alaw", an ancient divine name which might
  best be translated as "the Most High". See a
  similar problem in Deut 33.12.
 Rem.: Deux interprétations de עלו sont possibles :
  1. Le Qéré, עָלָו (= עָלָיו) "contre lui".
  2. "עָלוֹ, Alaw", un ancien nom de divinité qu'on
  rendra le mieux par "le Très-Haut". Voir un cas
  analogue en Dt 33.12.
 Transl.: See Remark
 Trad.:   Voir Remarque

2.11

A וילך אלקנה הרמתה על-ביתו
  and Elkanah went to Ramah unto his house
  et Elqana partit pour Rama vers sa maison
    RSV : then Elkanah went home to Ramah
    NEB : then Elkanah went to Ramah with his
          household (?)
    J   : (3e éd.) Elqana partit pour Rama dans sa
          maison
    L   : und Elkana ging heim nach Rama in sein
          Haus

[וַתֵּלֶךְ הָרָמָתָה]
 and she went to Ramah
 et elle alla à Rama
  J* : (1e, 2e éd.) elle partit pour Rama
 Fac.: 14
 Transl.: and Elkanah went to Ramah to his house
 Trad.: et Elqana partit pour Rama à sa maison

2.20

B שָׁאַל
 he asked
 il demanda
[הִשְׁאִילָה]
 she lent
 elle prêta
  RSV*: she lent
  J* : du prêt qu'elle a cédé
 Fac.: 4,8
[שָׁאֲלָה]
 she asked
 elle demanda
  L : sie ... erbeten hat
 Fac.: 14
[שָׁאַל / שָׁאֵל]
 he lent
 il prêta
  NEB*: for which you (plural) asked (?)
 Fac.: 14
 Rem.: 1. The author switches imperceptibly from
  direct (2nd. person) to indirect (3rd. person)
  speech, using a stylistic turn which is found
  elsewhere in the Old Testament.
  2. Two translations of שָׁאַל are possible : (i) "may
  the LORD give you a descendance (lit. a seed) from
  this woman, in exchange for ⟨the child of⟩ the
  request which you (lit., he) requested for the
  LORD"; (ii) "may the LORD give you a descendance
  (lit., a seed) from this woman, in exchange for
  the loan which you (lit. he) lent to the LORD".
  3. 1.28 should therefore be translated : "so I
  too, I let him (i.e. my child) be asked for the
  LORD; all the days that he will live (lit. be)
  he shall be lent to the LORD".
 Rem.: 1. L'auteur passe insensiblement du discours
  direct (2e pers.) au discours indirect (3e pers.),
  selon un procédé de style que l'on rencontre ailleurs dans l'Ancien Testament.
  2. Deux traductions sont possibles : (i) "que le

SEIGNEUR t'accorde une descendance (litt., une
semence) de cette femme, en remplacement ⟨de
l'enfant⟩ de la demande que tu as (litt. il a)
demandée pour le SEIGNEUR." (ii) "que le SEIGNEUR
t'accorde une descendance (litt., une semence) de
cette femme, en remplacement du prêt que tu as
(litt. il a) prêté au SEIGNEUR."
3. Par conséquent on devrait comprendre 1.28 comme
suit : "et moi, je me le suis laissé demander par
le SEIGNEUR; tous les jours qu'il vivra (litt.
qu'il sera) il est prêté au SEIGNEUR."
Transl.: See above, Remark 2
Trad.:   Voir ci-dessus, Remarque 2

2.22

ושמע את כל-אשר יעשון בניו לכל-ישראל ואת אשר-ישכבון
את-הנשים הצבאות פתח אהל מועד

and he heard all that which his sons were doing
to all Israel and how they were lying with the
women who served at the entrance to the tent of
meeting
et il entendait tout ce que ses fils faisaient à
tout Israël et qu'ils couchaient avec les femmes
qui faisaient le service à l'entrée de la tente de
réunion
     RSV : and he heard all that his sons were doing
           to all Israel, and how they lay with the
           women who served at the entrance to the
           tent of meeting
     NEB : (Eli...) had heard how his sons were
           treating all the Israelites, and how they
           lay with the women who were serving at
           the entrance to the Tent of the Presence
     L   : wenn er nun alles erfuhr, was seine Söhne
           ganz Israel antaten und dass sie bei den
           Frauen schliefen, die vor der Tür der
           Stiftshütte dienten
  Fac.: 7
[ושמע את כל-אשר יעשון בניו לכל ישראל]
  and he heard all that which his sons were doing
  to all Israel
  et il entendait tout ce que ses fils faisaient
  à tout Israël
     J* : il était informé de tout ce que ses fils
           faisaient à tout Israël
  Fac.: 7,14

B ‏ושמע את אשר יעשון בניו לבני ישראל‎
and he heard that which his sons were doing to
the sons of Israel
et il entendait ce que ses fils faisaient aux fils
d'Israël
Transl.: and he heard what his sons were doing to
the Israelites
Trad.:   et il entendait ce que ses fils faisaient
aux Israélites

2.27

C ‏במצרים‎
in Egypt
en Egypte
   L : in Aegypten
[‏במצרים עבדים‎]
in Egypt slaves
en Egypte esclaves
   RSV : in Egypt subject
   NEB*: in Egypt in slavery
   J   : (le*, 2e*, 3e éd.) en Egypte, esclaves
Fac.: 5
Rem.: The end of V.27 may be translated as follows :
   "when, in Egypt, they belonged to the house of
   Pharaoh".
Rem.: La fin du V.27 pourrait être traduite comme
   suit : "quand, en Egypte, ils appartinrent aux
   gens (à la maison) de Pharaon".
Transl.: See Remark
Trad.:   Voir Remarque

2.29

B ‏למה תבעטו‎
why do you kick ?/why do you show disrespect ?
pourquoi frappez-vous du pied ?/pourquoi méprisez-
vous ?
   NEB : why then do you show disrespect
   J   : (2e, 3e éd.) pourquoi piétinez-vous
   L   : warum tretet ihr denn mit Füssen
‏ולמה תביט‎
and why do you look ?
et pourquoi regardes-tu ?
   RSV*: why then look
   J* : (le éd.) pourquoi regardes-tu
Fac.: 5
Transl.: why do you show disrespect
Trad.:   pourquoi dédaignez-vous

2.29

C מעון
   dwelling / envy
   demeure / envie
 [למעוני]
   for my dwelling
   pour ma demeure
      J* : (2e, 3e éd.) pour ma Demeure
      L   : für meine Wohnung
 Fac.: 14
 [מָעֵין] / [מעוין] / [מעין]
   eyeing enviously
   regardant (d'un oeil jaloux)
      RSV*: with greedy eye
      NEBᴬ: what makes you resent them ?
      J* : (le éd.) d'un oeil jaloux
 Fac.: 4,8
 Transl.: See following case, Remarks
 Trad.:   Voir cas suivant, Remarques

2.32

C צר מעון
   a dwelling enemy / an envious enemy / an enemy in
   the dwelling
   un ennemi à demeure / un ennemi jaloux / un ennemi à la demeure
      L   : deinen Widersacher im Heiligtum
 [צר מעין] / [צר מָעֵין]
   an envious enemy
   un ennemi jaloux
      J* : (le éd.) en ennemi jaloux
 Fac.: 14
 [צד מעון]
   beside the dwelling
   à côté de la demeure
      J* : (2e, 3e éd.) à côté de la Demeure
 Fac.: 14
 [צר מעין] / [צר מָעֵין]
   distressed by an envious one
   en détresse par un <homme> jaloux
      RSV : in distress ... with envious eye (?)
 Fac.: 14
 [צר עין]
   with a distressed eye
   d'un oeil en chagrin
      NEB*: you will even resent
 Fac.: 14

Rem.: Translators may choose between three interpretations of the expression מעון in VV. 29 and
32 :
1. According to the first interpretation, מעון in
both places means "dwelling", i.e., in an enduring
fashion. V.29 may therefore be rendered : "why have
you (pl) made little of my sacrifices ... which
I commanded in a permanent way ?"; V.32 may be
translated : "and you will see the enemy (or :
distress) permanently, while all will be well for
Israel."
2. In V.29 מעון may be interpreted as an abstract
substantive, "envy", and in V.32 as a participle,
"envying". The translation of V.29 would therefore be : "why have you (pl.) made little of my
sacrifices ..., which I have ordered, with envy ?";
and of V.32 : "and you will see as an enemy, envying,
all that which will be good for Israel."
3. According to rabbinical exegesis מעון has the
same meaning as במעון. V.29 would then be translated : "why have you (pl.) made little of my
sacrifices... which I commanded in the dwelling"
(i.e., in the dwelling of the temple); and V.32 :
"and you will see the enemy (or : distress) in
the dwelling (i.e. in the home), while all will be
well for Israel".

Rem.: Pour l'expression מעון, au V.29 et au V.32,
les traducteurs peuvent choisir entre trois interprétations :
1. Selon la première interprétation, מעון signifie
aux deux endroits : "à demeure", c.-à-d. de façon
durable. Ainsi le V.29 aura-t-il le sens suivant :
"pourquoi avez-vous dédaigné mes sacrifices ... que
j'ai ordonnés à demeure (c.-à-d. de façon durable)";
et le V.32 : "et tu verras l'ennemi (ou : la détresse) à demeure, alors que tout sera bien pour Israël".
2. מעון est au V.29 un substantif abstrait, signifiant "envie", au V.32 un participe ayant le sens
de "regardant avec envie", "envieux". V.29 serait
donc : "pourquoi avez-vous méprisé mes sacrifices...
que j'ai commandés, avec envie ?", V.32 : "et tu
verras en ennemi envieux (litt. en ennemi regardant avec envie) tout ce qui sera bien pour Israël".
3. Selon l'exégèse rabbinique, מעון signifie la
même chose que במעון. V.29 serait donc : "pourquoi avez-vous méprisé mes sacrifices ... que j'ai
ordonnés à la demeure" (c.-à-d. dans la demeure
du temple), V.32 : "et tu verras l'ennemi (ou :
la détresse) à demeure (c.-à-d. à la maison), alors
que tout sera bien pour Israël".

Transl.: See Remarks
Trad.:   Voir Remarques

2.33

B את-עיניך ... את-נפשך
   your eyes ... your soul
   tes yeux ... ton âme
      L : deine Augen ... deine Seele
  [את-עיניו ... את-נפשו]
   his eyes ... his soul
   ses yeux ... son âme
     RSV*: his eyes ... his heart
     NEB*: his eyes ... his appetite
     J* : ses yeux ... son âme
   Fac.: 4
   Rem.: The MT implies that the punishment of a des-
     cendant (Abiathar under Solomon) is a suffering
     and a punishment for the ancestor, Eli.
   Rem.: Le TM suppose que le châtiment d'un descendant
     (Abiathar sous Salomon) est une souffrance et un
     châtiment pour l'ancêtre, Eli.
   Transl.: your eyes ... your soul
   Trad.:   tes yeux ... ton âme

2.33

B ימותו אֲנָשִׁים
   they shall die, men
   ils mourront, des hommes
      L : (der grösste Teil deines Hauses) soll
           sterben, wenn sie Männer geworden sind
  [ימותו אֲנָשִׁים [=ימותו אנשים
   they shall die, weaklings
   ils mourront, faibles
     NEB*: (his issue) will be weaklings and die off
   Fac.: 14
  ימותו בחרב אנשים
   they shall die by the sword of men
   ils mourront par l'épée des hommes
     RSV*: (the increase of your house) shall die
           by the sword of men
     J* : (l'ensemble de ta maison) périra par le
           glaive (le éd.), l'épée (2e, 3e éd.) des
           hommes
   Fac.: 4
   Transl.: they shall die ⟨as⟩ men
   Trad.:   ils mourront ⟨comme⟩ des hommes

3.13

A והגדתי
    and I will tell
    et j'annoncerai
      RSV : and I tell
      L   : denn ich hab'(s ihm) angesagt
[והגדת]
    and you will tell
    et tu annonceras
      NEB*: you are to tell
      J* : tu (lui) annonceras
    Fac.: 14
    Rem.: To translate והגדתי as "I have announced"
      (thus alluding to the oracle of 2.36) would be
      better than as "I will announce".
    Rem.: Il serait mieux de traduire והגדתי par "j'ai
      annoncé" (en faisant ainsi allusion à l'oracle
      de 2.36) que par "j'annoncerai".
    Transl.: See Remark
    Trad.:   Voir Remarque

3.13

    להם
      to them
      à eux
        L   : (wie) sich (seine Söhne schändlich ver-
              hielten)
    Fac.: 7
A[אלהים]
    God
    Dieu
      RSV*: God
      NEB*: God
      J* : Dieu
    Transl.: God
    Trad.:   Dieu

4.1

B ויהי דבר-שמואל לכל-ישראל
    and the word of Samuel was to all Israel
    et la parole de Samuel fut à tout Israël
      RSV : and the word of Samuel came to all Israel

[ויהי דבר-שמואל לכל-ישראל ויהי בימים ההם ויקבצו
פלשתים על-ישראל למלחמה]

and the word of Samuel was ⟨addressed⟩ to all
Israel; and it was in those days that the Philistines gathered together against Israel unto battle
et la parole de Samuel fut ⟨adressée⟩ à tout
Israël; et il se passa en ces jours-là que les
Philistins se rassemblèrent contre Israël pour la
guerre

    NEB* : so Samuel's word had authority throughout
            Israel. And the time came when the Philis-
            tines mustered for battle against Israel
    L   : und Samuels Wort erging an ganz Israel.
            Und es begab sich zu der Zeit, dass die
            Philister sich sammelten zum Kampf gegen
            Israel

Fac.: 14

[ויהי דבר-שמואל לכל-ישראל ועלי זקן מאד ובניו הלוך
הלכו וירעו דרכם לפני יהוה ויהי בימים ההם ויקבצו
פלשתים על-ישראל למלחמה]

and the word of Samuel was to all Israel; and
Eli ⟨was⟩ very old, and his sons continued in making their way evil before the LORD; and it was
in those days that the Philistines gathered together against Israel unto battle
et la parole de Samuel fut à tout Israël; et
Eli ⟨était⟩ très âgé et ses fils persévéraient
à rendre méchant leur chemin devant le SEIGNEUR;
et il se passa en ces jours-là que les Philistins
se rassemblèrent contre Israël pour la guerre

    J* : (1e, 2e éd.) et la parole de Samuel
            s'adressa à tout Israël. Eli était très
            âgé et ses fils persévéraient dans leur
            mauvaise conduite à l'égard de Yahvé. Il
            advint en ce temps-là que les Philistins
            se rassemblèrent pour combattre Israël

Fac.: 14

[ויהי דבר-שמואל לכל-ישראל כדבר יהוה ועלי זקן מאד
ובניו הלוך הלכו וירעו דרכם לפני יהוה ויהי בימים
ההם ויקבצו פלשתים על-ישראל למלחמה]

and the word of Samuel was for all Israel as the
word of the LORD; and Eli ⟨was⟩ very old and his
sons continued in making their way evil before
the LORD; and it was in those days that the Philistines gathered together against Israel unto
battle
et la parole de Samuel fut pour tout Israël comme
la parole du SEIGNEUR; et Eli ⟨était⟩ très âgé,
et ses fils persévéraient à rendre méchant leur

chemin devant le SEIGNEUR; et il se passa en ces
jours-là que les Philistins se rassemblèrent contre
Israël pour la guerre
    J* : (3e éd.) et la parole de Samuel fut pour
          tout Israël comme la parole de Yahvé. Eli
          était très âgé et ses fils persévéraient
          dans leur mauvaise conduite à l'égard de
          Yahvé. Il advint en ce temps-là que les
          Philistins se rassemblèrent pour combattre
          Israël
Fac.: 14
Transl.: and the word of Samuel ⟨came⟩ to all Israel
Trad.:   et la parole de Samuel ⟨s'adressa⟩ à tout
         Israël

4.13

B יַד דרך = Qere
    beside the road
    au bord de la route
      RSV : beside the road
      NEB : by the road
      L   : nach der Strasse hin
[יד השער ... הדרך]
    beside the gate, ... the road
    à côté de la porte, ... la route
      J* : à côté de la porte, (surveillant) la route
Fac.: 4
Rem.: The original text probably had : "beside the
    road of Mizpah". But no textual witness has pre-
    served this reading. The oldest attested text is
    the MT which may be translated : "beside the road
    ⟨which he was⟩ watching".
Rem.: Le texte original lisait probablement : "au
    bord de la route de Miçpa". Mais aucun témoin n'a
    conservé cette leçon. Le texte attesté le plus an-
    cien est TM dont le sens est : "au bord de la
    route ⟨qu'⟩ il épiait".
Transl.: See Remark
Trad.:   Voir Remarque

5.3

A ממחרת
    on the morrow
    le lendemain
      RSV : the next day
      NEB : next morning

‎[ממחרת ויבאו בית דגון]
on the morrow, and they came to the house of
Dagon
le lendemain, et ils vinrent à la maison de Dagôn
   J* : le lendemain ... (des Ashdodites) vinrent
        au temple de Dagôn (Dagon, le éd.)
Fac.: 14
‎[ממחרת ויבאו בית דגון ויראו]
on the morrow, and they came to the house of Dagon and they saw
le lendemain, et ils vinrent à la maison de Dagôn
et ils virent
   L : (als die Leute ...) am andern Morgen ...
       und in das Haus Dagons kamen, sahen sie
Fac.: 4
Transl.: on the morrow
Trad.:   le lendemain

5.6

‎את-אשדוד ואת-גבוליה A
Ashdod and its territories
Ashdod et ses territoires
   RSV : both Ashdod and its territory
   J   : Ashdod et son territoire
   L   : Asdod und sein Gebiet
‎[ויעלו עכברים בתוך ארצם ותהי מהומת מות גדולה בעיר]
and mice went up into the midst of their land and
there was a great panic of death in the city
et des souris montèrent au milieu de leur pays, et
il y avait une grande terreur de mort dans la
ville
   NEB*: and their territory swarmed with rats.
      There was death and destruction all through
      the city
Fac.: 4
Rem.: The Septuagint also contains mention of mice
   in 5.9 and 6.1, in addition to where they are mentioned in MT. In these two cases and in the present case, this Septuagint text is not the original
   one but the result of an attempt to improve the
   flow of the narrative.
Rem.: La Septante mentionne aussi les souris, en plus
   du TM, en 5.9 et 6.1. En ces cas, comme dans le
   nôtre ici, ce texte de la Septante n'est pas original, mais résulte d'un essai de rendre plus cou-
   lant le récit.
Transl.: Ashdod and its territories
Trad.:   Ashdod et ses territoires

6.18

A וְעַד (2°)
    and as far as
    et jusqu'à
  [וְעַד] = וְעֵד
    and a witness
    et un témoin
      RSV : (the great stone) is a witness
      NEB : (the great stone...) stands witness
      J* : témoin
      L   : und Zeuge ist (der grosse Stein)
  Fac.: 14
  Transl.: and as far as
  Trad.:   et jusqu'à

6.18

  אבל
    Abel / meadow
    Abel / une prairie
  Fac.: 12
B אבן
    a stone
    une pierre
      RSV : the (great) stone
      NEB*: the (great) stone
      J* : la (grande) pierre
      L   : der (grosse) Stein
  Transl.: the (great) stone
  Trad.:   la (grande) pierre

6.19

C וַיַּךְ (1°)
    and he struck
    et il frappa
      RSV : and he slew
  [ולא חדו בני יכניה]
    and the sons of Jeconiah did not rejoice
    et les fils de Yekonya ne se réjouirent pas
      NEB*: but the sons of Jeconiah did not rejoice
      J* : les fils de Yekonya (Jéchonias, le éd.)...
            ne s'étaient pas réjouis
      L   : aber die Söhne Jechonjas freuten sich nicht
  Fac.: 4,13
  Transl.: and he struck
  Trad.:   et il frappa

6.19

A ראו בארון יהוה

    they looked into the ark of the LORD
    ils regardèrent dans l'arche du SEIGNEUR
      RSV : they looked into the ark of the LORD
      NEB : they welcomed the Ark of the LORD (?)
 [ראו ארון יהוה]

    they saw the ark of the LORD
    ils virent l'arche du SEIGNEUR
      J   : ils avaient vu l'arche de Yahvé
      L   : (dass) sie die Lade des HERRN sahen
  Fac.: 5,6
  Transl.: they looked into the ark of the LORD
  Trad.:   ils regardèrent dans l'arche du SEIGNEUR

6.19

C ויך בעם שבעים איש חמשים אלף איש

    and he struck among the people seventy men, fifty
    thousand men
    et il frappa parmi le peuple soixante-dix hommes,
    cinquante mille hommes
 [ויך בהם שבעים איש]

    and he smote among them seventy men
    et il frappa soixante-dix hommes d'entre eux
      RSV*: he slew seventy men of them
      NEB*: and he struck down seventy of them
      J* : et Yahvé frappa soixante-dix hommes
           d'entre eux
      L   : und der HERR schlug unter ihnen siebzig
           Mann
  Fac.: 14,8
  Transl.: and he struck, among the people, seventy
        men ⟨of⟩ fifty thousand men
  Trad.:   et il frappa, d'entre le peuple, soixante-
        dix hommes ⟨sur⟩ cinquante mille hommes

7.2

B וינהו

    and they lamented
    et ils se lamentèrent
      RSV : and (all the house of Israel) lamented
      J   : et (toute la maison d'Israël) soupira
 [ויפנו]

    and they turned
    et ils se tournèrent
      NEB : there was a movement ... to follow

L : dann wandte sich (das ganze Haus Israel)
zum (HERRN)
Fac.: 1,4
Rem.: וינהו ... אחרי יהוה is probably a pregnant
construction : "they went mourning after the
LORD", that is, they returned mourning to the
LORD.
Rem.: וינהו ... אחרי יהוה est probablement une con-
struction prégnante : "ils se sont lamentés der-
rière le SEIGNEUR", c.-à-d., ils sont revenus
en se lamentant au SEIGNEUR.
Transl.: See Remark
Trad.: Voir Remarque

8.8

A עשׂו
they have done
ils firent
L : (wie) sie ... getan haben
[עשׂו לי]
they have done to me
ils me firent
RSV*: they have done to me
NEB*: they have done to me
J : (1e, 2e éd.*) ils m'ont fait
Fac.: 4
Transl.: they have done
Trad.: ils ont fait

8.16

A ואת-בחוריכם
and your youths / your chosen ones
et vos adolescents / vos élus
[ואת-בקרכם]
and your cattle
et votre bétail
RSV*: your cattle
NEB*: your cattle
J : (2e, 3e éd.*) vos boeufs
L : und eure (besten) Rinder
Fac.: 4
Transl.: and your youths
Trad.: et vos jeunes gens

9.14

B המה באים בתוך העיר
    they ⟨were⟩ coming into the midst of the city
    ils venaient au milieu de la ville
        RSV : as they were entering the city
        NEB : (to the city,) and just as they were going
              in
        L   : (und als sie)... und in die Stadt eintra-
              ten
[המה באים בתוך השער]
    they ⟨were⟩ coming into the midst of the gate
    ils venaient au milieu de la porte
        J* : comme ils entraient dans la porte
    Fac.: 14
    Transl.: as they were entering into the city
    Trad.:   au moment où ils entrèrent dans la ville

9.16

C ראיתי את-עמי
    I have seen my people
    j'ai vu mon peuple
[ראיתי את-עני עמי]
    I have seen the affliction of my people
    j'ai vu la misère de mon peuple
        RSV*: I have seen the affliction of my people
        NEB*: I have seen the sufferings of my people
        J* : j'ai vu la misère de mon peuple
        L   : ich habe das Elend meines Volks angesehen
    Fac.: 5,4
    Transl.: I have looked at my people
    Trad.:   j'ai regardé mon peuple

9.24

C את-השוק והעליה
    the thigh and that which ⟨is⟩ on it
    la cuisse et ce qui ⟨est⟩ sur elle
[את-השוק והעליה =] את-השוק והעליה
    the thigh and the upper section
    la cuisse et la partie supérieure
        RSV*: the leg and the upper portion
        NEB : the whole haunch and leg (see Brockington)
    Fac.: 14
[את-השוק והאליה]
    the thigh and the fat tail
    la cuisse et la queue grasse
        J : (1e, 2e éd.*) le gigot et la queue
        L : eine Keule ... und den Fettschwanz

Fac.: 14
Transl.: the thigh and that which ⟨is⟩ upon it
Trad.:   la cuisse et ce qui ⟨est⟩ dessus

9.24

B לאמר העם קראתי
    saying, I have invited the people
    disant, j'ai invité le peuple
       L : denn als ich das Volk einlud (?)
[לאשר העם קראתי]
    to which I have invited the people
    auquel j'ai invité le peuple
       NEB*: to which I have invited the people
  Fac.: 14
[לאכל עם הקרואים]
    to eat with the guests
    manger avec les invités
       RSV*: that you might eat with the guests
  Fac.: 14
[Lacking. Manque]= J* Fac.: 4
 Rem.: This phrase should be interpreted as follows :
    "so that you may say : 'the people, it is I who
    have invited them'."
 Rem.: La meilleure interprétation de cette phrase
    est : "pour que tu puisses dire : 'le peuple,
    c'est moi qui l'ai invité'."
 Transl.: See Remark
 Trad.:   Voir Remarque

9.25-26

B וידבר עם-שאול על-הגג : וישכמו
    and he spoke with Saul on the roof. And they rose
    early
    et il parla avec Saül sur la terrasse. Et ils se
    levèrent de bonne heure
[וירבדו לשאול על-הגג וישכב]
    and they spread a covering for Saul on the roof
    and he lay down
    et ils étendirent une couverture sur la terrasse
    pour Saül et il se coucha
       RSV*: a bed was spread for Saul upon the roof
             and he lay down to sleep
       NEB*: a bed was spread on the roof for Saul,
             and he stayed there that night (Brocking-
             ton gives as Hebrew Text underlying NEB:
             וירבדו...וישכם:)

        J*   : on étendit une couverture (on prépara un
               lit, 3e éd.) sur la terrasse pour Saül et
               il se coucha
        L   : machten sie Saul ein Lager auf dem Dach
               und er legte sich schlafen
   Fac.: 12,4
   Transl.: and he spoke with Saul on the roof. And
            they woke up early
   Trad.:   et il parla avec Saül sur la terrasse. Et
            ils se réveillèrent de bonne heure

10.1

C הלוא
    is it not ?
    n'est-ce pas ?
        L   : Siehe
    [הלוא משחך יהוה לנגיד על עמו על ישראל ואתה תעצר בעם
    [יהוה ואתה תושיענו מיד איביו מסביב וזה לך האות]
    has not the LORD anointed you as prince over his
    people, over Israel ? and you shall rule over the
    people of the LORD, and you shall save them from
    the hand of their enemies round about, and this
    ⟨shall be⟩ the sign to you
    n'est-ce pas le SEIGNEUR qui t'a oint comme chef
    de son peuple, d'Israël ? et tu gouverneras le
    peuple du SEIGNEUR, et tu le délivreras de la
    main de ses ennemis d'alentour, et voici pour toi
    le signe
        RSV*: "has not the LORD anointed you to be
               prince over his people Israel ? And you
               shall reign over the people of the LORD
               and you will save them from the hand of
               their enemies round about. And this shall
               be the sign to you
        NEB*: 'The LORD anoints you prince over his
               people Israel; you shall rule the people
               of the LORD and deliver them from the
               enemies round about them. You shall have
               a sign
        J*   : "N'est-ce pas Yahvé qui t'a oint comme
               chef de son peuple Israël ? C'est toi qui
               régiras (jugeras, 2e, 3e éd.) le peuple de
               Yahvé et le délivreras de la main de ses
               ennemis d'alentour. Et voici pour toi le
               signe
   Fac.: 13,5
   Rem.: The allusive style of MT should be noted here
    and in V.21 below, a style which the Septuagint

or its <u>Vorlage</u> did not always respect in their
efforts to make the text more explicit.
Rem.: On doit remarquer le style allusif du TM ici
et ci-dessous au V.21, un style que la Septante ou
sa <u>Vorlage</u> n'ont pas toujours respecté dans leurs
explicitations.
Transl.: Is it not ?
Trad.:   n'est-ce pas ?

<u>10.13</u>

A הבמה
    to the high place
    au haut lieu
        RSV : to the high place
  [הביתה]
    to the house
    à la maison
        NEB*: home
        J* : (1e, 2e éd.) à la maison
    Fac.: 14
  [הגבעתה]
    to Gibeah
    à Gibéa
        J* : (3e éd.) à Gibéa
        L   : nach Gibea
    Fac.: 5
    Transl.: to the high place
    Trad.:   au haut lieu

<u>10.19</u>

B לו
    to him
    à lui
  לא
    no
    non
        RSV : 'No !
        NEB*: "No
        J   : (1e, 2e éd.) 'Non
        L   : Nein
    Fac.: 4,5
    Transl.: to him
    Trad.:   à lui

10.21

משפחת המטרי B
    the family of the Matrite / of Matri
    la famille du Matrite / de Matri
[משפחת המטרי ויקרב את משפחת המטרי לגברים]
    the family of the Matrite, and he brought near the
    family of the Matrite man by man
    la famille du Matrite, et il fit approcher la
    famille du Matrite homme par homme
       RSV*: the family of the Matrites ... finally he
           brought the family of the Matrites near
           man by man
       NEB*: the family of Matri ... Then he presented
           the family of Matri, man by man
       J*   : la famille de Matri ... Il fit approcher
           la famille de Matri homme par homme (1e éd.);
           le clan de Matri ... Il fit apprccher le
           clan de Matri homme par homme (2e, 3e éd.)
       L   : das Geschlecht Matri, und als er das Ge-
           schlecht Matri herantreten liess, Mann
           für Mann
  Fac.: 13,5
  Rem.: See above, 10.1, Remark.
  Rem.: Voir ci-dessus, 10.1, Remarque.
  Transl.: the family of Matri
  Trad.:   la famille de Matri

10.22

הבא עוד הלם איש B
    is there yet a man to come hither ?
    est-ce que quelqu'un va encore venir ici?
[הבא עוד הלם האיש]
    will the man again come hither ?
    l'homme, viendra-t-il encore ici ?
      NEB*: will the man be coming back ?
  Fac.: 4
[הבא עד הלם האיש]
    did the man come hither ?
    l'homme est-il venu jusqu'ici ?
      RSV*: did the man come hither ?
      J*   : l'homme est-il venu ici ?
      L   : ist denn der Mann überhaupt hergekom-
           men
  Fac.: 4
  Transl.: is there yet a man here who should have come ?
  Trad.:   est-ce ⟨qu'il y a⟩ encore quelqu'un ici
          ⟨qui⟩ serait venu ?

10.27

B ויהי כמחריש
    and he was as one who is silent
    et il fut comme un silencieux
      RSV : but he held his peace
      L   : aber er tat, als hörte er's nicht
[ויהי כמחדש]
    and it came to pass after about a month
    et il arriva environ un mois après
      NEB*: about a month later
      J*   : environ un mois après
  Fac.: 12,4
  Transl.: and he was as one who imposed silence on
          himself
  Trad.:   et il fut comme quelqu'un qui s'impose le
          silence

11.7

A ואחר שמואל
    and after Samuel
    et à la suite de Samuel
      RSV : after (Saul) and Samuel
      NEB : (follow Saul) and Samuel
      L   : (mit Saul) und Samuel (auszieht)
  [Lacking. Manque] = J*
  Fac.: 14
  Transl.: and after Samuel
  Trad.:   et à la suite de Samuel

12.7

A לפני יהוה
    before the LORD
    devant le SEIGNEUR
      RSV : before the LORD
      L   : vor dem HERRN
[לפני יהוה ואגידה לכם]
    before the LORD and let me tell to you
    devant le SEIGNEUR et que je vous raconte
      NEB*: in the presence of the LORD... I will ...
          recite
      J*   : devant Yahvé et que je vous rapelle
  Fac.: 4,5
  Transl.: before the LORD
  Trad.:   devant le SEIGNEUR

12.8

כאשר-בא יעקב מצרים B
    when Jacob came to Egypt
    quand Jacob vint en Egypte
        L   : als Jakob nach Aegypten gekommen war
[כאשר-בא יעקב מצרימה ויענום מצרים]
    when Jacob came to Egypt, and the Egyptians
    oppressed them
    quand Jacob vint en Egypte, et les Egyptiens les
    opprimèrent
      RSV*: when Jacob went into Egypt and the
            Egyptians oppressed them
     J* : quand Jacob fut venu en Egypte, les
            Egyptiens les opprimèrent
  Fac.: 13,4
[כאשר-בא יעקב ובניו מצרימה ויענום מצרים]
    when Jacob and his sons came to Egypt and the
    Egyptians oppressed them
    quand Jacob et ses fils vinrent en Egypte et les
    Egyptiens les opprimèrent
      NEB*: after Jacob and his sons had come down
            to Egypt and the Egyptians had made them
            suffer
  Fac.: 13, 4, 5
  Transl.: when Jacob came to Egypt
  Trad.:   quand Jacob vint en Egypte

12.11

ואת-בדן A
    Bedan
    Bedân
ואת-ברק
    Barak
    Baraq
      RSV*: and Barak
      NEB*: and Barak
     J* : Baraq
     L   : Barak
  Fac.: 9, 5, 4
  Transl.: Bedan
  Trad.:   Bedân

12.11

ואת-שמואל A
    Samuel
    Samuel
      RSV : and Samuel

```
    J   : Samuel
    L   : und Samuel
[ואת-שמשון]
   Samson
   Samson
     NEB*: and Samson
  Fac.: 4,1
  Transl.: Samuel
  Trad.:    Samuel
```

12.15

B ובאבתיכם
   and against your fathers
   et contre vos pères
      L   : wie gegen eure Väter
[ובמלככם]
   and against your king
   et contre votre roi
     RSV*: against (you) and your king
     NEB*: and against your king
     J* : et sur votre roi
  Fac.: 4,6
  Rem.: Some old exegetical traditions interpret
   "ובאבתיכם, and against your fathers" as : "against
   your kings, your chiefs"; another tradition un-
   derstands it as : "against (the tombs of) your
   fathers", (cf. 2 Kings 23.16); another traditional explanation is : "against (the memory of)
   your fathers"; yet other traditions understand :
   "(as the hand of the LORD was) against your
   fathers".
  Rem.: D'anciennes traditions exégétiques interprètent
   "ובאבתיכם, et contre vos pères" comme "contre vos
   rois, vos chefs"; d'autres traditions anciennes
   l'entendent dans le sens de : "contre (les tom-
   beaux de) vos pères", (cf. 2 R 23.16); d'autres
   comprennent : "contre (la mémoire de) vos pères";
   d'autres encore interprètent comme :"(comme la
   main du SEIGNEUR était) contre vos pères".
  Transl.: and against your fathers
  Trad.:   et contre vos pères

13.1

A בן-שנה שאול במלכו ושתי שנים מלך על-ישראל
   Saul ⟨was⟩... years old when he became king and
   he was king over Israel for two years
   Saül ⟨avait⟩... ans lorsqu'il devint roi et il régna deux ans sur Israël
     RSV*: Saul was ... years when he began to reign;
           and he reigned ... and two years over
           Israel
     J* : Saül avait un an lorsqu'il devint roi, et
           il régna deux ans en Israël (le éd. en
           note, omis dans le texte), Saül était
           âgé de ... ans lorsqu'il devint roi, et
           il régna ... ans sur Israël (2e, 3e éd.)
     L* : Saul war ... Jahre alt, als er König
           wurde, und zwei Jahre regierte er über
           Israel
[בן חמשים שנה שאול במלכו עשרים ושתי שנים מלך על-ישראל]
   Saul was fifty years old when he became king and
   he was king over Israel for twenty-two years
   Saül avait cinquante ans lorsqu'il devint roi et
   il régna vingt-deux ans sur Israël
     NEB*: Saul was fifty years old when he became
           king, and he reigned over Israel for
           twenty-two years
   Fac.: 14
   Rem.: Saul's reign, during which he enjoyed God's
         favour, lasted two years. These two years ended
         with David's anointing.
   Rem.: Saül régna deux ans avec la faveur de Dieu.
         Ces deux ans prirent fin avec l'onction de David.
   Transl.: Saul was ... years old when he began to
            reign. He was king over Israel for two
            years.
   Trad.: Saül avait ... ans quand il devint roi.
           Il régna deux ans sur Israël.

13.3

C וישמעו פלשתים ושאול תקע בשופר בכל-הארץ לאמר ישמעו
   העברים
   and the Philistines heard, and Saul blew the horn
   in all the land saying, "let the Hebrews hear"
   et les Philistins entendirent, et Saül fit sonner
   du cor dans tout le pays, en disant : "que les
   Hébreux entendent"
     RSV : and the Philistines heard of it. And Saul
           blew the trumpet throughout all the land,
           saying, "Let the Hebrews hear"

[וישמעו פלשתים לאמר פשעו העברים ושאול תקע בשפר בכל
הארץ]
   and the Philistines heard, saying, "the Hebrews
   have revolted", and Saul blew the horn in all
   the land
   et les Philistins entendirent, en disant, "les
   Hébreux se sont révoltés", et Saül fit sonner du
   cor dans tout le pays
     NEB*: and the news spread among the Philistines
          that the Hebrews were in revolt. Saul
          sounded the trumpet all through the land
     J* : et les Philistins apprirent que les
          Hébreux s'étaient révoltés. Saül fit sonner
          du cor dans tout le pays
     L : und die Philister hörten, dass die Hebräer
          abgefallen waren. Saul aber hatte die
          Posaune blasen lassen im ganzen Land
   Fac.: 14
   Transl.: and the Philistines heard ⟨it⟩, and Saul
         blew the horn in all the land, saying,
         "let the Hebrews hear ⟨it⟩"
   Trad.:   et les Philistins ⟨l'⟩entendirent, et Saül
         fit sonner du cor dans tout le pays, en
         disant, "que les Hébreux ⟨l'⟩entendent"

13.5

שלשים אלף B
   thirty thousand
   trente mille
     RSV : thirty thousand
     NEB : thirty thousand
[שלשת אלפים]
   three thousand
   trois mille
     J* : trois mille
     L   : dreitausend
   Fac.: 4
   Transl.: thirty thousand
   Trad.:   trente mille

13.6

ובחוחים A
   and in the holes / the thickets
   et dans les trous / les fourrés
     RSV : and in holes
     NEB : in ... and holes
     L : in ... und Klüfte

[ובחורים]
  and in the holes
  et dans les trous
    J* : dans ... les trous
 Fac.: 4,5
 Rem.: There are two meanings for חוח : "hole" and
  "thicket".
 Rem.: Le mot חוח a deux significations : "trou" et
  "fourré".
 Transl.: and in the thickets / and in the holes
 Trad.:   et dans les fourrés / et dans les trous

13.13

A לא שמרת
  you did not keep
  tu n'observas pas
    RSV : you have not kept
    NEB : you have not kept
    J   : (3e éd.) tu n'as pas observé
[לֻא שמרת =] לא שמרת
  if you had kept
  si tu avais observé
    J* : (1e, 2e éd.) si tu avais observé
 Fac.: 14
 Rem.: The expression "כי עתה, for now" at V.13b
  contains a condition : "for now ⟨if you had kept
  it⟩, the LORD would have firmly established your
  kingdom...", and similarly "ועתה, and now" in
  V.14 implies a premiss : "but now ⟨since you did
  not keep it⟩, your kingdom will not stand..."
 Rem.: L'expression "כי עתה, car maintenant", au
  V. 13b, contient une condition : "car maintenant
  ⟨si tu l'avais observé⟩ le SEIGNEUR aurait affer-
  mi ton règne...", et, de façon analogue, "ועתה,
  et maintenant" au V.14, implique une prémisse
  tacite "mais maintenant ⟨que tu ne l'as pas ob-
  servé⟩, ton règne ne tiendra pas...".
 Transl.: you did not keep
 Trad.:   tu n'as pas observé

13.15

מן-הגלגל
  from Gilgal
  de Guilgal
    RSV : from Gilgal
 Fac.: 10

A ‏[מן-הגלגל וילך לדרכו ויתר העם עלה אחרי שאול לקראת‏
‏עם‏ ‏המלחמה ויבאו מן-הגלגל]‏

from Gilgal; and he went on his way, and the rest
of the people went up after Saul to meet the
people of the battle, and they came from Gilgal
de Guilgal; et il alla son chemin, et ce qui restait du peuple monta derrière Saül à la rencontre
du peuple de la guerre, et ils vinrent de Guilgal

   NEB*: Gilgal ... and went on his way. The rest
        of the people followed Saul, as he moved
        from Gilgal towards the enemy (cf.
        Brockington with a slightly different
        reconstruction of the Hebrew text)

    J* : de Gilgal pour suivre son chemin. Ce
        qui restait du peuple monta derrière
        Saül à la rencontre des hommes de guerre
        et vint de Gilgal

    L   : von Gilgal (hinauf) und zog seines Weges.
        Die Uebrigen vom Volk aber zogen hinter
        Saul her dem Kriegsvolk entgegen von Gil-
        gal hinauf

  Transl.: from Gilgal, and went on his way. But the
        remainder of the people went up after
        Saul to meet the battlefolk, and they went
        from Gilgal

  Trad.: de Guilgal, et il alla son chemin. Mais ce
        qui restait du peuple monta derrière Saül
        à la rencontre des hommes de guerre, et ils
        allèrent de Guilgal

13.18

B ‏הגבול‏
  the border / the adjacent territory
  la frontière / le territoire adjacent
    RSV : the border
    NEB : the range of hills
    L   : das Gebiet
 [‏הגבע]‏
  the height
  la hauteur
    J* : la hauteur
 Fac.: 5
 Rem.: The interpretation of "‏הגבול‏, border, adjacent
  territory" in this context is "mountain, mountain
  crest"; cf. Remark at Num 34.6.
 Rem.: L'interprétation de "‏הגבול‏, frontière, territoire adjacent" dans ce contexte serait "montagne,
  crête"; cf. Remarque en Nb 34.6.

Transl.: See Remark
Trad.:   Voir Remarque

13.20

B ואת-מחרשתו
   and his plowshare
   et son soc
[ואת-חרמשו]
   and his sickle
   et sa faucille
     RSV*: or his sickle
     NEB*: and sickles
     J   : (3e éd.) ou sa faucille
     L   : oder Sense
  Fac.: 4
[ואת-דרבנו]
   and his goad
   et son aiguillon
     J* : (1e, 2e éd.) et son aiguillon
  Fac.: 5,4
  Transl.: and his plowshare
  Trad.:   et son soc

13.21

B ולשלש קלשון ולהקרדמים
   and for the three-pronged instrument and for the
   axes
   et pour l'instrument à trois pointes et pour les
   haches
     L   : bei ... Gabeln, Beilen
[ושליש שקל לשן הקרדמים]
   and one-third of a shekel for sharpening the axes
   et un tiers de sicle pour aiguiser les haches
     RSV*: and a third of a shekel for sharpening
         the axes
     NEB*: and one-third of a shekel for sharpening
         the axes
     J* : d'un tiers de sicle pour aiguiser les
         herminettes
  Fac.: 14
  Transl.: and for the trident and for the axes
  Trad.:   et pour le trident et pour les haches

14.2

A במגרון
   in Migron
    à Migrôn
      RSV : at Migron
      NEB : at Migron
      L   : in Migron
[בַּמִּגְרֶן]
   at the threshing-floor
   à l'aire de battage
      J*   : près de l'aire
Fac.: 14
Rem.: "מגרון, Migron", is a place-name. It might
  possibly be interpreted as "threshing-floor".
Rem.: "מגרון, Migrôn" est un nom de lieu. On pourrait éventuellement l'interpréter comme "aire de
  battage".
Transl.: See Remark
Trad.:   Voir Remarque

14.7

B עשה כל-אשר בלבבך נטה לך
   do all that ⟨is⟩ in your heart, turn for yourself
   fais tout ce qui ⟨est⟩ dans ton coeur, incline
   pour toi
      NEB : do what you will, go forward
      L   : tu alles, was in deinem Herzen ist; geh
           nur hin !
[עשה כל אשר לבבך נטה לו]
   do all that to which your heart inclines
   fais tout ce vers quoi penche ton coeur
      RSV*: do all that your mind inclines to
      J   : (1e*, 2e*, 3e éd.) fais tout ce vers quoi
           penche ton coeur
Fac.: 4
Transl.: do all that is in your heart, go forward
Trad.:   fais tout ce qui est dans ton coeur, avance

14.7

B הנני עמך כלבבך
   behold I am with you like your heart
   me voici avec toi comme ton coeur
      NEB : I am with you whatever you do
      L   : siehe, ich bin mit dir, wie dein Herz
           will

‏[הנני עמך כלבבי כלבבך]‏
    behold I am with you, my heart ⟨is⟩ as your heart
    me voici avec toi, mon coeur ⟨est⟩ comme ton coeur
      RSV*: behold, I am with you, as is your mind, so
           is mine
      J*   : (3e éd.) je suis avec toi, mon coeur est
           comme ton coeur
  Fac.: 6,4
‏[הנני לבבי כלבבך]‏
    behold me, my heart ⟨is⟩ as your heart
    me voici, mon coeur ⟨est⟩ comme ton coeur
      J*   : (1e, 2e éd.) pour moi, mon coeur est comme
           ton coeur
  Fac.: 14
  Transl.: behold I am with you in full agreement
          (lit. according to your heart)
  Trad.:   me voici avec toi en intime accord (litt.
          selon ton coeur)

14.18

‏(1°)‏ ‏ארון האלהים‏ C
    the ark of God
    l'arche de Dieu
      RSV : the ark of God
‏[האפוד]‏
    the ephod
    l'éphod
      NEB*: the ephod
      J*   : l'éphod
      L   : den Ephod
  Fac.: 5,4
  Transl.: the ark of God
  Trad.:   l'arche de Dieu

14.18

‏כי-היה ארון האלהים‏ A
    for the ark of God was
    car l'arche de Dieu fut
      RSV : for the ark of God went
‏[כי הוא נשא האפוד]‏
    for ⟨it was⟩ he ⟨who⟩ carried the ephod
    car ⟨c'était⟩ lui ⟨qui⟩ portait l'éphod
      NEB*: for it was he who carried the ephod
      J*   : car c'était lui qui portait l'éphod
      L   : denn er trug den Ephod
  Fac.: 4
  Transl.: for the ark of God was
  Trad.:   car l'arche de Dieu fut

14.21

B סביב וגם-המה
   round about, and they also
   autour, et eux aussi
  [סבבו גם-המה]
   they turned about, they too
   ils se retournèrent, eux aussi
     RSV*: even they also turned
     NEB*: (the Hebrews) ... changed sides
     J* : (les Hébreux) ... firent défection eux
         aussi
     L   : auch (die Hebräer) ... gingen über zu
  Fac.: 4
  Transl.: round about, and they too (were ⟨about to
       make common cause⟩ with Israel)
  Trad.: autour, et eux aussi (étaient ⟨en train de
       faire cause commune⟩ avec Israël)

14.33

B היום
   the day / today
   le jour / aujourd'hui
  [הלום]
   hither
   ici
     RSV*: here
     NEB : here
     J   : (1e*, 2e*, 3e éd.) ici
     L   : her
  Fac.: 4
  Rem.: The meaning of "היום, today" in this context
   is "during day-time".
  Rem.: Le sens de "היום, aujourd'hui" dans ce contexte
   est "tant qu'il fait encore jour".
  Transl.: See Remark
  Trad.: Voir Remarque

14.34

C שורו (2°)
   his bullock / ox
   son taureau / boeuf
     RSV : his ox
     NEB : his own ox
  [אשר]
   that which
   ce que

```
    J*  : ce qu'(il avait)
    L   : was (er hatte)
```

Rem.: The expression "איש שורו, everybody his ox"at the
  end of the V. takes up again, but in shorter form,
  the longer expression of the beginning of the V.:
  "איש שורו ואיש שיהו, everybody his ox and everybody
  his sheep".

Rem.: L'expression "איש שורו, chacun son taureau"
  de la fin du V. reprend en abrégé la forme plus
  longue de son début : "איש שורו ואיש שיהו, chacun son taureau et chacun son agneau".

Fac.: 4,6

Transl.: his ox

Trad.:   son boeuf

14.41

אלהי ישראל הבה תָמִים

  God of Israel, "give ⟨what is⟩ sound

  Dieu d'Israël, "donne ⟨ce qui est⟩ juste

Fac.: 10,9

A [אלהי ישראל למה לא ענית את עבדך היום אם יש בי או

    ביונתן בני העון יהוה אלהי ישראל הבה אורים ואם

            ישנו בעמך ישראל הבה תָמִים]

God of Israel, "why have you not answered your servant today ? If the guilt is in me or in Jonathan
my son, LORD, God of Israel, give Urim; but if it
is in thy people Israel, give Thummim

Dieu d'Israël, "Pourquoi n'as-tu pas répondu aujourd'hui à ton serviteur ? Si la faute est sur
moi ou sur mon fils Jonathan, SEIGNEUR, Dieu
d'Israël, donne urîm; et si elle est sur ton peuple
Israël, donne tummîm

> RSV*: God of Israel, why hast thou not answered
>   thy servant this day ? If this guilt is
>   in me or in Jonathan my son, O LORD, God
>   of Israel, give Urim; but if this guilt
>   is in thy people Israel, give Thummim
>
> NEB*: the God of Israel, 'Why hast thou not
>   answered thy servant today ? If this guilt
>   lie in me or in my son Jonathan, O LORD
>   God of Israel, let the lot be Urim; if it
>   lie in thy people Israel, let it be Thum-
>   mim
>
> J* : Dieu d'Israël, pourquoi n'as-tu pas ré-
>   pondu aujourd'hui à ton serviteur ? Si la
>   faute est sur moi ou sur mon fils Jonathan,
>   Yahvé, Dieu d'Israël, donne urim (ourim :
>   le éd.); si la faute est sur ton peuple
>   Israël, donne tummim (toummim : le éd.)
```
```

L   : Gott Israels, warum hast du deinem Knecht
       heute nicht geantwortet ? Liegt die Schuld
       bei mir oder bei meinem Sohn Jonathan,
       HERR, Gott Israels, so gib das Los "Licht";
       liegt die Schuld aber an deinem Volk Is-
       rael, so gib das Los "Recht"
Transl.: See above
Trad.:   Voir ci-dessus

14.47

B ובמלכי צובה
     and against the kings of Zobah
     et contre les rois de Çoba
        RSV : against the kings of Zobah
        L   : gegen die Könige Zobas
ובמלך צובה
     and against the king of Zobah
     et contre le roi de Çoba
        NEB*: against ... the king of Zobah
        J   : (1e*, 2e, 3e éd.) contre ... le roi de
              Çoba
Fac.: 5
Transl.: and against the kings of Zobah
Trad.:   et contre les rois de Çoba

14.47

ירשיע
   he was doing evil
   il faisait le mal
      RSV : he put them to the worse
   Fac.: 7
[וַיִּוָּשַׁע]
     and he was saved / victorious
     et il fut sauvé / victorieux
        NEB : he was successful (?)
        J* : il était victorieux
        L   : da gewann er den Sieg (?)
   Fac.: 7
B[וַיּוֹשִׁיעַ]
     and he saved
     et il sauva
Rem.: The verb "הושיע, to save" is used here absolutely
     as in 14.6, 17.47 and elsewhere in the Old Testa-
     ment.
Rem.: Le verbe "הושיע, sauver" est employé ici sans
     complément à l'accusatif, comme en 14.6, 17.47 et
     ailleurs dans l'Ancien Testament.

Transl.: and he saved / and he was a saviour
Trad.:   et il sauva / et il fut un sauveur

14.49

A וישוי
    and Ishvi
    et Ishvi
      RSV : Ishvi
      L   : Jischwi
[וישיו]
    and Ishyo
    et Ishyo
      NEB*: Ishyo
      J* : Ishyô (le éd.), Ishyo (2e, 3e éd.)
  Fac.: 12,9
  Rem.: Ishvi, Saul's son, is called elsewhere
    Ishbaal (2 Sam 2.8,10,12,15), Ishbosheth (2 Sam
    3.8,14,15; 4.5,8a,8b,12), and Eshbaal (1 Chron
    8.33;9.39).
  Rem.: Il s'agit du même homme, fils de Saül, qui
    est appelé ailleurs Ishbaal (2 S 2.8,10,12,15),
    Ishboshet (2 S 3.8,14,15; 4.5,8a,8b,12), et
    Eshbaal (1 Ch 8.33;9.39).
  Transl.: and Ishvi
  Trad.:   et Ishvi

15.9

B והמשנים
    and the seconds
    et les seconds
[והשמנים]
    and the fat ones
    et les gras
      RSV : and of the fatlings
      NEB*: the fat beasts
      J   : les bêtes grasses
      L   : und das Mastvieh
  Fac.: 4
  Rem.:"והמשנים, and the seconds" refer to those
    animals which were kept and fattened after the
    first-born had been given to God.
  Rem.:"והמשנים, et les seconds" signifie les bêtes
    qu'on gardait et gavait après avoir donné le
    premier-né à Dieu.
  Transl.: See Remark
  Trad.:   Voir Remarque

15.32

B מעדנת
    tenderness / chains / trembling
    délicatesse / chaînes / tremblement
      RSV : cheerfully
      J   : en résistant (1e*, 2e éd.) (?) en chancelant
      L   : zitternd   (3e* éd.)
  [מעדנית]
    trembling
    tremblant
      NEB*: with faltering step
  Fac.: 6
  Rem.: Three meanings are given for מעדנת : (a) with
    tenderness, delicately; (b) in chains, enchained;
    (c) totteringly. The first meaning is best attes-
    ted.
  Rem.: Il existe trois sens pour מעדנת : (a) avec
    mollesse, délicatement; (b) en chaînes, enchaîné;
    (c) avec tremblement. Le premier sens est le
    mieux attesté.
  Transl.: See Remark
  Trad.:   Voir Remarque

15.32

C סר מר-המות
    the bitterness of death is averted
    l'amertume de la mort est écartée
      RSV : the bitterness of death is past
      NEB : the bitterness of death has passed
  [מר המות]
    death is bitter
    la mort est amère
      J*   : la mort est amère
      L   : bitter ist der Tod
  Fac.: 4,10
  Rem.: Note should be taken of the fact that Robert
    G. Bratcher, How did Agag Meet Samuel ? (1 Sam
    15:32), in : The Bible Translator, Vol.22, No.4,
    October 1971, is mistaken when he affirms that the
    word "סר, has passed away" is missing in 4QSam[b]
    (sic! he should have said : 4QSam[a]), for this word is
    ly missing in the <u>reconstruction</u> of the Qumran
    text.
  Rem.: Il faut noter que Robert G. Bratcher, How did
    Agag Meet Samuel ? (1 Sam. 15:32), en : The Bible
    Translator, Vol.22, No.4, October 1971, se trompe
    quand il affirme que le mot "סר, s'en est allée"

manque en 4QSam[b] (sic! il devrait dire : 4QSam[a]),
car ce mot ne manque que dans la <u>reconstitution</u>
du texte de Qumrân.
 Transl.: the bitterness of death has passed away
 Trad.:   l'amertume de la mort s'en est allée

16.7

B כי לא אשר יראה האדם
    for not that which man sees
    car non pas ce que l'homme voit
[כי לא כאשר יראה האדם יראה האלהים]
    for not as man sees does God see
    car ⟨ce⟩ n'⟨est⟩ pas comme l'homme voit que Dieu
    voit
      J* : les vues de Dieu ne sont pas comme les
            vues de l'homme
 Fac.: 4,6
[כי לא כאשר יראה האדם יראה יהוה]
    for not as man sees does the LORD see
    car ⟨ce⟩ n'⟨est⟩ pas comme l'homme voit que le
    SEIGNEUR voit
      RSV : for the LORD sees not as man sees
      NEB*: the LORD does not see as man sees
      L   : denn nicht sieht der HERR auf das, worauf
            ein Mensch sieht
 Fac.: 14
 Rem.: The translation of "לא אשר יראה האדם, not
    that which man sees" requires an addition such as:
    "⟨it is⟩ not ⟨a matter of⟩ what man sees".
 Rem.: La traduction de "לא אשר יראה האדם, non pas
    ce que l'homme voit" exige pour être claire une
    ajoute comme : "⟨il⟩ ne ⟨s'agit⟩ pas ⟨de⟩ ce que
    l'homme voit".
 Transl.: See Remark
 Trad.:   Voir Remarque

16.20

B המור
    an ass
    un âne
      RSV : an ass
      L   : einen Esel
[חמר]
    a homer
    un omer
      NEB : a homer (see Brockington)
 Fac.: 4

[חמשה]
   five
   cinq
    J*   : cinq
Fac.: 14
Transl.: an ass (⟨laden⟩ with bread)
Trad.:   un âne (⟨chargé⟩ de pain)

17.12

זקן בא בַאֲנָשִׁים C
   an elder, going with men
   un ancien, allant avec les hommes
     L   : war... schon zu alt, um unter die Kriegs-
           leute zu gehen
[זקן בא בשנים]
   an elder, advanced in years
   un ancien, chargé d'années
     RSV*: was already old and advanced in years
     J* : était vieux et chargé d'années
Fac.: 4
[זקן בא בַאֲנָשִׁים=] זקן בא באנשים
   an old man, advancing in weakness
   un vieillard, entrant dans la faiblesse
     NEB : he had become a feeble old man
Fac.: 14
Rem.: The expression זקן בא באנשים means "an elder,
   notable among men" / "an elder, distinguished
   among men".
Rem.: L'expression זקן בא באנשים signifie : "un
   ancien, notable parmi les hommes" / "un ancien,
   distingué parmi les hommes".
Transl.: See Remark
Trad.:   Voir Remarque

17.46

פגר מחנה פלשתים B
    the corpse of the army of the Philistines
    le cadavre de l'armée des Philistins
      RSV : the dead bodies of the host of the Phi-
           listins
פגרך ופגרי מחנה פלשתים
    your corpse and the corpses of the army of the
    Philistines
    ton cadavre et les cadavres de l'armée des Phi-
    listins
      NEB*: your carcass and the carcasses of the
          Philistines

J* : ton cadavre et les cadavres de l'armée
     philistine
L : deinen Leichnam und die Leichname des
     Heeres der Philister
Fac.: 4
Rem.: The meaning of "פגר, corpse" is collective :
  all the corpses.
Rem.: Le mot "פגר, cadavre" a ici un sens collectif:
  l'ensemble des cadavres.
Transl.: the corpses of the army of the Philistines
Trad.:   les cadavres de l'armée des Philistins

17.52

C גיא
    a valley / Gai
    une vallée / Gaï
 [גת]
    Gath
    Gat
      RSV*: Gath
      NEB*: Gath
      J* : Gath (le éd.), Gat (2e, 3e éd.)
      L : Gath
  Fac.: 5
  Transl.: Gai
  Trad.:   Gaï

18.18

A חַיַּי
    my life
    ma vie
חַיַּי [=] חיי
    my kinsfolk
    ma parenté
        RSV : my kinsfolk
        NEB : my kinsfolk (with a transposition of the
              Hebrew word order)
        J* : mon lignage
        L   : meine Sippe
Fac.: 14
Rem.: The MT form is surely corrupt, but there is
      no other textual source attesting a more original
      one. The conjecture "my kinsfolk" may be adopted
      for translational purposes.
Rem.: La forme du TM est sûrement une corruption,
      mais il n'y a pas de source textuelle qui at-
      testerait une forme plus originelle. Quant à la
      traduction, on pourrait adopter la conjecture "mon
      clan".
Transl.: See Remark
Trad.:   Voir Remarque

18.28

B ומיכל בת-שאול אהבתהו
    and Michal, the daughter of Saul, loved him
    et Mikal, la fille de Saül, l'aimait
        NEB : and (knew) that Michal his daughter had
              fallen in love with him
        L   : und dass seine Tochter Michal ihn lieb-
              hatte
[וכי כל ישראל אהב אתו]
    and that all Israel loved him
    et que tout Israël l'aimait
        RSV*: and that all Israel loved him
    Fac.: 5
[וכי כל בית ישראל אהב אתו]
    and that all the house of Israel loved him
    et que toute la maison d'Israël l'aimait
        J* : et que toute la maison d'Israël l'aimait
    Fac.: 14
    Transl.: and Michal, Saul's daughter, loved him
    Trad.:   et Mikal, fille de Saül, l'aimait

19.10-11

B וימלט בלילה הוּא:וישלח שאול

 and he escaped on that night. And Saul sent
 et il se sauva cette nuit-là. Et Saül envoya

[וימלט ויהי בלילה הוא וישלח שאול]

 and he escaped. And it happened on that night that
 Saul sent
 et il se sauva. Et il arriva cette nuit-là que
 Saül envoya

  RSV*: (David)... and escaped. That night Saul
    sent
  NEB : (David)... and got safely away. That night
    Saul sent
  J* : (David)... et se sauva. Cette même nuit,
    Saül envoya
  L : (David)... und entrann. In jener Nacht
    aber sandte Saul
 Fac.: 4
 Transl.: and he escaped that night. And Saul sent
 Trad.: et il se sauva cette nuit-là. Et Saül en-
    voya

19.23

A שם
 there
 là
  NEB : there
[משם]
 from there
 de là
  RSV*: from there
  J : (1e*, 2e*, 3e éd.) de là
  L : von dort
 Fac.: 4,6
 Transl.: there
 Trad.: là

20.3

B וישבע
 and he swore
 et il fit serment
  NEB : (David said : I am ready) to swear to it (?)
  J : (David) fit ce serment
[וישב וישבע]
 and he replied and he swore
 et il répondit et il fit serment

        L   : da antwortete (David) und schwor
  Fac.: 14
[וישב]
   and he replied
   et il répondit
     RSV*: but (David) replied
  Fac.: 12,4
  Transl.: and he swore
  Trad.:   et il fit serment

20.3

עוד D
   again / still
   encore
     NEB : I am ready (to swear to it) (?)
 [Lacking. Manque] = RSV*, J (1e*, 2e*, 3e éd.), L
  Fac.: 4
  Transl.: again / still
  Trad.:   encore

20.5

   עד הערב השלשית
   until the third evening
   jusqu'au troisième soir
     RSV : till the third day at evening
     NEB : until the third evening
     L   : bis zum Abend des dritten Tages
  Fac.: 5
[עד הערב]C
   until the evening
   jusqu'au soir
     J* : jusqu'au soir
  Transl.: until the evening (and see 20.12 [2°])
  Trad.:   jusqu'au soir (et voir 20.12 [2°])

20.12

יהוה אלהי ישראל B
   the LORD God of Israel
   le SEIGNEUR Dieu d'Israël
     J   : (3e éd.) par Yahvé, Dieu d'Israël !
     L   : bei dem HERRN, dem Gott Israels
[עד יהוה אלהי ישראל]
   the LORD God of Israel is witness
   le SEIGNEUR Dieu d'Israël est témoin
     RSV*: the LORD, the God of Israel, be witness !
     NEB*: in the sight of the LORD the God of Israel

J* : (1e, 2e éd.) Yahvé, Dieu d'Israël, est
            témoin !
Fac.: 5,3
Rem.: This oath formula does not need to be comple-
   ted by a complement (which is what Septuagint and
   Syriac have done, but in different ways). It may
   be translated : "by the LORD, God of Israel".
Rem.: Cette formule de serment n'a pas besoin d'être
   complétée par un complément (ce qu'ont fait Sep-
   tante et Syriaque, mais différemment). Elle peut
   être rendue par : "par le SEIGNEUR, Dieu d'Israël".
Transl.: See Remark
Trad.: Voir Remarque

20.12

A כעת מחר השלשית
   at that time of the day after, the third ⟨day⟩
   à cette heure du lendemain, du troisième ⟨jour⟩
      RSV : about this time tomorow, or the third
                day (?)
      NEB : this time tomorrow... for the third time (?)
      L   : morgen und am dritten Tage (?)
[כעת מחר]
   at this time tomorrow
   à la même heure demain
      J   : (1e*, 2e*, 3e éd.) demain à la même heure
   Fac.: 14
Rem.: 1. Between VV.5 and 12 there is a progression
   in the exchange between David and Jonathan : in
   V.5 David speaks only of the evening, without
   specifying the day, while in V.12 Jonathan men-
   tions that the day on which he will probe his
   father will be the day after the banquet day,
   which is the day-after-tomorrow, i.e., the third
   day in relation to the day of the conversation.
   2. Accordingly, V.19 should be translated as follows : "and you shall await the third day (i.e.,
   the day after tomorrow) and ⟨then⟩ go southwards
   (lit. go down) very ⟨far⟩".
Rem.: 1. Entre le V.5 et le V.12 il y a une progression dans l'échange entre David et Jonathan :
   au V.5 David parle seulement du soir sans préciser
   le jour, tandis qu'au V.12 Jonathan indique avec
   précision qu'il sondera son père le lendemain du
   jour du repas, qui est le surlendemain (c.-à-d. le
   troisième jour) par rapport au jour de la conversation.
   2. Le V.19 est à comprendre par conséquent: "et tu

attendras le troisième jour (c.-à-d. le surlendemain à partir d'aujourd'hui) pour aller vers
le sud (litt. descendre) très ⟨loin⟩".

Transl.: at that time of the day after, ⟨that is⟩
    the third ⟨day⟩

Trad.: à cette heure du lendemain, ⟨c'est-à-dire⟩
    du troisième ⟨jour⟩

20.16

B ויכרת יהונתן עם-בית דוד

and Jonathan made ⟨a covenant⟩ with the house of
David

et Jonathan conclut ⟨une alliance⟩ avec la maison
de David

[ונכרת שם יהונתן מעם-בית דוד]

may the name of Jonathan be cut off from the house
of David

que le nom de Jonathan soit retranché de la maison de David

  RSV*: let (not) the name of Jonathan be cut off
     from the house of David

  L : so möge der Name Jonathans (nicht) ausge-
     löscht werden neben dem Hause Davids

Fac.: 8,4

[ויכרת שם יהונתן עם-בית שאול]

may the name of Jonathan be cut off with the
house of Saul

que le nom de Jonathan soit retranché avec la
maison de Saül

  J* : que le nom de Jonathan (ne) soit (pas)
    supprimé avec la maison de Saül

Fac.: 4

[ונכרת יהונתן מעם-בית דוד]

may Jonathan be cut off from the house of David

que Jonathan soit retranché de la maison de David

  NEB*: if he and his house are no longer my
    friends (?)

Fac.: 14

Rem.: 1. NEB's translation does not correspond to
Brockington's Hebrew text. In any case, NEB is
conjectural here.

2. The expression "איבי דוד, the enemies of David"
in V.16, second half, is a euphemism for "the
sons of David", who ought not to be referred to
in a cursing formula.

Rem.: 1. La traduction de NEB ne correspond pas au
texte hébraïque donné par Brockington. Elle est
conjecturale.

2. L'expression "אֹיְבֵי דָוִד, les ennemis de David"
dans le V.16, deuxième moitié, est un euphémisme
pour "les fils de David" que l'on ne voulait pas
mentionner dans une malédiction.

Transl. of V.15-16 : V.15 "and you will not cut off
your kindness from my house for ever, even not
when the LORD cuts off David's enemies, every one
⟨of them⟩ from the face of the earth !" V.16 ⟨Thus⟩
Jonathan made the covenant with the house of David :
"May the LORD call David's enemies to account !"
(in a note : "David's enemies" means David's sons;
see Rem.2 above)

Trad. des V.15-16 : V.15 "et tu ne retrancheras pas
ta bonté de ma maison pour toujours, même lorsque
le SEIGNEUR retranche les ennemis de David, chacun ⟨d'eux⟩ de la face de la terre !" V.16 ⟨Ainsi⟩
Jonathan conclut-il l'alliance avec la maison de
David : "Que le SEIGNEUR demande compte aux ennemis de David !" (en note : "ennemis de David" désigne "les fils de David"; voir Rem.2 ci-dessus)

20.17

B לַהַשְׁבִּיעַ אֶת־דָוִד
    to make David swear
    à faire prêter serment à David
      RSV : (Jonathan) made David swear
      L   : (Jonathan) liess ... David schwören
  [לְהַשְׁבִּעַ לְדָוִד]
    to swear to David
    prêter serment à David
      NEB*: (Jonathan) pledged himself ... to David
      J* : (Jonathan) prêta ... serment à David
  Fac.: 4,6
  Transl.: to make David swear
  Trad.: à faire prêter serment à David

20.19

C תֵּרֵד
    you shall go down
    tu descendras
      NEB : go down
  [הֻפְקַד]
    you will be missed
    tu manqueras
      RSV*: you will be ... missed
      J* : on remarquera ... ton absence
      L   : wirst du ... vermisst werden

Fac.: 5,4
Rem.: See above, 20.12, Remark 2.
Rem.: Voir ci-dessus, 20.12, Remarque 2.
Transl.: you shall go down (i.e. southwards)
Trad.:   tu descendras (c.-à-d. vers le sud)

20.19

C אצל האבן האזל
   beside the stone Ezel / beside the departure stone
   ⟨of the way⟩
   à côté de la pierre Ezel / à côté de la pierre de
   départ ⟨du chemin⟩
[ואצל הארגב הלאז]
   beside the heap there / beside the Argab there
   à côté du tertre là / à côté du Argab là
      RSV*: beside yonder stone heap
      NEB*: by the mound there
      J* : à côté de ce tertre que tu sais
      L   : (setze dich) dort neben den Steinhaufen
   Fac.: 5
   Rem.: See below, 20.41.
   Rem.: Voir ci-dessous, 20.41.
   Transl.: beside the departure stone
   Trad.:   à côté de la pierre de départ

20.25

ויקם
   and he stood up
   et il se leva
      NEB : (Jonathan too) was present (?)
   Fac.: 12
C[ויקדם]
   and he was in front / opposite
   et il était en avant / en face
      RSV*: (Jonathan) sat opposite
      J* : (Jonathan) se mit en face
      L   : (Jonathan) sass gegenüber
   Transl.: and he sat opposite
   Trad.:   et il s'assit en face

20.30

C כי-בחר אתה לבן-ישי
   that you are choosing the son of Jesse
   que tu choisis le fils de Jessé
      RSV : that you have chosen the son of Jesse
      J   : (2e, 3e éd.) que tu prends parti pour le
            fils de Jessé

    L   : dass du den Sohn Isais erkoren hast
[כי-חבר אתה לבן-ישי]
    that you are an associate of the son of Jesse
    que tu es un associé du fils de Jesse
      NEB*: you have made friends with the son of Jesse
      J* : (1e éd.) que tu es l'associé du fils de
            Jessé
    Fac.: 12
    Transl.: that you are choosing the son of Jesse
    Trad.:   que tu choisis le fils de Jessé

20.41

    מאצל הנגב
    from the south side
    d'à côté du sud
    Fac.: 8,9,12
D[מאצל הארגב]
    from beside the mound / the Argab
    d'à côté du tertre / du Argab
      RSV*: from beside the stone heap
      NEB*: from behind the mound
      J* : (1e éd.) d'à côté du tertre
      L   : hinter dem Steinhaufen
  [מאצל הרגב]
    from beside the mound
    d'à côté du tertre
      J* : (2e, 3e éd.) d'à côté du tertre
    Fac.: 14
    Rem.: 1. The old Greek translators of the Septuagint
    no longer understood the meaning of this Hebrew
    word.
    2. See above, 20.19 (2°).
    Rem.: 1. Les anciens traducteurs grecs ne compre-
    naient déjà plus le sens de ce mot hébraïque.
    2. Voir ci-dessus, 20.19 (2°).
    Transl.: from beside the Argab (or : Ergab)
    Trad.:   d'à côté du Argab (ou : Ergab)

21.8(7)

A הרעים
    of the herdsmen
    des bergers
      RSV : (Saul's) herdsmen
      NEB : (Saul's) herdsmen
      J   : (3e éd.) des bergers
      L   : über die Hirten

[הרצים]
   the couriers
   les coureurs
     J* : (1e, 2e éd.) des coureurs
  Fac.: 14
  Transl.: of the herdsmen
  Trad.: des bergers

21.14(13)

B ויתו
   and he made marks
   et il fit des marques
     RSV : he ... and made marks
     NEB : scrabbling
     L : er ... und rannte (gegen) (?)
[ויתף]
   and he tapped
   et il tambourinait
     J* : il tambourinait
  Fac.: 4,6
  Transl.: and he made marks
  Trad.: et il faisait des marques

22.3

B יצא-נא אבי ואמי
   pray let my father and my mother go out
   permets que mon père et ma mère sortent
     NEB : let my father and mother come and take
        shelter (?)
[ישב-נא אבי ואמי] \ [יצנ-נא אבי ואמי]
   pray let my father and my mother remain
   permets que mon père et ma mère restent
     RSV*: pray let my father and my mother stay
     J* : permets que mon père et ma mère restent
     L : lass meinen Vater und meine Mutter ...
        bleiben
  Fac.: 4,6
  Rem.: Pregnant expression : "go out ⟨in order to be⟩
  with you".
  Rem.: Tournure prégnante : "sortir ⟨pour être⟩ avec
  vous".
  Transl.: pray let my father and my mother go out
  Trad.: permets que mon père et ma mère sortent

22.4

C וַיַּנְחֵם
    and he led them
    et il les conduisit
      L   : und er brachte sie
  וינחם [=וַיַּנִּחֵם]
    and he left them
    et il les laissa
      RSV : and he left them
      NEB : so he left them
      J* : il les laissa
  Fac.: 4
  Transl.: and he led them
  Trad.:   et il les conduisit

22.14

  וְסָר אל-משמעתך
    and he turns aside to your bodyguard
    et il se détourne vers ta garde
      NEB : appointed to your staff (?)
  Fac.: 8,9
  [וְשַׂר על-משמעתך]
    and a commander over your bodyguard
    et un chef de ta garde
      RSV*: and captain over your bodyguard
      J* : le chef de ta garde personnelle
  Fac.: 4,8
C [וְסָר אל-משמעתך] וסר אל-משמעתך
    and a commander unto your bodyguard
    et un chef pour ta garde
      L   : und der Oberste deiner Leibwache
  Rem.: The Septuagint and the Targum probably read
    the MT consonants.
  Rem.: La Septante et le Targum ont probablement lu
    les consonnes du TM.
  Transl.: and a commander over your bodyguard
  Trad.:   et un chef de ta garde

23.7

A נכר אתו
    he has handed him over
    il l'a livré
      RSV : (God) has given him
      NEB : (God) has put him
      L   : (Gott) hat ihn ... gegeben

[מכר אתו]
   he has sold him
   il l'a vendu
     J* : (Dieu) l'a livré
  Fac.: 6, 8
  Transl.: he has handed him over
  Trad.:   il l'a livré

23.15

A וַיַּ֫רְא
   and he saw
    et il vit
     NEB : (David) well knew
     J : (2e, 3e éd.) (David) se rendit compte
     L   : und als (David) sah
[וירא=]וַיִּרָ֫א
   and he feared
    et il eut peur
     RSV*: and (David) was afraid
     J* : (1e éd.) (David) eut peur
  Fac.: 14
  Transl.: and he saw
  Trad.:   et il vit

23.22

C מי ראהו
   who has seen him ?
    qui l'a vu ?
     RSV : and who has seen him
     NEB ◄ and who saw him
     L   : und wer ihn ... gesehen hat
[במהרה]
   in haste
    en hâte
     J* : (où) se hâteront (ses pas)
  Fac.: 4, 12
  Transl.: who has seen him
  Trad.:   qui l'a vu

23.25

B וירד הסלע וישב במדבר מעון
    and he went down to Sela / the Rock and he dwelt
    in the wilderness of Maon
    et il descendit à Séla / la Roche et il habita dans
    le désert de Maôn

NEB : and went down to a refuge in the rocks,
and there he stayed in the wilderness of
Maon

[וירד הסלע אשר במדבר מעון]

and he went down to the rock which ⟨is⟩ in the
wilderness of Maon
et il descendit à la roche qui ⟨est⟩ dans le désert de Maôn

RSV*: therefore he went down to the rock which
is in the wilderness of Maon

J : et (celui-ci) descendit au roc (1e éd.)
à la gorge (2e, 3e éd.) qui se trouve dans
le désert de Maon (1e éd.) Maôn (2e, 3e éd.)
(1e, 2e éd.*)

L : und er ging zu dem Felsen hinab, der in
der Wüste Maon ist

Fac.: 4

Transl.: and he went down to Sela / the Rock and he
dwelt in the wilderness of Maon

Trad.: et il descendit à Sela / la Roche et il
habita dans le désert de Maôn

24.11(10)

B וְאֹמַר
and he was saying
et il disait
RSV : and some bade me
L : und man hat mir gesagt

[=וָאֹמַר] ואמר
and I said
et je dis
NEB : I had a mind to

Fac.: 14,4

[ואמאן]
and I refused
et je refusai
J* : mais j'ai refusé

Fac.: 4

Rem.: The subject of ואמר is either the LORD (cf.
V.5), or an impersonal subject : "one was saying,
they were saying". The subject of ותחס, which
follows, is עיני, "but ⟨my eye⟩ took pity on you".

Rem.: Le sujet de ואמר est ou bien le SEIGNEUR
(cf. V.5) ou bien un sujet impersonnel : "alors
qu'on disait". Le sujet de ותחס, qui suit, est
עיני : "mais⟨mon oeil⟩a eu pitié de toi".

Transl.: even though He said (i.e. the Lord) / even
         though they said
Trad.:   alors qu'Il disait (le Seigneur) / alors
         qu'on disait

24.19(18)

A הגדת
    you have declared
    tu as déclaré
      RSV : you have declared
      J   : (3e éd.) tu as révélé
[הגדלת]
    you have made great
    tu as rendu grand
      J* : (le, 2e éd.) tu as mis le comble à
      NEB : (Your goodness...) has passed all bounds
            (the Hebrew texts in Brockington are
            erroneous)
    Fac.: 14
    Transl.: you have declared
    Trad.:   tu as déclaré

25.1

A פארן
    Paran
    Parân
      RSV : Paran
      NEB : Paran
[מעון]
      J* : Maon (le éd.), Maôn (2e, 3e éd.)
      L   : Maon
    Fac.: 5
    Transl.: Paran
    Trad.:   Parân

25.6

B ואמרתם כה לחי
    and you shall say, thus for the next year
    et vous direz, ainsi pour l'année prochaine
      RSV : and thus you shall salute him
      NEB : you are to say, "All good wishes for the
            year ahead !
[ואמרתם כה לאחי]
    and you shall say thus to my brother
    et vous direz ainsi à mon frère

```
     J*  : vous porterez ainsi à mon frère
     L   : und sprecht zu meinem Bruder
Fac.: 4, 12
Rem.: כה לחי is an idiomatic expression, which may
  be translated : "thus (i.e., in peace, prosperity)
  may it be for next year".
Rem.: כה לחי est une expression idiomatique qu'on
  pourrait traduire par "qu'il soit ainsi (i.e. en
  paix, en prospérité) pour l'année prochaine".
Transl.: See Remark
Trad.:   Voir Remarque
```

25.11

```
B ואת-מימי
     and my water
     et mon eau
       RSV : and my water
       L   : und mein Wasser
 [ואת-ייני]
     and my wine
     et mon vin
       NEB*: and my wine
       J*  : mon vin
  Fac.: 5
  Transl.: and my water
  Trad.:   et mon eau
```

25.22

```
   לאיבי דוד
     to the enemies of David
     aux ennemis de David
  Fac.: 7
B[לדוד]
     to David
     à David
       RSV*: to David
       NEB*: David
       J*  : à David
       L   : David
  Transl.: to David
  Trad.:   à David
```

26.14

אל-המלך B
   to the king
   au roi
     RSV : to the king
     NEB : to the king
     L   : zum König hin
 [Lacking. Manque] = J*
 Fac.: 4
 Transl.: to the king
 Trad.:   au roi

26.20

את-פרעש אחד B
   one flea
   une simple puce
     NEB : (to look) for a flea
     L   : einen einzelnen Floh
 [את-נפשי]
   my life
   ma vie
     RSV*: my life
     J* : (à la quête) de ma vie
 Fac.: 5, 12
 Transl.: a single flea
 Trad.:   une simple puce

27.8

מעולם
   from of old
   depuis toujours
     RSV : from of old
     L   : von alters her
 Fac.: 12, 9
 [מְטֵילָם] (= Brockington)
   from Telaim
   de Telaïm
     NEB*: from Telaim
 Fac.: 9
C[מְטֵלָם] / [מְטֵלָאִים]
   from Telam
   de Telâm
     J* : de Télam
 Transl.: from Telam / Telaim
 Trad.:   de Télâm / Télaïm

27.10

C אל־פשטתם
   not, have you raided ?
   non, avez-vous fait une razzia ?
על מי פשטתם
   against whom have you made a raid ?
   contre qui avez-vous fait une razzia ?
     RSV*: against whom have you made a raid
   Fac.: 8,4
אן פשטתם
   where have you raided ?
   où avez-vous fait une razzia ?
     NEB : where was your raid
     J   : (1e*, 2e*, 3e éd.) où avez-vous fait la
           razzia
     L   : wo seid ihr ... eingefallen
   Fac.: 8
   Transl.: is it not true, you did make a raid ?
   Trad.:   n'est-ce pas, vous avez fait une razzia ?

28.2

B לכן אתה תדע
   therefore, you, you shall know
   aussi bien, toi, tu sauras
     RSV : very well, you shall know
     NEB : good, you will learn
     L   : wohlan, du sollst erfahren
[לכן עתה תדע]
   therefore, now, you shall know
   aussi bien tu sauras maintenant
     J   : (1e*, 2e*, 3e éd.) aussi bien, tu sauras
           maintenant
   Fac.: 12
   Transl.: you, therefore, you shall know
   Trad.:   tu sauras, donc, toi aussi

28.17

C לו
   for him
   pour lui
לך
   to you
   à toi
     RSV : to you
     J   : (1e*, 2e*, 3e éd.) (Yahvé) t'(a fait)
     L   : dir

Fac.: 4
[Lacking. Manque] = NEB
Fac.: 14
Transl.: for him (i.e. for David)
Trad.:   pour lui (c.-à-d. pour David)

29.1

בעין A
    at the spring
    à la source
      RSV : by the fountain
      J   : à la source
      L   : an der Quelle
[בעין חרד]
    at En-harod / at the spring of Harod
    à En-Harod / à la source de Harod
      NEB*: at En-harod
    Fac.: 14
    Transl.: at the spring
    Trad.:   à la source

29.10

השכם בבקר ועבדי אדניך אשר-באו אתך
    rise early in the morning, and the servants of
    your master who have come with you
    lève-toi de bon matin, et les serviteurs de ton
    maître qui sont venus avec toi
      RSV : rise early in the morning with the servants
            of your lord who came with you
      L   : mach dich ... früh am Morgen auf mit den
            Knechten deines Herrn, die mit dir ge-
            kommen sind
    Fac.: 10
[השכם בבקר ועבדי אדניך אשר באו אתך והלכחם אל המקום
אשר הפקדתי אתכם שם ודבר בליעל אל תשם בלבבך כי טוב
אתה לפני]
    rise early in the morning, and the servants of your
    master who have come with you, and you shall go to
    the place which I have assigned to you, and do not
    put an evil word in your heart, for you are plea-
    sing to me
    lève-toi de bon matin, et les serviteurs de ton
    maître qui sont venus avec toi, et vous irez à
    l'endroit que je vous ai assigné, et ne garde en ton
    coeur aucun mot méchant, car tu m'es agréable

        NEB*: rise early in the morning with those of
              your lord's subjects who have followed
              you, and go to the town which I allotted
              to you; harbour no evil thoughts, for I
              am well satisfied with you
        J* : (2e, 3e éd.) lève-toi de bon matin avec
              les serviteurs de ton maître qui sont
              venus avec toi, et allez à l'endroit que
              je vous ai assigné. Ne garde en ton coeur
              aucun ressentiment, car tu m'es agréable
     Fac.: 14

D [השכם בבקר אתה ועבדי אדניך אשר באו אתך והלכתם אל
    המקום אשר הפקדתי אתכם שם ודבר בליעל אל תשם בלבבך
                          כי טוב אתה לפני]

     rise early in the morning, you and the servants
     of your master who have come with you, and you
     shall go to the place which I have assigned to
     you, and do not put an evil word in your heart,
     for you are pleasing to me
     lève-toi de bon matin, toi et les serviteurs de ton
     maître qui sont venus avec toi, et vous irez à
     l'endroit que je vous ai assigné, et ne garde en
     ton coeur aucun mot méchant, car tu m'es agréable
        J* : (le éd.) levez-vous de bon matin, toi et
              les serviteurs de ton maître qui sont venus
              avec toi, et allez à l'endroit que je vous
              ai assigné. Ne garde en ton coeur aucun
              ressentiment, car tu m'es agréable
     Transl.: See above
     Trad.:   Voir ci-dessus

30.2

B את-הנשים
     the women
     les femmes
   [את-הנשים ואת-כל]
     the women and all
     les femmes et tous
       RSV*: the women and all
       J* : les femmes et tous ceux
       L   : die Frauen und alles
     Fac.: 4
   [את-כל-הנשים]
     all the women
     toutes les femmes
       NEB : all the women
     Fac.: 14

Transl.: the women
Trad.:   les femmes

30.17

B למחרתם
    of their morrow
    de leur lendemain
      RSV : of the next day
      NEB : and continued till next day (?)
      J   : (3e éd.) du lendemain
      L   : des nächsten Tages
[להחרמם]
    to put them under the ban
    pour les vouer à l'anathème
      J* : (1e, 2e éd.) les vouant à l'anathème
    Fac.: 14
    Rem.: The suffix ם- here is probably to specify "the
    following day of their ⟨expedition⟩".
    Rem.: Le suffixe ם- ici veut probablement spécifier
    "le lendemain de leur ⟨expédition⟩".
    Transl.: See Remark
    Trad.:   Voir Remarque

30.22

A עמי
    with me / with us (collectively)
    avec moi / avec nous (pronom collectif)
      RSV : with us
      L   : mit uns
עמנו
    with us
    avec nous
      NEB*: with us
      J   : (1e*, 2e*, 3e éd.) avec nous
    Fac.: 4,5
    Transl.: with us (collectively)
    Trad.:   avec nous (pronom collectif)

30.23

B לא-תעשו כן אחי את אשר-נתן יהוה לנו
    you shall not act thus, my brothers, with that
    which the LORD has given us
    vous n'agirez pas ainsi, mes frères, avec ce que
    nous a donné le SEIGNEUR
      RSV : you shall not do so, my brothers, with
            what the LORD has given us

    J   : (3e éd.) n'agissez pas ainsi, mes frères,
          avec ce que Yahvé nous a accordé
    L   : ihr sollt nicht so tun, meine Brüder, mit
          dem, was uns der HERR gegeben hat
[לא-תעשו כן אחרי אשר-נתן יהוה לנו]
    you shall not act thus, after what the LORD has
    given us
    vous n'agirez pas ainsi, après ce que le SEIGNEUR
    nous a donné
       NEB*: that you shall never do ... considering
             what the LORD has given us
       J* : (le, 2e éd.) n'agissez pas ainsi après
             ce que Yahvé nous a accordé
  Fac.: 6
  Transl.: you shall not act thus, my brothers, with
           that which the LORD has given us
  Trad.:   vous n'agirez pas ainsi, mes frères, avec
           ce que nous a donné le SEIGNEUR

30.26

A לרעהו
    to his friend / to his friends
    à son ami / à ses amis
       RSV : to his friends
       L   : seinen Freunden
  [ולרעהו]
    and to his friends
    et à ses amis
       NEB*: and to his friends
  Fac.: 4
  [לעריהם]
    to their cities
    à leurs villes
       J* : selon leurs villes
  Fac.: 14
  Rem.: The singular has here a distributive meaning.
  Rem.: Le singulier est à prendre ici au sens distri-
        butif.
  Transl.: to ⟨each one⟩ of his friends
  Trad.:   à ⟨chacun⟩ de ses amis

30.27

בבית-אל
    in Bethel / Beth-el
    à Béthel / Beth-El
       RSV : in Bethel
  Fac.: 12,9

[בבתול]
   in Bethul
   à Bethoul
      J* : de Bethoul (1e éd.), de Betul (2e, 3e éd.)
      L   : zu Bethul
   Fac.: 14
D[בבתואל]
   in Bethuel
   à Béthouel
      NEB : in Bethuel
   Transl.: in Bethuel
   Trad.:   à Béthouel

30.28

בערער
   in Aroer
   à Aroër
      RSV : in Aroer
      J   : d'Aroër
   Fac,: 12,9
[בערערה]
   in Ararah
   à Arara
      NEB*: in Ararah
      L   : zu Arara
   Fac.: 12,9
D[בְּעֲרָעֵד]
    in Arad
    à Arad
   Rem.: See a similar case in Josh 15.22.
   Rem.: Voir un cas analogue en Jos 15.22.
   Transl.: in Arad
   Trad.:   à Arad

30.29

B ברכל
   in Racal
   à Rakal
      RSV : in Racal
      NEB : in Rachal
   [בכרמל]
   in Carmel
   à Karmel
      J* : de Carmel (1e éd.), de Karmel (2e, 3e éd.)
      L   : zu Karmel
   Fac.: 4,5

```
Transl.: in Racal
Trad.:   à Rakal
```

30.30

```
B בעתך
    in Athach
    à Atak
      RSV : in Athach
      NEB : in Athak
      L   : zu Athach
 [בעתר]
    in Ether
    à Eter
      J*  : de Eter
  Fac.: 14
  Transl.: in Athach
  Trad.:   à Atak
```

31.4

```
A וּדְקָרֻנִי
    and they pierce me through
    et ils me transpercent
      RSV : (lest)... and thrust me through
      NEB : (so that) ... and taunt me (?)
      L   : und mich erstechen
 [Lacking.Manque]= J*
  Fac.: 5
  Transl.: (lest...) and pierce me through
  Trad.:   (de peur que...) et (ne) me transpercent
```

31.6

```
C גם כל-אנשיו
    also all his men
    aussi tous ses hommes
      RSV : and all his men
      NEB : as well as his men
      L   : und alle seine Männer
 [Lacking. Manque]= J*
  Fac.: 4
  Transl.: all his men too
  Trad.:   aussi tous ses hommes
```

31.9

B בית עצביהם
    (to) the house of their idols
    (à) la maison de leurs idoles
       L   : im Hause ihrer Götzen
[את עצביהם]
    (to) their idols
    (à) leurs idoles
     RSV*: (to) their idols
     NEB*: (to) idols
     J* : (à) leurs idoles
  Fac.: 5
  Transl.: (to) the house of their idols
  Trad.:   (à) la maison de leurs idoles

1.18

B קשת
   a bow
   un arc
     J   : (2e, 3e éd.) l'arc
     L   : das Bogenlied
 [Lacking. Manque] = RSV*, J* (1e éd.)
 Fac.: 4
[קינת שניהם הזאת]
   this dirge of the two
   cette lamentation des deux
     NEB : this dirge over them
 Fac.: 14
 Rem.: ללמד in this V. should be interpred transiti-
   vely, "to teach", while the word "ark" seems to
   be a title of the song.
 Rem.: ללמד dans ce V. est transitif : "enseigner",
   tandis que le mot "arc" semble être un titre du
   chant.
 Transl.: the bow
 Trad.:   l'arc

1.21

C ושדי תרומת
   and fields of offerings / first-fruits
   et champs de prélèvements / prémices
[ושרי תהומות]
   and upsurgings of the deep
   et soulèvements de l'abîme
     RSV*: nor upsurging of the deep
 Fac.: 14
[שְׁדוֹת רמות] (sic Brockington)
   the upper fields (?)
   les champs supérieurs (?)
     NEB*: no showers on the uplands (?)
 Fac.: 14
[שדי תרמית]
   fields of treachery
   champs de trahison
     J*   : campagnes traîtresses
     L   : (ihr) trügerischen Gefilde
 Fac.: 14
 Rem.: Although MT in its present form may present
   textual difficulties, it is to be preferred to
   modern conjectures. It should be interpreted as
   "fertile fields" / "luxuriant fields".

Rem.: Bien que le TM dans sa forme actuelle pré-
    sente des difficultés textuelles, il est préfé-
    rable aux conjectures modernes. On devrait le
    traduire comme "champs plantureux".
Transl.: See Remark
Trad.:   Voir Remarque

2.8,10,12,15

איש בשת (V.8, 15) / איש-בשת (V.10, 12)
    Ish-bosheth / Ishbosheth
    Ish-boshet / Ishboshet
      RSV : Ish-bosheth
      NEB*: Ishbosheth (note on V.8)
      L* : Isch-Boscheth (Anmerkung zu V.8)
    Fac.: 7
B[אישבעל]
    Ishbaal
    Ishbaal
      J* : Ishbaal (note textuelle [le éd.] et ex-
            plicative [2e, 3e éd.] sur V.8)
    Rem.: See above 1 Sam 14.49, Remark, and 3.8 below.
    Rem.: Voir ci-dessus 1 S 14.49, Remarque, et 3.8 ci-
          dessous.
    Transl.: Ishbaal
    Trad.:   Ishbaal

2.10 : See under 2.8 / Voir sous 2.8.

2.12 : See under 2.8 / Voir sous 2.8.

2.13

B יצאו
    they went out
    ils sortirent
      RSV : (Joab ... and the servants...) went out
      J   : (Joab ... et la garde ...) se mirent en
            marche (le, 2e éd.), se mirent aussi en
            marche (3e éd.)
      L   : (Joab ...) zog aus (mit...)
[יצאו מהברון]
    they went out from Hebron
    ils sortirent de Hébrôn
      NEB*: (Joab...) marched out (with David's troops)
            from Hebron
    Fac.: 5
    Transl.: they went out
    Trad.:   ils sortirent

2.15 : See under 2.8 / Voir sous 2.8.

3.7

B בת-איה
    the daughter of Ayyah
    la fille d'Ayya
      RSV : the daughter of Aiah
      NEB : daughter of Aiah
      L   : eine Tochter Ajjas
 [בת-איה ויקחה אבנר]
    the daughter of Ayyah, and Abner took her
    la fille d'Ayya, et Abner la prit
      J* : fille d'Ayya, et Abner la prit
 Fac.: 1, 3, 13
 Rem.: The Committee gave two ratings for this case :
   the rating B, given above, for the non-addition
   of the Septuagint gloss, and the rating C, not
   given above, for the proper name, "איה, Ayyah".
 Rem.: Le Comité a donné deux votes pour ce cas : le
   vote B, indiqué ci-dessus, pour la non-insertion
   de la glose de la Septante, et le vote C, non-
   indiqué ci-dessus, pour le nom propre "איה, Ayya".
 Transl.: the daughter of Ayyah
 Trad.:   la fille d'Ayya

3.8

A איש-בשת (V. 8,14; 4.8a,8b,12) / איש בשת (V.15; 4.5)
    Ishbosheth / Ish-bosheth
    Ishboshet / Ish-boshet
      RSV : Ish-bosheth (adds the name also in V.7)
      NEB : Ishbosheth (adds the name in V.7, omitting
          it in V.8)
      L   : Isch-Boscheth (fügt den Namen auch in V.7
          hinzu)
 [אישבעל]
    Ishbaal
    Ishbaal
      J   : Ishbaal (ajoute le nom aussi au V.7 [le,
          2e éd.*])
 Fac.: 14
 Rem.: 1. The MT here and in 3.14,15; 4.5,8a,8b,12;
   ("איש-בשת / איש בשת, Ish-bosheth / Ishbosheth")
   should be retained on the basis of the science of
   textual criticism, since there are no textual
   witnesses for the original form Ishbaal, see
   above 2.8. However, if translators think it preferable to use <u>one</u> name for this <u>same</u> person, then

the name "Ishbaal" should be adopted.
2. See 1 Sam 14.49, Remark, and 2.8 above.
  Rem.: 1. Le TM, ici et en 3.14,15; 4.5,8a,8b,12;
  (איש בשת / איש-בשת, Ish-boshet / Ishboshet"),
  doit être maintenu d'un point de vue scientifique
  de critique textuelle, puisque des témoins textuels
  pour la forme originelle Ishbaal font entièrement
  défaut. Cependant, si les traducteurs jugent préférable qu'il n'y ait qu'un seul nom pour cette
  même personne, on devra adopter le nom "Ishbaal".
  2. Voir 1 S 14.49, Remarque et 2.8 ci-dessus.
  Transl.: See Remark 1
  Trad.:   Voir Remarque 1

3.8

B הראש כלב אנכי אשר ליהודה
    am I a dog's head belonging to Judah ?
    suis-je une tête de chien appartenant à Juda ?
      RSV : am I a dog's head of Judah
      NEB*: am I a baboon in the pay of Judah
      L   : bin ich denn ein Hundskopf aus Juda
  [הראש כלב אנכי]
    am I a dog's head ?
    suis-je une tête de chien ?
      J* : suis-je donc (maintenant : le éd.) une
            tête de chien
  Fac.: 4
  Transl.: am I a dog's head, belonging to Judah, I ?
  Trad.:   suis-je une tête de chien appartenant à
           Juda, moi ?

3.12

C אל-דוד תחתו לאמר למי-ארץ לאמר
    to David instead of him, saying, to whom ⟨is⟩ a
    land, saying
    à David à sa place, en disant, à qui ⟨est⟩ un
    pays, en disant
  [אל-דוד תחתו לאמר למי-ארץ]
    to David instead of him, saying, to whom ⟨is⟩ a
    land
    à David à sa place, en disant, à qui ⟨est⟩ un pays
      L   : für sich zu David und liess ihm sagen :
            Wem gehört das Land ?
  Fac.: 4
  [אל-דוד חברנה לאמר למי-ארץ]
    to David at Hebron, saying, to whom ⟨is⟩ a land
    à David à Hébrôn, en disant, à qui ⟨est⟩ un pays

RSV*: to David at Hebron, saying, "To whom does
the land belong ?

Fac.: 1,4

[אל-דוד תחתו לאמר למי אֶרֶץ לאמר]
to David instead of him, saying, to whom shall I
be pleasing, saying
à David à sa place, en disant, à qui serai-je
agréable, en disant

NEB*: seeking to make friends where he could,
instead of going to David himself, ...
with this message

Fac.: 14

[אל-דוד ... לאמר]
to David ... saying
à David ... en disant

J* : (Abner envoya des messagers) dire à
David : ...

Fac.: 14

Rem.: 1. The meaning of תחתו in this context is
"on the spot", as in 2.23.
2. The first "לאמר, saying", introduces the
enigmatic message; the second "לאמר, that is to
say", explains the hidden meaning and purpose of
this message.
3. The translation of the entire verse is as
follows : "Abner sent messengers to David on the
spot to say 'to whom is a land ?', that is to say,
'make your covenant with me, for behold my hand
is with you to turn all Israel to you'."

Rem.: 1. La signification de תחתו dans ce contexte
est "sur-le-champ ", comme en 2.23.
2. Le premier "לאמר, en disant" introduit le
message énigmatique; le deuxième "לאמר, c'est-à-
dire" explique le sens caché et l'intention de ce
message.
3. La traduction du verset entier : "Abner envoya
des messagers à David sur-le-champ pour dire :
'à qui est un pays ?', c'est-à-dire : 'Conclus
ton alliance avec moi; car voici que ma main est
avec toi pour tourner vers toi tout Israël'."

Transl.: See Remark 3
Trad.:   Voir Remarque 3

3.14 : See under 3.8 / Voir sous 3.8.

3.15 : See under 3.8 / Voir sous 3.8.

3.18

B הושיע
   to save
   sauver
     RSV : I will save
     NEB : I will deliver
     L   : will ich ... erretten
אושיע
   I shall save
   je sauverai
     J* : je délivrerai
  Fac.: 4,6
  Rem.: The infinitive here may be interpreted as a
  decision to save, "I will save".
  Rem.: L'infinitif ici a valeur de décision de sauver,
  "je sauverai".
  Transl.: See Remark
  Trad.:   Voir Remarque

3.27

A אל-תוך השער
   into the middle of the gate
   au milieu de la porte
     RSV : into the midst of the gate
     NEB : in the gateway
     J   : (3e éd.) à l'intérieur de la porte
     L   : im Tor
[אל-ירך השער]
   to the side of the gate
   vers le côté de la porte
     J* : (1e, 2e éd.) vers le côté de la porte
  Fac.: 4,9
  Rem.: Joab drew him "into the midst of the gate",
  "the gate" being a whole building.
  Rem.: Joab l'attira "au milieu de la porte", "la
  porte" étant tout un bâtiment.
  Transl.: into the midst of the gate
  Trad.:   au milieu de la porte

4.4

ומפבשת : 19.25 / מפי-בשת : 16.1,14 / מפיבשת
  Mephibosheth
  Mephiboshet
    RSV : Mephibosheth
    NEB : Mephibosheth
    L* : Mephiboscheth

Fac.: 7

B[מפיבעל]
    Mephibaal
    Mephibaal
[מריבעל]
    Meribbaal
    Meribbaal
        J* : Meribbaal
Fac.: 5

Rem.: 1.Mephibaal, Jonathan's son, is further
    mentioned, in the altered form of his name :
    "מפיבשת, Mephibosheth" in 9.6a,6b,10,11,12a,12b,
    13; 16.1,4; 19.25,26,31; 21.7.
    2. This same Mephibaal, Jonathan's son, appears
    with another name, namely as "מריב בעל, Merib-baal"
    in 1 Chron 8.34a, 34b; 9.40a and as "מרי-בעל,
    Meribaal" in 1 Chron 9.40b, see these places.
    3. In 21.8 "מפבשת, Mephibosheth" refers to another
    person, to the son of Saul and Rizpah, see there.
Rem.: 1. Mephibaal, fils de Jonathan, est encore
    mentionné, sous la forme altérée du nom "מפיבשת,
    Mephiboshet", en 9.6a, 6b,10,11,12a,12b,13; 16.1,4;
    19.25,26,31; 21.7.
    2. Le même Mephibaal, fils de Jonathan, apparaît
    avec un autre nom, à savoir "מריב בעל, Merib-baal"
    en 1 Ch 8.34a,34b; 9.40a, et comme "מרי-בעל, Meri-
    baal" en 1 Ch 9.40b, voir à ces endroits.
    3. En 21.8 "מפבשת, Mephiboshet" est le nom du
    fils de Saül et Riçpa, voir là.
Transl.: Mephibaal
Trad.:   Mephibaal

4.5 : See under 3.8 / Voir sous 3.8.

4.6

D והנה באו עד-תוך הבית לקחי חטים ויכהו אל-החמש
                    ורכב ובענה אחיו נמלטו
    and these came into the midst of the house, taking
    wheat, and they struck him in the belly , and
    Rechab and Baanah his brother escaped
    et ceux-ci entrèrent jusqu'à l'intérieur de la
    maison, en prenant du blé, et ils le frappèrent
    au ventre, et Rékab et Baana son frère s'échap-
    pèrent

[וְהִנֵּה שֹׁעֶרֶת הַבַּיִת הברה / סקלה חטים ותנם ותישך ורכב
ובענה אחיו נמלטו]

and behold, the doorkeeper of the house was
cleaning wheat and she became drowsy and slept,
and Rechab and Baanah slipped in
et voici que la portière de la maison qui mondait
du blé s'était assoupie et dormait, et Rékab et
Baanah son frère se faufilèrent

    RSV*: And behold, the doorkeeper of the house
          had been cleaning wheat, but she grew
          drowsy and slept; so Rechab and Baanah his
          brother slipped in
    NEB*: now the door-keeper had been sifting wheat,
          but she had grown drowsy and fallen asleep,
          so Rechab and his brother Baanah crept in
    J*   : la portière, qui mondait du blé, s'était
          assoupie et dormait. Rekab (1e éd.),
          Rékab (2e, 3e éd.) et son frère Béana
          (1e éd.), Baana (2e, 3e éd.) se faufilèrent
    L   : und die Pförtnerin des Hauses hatte Wei-
          zen gereinigt und war fest eingeschlafen.
          Da schlichen sich Rechab und sein Bruder
          Baana hinein

Fac.: 4, 13
Rem.: 1. In this case, as well as in 17.3 and
  20.18-19, there is a similar situation : either
  the Septuagint reading is the correct one and MT
  is corrupt; or MT is corrupt, but faithful in pre-
  serving at least some ruins of the original text
  while the Septuagint, aiming at restoring a corrupt
  text, is facilitating and constructive. The second
  alternative seems to be the true explanation of
  the nature of the two text-forms.
  2. Translators who use notes should include the
  translation of the Septuagint in a note : "The
  Septuagint reads : 'and-behold, the doorkeeper
  of the house had been cleaning wheat, but she
  grew drowsy and had fallen asleep. So Rechab and
  Baanah his brother slipped in'."
  3. The Committee gave a second rating : C, in
  addition to the vote for the whole reading, indicated above, for "וְהָנֻה, and they". "וְהִנֵּה, and
  behold" of several Hebrew Manuscripts and of some
  old Versions is a facilitating interpretation of
  the consonants.
  4. The following V.7 should be translated in the
  pluperfect.
Rem.: 1. Dans ce cas, comme en 17.3 et en 20.18-19,
  la situation est semblable : ou bien la leçon de

la Septante est bonne tandis que celle du TM est
corrompue; ou bien le TM est un texte corrompu,
mais conservant du moins quelques vestiges du texte
original, tandis que la Septante voulant restaurer
un texte corrompu est facilitante et constructrice.
La deuxième alternative paraît correspondre à la
réalité.
2. Les traducteurs qui ajoutent des notes à
leurs traductions, devraient donner en note la
traduction de la Septante en disant : "La Septante
traduit : 'Et voici que la portière de la maison,
qui mondait du blé, s'était assoupie et dormait.
Rékab et son frère Baana se faufilèrent,'."
3. Le Comité a voté non seulement pour <u>toute</u> la
leçon, selon l'indication donnée ci-dessus, mais
encore en particulier pour "וְהֵנָּה, et ceux-ci": C.
La leçon "וְהִנֵּה, et voici" de plusieurs manuscrits
hébraïques et de quelques versions anciennes est
une interprétation facilitante des consonnes.
4. Le V. suivant, V.7, devrait être traduit dans
le plus-que-parfait.
Transl.: and these, they entered into the midst of
the house, ⟨as coming to⟩ take wheat, and they
struck him in the belly; then Rechab and Baanah
his brother escaped. (V.7 They had entered the
house...)
Trad.: et ceux-ci entrèrent jusqu'à l'intérieur de
la maison, ⟨comme venant⟩ prendre ⟨une livraison⟩
de blé, et il le frappèrent au ventre; puis
Rékab et Baana son frère s'échappèrent. (V.7 Ils
étaient donc entrés dans la maison...)

<u>4.8 1°, 2°</u> : See under 3.8 / Voir sous 3.8.

<u>4.12</u> : See under 3.8 / Voir sous 3.8.

<u>5.8</u>
A ויגע
    let him reach
    qu 'il atteigne
      RSV : let him get up
      NEB : to reach
      L   : und ... hinaufsteigt
 [ויעל]
    let him go up
    qu'il monte
      J* : (quiconque ...) et montera

Fac.: 14
Transl.: (whoever would beat the Jebusite) let him
         reach (through the water shaft the lame
         and the blind)
Trad.:   (quiconque veut frapper le Jébuséen,) qu'il
         atteigne (par le canal et les boiteux et
         les aveugles)

5.8

ואת-העורים שֹׁנְאֵי נפש דוד [=Qere שֹׂנְאֵי]
   and the blind ⟨who⟩ are hated by David's soul
   et les aveugles ⟨qui⟩ sont haïs par l'âme de David
   RSV : and the blind, who are hated by David's
         soul
   J* : (quant aux...) et aux aveugles, David les
         hait en son âme
   L   : und die ... und Blinden..., die David
         verhasst sind
Fac.: 7
[ואת-העורים שֹׂנְאֵי נפש דוד]
   and the blind, haters of the soul of David
   et les aveugles, ⟨qui⟩ haïssent l'âme de David
   NEB : and the blind, David's bitter enemies
Fac.: 6
B ואת-העורים שנאו נפש דוד [= שָׂנְאוּ Ketiv]
   and the blind, ⟨who⟩ hated the soul of David
   et les aveugles, ⟨qui⟩ ont haï l'âme de David
   Transl.: and the blind, who have hated the person
            (lit. soul) of David
   Trad.:   et les aveugles, qui ont haï la personne
            (litt. l'âme) de David

5.16

A ואלידע
   and Eliada
   et Elyada
     RSV : Eliada
     NEB : Eliada
     L   : Eljada
[ובעלידע]
   and Baaliada
   et Baalyada
     J   : (1e*, 2e*, 3e éd.) Baalyada
Fac.: 5
Rem.: 1. See 1 Chron 3.8 and 14.7 for a similar
      problem with the name of this same son of David.
      2. It is probable that the original form of this

name was "Baaliada", which had been changed, for
theological reasons, to "Eliada". But since there
is no independent textual witness for this original form, it is not possible to change "Eliada"
here on grounds of textual analysis. Translators
who use notes may indicate that here, "Eliada"
stands for an original "Baaliada".
Rem.: 1. Voir 1 Chr 3.8 et 14.7 pour un problème analogue avec le nom de ce même fils de David.
2. Probablement le nom original était "Baalyada"
que l'on avait transformé en "Elyada" pour des
raisons théologiques. Mais puisqu'il n'y a pas
de témoins indépendants pour cette forme originale,
il n'est pas possible de remplacer "Elyada" ici
sur la base de l'analyse textuelle. Les traducteurs
qui emploient des notes pourraient indiquer en
note que "Elyada" remplace ici le nom original
"Baalyada".
Transl.: and Eliada
Trad.:   et Elyada

5.23

A לא תעלה
    you shall not go up
    tu ne monteras pas
      RSV : you shall not go up
      NEB : do not attack now
 [לא תעלה לקראתם]
    you shall not go up to meet them
    tu ne monteras pas pour les rencontrer
      J : (1e*, 2e*, 3e éd.) ne les attaque pas en
           face
      L : du sollst nicht hinaufziehen ihnen ent-
           gegen
    Fac.: 4
    Transl.: you shall not go up
    Trad.:   tu ne monteras pas

6.3-4

את-העגלה חדשה : וישאהו מבית אבינדב אשר בגבעה עם
              ארון האלהים ואחיו הלך לפני הארון
    the new cart. And they carried it from the house
    of Abinadab which ⟨was⟩ on the hill, with the
    ark of God, and Ahio went before the ark
    et le chariot neuf. Et ils l'emmenèrent de la
    maison d'Abinadab qui ⟨était⟩ sur la colline,
    avec l'arche de Dieu, et Ahyo allait devant l'arche

NEB : the cart. They took it with the Ark of
      God upon it from Abinadab's house on the
      hill, with Ahio walking in front
L   : den neuen Wagen. Und als sie ihn mit der
      Lade Gottes aus dem Hause Abinadabs führ-
      ten, der auf dem Hügel wohnte, und Achjo
      vor der Lade herging
  Fac.: 11
[את-העגלה ועזא הלך עם ארון האלהים ואחיו הלך לפני הארון]
  the cart. And Uzzah went with the ark of God, and
  Ahio went before the ark
  le chariot. Et Uzza allait avec l'arche de Dieu
  et Ahyo allait devant l'arche
      J* : le chariot. Uzza marchait à côté de l'arche
           de Dieu et Ahyo marchait devant elle
  Fac.: 14
C[את-העגלה עם ארון האלהים ואחיו הלך לפני הארון]
  the cart with the ark of God, and Ahio went before
  the ark
  le chariot avec l'arche de Dieu, et Ahyo allait
  devant l'arche
[את-העגלה חדשה עם ארון האלהים ואחיו הלך לפני הארון]
  the new cart with the ark of God, and Ahio went
  before the ark
  le chariot neuf avec l'arche de Dieu, et Ahyo
  allait devant l'arche
      RSV*: the new cart with the ark of God; and
            Ahio went before the ark
  Fac.: 14
  Transl.: the cart with the ark of God, and Ahio went
           before the ark
  Trad.:   le chariot avec l'arche de Dieu, et Ahyo
           allait devant l'arche

6.5

C בכל עצי ברושים
  with all wood of cypress
  avec tous les bois de cyprès
בכל עז ובשירים
  with all strength and with songs
  de toute force et avec des chants
      RSV*: with all their might, with songs
      NEB*: without restraint to the sound of singing
      J* : de toutes leurs forces, en chantant
      L : mit aller Macht im Reigen, mit Liedern (?)
  Fac.: 5,4
  Rem.: "בכל עצי ברושים, with all wood of cypress
        ⟨trees⟩" may be interpreted as "with all ⟨instru-

ments of> cypress wood", if MT is not corrupt,
  cf. 1 Chron 13.8.
Rem.: "בכל עצי ברושים, avec tous les bois de cyprès"
  peut être interprété "avec tous <les instruments>
  en bois de cyprès", si le TM n'est pas corrompu,
  cf. 1 Chr 13.8.
Transl.: See Remark
Trad.:   Voir Remarque

6.7

B על-הַשַּׁל
  because of the error
  à cause de l'erreur
    J* : pour sa faute
  על השל =[עַל הַשֶּׁל]
    NEB : for his rash act (?)
  Fac.: 14
  על אשר שלח ידו על הארון
  because he reached out his hand to the ark
  parce qu'il avait étendu la main vers l'arche
    RSV*: because he put forth his hand to the ark
    L   : weil er seine Hand nach der Lade ausge-
          streckt hatte
  Fac.: 5,4
  Rem.: על-השל might be translated as "because of the
    irreverence", or "because of temerity" or "be-
    cause of inadvertence".
  Rem.: על-השל pourrait être traduite ou bien comme
    "à cause de l'irrévérence", ou bien "à cause de
    la témérité", ou bien "à cause de l'inadvertance".
  Transl.: See Remark
  Trad.:   Voir Remarque

6.22

C בעיני
  in my eyes
  à mes yeux
    L : in meinen Augen
  [בעיניך]
  in your eyes
  à tes yeux
    RSV*: in your eyes
    NEB*: in your eyes
    J* : à tes yeux
  Fac.: 4
  Transl.: in my <own> eyes
  Trad.:   à mes yeux

7.7

A שבטי ישראל
   the tribes of Israel / the chiefs of Israel
   les tribus d'Israël / les chefs d'Israël
שפטי ישראל
   the judges of Israel
   les juges d'Israël
     RSV*: of the judges of Israel
     NEB*: of the judges
     J* : des juges (1e éd.), des Juges (2e, 3e éd.)
           d'Israël
     L   : (zu einem) der Richter Israels
   Fac.: 5,4
   Rem.: שבט is an ancient term for "chief", cf. Deut
   29.9(10).
   Rem.: שבט est un ancien terme pour "chef", cf. Dt
   29.9(10).
   Transl.: the chiefs of Israel
   Trad.:   les chefs d'Israël

7.16

C לפניך
   before you
   devant toi
לפני
   before me
   devant moi
     RSV : before me
     NEB*: in my sight
     J* : devant moi
     L   : vor mir
   Fac.: 4
   Transl.: before you
   Trad.:   devant toi

7.19

A וזאת תורת האדם
   and this ⟨is⟩ an instruction for man
   et ceci ⟨est⟩ une instruction pour l'homme
     J* : (2e, 3e éd.) voilà le destin de l'homme
     L   : und das nach Menschenweise
[ותראני דורות]
   and you have shown me generations
   et tu m'as montré des générations
     RSV*: thou ... and hast shown me future genera-
           tions

Fac.: 14
[רזאת תורת האדם המעלה]
   and this ⟨is⟩ the law of the higher man
   et ceci ⟨est⟩ la loi de l'homme supérieur
     NEB*: but such ... is the lot of a man embarked
           on a high career
Fac.: 14
[Lacking. Manque] = J* (le éd.)
Fac.: 14
Rem.: See also 1 Chron 17.7.
Rem.: Voir aussi 1 Ch 17.7.
Transl.: that ⟨is⟩ an instruction for man / mankind
Trad.:   c'⟨est⟩ une instruction pour l'homme /
        l'humanité

7.23

גוי אחד
  one nation
  un peuple
    L   : (wo ist) ein Volk
Fac.: 7
C גוי אחר
  another nation
  un autre peuple
    RSV*: (what) other nation
    NEB*: any other nation
    J* : un autre peuple
Rem.: See also 1 Chron 17.21.
Rem.: Voir aussi 1 Ch 17.21.
Transl.: another nation
Trad.:   un autre peuple

7.23

לארצך
  for your land
  pour ton pays
Fac.: 12
לגרש
  to drive out
  pour chasser
    RSV*: by driving out
    NEB*: by driving out
    J* : et chasser (1e, 2e éd.), en chassant
        (3e éd.)
Fac.: 5

C[לְגָרְשֶׁךְ]
  for your driving out
    pour ton ⟨action⟩ d'expulser
      L   : damit du ... vertriebest
  Transl.: that you should have driven out
  Trad.:   que tu aurais chassé

7.23

A אשר פדית לך ממצרים
    whom you have redeemed for yourself from Egypt
    que tu as racheté pour toi-même d'Egypte
      NEB : any other whom thou hast redeemed for
            thyself from Egypt
      L   : das du dir aus Aegypten erlöst hast
  [Lacking. Manque] = RSV*, J*
  Fac.: 14
  Transl.: whom you have redeemed for yourself from
            Egypt
  Trad.:   que tu as racheté pour toi-même d'Egypte

8.10

C את-יורם-בנו
    Joram, his son
    Joram, son fils
      RSV : his son Joram
      NEB : his son Joram
      L   : seinen Sohn Joram
    את-הדורם-בנו
    Hadoram, his son
    Hadoram, son fils
      J* : son fils Hadoram
  Fac.: 5
  Transl.: his son Joram
  Trad.:   son fils Joram

8.12

    מארם
    from Aram
    d'Arâm
      J   : (2e, 3e éd.) Aram
  Fac.: 12
C מאדום
    from Edom
    d'Edôm
      RSV : from Edom
      NEB*: from Edom

```
      J*   : (1e éd.) Edom
      L    : von Edom
  Transl.: from Edom
  Trad.:   d'Edôm
```

8.13

B בשבו מהכותו את-ארם
    when he returned from smiting Aram
    à son retour, après avoir battu Arâm
בשבו מהכותו את-אדם
    when he returned from smiting Edom
    à son retour, après avoir battu Edôm
        NEB*: by the slaughter of ... Edomites ..., and
              on returning
        J*   : (3e éd.) lorsqu'il revint de battre les
              Edomites
  Fac.: 10,5
[בשבו הכה את-אדם]
    when he returned, he smote Edom
    à son retour, il battit Edôm
      RSV*: when he returned, he slew (eighteen
            thousand) Edomites
      J*   : (1e, 2e éd.) et, à son retour, il battit
            les Edomites
  Fac.: 10, 5, 4
[בשבו מהכותו את-ארם הכה את-אדם]
    when he returned from smiting Aram, he smote
    Edom
    à son retour, après avoir battu Arâm, il battit
    Edôm
      L   : als er zurückkam vom Sieg über die Aramä-
             er, schlug er die Edomiter
  Fac.: 14 (See below / Voir ci-dessous Rem. 1)
  Rem.: 1. Although "הכה את-אדם, he smote Edom"
  after "ארם, Aram" in MT (cf. L above) may very
  well represent the original text, now lost through
  homoeoarcton or homoeteleuton, there are no textual witnesses attesting this reading.
  2. However, translators who use notes could
  either (i) use dots after "Aram" and before "in
  the Valley of Salt" to make provision in their
  notes for "he smote Edom", or (ii) put "he smote
  Edom" (in italics) in parentheses between "Aram"
  and "in the Valley of Salt"; cf. Ps 60.2.
  Rem.: 1. Bien que "הכה את-אדם, il battit Edôm"
  après "ארם, Arâm" dans le TM (cf. L ci-dessus)
  puisse   très bien être le texte original, perdu
  maintenant par homéoarcton ou homéotéleuton, il

n'en existe plus aucun témoin textuel qui atteste
cette leçon.
2. Pourtant, les traducteurs qui ajoutent des notes à leurs traductions pourraient ou bien (i)
mettre des points de suspension après "Arâm"
et avant "dans la vallée du Sel" et placer "il
battit Edôm" en note, ou bien (ii) mettre des
parenthèses entre "Arâm" et "dans la vallée du
Sel", en y plaçant en italique : "et il battit
Edôm"; cf. Ps 60.2.
Transl.: See Remarks 1 and 2
Trad.:   Voir Remarques 1 et 2

8.17

A וצדוק בן-אחיטוב ואחימלך בן-אביתר כהנים
    and Zadok, son of Ahitub, and Ahimelech, son of
    Abiathar ⟨were⟩ priests
    et Çadoq, fils d'Ahitoub et Ahimélek, fils
    d'Abyatar ⟨furent⟩ prêtres
        RSV : and Zadok the son of Ahitub and Ahimelech
              the son of Abiathar were priests
        L   : Zadok, der Sohn Ahitubs, und Ahimelech,
              der Sohn Abjathars, waren Priester
[וצדוק בן-אחיטוב ואביתר בן-אחימלך כהנים]
    and Zadok, son of Ahitub, and Abiathar, son of
    Ahimelech ⟨were⟩ priests
    et Çadoq, fils d'Ahitoub et Abyatar, fils d'Ahi-
    mélek ⟨furent⟩ prêtres
        J* : (le éd.) Sadoq, fils d'Ahitub, et Abiathar,
              fils d'Ahimélek, étaient prêtres
    Fac.: 14
[וצדוק ואביתר בן-אחימלך בן-אחיטוב כהנים]
    and Zadok and Abiathar, son of Ahimelech, son of
    Ahitub, ⟨were⟩ priests
    et Çadoq et Abyatar, fils d'Ahimélek, fils d'Ahi-
    toub ⟨furent⟩ prêtres
        NEB*: Zadok and Abiathar, son of Ahimelech, son
              of Ahitub, were priests
        J* : (2e, 3e éd.) Sadoq et Ebyatar, fils d'Ahi-
              mélek, fils d'Ahitub, étaient prêtres
    Fac.: 14
    Rem.: 1. The original text probably read : "Abiathar,
    son of Ahimelech, son of Ahitub, and Zadok ⟨were⟩
    priests". It was then altered to put Zadok in the
    forefront, thereby eclipsing Abiathar. This
    probable alteration of the original text might
    be mentioned in a note.

2. In the absence of textual evidence, howeve
such an original text cannot be reconstructed
textual analysis. See also 1 Chron 18.16.
3. The Committee also voted A for the MT-form of
the name "אחימלך, Ahimelech", but see also 1 Chron
18.16.
Rem.: 1. Le texte original a été probablement :
"Abyatar, fils d'Ahimélek, fils d'Ahitoub, et Çadoq ⟨furent⟩ prêtres". Le changement a été introduit pour mettre en relief le prêtre Çadoq et
pour éclipser Abyatar. Une note pourrait indiquer
ce changement probable du texte original.
2. Sans témoin textuel, cependant, l'analyse
textuelle ne peut reconstruire un tel texte original. Voir aussi 1 Ch 18.16.
3. Le Comité a aussi voté A pour le TM du nom
"אחימלך, Ahimélek", mais voir aussi 1 Ch 18.16.
Transl.: and Zadok, son of Ahitub, and Ahimelech
        son of Abiathar ⟨were⟩ priests
Trad.:   et Çadoq, fils d'Ahitoub et, Ahimélek,
        fils d'Abyatar, ⟨furent⟩ prêtres

8.18

B והכרתי
   and the Cherethite
   et le Kerétien
על-הכרתי
   over the Cherethite
   sur le Kerétien
     RSV*: was over the Cherethites
     NEB*: commanded the Kerethite
     J* : commandait les Kerêtiens (le éd.), les
           Kerétiens (2e, 3e éd.)
     L   : war über die Krether ... gesetzt
Fac.: 4,5
Rem.: 1. In a context of enumeration, והכרתי should
   be translated as follows : "(and Benaiah son of
   Jehoiada,) both the Cherethites (and the Pele-
   thites, and...)".
   2. See also 1 Chron 18.17.
Rem.: 1. Dans un contexte d'énumération, on devra
   traduire והכרתי: "(et Benayahu, fils de Yehoyada,)
   et les Kerétiens et (les Pelétiens, et ...)".
   2. Voir aussi 1 Ch 18.17.
Transl.: See Remark
Trad.:   Voir Remarque

9.6 1°, 2° : See under 4.4 / Voir sous 4.4

9.10

וְהָיָה לְבֶן־אֲדֹנֶיךָ לֶחֶם וַאֲכָלוֹ
and there will be bread for the son of your
master and he will eat it
et il y aura du pain pour le fils de ton maître
et il le mangera
    RSV : that your master's son may have bread to
           eat
    L   : damit es das Brot sei des Sohnes deines
           Herrn und er sich davon nähre
Fac.: 12
B   וְהָיָה לְבֵית־אֲדֹנֶיךָ לֶחֶם וְאָכְלוּ
and there will be bread for your master's house
and they will eat
et il y aura du pain pour la maison de ton maître
et ils mangeront
    NEB*: to provide for your master's household (?)
    J*   : qui assurera à la famille de ton maître
           le pain qu'elle mangera
Transl.: and there will be bread for your master's
        household that they may eat
Trad.:   et il y aura du pain pour la maison de ton
        maître de sorte qu'ils mangeront

9.10,11 : See under 4.4 / Voir sous 4.4

9.12 1°, 2° : See under 4.4 / Voir sous 4.4

9.13 : See under 4.4 / Voir sous 4.4

10.18

C פָּרָשִׁים
   horsemen
   cavaliers
     RSV : horsemen
     NEB : horsemen
 אִישׁ רַגְלִי
   men / foot-soldiers
   hommes / fantassins
     J*   : hommes
     L   : Mann
Fac.: 5,4
Transl.: horsemen
Trad.:   cavaliers

11.11

חיך B
    your life / by your life
    ta vie / par ta vie
      RSV : as you live
      NEB : by your life
  [חי יהוה]
    as the LORD lives
    aussi vrai que le SEIGNEUR est vivant
      J   : (1e*, 2e*, 3e éd.) aussi vrai que Yahvé
             est vivant
      L   : so wahr der HERR lebt
  Fac.: 1,4
  Transl.: as you live / by your life
  Trad.:   aussi vrai que tu es vivant / par ta vie

11.21

בן-ירבשת
    son of Jerubbesheth
    fils de Yerubbéshet
      RSV : the son of Jerubbesheth
      NEB*: son of Jerubbesheth
  Fac.: 7
B[בן-ירבעל]
    son of Jerubbaal
    fils de Yerubbaal
      J* : le fils de Yerubbaal
      L   : den Sohn Jerubbaals
  Transl.: son of Jerubbaal
  Trad.:   fils de Yerubbaal

11.22

יואב D
    Joab
    Joab
      RSV : Joab
      L   : Joab
יואב [ויחר לדוד ויאמר אל המלאך מדוע נגשתם אל-העיר
הלא ידעתם את-אשר תכו מעל החומה מי הכה את-אבימלך
בן- ירבשת הלא אשה השליכה עליו פלח רכב מעל החומה
וימת בתבץ למה נגשתם אל-החומה]
    Joab. And David was angry and he said to the
    messenger, 'Why did you draw near to the city ?
    Did you not know that you would be struck from
    the wall ? Who struck Abimelech, son of Jerub-
    besheth ? Did not a woman throw an upper millstone

upon him from the wall, and he died at Thebez ?
Why did you draw near to the wall ?
Joab. Et David se fâcha, et il dit au messager,
'Pourquoi vous êtes-vous approchés de la ville ?
Ne saviez-vous pas que vous seriez frappés ⟨du
haut⟩ du rempart ? Qui frappa Abimélek, le fils
de Yerubbéshet ? Une femme ne jeta-t-elle pas une
meule supérieure sur lui ⟨du haut⟩ du rempart, et
il mourut à Tébèç ? Pourquoi vous êtes-vous approchés du rempart ?

>   NEB*: Joab... David was angry with Joab and said
>   to the messenger, 'Why did you go so near
>   the city during the fight ? You must have
>   known you would be struck down from the
>   wall. Remember who killed Abimelech son
>   of Jerubbesheth. Was it not a woman who
>   threw down an upper millstone on to him
>   from the wall of Thebez and killed him ?
>   Why did you go near the wall ?'

Fac.: 14 (13)

יואב]ויחר לדוד על יואב ויאמר אל המלאך למה נגשתם אל
חומת העיר להלחם הלא ידעתם את אשר ירו מעל החומה מי
הכה את אבימלך בן ירבעל הלא אשה השליכה עליו פלח רכב
מעל החומה וימת בתבץ למה נגשתם אל-החומה[

Joab, and David was angry with Joab and he said
to the messenger, 'Why did you draw near to the
city wall to fight ? Did you not know that they
would shoot from the wall ? Who struck Abimelech,
son of Jerubbaal ? Did not a woman throw an upper
millstone upon him from the wall and he died at
Thebez ? Why did you draw near to the wall ?
Joab, et David se fâcha contre Joab, et il dit au
messager, 'Pourquoi vous êtes-vous approchés
du rempart de la ville pour livrer bataille ? Ne
saviez-vous pas qu'ils tireraient ⟨du haut⟩ du
rempart ? Qui frappa Abimélek, le fils de Yerubbaal ?
Une femme ne jeta-t-elle pas une meule supérieure
sur lui ⟨du haut⟩ du rempart, et il mourut à Tébèç ?
Pourquoi vous êtes-vous approchés du rempart ?

>   J* : (3e éd.) Joab... David s'emporta contre
>   Joab et dit au messager : "Pourquoi vous
>   êtes-vous approchés du rempart de la ville
>   pour livrer bataille ? Ne saviez-vous pas
>   qu'on tire du haut des remparts ? Qui a tué
>   Abimélek, le fils de Yerubbaal ? N'est-ce
>   pas une femme qui a jeté une meule sur lui
>   du haut du rempart, et il est mort à Tebèç ?
>   Pourquoi vous êtes-vous approchés du rem-
>   part ?"

Fac.: 14, (13)

יואב [ויחר לדוד על יואב ויאמר אל-המלאך למה נגשתם
אל החומה מי הכה את אבימלך בן-ירבעל הלא אשה השליכה
עליו פלח רכב מעל החומה וימת בתבץ למה נגשתם אל
החומה]

Joab, and David was angry with Joab and he said to
the messenger, 'Why did you draw near to the wall ?
Who struck Abimelech, son of Jerubbaal ? Did not
a woman throw an upper millstone upon him from the
wall and he died at Thebez ? Why did you draw near
to the wall ?

Joab, et David se fâcha contre Joab, et il dit
au messager, "Pourquoi vous êtes-vous approchés
du rempart ? Qui frappa Abimélek, le fils de
Yerubbaal ? Une femme, ne jeta-t-elle pas une
meule supérieure sur lui ⟨du haut⟩ du rempart,
et il mourut à Tébèç ? Pourquoi vous êtes-vous
approchés du rempart ?

    J* : (1e, 2e éd.) Joab... David s'emporta contre
           Joab et dit au messager : "Pourquoi vous
           êtes-vous approchés du rempart ? Qui a tué
           Abimélek, le fils de Yerubbaal ? N'est-ce
           pas une femme qui a jeté une meule sur lui
           du haut du rempart, et il est mort à
           Tébés (1e éd.) à Tébèç (2e éd.) ? Pour-
           quoi vous êtes-vous approchés du rempart ?

Rem.: NEB and J, for the most part render the ampli-
    fied translation of the Septuagint, but change
    it in minor details. Translators who would give
    the text of the Septuagint in a note should quote
    it according its exact Septuagint form.

Rem.: NEB et J suivent en gros la traduction ampli-
    fiée de la Septante en en changeant quelques
    détails. Les traducteurs qui voudraient indiquer
    la forme de la Septante en note, devraient la
    citer selon sa forme exacte.

Fac.: 14 (13)
Transl.: Joab
Trad.:   Joab

12.8

A ישראל את-בית ... את-בית אדניך
    the house of your master ... the house of Israel
    la maison de ton maître ... la maison d'Israël
      RSV : your master's house ... the house of Israel
      J   : la maison de ton maître ... la maison
           d'Israël
      L   : deines Herrn Haus ... das Haus Israel

[את-בת אדניך ... את-בנות ישראל]
   your master's daughter ... the daughters of Israel
   la fille de ton maître ... les filles d'Israël
     NEB*: your master's daughter ... the daughters
         of Israel
  Fac.: 1, 12
  Transl.: your master's house ... the house of Israel
  Trad.:   la maison de ton maître ... la maison
        d'Israël

12.9

את-דבר יהוה
  the word of the LORD
  la parole du SEIGNEUR
    RSV : the word of the LORD
    NEB : the word of the LORD
    L   : das Wort des HERRN
  Fac.: 7
B[יהוה]
  the LORD
  le SEIGNEUR
    J* : Yahvé
  Transl.: the LORD
  Trad.:   le SEIGNEUR

12.14

את-איבי יהוה
  the enemies of the LORD
  les ennemis du SEIGNEUR
    L   : die Feinde des HERRN
  Fac.: 7,3
B[יהוה]
  the LORD
  le SEIGNEUR
    RSV*: the LORD
    NEB*: the LORD
    J* : Yahvé
  Rem.: The very divergence in the readings of MT and
    Versions (איבי) on the one hand, and 4QSma (דבר) on
    the other, points to the lack of both of them in the
    original text, although there is no direct evi-
    dence.
  Rem.: La divergence même des leçons du TM et des
    Versions (איבי) d'une part et de 4QSmª (דבר)
    d'autre part indique l'absence de toutes les deux
    dans le texte original, encore qu'il n'y ait pas
    de témoin qui l'atteste directement.

Transl.: the LORD
Trad.:   le SEIGNEUR

12.30

מַלְכָּם
of their king
de leur roi
    RSV*: of their king
    L   : seinem König
Fac.: 7
C מלכם = [מִלְכֹּם]
    Milcom
    Milkôm
    NEB : of Milcom
    J* : de Milkom
Rem.: 1. See 1 Kings 11.7; 1 Chron 20.2; Jer 49.1,3;
    Amos 1.15 and Zeph 1.5 for the same textual
    problem because there too, this proper name of an
    idol is replaced in the MT by the expression
    "מַלְכָּם, their King" or "מֹלֶךְ, Molech".
    2. See 1 Kings 11.5,33; 2 Kings 23.13 where MT
    on the contrary preserves this proper name "מִלְכֹּם,
    Milcom".
Rem.: 1. Voir 1 R 11.7; 1 Ch 20.2; Jr 49.1,3;
    Am 1.15 et So 1.5 pour le même problème textuel,
    car là aussi, ce nom propre d'une idole a été rempla-
    cé dans le TM par "מַלְכָּם, leur roi" ou "מֹלֶךְ, Molèk".
    2. Voir 1 R 11.5,33; 2 R 23.13 où le TM conserve
    au contraire le nom propre "מִלְכֹּם, Milkom".
Transl.: Milcom
Trad.:   Milkôm

12.31

A והעביר אותם במלכן   Qere = בַּמַּלְבֵּן
    and made them pass through the brickkiln
    et il les faisait passer au moule à briques
[והעביד אותם במלכן]   Qere = בַּמַּלְבֵּן
    and he made them work at the brickkiln
    et il les faisait travailler au moule à briques
    RSV*: and made them toil at the brickkilns
    NEB : and made them work in the brick-kilns
    J   : (1e*, 2e*, 3e éd.) il ... et l'employa
          au travail des briques
    L   : er ... und liess sie an den Ziegelöfen
          arbeiten
Fac.: 14

Rem.: Although the variant may probably represent
the original text, while MT has undergone corruptions (Fac.: 12,7), it is not attested by any of
the old textual witnesses. To reconstruct it
would be conjectural.
Rem.: Quoique la variante soit très vraisemblablement le texte original, tandis que le TM a subi
des corruptions (Fac.: 12,7), elle n'est attestée
par aucun témoin textuel ancien. La reconstituer
serait donc faire une conjecture.
Transl.: and he sent them to the brickkiln
Trad.:   et il les destina au moule à briques

13.18

A מעילים
   robes
   des robes
     NEB : (the usual) dress
     L   : Kleider
[מעולם]
   from of old
   depuis toujours
     RSV*: of old
     J   : (1e*, 2e*, 3e éd.) autrefois
   Fac.: 14
   Transl.: robes
   Trad.:   des robes

13.21

ויחר לו מאד
   and he was very angry
   et il fut en grande colère
     RSV : he was very angry
   Fac.: 10
A ויחר לו מאד ולא עצב את רוח אמנון בנו כי אהבו כי
                                        בכורו הוא
   and he was very angry, but he did not grieve the
   spirit of his son Amnon because he loved him,
   for he ⟨was⟩ his first-born
   et il entra en grande colère, mais il ne peina
   pas l'esprit de son fils Amnôn parce qu'il l'aimait,
   car ⟨c'était⟩ son premier-né, lui
     NEB*: he was very angry; but he would not hurt
           Amnon because he was his eldest son and he
           loved him
     J* : il en fut très irrité, mais il ne voulut
           pas faire de peine à son fils Amnon,

              qu'il aimait parce que c'était son premier-
              né
        L   : wurde er sehr zornig. Aber er tat seinem
              Sohn Amnon nichts zuleide, denn er liebte
              ihn, weil er sein Erstgeborener war
   Transl.: and he was very angry but he did not grieve
              his son Amnon's heart (lit. spirit) because
              he loved him since he ⟨was⟩ his first-born
      Trad.: et il entra en grande colère, mais il ne
              contrista pas le coeur (litt. l'esprit)
              d'Amnôn, son fils, parce qu'il l'aimait,
              car ⟨c'était⟩ son premier-né

13.27

ואת כל-בני-המלך
   and all the king's sons
   et tous les fils du roi
      RSV : and all the king's sons
   Fac.: 10
A[ואת כל-בני-המלך ויעש אבשלום משחה כמשתה המלך]
   and all the king's sons, and Absalom made a feast
   like a king's feast
   et tous les fils du roi, et Absalom fit un festin
   comme le festin d'un roi
      NEB*: and all the other princes ... Then
              Absalom prepared a feast fit for a king
      J* : et tous les fils du roi. Absalom prépara
              un festin de roi
      L   : und alle Söhne des Königs ... Und Absalom
              machte ein Mahl, wie wenn der König ein
              Mahl gibt
   Transl.: and all the king's sons. And Absalom pre-
              pared a feast like a king's feast
      Trad.: et tous les fils du roi. Et Absalom pré-
              para un festin comme le festin d'un roi

13.34

מדרך אחריו מצד ההר
   from the way behind him, from the side of the
   mountain
   de la route derrière lui, du flanc de la montagne
   Fac.: 10
[מדרך חרנים מצד ההר]
   from the way of Horonaim, from the side of the
   mountain
   de la route de Horonaïm, du flanc de la montagne

RSV*: from the Horonaim road by the side of the
       mountain
Fac.: 14
[בדרך חרנים מצד ההר]
   on the way of Horonaim, from the side of the mountain
   sur la route de Horonaïm, du flanc de la montagne
      L   : auf dem Wege nach Horonajim, am Abhang
Fac.: 14
[בדרך בחורים מצד ההר]
   on the way of Bahurim, from the side of the
   mountain
   sur la route de Bahûrim, du flanc de la montagne
      J* : (2e éd.) sur le chemin de Bahurim, au
            flanc de la montagne
Fac.: 14
[מדרך חרנים מצד ההר ויבא הצפה ויגד למלך ויאמר
      אנשים ראיתי ירדים מדרך חרנים מצד ההר]
   from the way of Horonaim, from the side of the
   mountain, and the watchman came and told the
   king, and he said, 'I saw men coming down from
   the way of Horonaim, from the side of the hill
   de la route de Horonaïm, du flanc de la montagne,
   et la sentinelle vint informer le roi et il dit:
   'j'ai vu des hommes qui descendaient par la route
   de Horonaïm, du flanc de la montagne
      NEB*: down the hill from the direction of
            Horonaim. He came and reported to the
            king, 'I see men coming down the hill
            from Horonaim'
Fac.: 14
[בדרך בחורים במורד ויבא הצפה ויגד למלך ויאמר אנשים
      ראיתי ירדים מדרך בחורים מצד ההר]
   on the way of Bahurim, on the slope, and the
   watchman came and told the king, and he said, 'I
   saw men coming down from the way of Bahurim, from
   the side of the mountain
   sur la route de Bahûrim, à la descente, et la
   sentinelle vint informer le roi et il dit : 'J'ai
   vu des hommes qui descendaient par la route de
   Bahûrim, du flanc de la montagne
      J* : (1e éd.) sur le chemin de Bahurim, à la
            descente. La sentinelle vint informer le
            roi : 'J'ai vu, dit-il, des hommes qui
            descendaient par le chemin de Bahurim
            au flanc de la montagne.'
Fac.: 14

בדרך בחורים ויבא הצפה ויגד למלך ויאמר אנשים ראיתי]
ירדים מדרך בחורים מצד ההר[

on the way of Bahurim, and the watchman came and
told the king, and he said, 'I saw men coming
down from the way of Bahurim, from the side of
the mountain

sur la route de Bahûrim, et la sentinelle vint
informer le roi et il dit : 'J'ai vu des hommes
qui descendaient par la route de Bahûrim, du flanc
de la montagne

    J*   : (3e éd.) sur le chemin de Bahurim. La
           sentinelle vint annoncer au roi : "J'ai
           vu des hommes descendant par le chemin
           de Bahurim au flanc de la montagne."

Fac.: 14

A בדרך חרנים מצד ההר במורד ויבא הצפה ויגד למלך]
ויאמר אנשים ראיתי מדרך חרנים מצד ההר[

on the way of Horonaim, from the side of the
mountain, on the slope, and the watchman came
and told the king, and said, 'I saw men from
the way of Horonaim, from the side of the mountain

sur la route de Horonaîm, du flanc de la montagne,
à la descente, et la sentinelle vint informer le
roi et il dit:'J'ai vu des hommes ⟨du côté⟩ de
la route de Horonaîm, du flanc de la montagne

Rem.: The Committee voted A for the reinsertion of
the Septuagint phrase, lost in the MT through
homoeoteleuton. However, for the place name,
חרנים, which occurs twice within the entire
phrase, see next case.

Rem.: Le Comité a voté A pour l'insertion de la
phrase de la Septante, perdue dans le TM par
homéotéleuton. Pourtant, pour le nom de lieu,
חרנים, qui se trouve deux fois dans la phrase
entière, voir cas suivant.

Transl.: on the Horonaim road, from the mountain
        side on the slope, and the watchman came
        and informed the king; he said, 'I saw
        men from the Horonaim road, from the moun-
        tain side

Trad.:   sur la route de Horonaîm, au flanc de la
        montagne à la descente, et la sentinelle
        vint informer le roi, et dit : 'J'ai vu
        des hommes ⟨du côté⟩ de la route de
        Horonaîm, au flanc de la montagne

13.34

אחריו
  after him
  derrière lui
  Fac.: 12,9
[בחורים]
  Bahurim
  Bahûrim
    J* : Bahurim
  Fac.: 14
C[חרנים]
  Horonaim
  Horonaïm
    RSV*: Horonaim
    NEB*: Horonaim
    L   : Horonajim
  Rem.: Although the Committee only gave the rating C
    for "חרנים, Horonaim", it is certain, however,
    that "בחורים, Bahurim" here is incorrect. Horonaim
    is the same place as Beth-horon.
  Rem.: Bien que le Comité n'ait donné que le vote C
    pour "חרנים, Horonaïm", il est certain, en re-
    vanche, que "בחורים, Bahûrim" en cet endroit est
    faux. Horonaïm est le même lieu que Beth-Horôn.
  Transl.: Horonaim (1°, 2°)
  Trad.:   Horonaïm (1°, 2°)

13.39

ותכל דוד המלך
  and it was the end ⟨for⟩ David the king
  et c'était la fin ⟨pour⟩ David le roi
    L   : und der König David hörte auf
  Fac.: 12
B ותכל רוח המלך
  and the king's spirit pined / ceased
  et l'esprit du roi languit / cessa
    RSV*: and the spirit of the king longed
    J* : l'esprit du roi cessa
[ותכל רוח דוד המלך]
  and the spirit of David the king pined / ceased
  et l'esprit de David le roi languit / cessa
    NEB*: and David's heart (went out to him) with
          longing
  Fac.: 13
  Transl.: and the king's spirit pined / ceased
  Trad.:   et l'esprit du roi languit / cessa

14.4

C ותאמר האשה
   and the woman said
   et la femme dit
ותבא האשה
   and the woman came
   et la femme vint
     RSV : when the woman ... came
     NEB*: when the woman ... came
     J   : (1e*, 2e, 3e éd.) la femme ... alla donc
     L   : und als die Frau ... kam
  Fac.: 4, 8
  Rem.: ותאמר האשה may be translated here as follows :
    "and the woman addressed ⟨the king⟩".
  Rem.: On pourrait traduire ותאמר האשה ici comme :
    "et la femme s'adressa ⟨au roi⟩".
  Transl.: See Remark
  Trad.:   Voir Remarque

14.14

C וחשב
   and he considers / plans
   et il considère / projette
     NEB : who does (not) set himself (?)
     L   : sondern er ist darauf bedacht
[וחשב המלך]
   and let the king consider
   et que le roi considère
     J* : que le roi fasse donc (des plans)
  Fac.: 1,4
[חושב]
   one who considers
   quelqu'un qui considère
     RSV*: of him who devises
  Fac.: 6
  Rem.: 1. The subject of "וחשב, and he will devise",
    may be either God or David.
    2. The translation of the entire V. would be :
    "For we must die, and ⟨we are⟩ as the water spilt
    on the ground which will not be gathered up
    ⟨again⟩, and God does not exempt anyone ⟨from it⟩
    (lit. lift up a being, i.e. to make an exception);
    ⟨therefore⟩ he (God, or the king) will make plans
    not to keep banished, far from him, a banished
    man."
  Rem.: 1. Le sujet de "וחשב, et il fera des plans "
    pourrait être ou bien Dieu, ou bien David.

2. La traduction de tout le V. serait : "Car nous
devons mourir, et ⟨nous sommes⟩ comme l'eau répandue par terre qui ne sera plus recueillie, et
Dieu n'⟨en⟩ exempte personne (litt. ne lève personne, pour faire une exception); aussi tirera-t-
il (Dieu, ou le roi) des plans pour ne pas tenir
banni, loin de lui, le banni."
Transl.: and he will devise
Trad.:   et il fera des plans

14.16

B מכף האיש להשמיד אתי
     from the hand of the man ⟨who is about⟩ to
     destroy me
     de la main de l'homme ⟨qui est sur le point⟩ de
     me détruire
          RSV : from the hand of the man who would destroy
                me
          L   : aus der Hand aller, die mich ... vertil-
                gen wollen
[מכף האיש המבקש להשמיד אתי]
     from the hand of the man who is seeking to
     destroy me
     de la main de l'homme qui cherche à me détruire
          NEB*: from the man who is seeking to cut off me
          J   : (1e*, 2e*, 3e éd.) des mains de l'homme
                qui cherche à nous retrancher, moi
     Fac.: 4,6
     Transl.: from the hand of the man ⟨who would⟩
              destroy me
     Trad.:   de la main de l'homme ⟨qui est sur le
              point⟩ de me détruire

15,7

ארבעים שנה
     of forty years
     de quarante ans   Fac.: 12,9
C[ארבע שנים]
     four years
     quatre ans
          RSV*: of four years
          NEB*: of four years
          J* : de quatre ans
          L   : (nach) vier Jahren
     Transl.: of four years
     Trad.:   de quatre ans

15.8

ועבדתי את-יהוה C
and I will serve the LORD
et je servirai le SEIGNEUR
   RSV : then I will offer worship to the LORD
    L   : so will ich dem HERRN einen Gottesdienst
          halten
[ועבדתי את-יהוה בחברון]
and I will serve the LORD at Hebron
et je servirai le SEIGNEUR à Hébron
   NEB*: I will become a worshipper of the LORD in
        Hebron
    J* : je rendrai un culte à Yahvé à Hébron
Fac.: 1,5
Transl.: and I will worship the LORD
Trad.:   et je rendrai un culte au SEIGNEUR

15.12

וישלח אבשלום את-אחיתפל C
and Absalom sent Ahitophel
et Absalom envoya Ahitophel
   RSV : and (while) Absalom (was...) he sent for
        Ahitophel
וישלח אבשלום ויקרא אחיתפל
and Absalom sent and called Ahitophel
et Absalom envoya appeler Ahitophel
   NEB : Absalom also sent to summon Ahitophel
    J* : Absalom envoya chercher ... Ahitophel
    L   : (als) aber Absalom (die Opfer darbrachte),
        sandte er auch zu Ahithophel ... und
        liess ihn holen
Fac.: 4,6
Transl.: and Absalom commissioned Ahitophel (the
        Gilonite, David's counsellor, from his city,
        Giloh, while he was offering sacrifices)
Trad.:   et Absalom chargea de mission Ahitophel
        (le Guilonite, conseiller de David, à
        partir de sa ville, de Guilo, tandis que
        lui était ⟨occupé⟩ d'offrir des sacrifices)

15.18

A עברים (1°)
   were passing
   passaient
     RSV : (his servants) passed
[עמדים]
   were standing
   se tenaient debout
     NEB*: (his own servants then) stood
     J* : (ses officiers) se tenaient
     L   : (seine Grossen) blieben
  Fac.: 14
  Transl.: were passing
  Trad.:   passaient

15.18

A וכל-הגתים
   and all the Gittites
   et tous les Gittites
     RSV : and all the ... Gittites
     L   : auch alle Gathiter
[ואתי וכל-הגתים]
   Ittai and all the Gittites
   Ittaï et tous les Gittites
     NEB*: and Ittai with the ... Gittites
     J* : Ittaï et tous les Gittites
  Fac.: 14
  Rem.: ברגלו means here "in his (i.e. David's)
   footsteps", "having followed him" (i.e. David).
  Rem.: ברגלו signifie ici "sur ses traces" (c.-à-d.
   celles de David), "l'ayant suivi" (c.-à-d. David).
  Transl.: and all the Gittites
  Trad.:   et tous les Gittites

15.20

עמך חסד
   with you, kindness
   avec toi, bienveillance
     L   : mit dir; dir widerfahre   Barmherzigkeit (?)
  Fac.: 10
B[עמך ויהוה יעשה עמך חסד]
   with you, and may the LORD show kindness to you
   avec toi, et que le SEIGNEUR te fasse miséricorde
     RSV*: with you; and may the LORD show steadfast
           love

NEB*: with you; and may the LORD ever be your
      steadfast friend (?)
J* : avec toi, et que Yahvé te fasse miséri-
      corde (1e, 2e éd.), te témoigne miséri-
      corde (3e éd.)
Transl.: with you; and may the LORD show you mercy
Trad.:   avec toi; et que le SEIGNEUR te fasse mi-
         séricorde

15.23

A והמלך עבר
   and the king was passing
   et le roi passait
      RSV : and the king crossed
      L   : und der König ging über
   [והמלך עמד]
   and the king was standing
   et le roi était debout
      NEB*: and the king remained standing
      J* : le roi se tenait
   Fac.: 14
   Transl.: and the king passed
   Trad.:   et le roi passait

15.24

C ויעל אביתר
   and Abiathar went up / sacrificed
   et Abyatar monta / fit monter (c.-à-d. des sacrifices)
      RSV : and Abiathar came up (RSV changes the order
      L   : und Abjathar brachte Opfer dar of the V.)
   [על אביתר]
   beside Abiathar
   auprès d'Abyatar
      NEB*: beside Abiathar
      J* : auprès d'Abiathar (1e éd.), d'Ebyatar
            (2e, 3e éd.)
   Fac.: 14
   Rem.: There are two translations possible for
      ויעל אביתר : (i) "but Abiathar was going up",
      (ii) "while Abiathar was offering ⟨sacrifices⟩".
   Rem.: Deux traductions sont possibles pour
      ויעל אביתר : (i) "tandis que montait Abyatar",
      (ii) "pendant qu'Abyatar offrait⟨des sacrifices⟩".
   Transl.: See Remark
   Trad.:   Voir Remarque

15.27

הֲרוֹאֶה אַתָּה B
   do you see ?
   vois-tu ?
     NEB : can you make good use of your eyes ?
[ראו אתה]
   see ! you
   voyez ! toi
     RSV*: look, ... you
     J* : voyez, toi
     L   : wohlan, du
  Fac.: 4
  Transl.: See following case
  Trad.:   Voir cas suivant

15.27

שבה העיר A
   return to the city !
   rentre à la ville !
[ואביתר שבו העיר]
   and Abiathar, return to the city !
   et Abyatar, rentrez à la ville !
     RSV*: go back to the city ..., (you) and Abiathar
     NEB*: you may (safely) go back to the city, (you)
          and Abiathar
     J* : et Abiathar (le éd.) Ebyatar (2e, 3e éd.)
          retournez (en paix) à la ville
     L   : und Abjathar, kehrt zurück in die Stadt
  Fac.: 14
  Rem.: הרואה אתה שבה העיר may be translated as fol-
    lows : "do you see ? return to the city".
  Rem.: On pourrait traduire הרואה אתה שבה העיר :
    "vois-tu ? rentre à la ville".
  Transl.: See Remark
  Trad.:   Voir Remarque

15.31

ודוד הגיד
   and David told
   et David informa
  Fac.: 12
ולדוד הֻגַּד
   and David was told
   et David fut informé
     RSV : and it was told David (?)
     NEB*: David had been told

```
    J*  : on avertit alors David
    L   : und als David gesagt wurde (?)
  Fac.: 4, 6
C[וְלְדָוִד הֻגַּד]
    and one told David
    et on informa David
  Rem.: It is not clear whether RSV and L adopted the
    reading "הֻגַּד, and he was told" or "הִגִּיד,and one
    told".
  Rem.: Il n'est pas clair si RSV et L ont adopté la
    leçon "הֻגַּד, et il fut informé", ou la leçon "הִגִּיד,
    et on l'informa".
  Transl.: and one told David / and David was told
  Trad.:   et on informa David
```

16.1,4 : See under 4.4 / Voir sous 4.4

16.12

```
    בְּעֵינָי = Qere
    on my eye
    sur mon oeil
  Fac.: 12
C בעוני = Ketiv[בְּעֻוֹנִי]
    on affliction / on my affliction
    sur l'affliction / sur mon affliction
      RSV*: upon my affliction
      NEB*: my sufferings
      J*  : ma misère
      L   : mein Elend
  Transl.: on my affliction
  Trad.:   sur mon affliction
```


16.14

```
B וכל-העם אשר-אתו עיפים
    and all the people who <were> with him, weary
    et tout le peuple qui <était> avec lui, exténués
      J*  : et tout le peuple qui l'accompagnait
            (arrivèrent) exténués à ...
  [וכל-העם אשר-אתו עיפים הירדן]
    and all the people who <were> with him, weary
    at the Jordan
    et tout le peuple qui <était> avec lui, exténués
    au Jourdain
      RSV*: and all the people who were with him,
            (arrived) weary at the Jordan
      L   : mit allem Volk, das bei ihm war, müde
            an den Jordan
```

Fac.: 1,5,4

[וכל-העם אשר-אתו הירדנה עיפים]

   and all the people who ⟨were⟩ with him to the
   Jordan, weary
   et tout le peuple qui ⟨était⟩ avec lui au Jourdain, exténués

     NEB*: (when...) and all the people with him
           reached the Jordan, they were worn out

Fac.: 14

Transl.: and all the people who ⟨were⟩ with him
        (arrived) weary

Trad.:   et tout le peuple qui ⟨était⟩ avec lui,(ar-
        rivèrent) exténués

17.3

C כשוב הכל האיש אשר אתה מבקש

   as the return of the whole, the man whom you
   ⟨are⟩ seeking
   comme le retour du tout, l'homme que tu cherches

[כשוב הכלה אל אישה רק את-נפש איש אחד אתה מבקש]

   as the return of the bride to her husband; you
   ⟨are⟩ seeking the life of only one man
   comme le retour de la fiancée à son époux; tu ne
   cherches que la vie d'un seul homme

     RSV*: as the bride comes home to her husband.
          You seek the life of only one man
     NEB*: as a bride is brought to her husband.
          It is only one man's life that you are
          seeking
     J* : comme la fiancée revient à son époux :
          tu n'en veux qu'à la vie d'un seul homme
     L : wie die junge Frau zu ihrem Mann zurück-
          kehrt. Du trachtest ja nur einem Mann nach
          dem Leben

Fac.: 4,13

Rem.: 1. MT is corrupt, but the Septuagint reconstruction, although attractive, does not represent
the original text. See above, 4.6, Remark 1.
2. The best interpretation of the MT, as it stands,
is that of Abravanel, which probably reflects the
intention of the Masoretes : "and I will return all
the people to you, just as the entire ⟨people⟩ had
returned ⟨to⟩ the man (i.e. David, namely after
Saul's and Ishbaal's death) whom you seek, and all
the people shall be untouched (lit. peace; i.e.
without civil war)".

3. Translators who use notes should include the
translation of the Septuagint in a note : "The
Septuagint reads : 'as a bride comes back to her
husband. But you seek the life of one man only'".
Rem.: 1. Le TM est corrompu, mais la reconstruction
de la Septante, quoiqu'attirante, ne représente pas
le texte original. Voir ci-dessus, 4.6, Remarque 1.
2. La meilleure interprétation du TM, tel qu'il
est, est celle d'Abravanel qui reflète vraisemblablement l'intention des Massorètes : "et je
retournerai vers toi tout le peuple, de même que
tout l'ensemble ⟨du peuple⟩ s'était retourné
⟨vers⟩ l'homme (c.-à-d. David, que tous avaient
acclamé après la mort de Saül et de Ishbaal)que
tu recherches, et tout le peuple sera indemne
(c.-à-d. libéré d'une guerre civile)".
3. Les traducteurs qui ajoutent des notes à leur
traduction devraient donner en note la traduction
de la Septante en disant : "La Septante traduit :
'comme la fiancée revient à son époux; tu ne
cherches que la vie d'un seul homme'".
Transl.: See Remark 2
Trad.:   Voir Remarque 2

17.20

B עברו מיכל המים
    they crossed over the stream of water / they
    passed by the pool of water
    ils traversèrent le cours d'eau / ils passèrent
    par le réservoir d'eau
        RSV*: they have gone over the brook of water
        NEB*: they went beyond the pool
  [עברו מכה אל המים]
    they passed from here to the water
    ils passèrent d'ici vers l'eau
        J* : ils ont passé outre allant d'ici vers
              l'eau
        L   : sie gingen weiter zum Wasser
    Fac.: 14
    Transl.: they crossed over the stream of water /
            they passed by the pool of water
    Trad.:   ils traversèrent le cours d'eau / ils
            passèrent par le réservoir d'eau

17.25

הישראלי B
    the Israelite
    l'Israélite
        L   : (der Sohn...) eines Israeliters
[הישמעאלי]
    the Ishmaelite
    l'Ismaélite
        RSV*: the Ishmaelite
        NEB*: an Ishmaelite
        J*   : l'Ismaélite
    Fac.: 5
    Transl.: the Israelite
    Trad.:   l'Israélite

17.25

בת-נחש D
    the daughter of Nahash
    la fille de Nahash
        RSV : the daughter of Nahash
        NEB : daughter of Nahash
        L   : der Tochter des Nahasch
[בת-ישי]
    the daughter of Jesse
    la fille de Jessé
        J*   : fille de Jessé
    Fac.: 5
    Rem.: Although "ישי, Jesse" may be the original
        form of the text, MT is earlier than the Septua-
        gint, whose text is probably the result of
        assimilation to 1 Chron 2.13-17, and consequently
        a secondary text in relation to MT.
    Rem.: Quoique "ישי, Jessé" puisse être le texte
        original, le TM est plus ancien que la Septante
        dont le texte est probablement issu d'une assimi-
        lation à 1 Ch 2.13-17. Par conséquent, le texte
        de la Septante est secondaire par rapport au TM.
    Transl.: the daughter of Nahash
    Trad.:   la fille de Nahash

17.28

משכב B
    beds (collective noun)
    des lits (nom collectif)
        RSV : beds
        L   : Betten

[הגישו ערשת משכב ומרבדים]
    they brought mattresses of beds and coverlets
    ils apportèrent des matelas de lit et des couvertures
      NEB*: bringing mattresses and blankets (cf.
            Brockington)
      J* : apportèrent des matelas (le éd.), des
            matelas de lit (2e, 3e éd.), des tapis
  Fac.: 6,13,14
  Transl.: beds
  Trad.:   des lits

18.2

 וישלח דוד את-העם
  and David sent forth the people
  et David envoya le peuple
    RSV : and David sent forth the army
  Fac.: 8,12
C[וישלש דוד את-העם]
  and David divided the people into three ⟨parts⟩
  et David divisa le peuple en trois ⟨parties⟩
    NEB : then he divided the army in three
    J* : David divisa l'armée en trois corps
    L   : (David...) und stellte ein Drittel des
          Volks
  Transl.: and David divided the people into three
          ⟨parts⟩
  Trad.:   et David divisa le peuple en trois
          ⟨parties⟩

18.3

כי-עתה
  for now
  car maintenant
  Fac.: 12,5
B כי-אחה
  for you
  car toi
    RSV*: but you
    NEB*: but you
    J   : (le*, 2e*, 3e éd.) tandis que toi
    L   : aber du
  Transl.: but you
  Trad.:   tandis que toi

18.12

B שמרו-מי בנער
    watch out for whoever ⟨is⟩ against the youth
    prenez garde à quiconque ⟨est⟩ contre le jeune
    homme
        NEB : whoever finds himself near the young man
             (Absalom) must take great care of him
 שמרו-לי בנער
    watch over, for me, the youth
    protégez, pour moi, le jeune homme
        RSV : 'for my sake protect the young man
        J* : 'par égard pour moi, épargnez le jeune
             (Absalom)'
        L   : 'Gebt ja acht auf meinen Sohn (Absalom)'(?)
Fac.: 5,12
Transl.: watch out for whoever ⟨is⟩ against the
         youth
Trad.: surveillez quiconque ⟨est⟩ contre le
         jeune homme

18.26

B אל-הַשֹּׁעֵר
    to the gatekeeper
    au portier
        NEB : to the gate-keeper
[אל-הַשַּׁעֵר =] אל-השער
    to the gate
    à la porte
        RSV : to the gate
        J* : qui était sur la porte
        L   : in das Tor
Fac.: 5,4
Transl.: to the gatekeeper
Trad.:   au portier

18.29

B לשלח את-עבד המלך יואב ואת-עבדך
    when Joab sent the servant of the king and your
    servant
    quand Joab envoya le serviteur du roi et ton ser-
    viteur
        L   : als Joab des Königs Knecht und mich, dei-
            nen Knecht, sandte
[לשלח עבד המלך יואב את-עבדך]
    when the king's servant Joab sent your servant
    quand le serviteur du roi Joab envoya ton serviteur

NEB*: Sir, your servant Joab sent me
J* : (2e, 3e éd.) au moment où Joab, serviteur
        du roi, envoyait ton serviteur
Fac.: 4
[לשלח יואב את-עבדך]
  when Joab sent your servant
  quand Joab envoya ton serviteur
    RSV*: when Joab sent your servant
    J* : (le éd.) au moment où Joab envoyait ton
            serviteur
Fac.: 14
Rem.: Joab sent two messengers : (i) the Cushite,
  who is here called by his title "עבד המלך,servant
  of the king", i.e. the king's personal servant or
  chamberlain, and (ii) "עבדך, your servant", i.e.
  the speaker, Ahimaaz.
Rem.: Joab envoya deux messagers : (i) le Koushite,
  ici appelé par son titre "עבד המלך, serviteur du
  roi", c.-à-d. son serviteur personnel, son cham-
  bellan, et (ii) "עבדך, ton serviteur", c'est-à-
  dire celui qui parle, Ahimaaz.
Transl.: when Joab sent the servant of the king and
          your servant
Trad.:   pendant que Joab envoyait le serviteur du
          roi, ainsi que ton serviteur

19.1 (18.33)

B בלכתו
  when he went / in his going
  quand il alla / en allant
    RSV : as he went
    NEB : as he went
    L   : und im Gehen
[בבכתו]
  in his weeping / as he wept
  en sanglotant / comme il sanglota
    J* : en sanglotant
Fac.: 1, 5
Transl.: as he went
Trad.:   en s'en allant

19.12(11)

(2°) אל-ביתו
  to his house
  à sa maison
  Fac.: 13
C[Lacking.Manque] = RSV*, NEB*, J*, L
  Transl.: See following case
  Trad.:   Voir cas suivant

19.12(11)

C והמלך דוד שלח ... אל-ביתו ודבר כל-ישראל בא אל-המלך
  and King David sent ... to his house, and the
  word of all Israel has come to the king
  et le roi David envoya ... à sa maison, et la
  parole de tout Israël est arrivée jusqu'au roi
    RSV : and King David sent ... to his house,
          when the word of all Israel has come to
          the king
  [ודבר כל-ישראל בא אל-המלך והמלך דוד שלח ... אל-ביתו]
  and the word of all Israel came to the king, and
  King David sent ... to his house
  et la parole de tout Israël vint au roi, et le
  roi David envoya ... à sa maison
    NEB*: what all Israel was saying came to the
          king's ears. So he sent ... to his palace
    J* : ce qui se disait dans tout Israël arriva
          jusqu'au roi. Alors le roi David envoya
          ... chez lui
    L   : es kam aber die Rede ganz Israels vor den
          König. Und der König sandte ... in sein
          Haus
  Fac.: 4
  Transl.: and King David sent ... to his house, when
           the word of all Israel came ⟨even⟩ to the
           King
  Trad.:   et le roi David envoya ... à sa maison,
           alors que la parole de tout Israël est
           venue jusqu'au roi

19.19(18)

C ועברה העברה
    and the ferry crossed
    et le bac traversa
      NEB : (they...) and crossed to and fro (?)
  [ועברו העברה]
    and they were crossing the ford
    et ils traversaient le gué

```
        RSV*: and they crossed the ford
  Fac.: 3,4
[ועברו העברה]
     and they were making the ford
     et ils faisaient le gué
        L   : und machten eine Furt
  Fac.: 3,4
[ויעברו העבדה]
     and they did the work
     et ils firent l'oeuvre
        J*  : et ils mirent tout en oeuvre
  Fac.: 3,4
  Transl.: and the ferry was crossing over
  Trad.:   et le bac était en train de traverser
```

19.25(24) : See under 4.4 / Voir sous 4.4

19.25(24)

```
B רגליו
     his feet
     ses pieds
        RSV : his feet
        NEB*: his feet
        L   : seine Füsse
[רגליו ולא עשה ידיו]
     his feet and he did not care for his hands
     ses pieds et il ne soigna pas ses mains
        J*  : (il n'avait soigné ni) ses pieds ni ses
              mains
  Fac.: 13
  Transl.: his feet
  Trad.:   ses pieds
```


19.25-26(24-25)

```
עד-היום אשר-בא בשלום : ויהי כי-בא ירושלם לקראת
     until the day he came in peace. And it came to
     pass that when he came to Jeruṣalem to meet
     jusqu'au jour où il vint en paix. Et il arriva
     que lorsqu'il vint à Jérusalem au-devant
  Fac.: 13
[עד-היום אשר-בא בשלום : ויהי כי-בא מירושלם לקראת]
     until the day he came in peace. And it came to
     pass that when he came from Jerusalem to meet
     jusqu'au jour où il vint en paix. Et il s'est
     passé que lorsqu'il vint de Jérusalem au-devant
```

```
RSV*: until the day he came back in safety. And
      when he came from Jerusalem
NEB*: until he returned victorious. When he came
      from Jerusalem
J*  : jusqu'au jour où il revint en paix. Lors-
      qu'il arriva de Jérusalem
L   : bis zu dem Tag, da er wohlbehalten zurück-
      käme. Als er nun von Jerusalem kam
```
Fac.: 4,1

D[עד-היום אשר-בא בשלום ירושלם : ויהי כי-בא לקראת]
```
until the day he came in peace to Jerusalem. And
it came to pass that when he came to meet
jusqu'au jour où il vint en paix à Jérusalem. Et
il arriva que lorsqu'il vint au-devant
```
Transl.: until the day he came back in peace to
         Jerusalem. And when he came to meet
Trad.:   jusqu'au jour où il revint en paix à Jéru-
         salem. Et lorsqu'il vint au-devant

19.26(25) : See under 4.4 / Voir sous 4.4

19.27(26)

B אחבשה-לי
```
let     saddle for myself
que je fasse seller pour moi-même
  NEB : (I did intend) to harness my (ass)
  L   : Ich will (einen Esel) satteln
```
[לו חבשה-לי]
```
to him, saddle for me
lui, selle pour moi
  RSV*: to him, 'Saddle (an ass) for me
  J*  : (ton serviteur) lui (avait dit) : 'Selle-
        moi
```
Fac.: 4
Transl.: let   saddle for myself
Trad.:   que je fasse seller pour moi-même

19.31(30) : See under 4.4 / Voir sous 4.4

19.34(33)

A וכלכלתי אתך
```
and I will provide for you
et je te pourvoirai
  RSV : and I will provide for you
  J   : (3e éd.) et je pourvoirai à tes besoins
  L   : ich will dich versorgen
```

‎[וכלכלתי את שיבתך]
   and I will provide for your old age
   et je pourvoirai à tes vieux jours
     NEB*: and I will provide for your old age
     J   : (1e*, 2e éd.) et je pourvoirai aux besoins
            de tes vieux jours
  Fac.: 5,13
  Transl.: and I will provide for you
  Trad.:   et je te pourvoirai

19.40(39)

‎C והמלך עבר
   and the king crossed
   et le roi traversa
     RSV : and the king went over
     J   : le roi passa
     L   : (als das ganze Volk über den Jordan ge-
           gangen war) und der König auch
‎[והמלך עמד]
   and the king stood
   et le roi se tint debout
     NEB*: while the king waited
  Fac.: 4,1
  Transl.: while the king had ⟨already⟩ crossed
  Trad.:   tandis que le roi avait ⟨déjà⟩ passé

19.44(43)

‎C ונם-בדוד אני ממך
   and even in David, I more than you
   et même en David, moi plus que toi
     RSV : and in David also we have more than you
‎[ונם בכור אני ממך]
   and moreover I ⟨am⟩ older than you
   et de plus je ⟨suis⟩ plus âgé que toi
     NEB*: and, what is more, we are senior to you
     J* : et de plus je suis ton aîné
     L   : (wir...) und sind auch die Erstgeborenen
           vor euch
  Fac.: 4,12
  Transl.: and even for David I ⟨am⟩ more than you /
        and even on David I ⟨have⟩ more ⟨rights⟩
        than you
  Trad.:   et même pour David je ⟨suis⟩ plus que toi /
        et même sur David j'⟨ai⟩ plus ⟨de droits⟩
        que toi

20.6

והציל עיננו C
    and snatch away our eye
    et arrache notre oeil
      L   : und entreisse sie vor unsern Augen (?)
[והצר לנו]
    and make trouble for us
    et nous mette en détresse
      RSV*: and cause us trouble
  Fac.: 3,4
[וְהִצֵּל עיננו]
    and cast a shadow on our eye
    et jette l'ombre dans notre oeil
      NEB : he may escape us
  Fac.: 3,12
[וְנִצַּל ממנו]
    and escape from us
    et nous échappe
      J* : (1e éd.) et ne nous échappe
  Fac.: 3,4
[וְהִצֵּל ממנו]
    and escape from us
    et nous échappe
      J* : (2e, 3e éd.) et ne nous échappe
  Fac.: 3,4,12
  Transl.: and snatch away ⟨thus⟩ our eye
  Trad.:   et arrache ⟨ainsi⟩ notre oeil

20.7

ויצאו אחריו אנשי יואב B
    and the men of Joab went out after him
    et les hommes de Joab sortirent derrière lui
[ויצאו אחרי אבישי יואב]
    and there went out after Abishai, Joab
    alors sortirent derrière Abishaï, Joab
      RSV*: and there went out after Abishai, Joab
      NEB*: Abishai was followed by Joab
      J* : derrière Abishaï, partirent en campagne
          Joab
  Fac.: 14
[ויצאו אחרי אבישי אנשי יואב]
    and there went out after Abishai, the men of Joab
    alors sortirent derrière Abishaï, les hommes de
    Joab
      L : da zogen die Männer Joabs aus und folgten
          Abishai
  Fac.: 1,13

Transl.: and there went out after him the men of
         Joab
Trad.:   alors sortirent derrière lui les hommes de
         Joab

20.14

וכל-הברים
  and all the Berites
  et tous les Bérites
 Fac.: 12,15
[וכל-הבכרים]
  and all the Bichrites
  et tous les Bikrites
    RSV*: and all the Bichrites
    NEB*: and all the clan of Bichri
    J* : et tous les Bikrites
    L   : und ... alle Bichriter
 Fac.: 14
D[וכל-הבחרים] / [וכל-הברים]
  and all the chosen ones
  et tous les élus
 Rem.: The MT is corrupt. The Vulgate reading "omnes-
   que electi" may offer a possible solution, although
   it is perhaps only an attempt to make sense of a
   corrupt MT.
 Rem.: Le TM est corrompu. La leçon de la Vulgate
   "onmesque electi" offre un sens possible, quoi
   qu'elle ne soit peut-être qu'un essai pour comprendre ce TM corrompu.
 Transl.: and all the chosen ones
 Trad.:   et tous les élus

20.18-19

B באבל וכן התמו : אנכי שלמי אמוני ישראל
  in Abel, and so they concluded. I ⟨am⟩ of the
  peaceable ⟨and⟩ faithful of Israel
  à Abel, et ainsi ils conclurent. Moi je ⟨suis
  parmi⟩ les pacifiques ⟨et⟩ les fidèles d'Israël
    RSV : at Abel; and so they settled a matter.
          I am one of those who are peaceable and
          faithful in Israel
[באבל ובדן התמו אשר שמו אמוני ישראל]
  in Abel and in Dan whether they had finished that
  which the faithful of Israel had put
  à Abel et à Dan s'ils avaient fini ce que les
  fidèles d'Israël avaient posé

J* : à Abel et à Dan s'il en est fini de ce
       qu'ont établi les fidèles d'Israël

Fac.: 4

[באבל וכן התמו אֲנִי כִּשְׁלֻמֵי אמוני ישראל]

in Abel, and so they concluded. I ⟨am⟩ as the
peaceful and faithful of Israel
à Abel, et ainsi ils conclurent. Moi, je ⟨suis⟩
comme les pacifiques et les fidèles d'Israël

   NEB*: to Abel..., and that settled the matter.
          My city is known to be one of the most
          peaceable and loyal in Israel

Fac.: 14

[באבל ובדן וכן התמו אנכי שלמי אמוני ישראל]

in Abel and in Dan and thus they concluded. I ⟨am⟩
of the peaceable and faithful of Israel
à Abel et à Dan et ainsi ils conclurent. Moi,
je ⟨suis parmi⟩ les pacifiques et les fidèles
d'Israël

   L : in Abel und in Dan, so geht es gut aus;
         ich bin eine von den friedsamen und treuen
         Städten in Israel

Fac.: 14,13

Rem.: 1. The situation here is similar to that in
      4.6 and 17.3, see Remark 1 at 4.6 : either the
      reading of the old Septuagint is the original one
      and MT is corrupt; or MT is corrupt but faithful
      in preserving at least the ruins of the original
      reading while the Septuagint reading, aiming above
      all at a satisfactory meaning, facilitates and re-
      constructs the text. The second alternative is mo-
      re probable.
      2. Translators who use notes could indimace the
      translation of the old Septuagint in a note :"She
      said : 'A word has been said in olden times; they
      said : They inquired in Abel and Dan whether
      ⟨the positions⟩, which the faithful of Israel had
      taken have ceased'."

Rem.: 1. La situation ici est semblable à celle de
      4.6 et de 17.3, voir Remarque 1 en 4.6 : Ou bien
      la leçon de la Septante ancienne est la leçon
      originale tandis que celle du TM est corrompue;
      ou bien le TM est corrompu, mais fidèle du moins
      en conservant des ruines du texte original, tan-
      dis que la Septante, préoccupée avant tout d'offrir
      un sens satisfaisant, facilite et reconstruit le
      texte. La deuxième alternative est plus probable.
      2. Les traducteurs qui apposent des notes à leur
      texte pourraient signaler la forme du texte dans
      la Septante ancienne : "Elle dit : 'Une parole se

disait autrefois; on disait : On s'informe à Abel
et à Dân si ⟨les dispositions⟩ que les fidèles
d'Israël avaient prises, avaient cessé'."
Transl.: (and she said : 'They spoke ⟨thus⟩ in olden
     times : May they inquire) in Abel ! And thus
     they settled the matter. I am ⟨made up of⟩
     men, peaceful ⟨and⟩ loyal in Israel ("I"
     being collective for all the city of Abel)
Trad.:   (et elle dit: 'On s'exprimait ⟨ainsi⟩ autre-
     fois: Qu'on s'informe) à Abel ! Et ainsi on
     avait conclu. Moi, je suis faite d'hommes
     paisibles ⟨et⟩ loyaux en Israël ("moi" étant
     collectif pour toute la ville de Abel)

20.22

B ותבוא האשה אל-כל-העם בחכמתה
  and the woman came to all the people in her wisdom
  et la femme vint à tout le peuple dans sa sagesse
   RSV : then the woman went to all the people in
      her wisdom
[ותדבר האשה אל-כל-העם בחכמתה]
  and the woman spoke to all the people in her wisdom
  et la femme parla à tout le peuple dans sa sagesse
   L : und die Frau beredete das ganze Volk mit
      ihrer Klugheit
 Fac.: 14
[ותבוא האשה אל-העיר ותדבר אל-כל-העם בחכמתה]
  and the woman came into the city and she spoke to
  all the people in her wisdom
  et la femme entra dans la ville et elle parla à
  tout le peuple dans sa sagesse
   J* : (1e éd.) la femme rentra en ville et
      parla à tout le peuple comme lui dictait
      sa sagesse
 Fac.: 14
[ותבוא האשה ותדבר אל-כל-העם בחכמתה]
  and the woman came and spoke to all the people in
  her wisdom
  et la femme vint et parla à tout le peuple dans sa
  sagesse
   NEB : then the woman withdrew, and her wisdom
      won over the assembled people (?)
   J* : (2e, 3e éd.) la femme alla parler à tout
      le peuple comme (3e éd.:le) lui dictait
      sa sagesse
 Fac.: 14
 Transl.: and the woman approached all the people
     ⟨armed⟩ with her wisdom
 Trad.: et la femme aborda tout le peuple ⟨armée⟩
     de sa sagesse

21.4

A לי (=Ketiv, לִי)
    to me / to us (collectively)
    à moi / à nous (collectif)
        RSV : between us
        NEB : our feud
        J   : pour nous
        L   : es ist uns (nicht)
 [לָנוּ] (=Qere)
    to us
    à nous
  Fac.: 5,4
  Transl.: to us
  Trad.:   à nous

21.6

B בגבעת שאול
    in Gibeah of Saul
    à Guibéa de Saül
        NEB : in Gibeah of Saul
 [בגבעון]
    at Gibeon
    à Gabaôn
        RSV*: at Gibeon
        J*   : à Gabaon (1e éd.), à Gabaôn (2e, 3e éd.)
        L   : in Gibeon
  Fac.: 14,5
  Transl.: in Gibeah of Saul
  Trad.:   à Guibéa de Saül

21.6

A בחיר יהוה
    the chosen one of the LORD
    l'élu du SEIGNEUR
        NEB : the LORD's chosen king
 [בהר יהוה]
    on the mountain of the LORD
    sur la montagne du SEIGNEUR
        RSV*: on the mountain of the LORD
        J*   : sur la montagne de Yahvé
        L   : auf dem Berge des HERRN
  Fac.: 14
  Transl.: the chosen one of the LORD
  Trad.:   l'élu du SEIGNEUR

21.7 : See under 4.4 / Voir sous 4.4

21.8

A ואת-מפבשת
   and Mephibosheth
   et Mephiboshet
     RSV : and Mephibosheth
     NEB : and Mephibosheth
     L   : und Mephiboscheth
[ואת-מריבעל]
   and Meribbaal
   et Meribbaal
     J   : (1e*, 2e*, 3e éd.) Meribbaal
  Fac.: 14
  Rem.: See above, 4.4, Remarks concerning Mephibaal,
    son of Jonathan, and Mephibosheth, son of Saul
    and Rispah.
  Rem.: Voir ci-dessus, 4.4, Remarques concernant
    Mephibaal, fils de Jonathan, et Mephiboshet, fils
    de Saül et Rispah.
  Transl.: Mephibosheth
  Trad.:   Mephiboshet

21.8

D מיכל
   Michal
   Mikal
מרב
   Merab
   Mérab
     RSV*: Merab
     NEB*: Merab
     J* : Mérab
     L   : Merab
  Fac.: 5,9
  Rem.: This Michal is not the same person as Michal
    of 6.23 who is said to be childless. She is the
    Merab mentioned in 1 Sam 18.19 and whose husband
    is called Adriel. MT is to be preferred to the
    assimilating Versions. For it preserved the di-
    vergent traditions of the name of that woman,
    just as it preserved the divergent traditions of
    the name of Moses' father-in-law. Translators
    could add this explanation in a note.
  Rem.: Cette Mikal n'est pas la Mikal de 6.23 dont
    on dit qu'elle est stérile. Elle est la même per-
    sonne que la Mérab de 1 Sam 18.19, dont le mari
    s'appelle Adriel. Il faut préférer le TM aux Ver-
    sions qui ont assimilé ce passage à 1 Sam 18.19,

tandis que le TM a gardé la divergence des traditions comme il a préservé aussi les différentes
traditions du nom du beau-père de Moïse. Les traducteurs pourraient indiquer cela en note.
Transl.: Michal
Trad.:   Mikal

21.14

A בנו
    his son
    son fils
       RSV : his son
       NEB : his son
       L   : seines Sohnes
  [בנו ואת עצמות המוקעים]
    his son, and the bones of those <who were> hanged
    son fils, et les ossements des suppliciés
       J* : de son fils (Jonathan) et ceux des
             suppliciés
    Fac.: 4,5,13
    Transl.: (and they buried them with the bones of
             Saul and of Jonathan) his son (in the land
             of Benjamin...)
    Trad.: (et ils les ensevelirent avec les ossements
            de Saül et de Jonathan) son fils (au pays
            de Benjamin...)

21.19

    בן-יערי ארגים
      the son of Jaare-oregim
      le fils de Yaaré-Oreguîm
        RSV : the son of Jaare-oregim
    Fac.: 12,9
    בן-יעיר
      the son of Jair
      le fils de Yaïr
        NEB*: son of Jair
        J* : (2e, 3e éd.) fils de Yaïr
        L   : der Sohn Jaïrs
    Fac.: 5
C[בן-יַעְרִי]
      the son of Jari
      le fils de Yari
        J* : (le éd.) fils de Yaari
    Rem.: 1. The Committee voted twice for this case :
    (i) A (not given above), for the omission of
    ארגים, and (ii) C (given above), for the form

"יַעְרֵי, Jari".
2. See I Chron 20.5 for another textual form of
this proper name.
Rem.: 1. Le Comité a voté deux fois pour ce cas :
(i) A (ce n'est pas indiqué ci-dessus), pour
l'omission de אֹרְגִים, et (ii) C (indiqué ci-dessus)
pour la forme "יַעְרֵי, Yari".
2. Voir 1 Ch 20.5 pour une autre forme textuelle
de ce nom propre.
Transl.: the son of Jari
Trad.:   le fils de Yari

22.2

A ויאמר יהוה סלעי
and he said, "the LORD is my rock
et il dit, "le SEIGNEUR est mon rocher
  RSV : he said, "The LORD is my rock
  NEB : The LORD is my stronghold
  J   : il dit : Yahvé est mon roc
  L   : und sprach : Der HERR ist mein Fels
יהוה סלעי : ויאמר ארחמך יהוה חזקי (= Ps 18.2-3)
and he said, "I love you, O LORD, my strength,
the LORD is my rock
et il dit, "je t'aime, SEIGNEUR, ma force, le
SEIGNEUR est mon rocher
Fac.: 5
Rem.: In this case, and in 22.5,12,14,16 and 43 below, the Committee voted for MT even though the
text of Samuel presented no textual problems for
the modern translations. But since the parallel
text of Ps 18 for these cases (see there) has
been either assimilated to the Samuel text or
altered in some other way, the textual situation
is exposed here too. In any event, the specific
features of each of these textual forms of 2 Sam
22 and Ps 18, in which this hymn has been transmit-
ted, should be maintained.
Rem.: Dans ce cas, comme en 22.5,12,14,16 et 43 ci-
dessous, le Comité a voté pour le TM, encore que
le texte de Samuel ne présente pas de problèmes
aux traductions modernes. Mais comme le texte parallèle du Ps 18 a été assimilé en ces cas (voir
là) au texte de Samuel, ou bien altéré d'une autre
façon, on a jugé bon de présenter la situation
textuelle ici aussi. En tout cas, il faut garder
les spécificités de chacune des deux formes textuelles de 2 S 22 et Ps 18, dans lesquelles cette
hymne a été transmise.

Transl.: and he said, "the LORD is my rock
Trad.:   et il dit, "le SEIGNEUR est mon rocher

22.5

A משברי-מות
    the breakers of death
    les flots de la mort
      RSV : the waves of death
      NEB : the waves of death
      J   : les flots de la Mort
      L   : die Wogen des Todes
חבלי-מות   (= Ps 18.5)
    the cords of death
    les liens de la mort
Fac.: 5
Rem.: See preceding case, Rem.
Rem.: Voir cas précédent, Rem.
Transl.: the breakers of death
Trad.:   les flots de la mort

22.11

B וירא
    and he was seen / and he appeared
    et il fut vu / et il apparut
      RSV : he was seen
וידא (= Ps 18.11)
    and he swooped
    et il plana
      NEB*: he swooped
      J   : (1e*, 2e*, 3e éd.) il plana
      L   : und er schwebte
Fac.: 5
Transl.: and he was seen / and he appeared
Trad.:   et il fut vu / et il apparut

22.12a

A סביבתיו (= Ps 18.12a)
    round about him
    autour de lui
      RSV : around him
      NEB : (he curtained) himself (?)
      J   : son entourage
      L   : ringsum
 [Lacking.Manque]
  Fac.: 14
  Rem.: See above, 22.2, Rem.

Rem.: Voir ci-dessus, 22.2, Rem.
Transl.: round about him
Trad.:   autour de lui

22.12b

A חשרת-מים
   a mass of water
   un amas d'eau
     RSV : a gathering of water
     NEB : dense vapour
  חשכת-מים (= Ps 18.12)
   darkness of water
   ténèbre d'eau
     J   : (1e*, 2e*, 3e éd.) ténèbre d'eau
     L   : schwarze, (dicke Wolken) (?)
  Fac.: 5
  Rem.: See above, 22.2, Rem.
  Rem.: Voir ci-dessus, 22.2, Rem.
  Transl.: a mass of water
  Trad.:   un amas d'eau

22.13

A בערו גחלי-אש
   coals of fire burned
   des charbons de feu s'allumaient
     RSV : coals of fire flamed forth
     NEB : glowing coals burned brightly
     L   : (aus dem Glanz vor ihm) brach hervor
          flammendes Feuer
  עביו עברו ברד וגחלי-אש (= Ps 18.13)
   his clouds passed by, hail and coals of fire
   ses nuées passaient, de la grêle et des charbons
   de feu
  Fac.: 5
 [בער ברד וגחלי-אש]
   it ignited hail and coals of fire
   il enflamma de la grêle et des charbons de feu
     J   : (un éclat devant lui) enflammait, grêle
          et braises de feu
  Fac.: 14
  Transl.: coals of fire burned
  Trad.:   des charbons de feu s'allumaient

22.14

A קולו
   his voice
   sa voix
     RSV : his voice
     NEB : the voice of (the Most High)
     J   : sa voix (le, 2e éd.), (le Très-Haut donna)
            de la voix (3e éd.)
     L   : seine Stimme
קלו ברד וגחלי-אש (= Ps 18.14)
   his voice, hail and coals of fire
   sa voix, de la grêle et des charbons de feu
Fac.: 5
Rem.: See above, 22.2, Rem.
Rem.: Voir ci-dessus 22.2, Rem.
Transl.: his voice
Trad.:   sa voix

22.16

A אפקי ים
   the channels of the sea
   les lits de la mer
     RSV : the channels of the sea
     NEB : the channels of the sea-bed
     J   : le lit des mers
     L   : das Bett des Meeres
אפיקי מים (= Ps 18.16)
   channels of water
   des conduites d'eau
Fac.: 5
Rem.: See above, 22.2, Rem.
Rem.: Voir ci-dessus, 22.2, Rem.
Transl.: the channels of the sea
Trad.:   les lits de la mer

22.25

A כברי
   according to my cleanness
   selon ma pureté
     RSV : according to my cleanness
     NEB : (as...) my purity
     J   : (selon...) ma pureté
כבר ידי (= Ps 18.25)
   according to the cleanness of my hands
   selon la pureté de mes mains
     L   : nach der Reinheit meiner Hände

Fac.: 5
Transl.: according to my cleanness
Trad.:   selon ma pureté

22.28

B ועיניך על-רמים
    and your eyes ⟨are⟩ upon the haughty
    et tes yeux ⟨sont⟩ sur les hautains
      RSV : but thy eyes are upon the haughty
      NEB : thou lookest (with contempt) upon the
           proud (?)
  ועינים רמות   (= Ps 18.28)
    and haughty eyes
    et des yeux hautains
      J   : (1e*, 2e*, 3e éd.) les yeux hautains
  Fac.: 5
[ועיני רמים]
    and the eyes of the haughty
    et les yeux des hautains
      L   : und die Augen aller Stolzen
  Fac.: 1,3,4
  Transl.: and your eyes ⟨are⟩ upon the haughty
       (⟨whom⟩ you humble)
  Trad.:   et tes yeux ⟨sont⟩ sur les hautains (⟨que⟩
       tu abaisses)

22.30

A ארוץ
    I will run / I shall drive out / I will crush
    je courrai / j'expulserai / je broierai
      RSV : I can crush
      NEB : I leap over (?)
      L   : kann ich ... zerschlagen
  [אָרִץ]
    I will force
    je forcerai
      J* : je force
  Fac.: 14
  Rem.: 1. ארוץ may be interpreted as "I will run",
    "I will drive out, dislodge", or "I will crush".
    2. For the translation of the entire expression,
    see following case.
  Rem.: 1. ארוץ peut signifier ou bien : "je courrai",
    "j'expulserai, délogerai", ou bien : "je broierai".
    2. Pour la traduction de l'expression entière, voir
    cas suivant.

Transl.: See following case
Trad.:   Voir cas suivant

22.30

B גְּדוּד
   a raid
   une razzia
     RSV : a troop
     L   : Kriegsvolk
[גְּדֻוד] = גדוד
   a bank
   un talus
     NEB : a bank
  Fac.: 14
[גדר]
   a fence
   une enceinte
     J* : l'enceinte
  Fac.: 14
  Rem.: The expression ארוץ גדוד may be translated as
     (i) "I will run ⟨in⟩ a raid" / "I will run
     ⟨against⟩ a band (of raiders)"; (ii) "I will dis-
     lodge a band (of raiders)"; (iii) "I will crush a
     band (of raiders)".
  Rem.: On pourrait traduire l'expression ארוץ גדוד
     comme (i) "je courrai ⟨à⟩ la razzia" / "je cour-
     rai ⟨contre⟩ une razzia"; (ii) "je ferai déguerpir
     une razzia"; (iii) "je broierai une razzia".
  Transl.: See Remark
  Trad.:   Voir Remarque

22.33a

B מעוזי חיל
   my protection, power
   ma protection, puissance
     RSV : my strong refuge
     L   : (Gott) stärkt mich mit Kraft (?)
המאזרני חיל (= Ps 18.33)
   the one who girds me with strength
   celui qui me ceint de force
     NEB*: who girds me with strength
     J   : (1e*, 2e*, 3e éd.) qui me ceint de force
  Fac.: 5
  Transl.: (God) ⟨is⟩ my strength, a powerful ⟨strength⟩
       (lit. my strength, power)
  Trad.:   (Dieu) ⟨est⟩ ma force ⟨une force⟩ puissante
       (litt. ma force, puissance)

22.33b

B וַיַּתֵּר
    and he opened up
    et il dégagea
      L   : (Gott) ... und weist (?)
  וַיִּתֵּן (= Ps 18.33b)
    and he gave
    et il donna
      RSV*: and has made
      NEB*: and makes
      J   : (le*, 2e*, 3e éd.) et rend
  Fac.: 5
  Transl.: and he has cleared
  Trad.:   et il dégagea

22.34

B ועל במותי   (= Ps 18.34)
    and on my heights
    et sur mes hauteurs
      L   : und ... auf meine Höhen
  [ועל במות]
    and on heights
    et sur des hauteurs
      RSV : and ... on the heights
      NEB*: and ... on the mountains
      J   : (le*, 2e*, 3e éd.) et ... sur les hauteurs
  Fac.: 4
  Transl.: and on my heights
  Trad.: et sur mes hauteurs

22.36

B ועֲנֹתך תרבני (cf. Ps 18.36 וענוֹתך תרבני)
    and your response/subjugation has made me great
    et ta réponse/suzeraineté m'a rendu grand
      NEB : in thy providence thou makest me great (?)
      J*   : (3e éd.) et tu ne cesses de m'exaucer
          (en note : "litt : 'tu me multiplies ta
          réponse [favorable]'.")
      L   : und deine Huld macht mich gross
  ועזרתך תרבני
    and your help has made me great
    et ton secours m'a rendu grand
      RSV*: and thy help made me great
  Fac.: 4

[וצנתך תכסני]
    and your shield has covered me
    et ton bouclier m'a couvert
      J* : (1e, 2e éd.) et ton armure me couvre
  Fac.: 14
  Rem.: There are two possible ways of translating
    וענתך תרבני : (i) "and your response has made me
    great"; (ii) "and your subjugation has made me
    great".
  Rem.: Deux traductions de וענתך תרבני sont possibles :
    (i) "et ton exaucement (c'est-à-dire le fait que
    tu as exaucé) m'a rendu grand"; (ii) "et ta suze-
    raineté (c'est-à-dire le fait que tu as subjugué
    mes ennemis) m'a rendu grand".
  Transl.: See Remark
  Trad.:   Voir Remarque

22.42

B ישעו
    they look
    ils regardent
      RSV : they looked
      L   : sie sehen sich um
  ישועו (= Ps 18.42)
    they cry out
    ils crient
      NEB*: they cry out
    * J   : (1e*, 2e*, 3e éd.) ils crient
  Rem.: The original text may have read "ישועו, they
    cry out", but there remains no independent evidence
    of this reading in 2 Sam 22.42. Therefore textual
    analysis does not dispose of an earlier text than
    that of the MT.
  Rem.: Il se peut que le texte original ait porté
    "ישועו, ils crient", mais il n'y a pas de témoins
    indépendants qui attestent cette leçon en 2 Sam
    22.42. C'est pourquoi l'analyse textuelle ne dis-
    pose d'aucun autre texte plus primitif que le TM.
  Transl.: they look
  Trad.:   ils regardent

*Fac.: 5

22.43

A אדקם
    I crush them
    je les foule
       RSV : I crushed them
       NEB*: will I trample them
       J   : (1e*, 2e, 3e éd.) je les foule
       L   : will ich sie zerstäuben
  אריקם (= Ps 18.43)
    I cast them out
    je les expulse
    Fac.: 5
    Rem.: See above 22.2, Remark.
    Rem.: Voir ci-dessus 22.2, Remarque.
    Transl.: I crush them
    Trad.:   je les foule

22.44

C עמי
    of my people
    de mon peuple
       L   : meines Volkes
  [עמים]
    of peoples
    des peuples
       RSV*: with the peoples
       J* : des peuples
    Fac.: 4
  עם (= Ps 18.44)
    of a people
    d'un peuple
       NEB*: of the people
    Fac.: 5
    Transl.: of my people
    Trad.:   de mon peuple

22.44

B תשמרני
    you keep me
    tu me gardes
       RSV : thou didst keep me
  תשימני (= Ps 18.44)
    you place me
    tu me mets
       NEB*: and makest me
       J   : (1e*, 2e*, 3e éd.) tu me mets

```
     L    : und machst mich
  Fac.: 5
  Transl.: you keep me
  Trad.:   tu me gardes
```

22.46

B ויהגרו
    and they gird themselves / and they limp
    et ils se ceignent / et ils boîtent
       NEB : and come limping
ויחרגו (= Ps 18.46)
    and they quake
    et ils tremblent
       RSV*: and came trembling
       J   : (1e*, 2e*, 3e éd.) ils quittent en tremb-
              lant
       L   : und kommen mit Zittern
  Fac.: 5
  Rem.: ויהגרו in this context, may be understood in
    two ways : "they ⟨came⟩ limping"   or "they ⟨came⟩
    trembling".
  Rem.: Dans ce contexte, on peut comprendre ויהגרו
    en deux sens : "et ils ⟨vinrent⟩ en boîtant"
    ou : "et ils ⟨vinrent⟩ en tremblant".
  Transl.: See Remark
  Trad.:   Voir Remarque

23.7

B בשבה
    in the sitting / in the dwelling
    dans la session / dans la résidence
       L   : an ihrer Stätte
 [Lacking. Manque] = RSV*, NEB*, J*
  Fac.: 14
  Rem.: בשבה in this context may be interpreted as
    "on the spot".
  Rem.: On doit interpréter בשבת dans ce contexte
    comme "sur place".
  Transl.: See Remark
  Trad.:   Voir Remarque

23.8

ישב בשבת
   Josheb-basshebeth
   Yosheb-basshébet
      RSV : Josheb-basshebeth
  Fac.: 12
[איש בשת]
   Ishbosheth / Ish-bosheth
   Ishboshet / Ish-boshet
      NEB*: Ishbosheth
  Fac.: 5
[איש בעל]
   Ishbaal / Ish-baal
   Ishbaal / Ish-baal
      J* : Ishbaal
  Fac.: 5
B[וְיִשְׁבַּעַל]
   Jishbaal
   Yishbaal
      L   : Jischbaal
  Rem.: See I Chron 11.11 for a similar problem with
   this proper name.
  Rem.: Voir un problème analogue en 1 Ch 11.11 avec
   ce nom-propre.
  Transl./Trad. : Jishbaal / Yishbaal

23.8

תחכמני
   a Tahchemonite
   un Tahkemonite
      RSV : a Tahchemonite
  Fac.: 12,9
C[הַחַכְמֹנִי]
   the Hachmonite
   le Hakmonite
      NEB*: the Hachmonite
      J* : le Hakmonite
      L   : der Hachmoniter
  Rem.: See also 1 Chron 11.11.
  Rem.: Voir aussi 1 Ch 11.11.
  Transl.: the Hachmonite
  Trad.:   le Hakmonite

23.8

B השלשי
    of the third / of the officers
    du troisième / des officiers
[השלשה]
    of the three
    des trois
      RSV*: of the three
      NEB*: of the three
      J*   : des Trois
      L   : den Dreien
  Fac.: 5,4
  Rem.: 1. הַשְּׁלִשִׁי may be interpreted as a defective
    form of "הַשָּׁלִשִׁים, the heroes"(cf. Radaq).
    2. See further textual difficulties with this
    word שָׁלִיש in 23.13,18; and in 1 Chron 11.11;
    12.19.
    3. See other textual difficulties with the root
    שלש in 23.13,18,19,22,23,24; and in 1 Chron 11.15,
    20,21,24,25.
  Rem.: 1. On peut interpréter הַשָּׁלִשִׁי comme une forme
    défective de "הַשָּׁלִשִׁים, les preux" (cf. Radaq).
    2. Voir d'autres problèmes textuels à propos de
    ce mot שָׁלִיש en 23.13,18; et en 1 Ch 11.11; 12.19.
    3. Voir d'autres problèmes textuels avec la
    racine שלש en 23.13,18,19,22,23,24; et en 1 Ch
    11.15,20,21,24,25.
  Transl.: See Remark 1
  Trad.:   Voir Remarque 1

23.8

C עדינו העצנו = Qere   עֲדִינוֹ הָעֶצְנִי   עדינו העצני
    Adino the Eznite
    Adino l'Eçnite
[עורר את-חניתו]
    brandishing his spear
    brandissant sa lance
      RSV*: he wielded his spear
      NEB*: who brandished his spear
      J*   : qui brandit sa hache (1e éd.), sa lance
           (2e, 3e éd.)
      L   : der schwang seinen Spiess
  Fac.: 14,5
  Rem.: 1. MT, as it stands, is not the original text.
    The original text, while probably resembling the
    expression "עורר את-חניתו, brandishing his spear"
    of V. 18 and of its parallel, 1 Chron 11.20 (to

which 1 Chron 11.11 was assimilated), was not
however identical with it. Since there are no
textual witnesses for the original text in this
case, textual analysis must respect the MT in its
present state.
2. The MT may be translated as follows : "he ⟨is⟩
Adino the Eznite ⟨standing⟩ over eight hundred
slain in one stroke".
Rem.: 1. Le TM, tel qu'il est, ne représente pas le
texte original. Celui-ci, tout en ressemblant
probablement à l'expression "עורר אה-חניתו, bran-
dissant sa lance" du V.18 et de son parallèle en
1 Ch 11.20 (à quoi 1 Ch 11.11 a été probablement
assimilé), n'était pourtant pas identique avec
elle. Comme on ne trouve pas de témoins textuels
pour le texte original dans ce cas, l'analyse
textuelle doit respecter le TM dans son état
actuel.
2. On pourrait donc comprendre le TM ainsi :
"⟨c'est⟩ lui Adino l'Eçnite ⟨dressé⟩ sur huit
cents victimes en un seul coup".
Transl.: See Remark 2
Trad.:   Voir Remarque 2

23.9

A עם-דוד בחרפם בפלשתים
    with David when they taunted the Philistines
    avec David quand ils se gaussaient des Philistins
    RSV : with David when they defied the Philisti-
          nes
הוא-היה עם-דויד בפס דמים והפלשתים
    he was with David in Pas-dammim and the Philistines
    il fut avec David à Pas-dammîm et les Philistins
    NEB*: he was with David at Pas-dammim where the
          Philistines
    J* : il était avec David à Pas-Dammim quand les
          Philistins
    L   : er war mit David in Pas-Dammim, als die
          Philister
Fac.: 5
Transl.: with David when they taunted the Philisti-
         nes
Trad.:   avec David quand ils défièrent les Philis-
         tins

23.11

C בֶּן־אָגֵא
    son of Agee
    fils d'Agé
        RSV : the son of Agee
        NEB : son of Agee
        L   : der Sohn Ages
  [בֶּן־אֵלָא]
    son of Ela
    fils d'Ela
        J   : (1e*, 2e*, 3e éd.) fils d'Ela
    Fac.: 5,12
    Rem.: See also 1 Chron 11.34.
    Rem.: Voir aussi 1 Ch 11.34.
    Transl.: son of Agee
    Trad.:   fils d'Agé

23.11

לַחַיָּה
    into a band
    dans une bande
    Fac.: 5,9
B לחיה = [לֶחְיָה]
    towards Lehi
    vers Lehi
        RSV : at Lehi
        NEB : at Lehi
        J   : (1e*, 2e*, 3e éd.) à Lehi
        L   : in Lehi
    Rem.: See below, 23.13, 3°, Remark
    Rem.: Voir ci-dessous 23.13, 3ᶜ, Remarque
    Transl.: at Lehi
    Trad.:   à Lehi

23.13

C שְׁלֹשָׁה = Qere
    three
    trois
        RSV : three
        NEB : three
        J* : trois
        L   : drei
  שלשים = Ketiv
    thirty
    trente
    Fac.: 5,12

Rem.: See above, 23.8, Remark 3.
Rem.: Voir ci-dessus, 23.8, Remarque 3.
Transl.: three
Trad.:   trois

23.13

מֵהַשְּׁלֹשִׁים
  from the thirty
   d'entre les trente
    RSV : of the thirty
    NEB : of the thirty
    J   : d'entre les Trente
    L   : von den dreissig
  Fac.: 5
C מהשלשים [= מֵהַשָּׁלִשִׁים]
   from the heroes
   d'entre les preux
  Rem.: See above, 23.8, Remarks 1 and 2.
  Rem.: Voir ci-dessus, 23.8, Remarques 1 et 2.
  Transl.: from the heroes
  Trad.:   d'entre les preux

23.13

A וחית פלשתים
  and a band of Philistines
  et une bande de Philistins
    RSV : when a band of Philistines
    NEB : while a band of Philistines
    J   : tandis qu'une compagnie de Philistins
    L   : und das Lager der Philister
  Rem.: חַיָּה, in this context, refers to a band, or
   army. In V.11 "לחיה, to Lehi" is a proper name
   with accusative of direction. See also 1 Chron
   11.13,16.
  Rem.: Dans ce contexte, חַיָּה signifie une bande,
   une armée. Dans le V.11, "לחיה, à Lehi" est un
   nom-propre, avec accusatif de direction. Voir
   aussi 1 Ch 11.13,16.
  Transl.: and a band of Philistines
  Trad.:   et une bande de Philistins

23.18

הַשְּׁלֹשָׁה = Qere
   of the three
   des trois
   Fac.: 5
C השלשי = Ketiv [= הַשְּׁלִשִׁי]
   of the heroes
   des preux
השלשים
   of the thirty
   des trente
     RSV*: of the thirty
     NEB*: of the thirty
     J* : des Trente
     L   : der Dreissig
   Fac.: 5
   Rem.: הַשְּׁלִשִׁי may be interpreted as a defective form
     of "הַשָּׁלִשִׁים, the heroes".See above, 23.8, Remarks.
   Rem.: On peut interpréter הַשְּׁלִשִׁי comme une forme
     défective de "הַשָּׁלִשִׁים, les preux". Voir ci-dessus,
     23.8, Remarques.
   Transl.: of the heros
   Trad.:   des preux

23.18

B בַּשְּׁלֹשָׁה
     among the three / with the three
     parmi les trois / avec les trois
       RSV : beside the three
   [בשלשים]
     among the thirty
     parmi les trente
       NEB*: among the thirty
       J* : parmi les Trente
       L   : unter den Dreissig
   Fac.: 5,1
   Rem.: See above, 23.8, Remark 3.
   Rem.: Voir ci-dessus, 23.8, Remarque 3.
   Transl.: among the three / with the three
   Trad.:   parmi les trois / avec les trois

23.19

מן-השלשה
  from the three
  des trois
  Fac.: 5
D[מן-הַשְּׁלִשִׁים]
  from the thirty
  des trente
    RSV*: of the thirty
    NEB*: of the thirty
    J* : que les Trente
    L   : unter den Dreissig
  Rem.: See above, 23.8, Remark 3.
  Rem.: Voir ci-dessus, 23.8, Remarque 3.
  Transl.: of the thirty
  Trad.:   des trente

23.20

A בן-איש-חי = Qere   בן-איש-חיל
  the son of a mighty man
  le fils d'un homme brave
 [איש-חיל]
  a mighty man
  un brave
    RSV*: a valiant man
    NEB : a hero
    J* : un brave
    L   : ein streitbarer Mann
  Fac.: 4,5
  Rem.: "בן-איש, the son of a man" is probably a
  conflation of two readings, but this conflation
  is already found in the earliest attested text.
  Rem.: "בן-איש, fils d'un homme" est probablement
  un amalgame de deux leçons concurrentes, mais on
  trouve cette leçon combinée déjà dans le texte
  attesté le plus ancien.
  Transl.: the son of a mighty man
  Trad.:   le fils d'un homme brave

23.21

 איש = Qere
  a man
  un homme
    RSV : a (handsome) man
    NEB : a man
    J* : de grande taille (voir note de la le éd.:
        "homme" est sous-entendu dans cette trad.)

```
        L   : einen (ägyptischen) Mann
    Fac.: 4
C  אשר  = Ketiv
      who
      qui
    Transl.: See following case
    Trad.:   Voir cas suivant
```

23.21

```
A מראה
      of appearance
      d'apparence
        RSV : handsome
        NEB : of striking appearance
   מדה
      height
      taille
        J*  : de (grande) taille
        L   : einen Riesen
    Fac.: 4,12
    Rem.: The expression אשר מראה may be translated
      as follows : "who <was> of <good> appearance".
    Rem.: On peut traduire l'expression אשר מראה comme
      suit : "qui <était> de <bonne> mine".
    Transl.: See Remark
    Trad.:   Voir Remarque
```

23.22

```
B בַּשְׁלֹשָׁה
      among the three / with the three
      parmi les trois / avec les trois
        RSV : beside the three
   [בשלשים]
      among the thirty
      parmi les trente
        NEB*: among the thirty
        J*  : parmi les Trente
        L   : unter den dreissig (Helden)
    Fac.: 5,1
    Rem.: See above, 23.8, Remark 3.
    Rem.: Voir ci-dessus, 23.8, Remarque 3.
    Transl.: among the three / with the three
    Trad.:   parmi les trois / avec les trois
```

23.23

D מִן-הַשְּׁלֹשִׁים
   from the thirty
   des trente
     RSV : among the thirty
     NEB : of the thirty
     J   : que les Trente
     L   : unter den Dreissig
  מִן-הַשָּׁלְשָׁים] = מן-השלשים
   from the heros
   des preux
  Rem.: See above, 23.8, Remarks.
  Rem.: Voir ci-dessus, 23.8, Remarques.
  Transl.: among the thirty
  Trad.:   des trente

23.24

B בַּשְּׁלֹשִׁים
   among the thirty
   parmi les trente
     RSV : one of the thirty
     NEB : one of the thirty
     J   : (faisait partie) des Trente
     L   : unter den Dreissig
  בשלשים   [= בַּשָּׁלְשָׁים]
   among the heros
   parmi les preux
  Rem.: See above, 23.8, Remarks.
  Rem.: Voir ci-dessus , 23.8, Remarques.
  Transl.: among the thirty
  Trad.:   parmi les trente

23.27

  מבני
   Mebunnai
   Mebunnaï
     RSV : Mebunnai
     NEB : Mebunnai
  Fac.: 12,9
  סבכי
   Sibbecai
   Sibbekaï
     J   : (1e*, 2e*, 3e éd.) Sibbekai
     L   : Sibbechai
  Fac.: 5

C[סַבְנִי]
   Šabeni
   Sabeni
  Rem.: See also 1 Chron 11.29.
  Rem.: Voir aussi 1 Ch 11.29.
  Transl.: Sabeni
  Trad.:   Sabeni

23.32

בני ישן
   the sons of Jashen
   les fils de Yashen
     RSV : the sons of Jashen
  Fac.: 11
B[ישן]
   Jashen
   Yashen
     J : (1e*, 2e*, 3e éd.) Yashĕn
     L : Jaschen
 [והשם]
   and Hashem
   et Hashem
     NEB*: and Hashem
  Fac.: 14
  Transl.: See following case, Remarks
  Trad.:   Voir cas suivant, Remarques

23.32

ישן
   Jashen
   Yashen
     RSV : of Jashen
  Fac.: 12
D[ישן הגרני]
   Jashen the Gunite
   Yashen, le Gounite
     L : Jaschen, der Guniter
 [והשם הגזרני]
   and Hashem the Gizonite
   et Hashem le Gizŏnite
     NEB*: and Hashem the Gizonite
  Fac.: 14
 [ישן הגמזרני]
   Jashen the Gimzonite
   Yashen, le Gimzŏnite
     J : (1e*, 2e*, 3e éd.) Yashĕn, de Gimzo
  Fac.: 14

Rem.: 1. The Committee gave four distinct ratings
for these two cases in 23.32 : (i) the rating B
for the omission of "בני, sons of" (see preceding
case); (ii) the rating B for the proper name "ישן,
Jashen" (not indicated above); (iii) the rating B
for the insertion of an adjective denoting the
place of origin after ישי (see the present case,
not indicated);(iv) the rating D for "הגני, the
Gunite", indicated above, since the actual form
of this adjective is uncertain.
2. The reconstructed phrase, ישן הגוני, may be
translated : "Jashen, the Gunite".
3. See 1 Chron 11.34 for other textual problems
in a parallel passage.
Rem.: 1. Le Comité a procédé à quatre votes pour ces
deux cas de 23.32 : (i) le vote B pour l'omission
de "בני, fils de" (voir cas précédent); (ii) le
vote B (qui n'est pas indiqué) pour le nom-propre
"ישן, Yashen"; (iii) le vote B (qui n'est pas
indiqué)pour l'insertion d'un adjectif désignant
le lieu d'origine après ישי (dans ce cas-ci);
(iv) le vote D pour "הגוני, the Gunite", indiqué
ci-dessus, la forme de cet adjectif étant assez
incertaine.
2. On pourrait donc traduire l'expression ainsi
restructurée : "Yashen, le Gounite".
3. Voir 1 Ch 11.34 pour d'autres problèmes textuels
dans un passage parallèle.
Transl.: See Remark 2
Trad.:   Voir Remarque 2

23.32-33

יהונתן : שמה
  Jonathan, Shammah
  Jonatân, Shamma
    RSV : Jonathan, Shammah
  Fac.: 12,9
D[יהונתן בן שמה]
  Jonathan, son of Shammah
  Jonatân, fils de Shamma
    NEB*: Jonathan son of Shammah
    J* : Yehonathan (le éd.) Yehonatân (2e, 3e éd.)
          fils de Shamma
    L   : und Jonathan, der Sohn des Schamma
  Transl.: Jonathan, son of Shammah
  Trad.:   Jonatân, fils de Shamma

24.2

שר-החיל B
  commander of the army
  chef de l'armée
[ואל-שרי החיל]
  and to the commanders of the army
  et aux chefs de l'armée
    RSV*: (to Joab) and the commanders of the army
    NEB*: and the officers of the army
    J* : et aux chefs de l'armée
    L   : und zu den Hauptleuten
  Fac.: 5,4
  Transl.: (to Joab,) commander of the army
  Trad.:   (à Joab,) chef de l'armée

24.5

ויחנו בערוער ימין העיר
  and they camped at Aroer, on the right of the city
  et ils campèrent à Aroër, à droite de la ville
  Fac.: 12
B[וַיַּחֲלוּ מערוער וּמָן העיר]
  and they began from Aroer and from the city
  et ils commencèrent par Aroër et la ville
    RSV*: (they...) and began from Aroer, and from
          the city
    NEB*: (they...) and began at Aroer and the level
          land (?)
    J* : (ils...) et commencèrent par Aroër et la
          ville
    L   : (sie...) und fingen an bei Aroër und bei
          der Stadt
  Transl.: and they began with Aroer and the city
  Trad.:   et ils commencèrent par Aroër et la ville

24.6

ואל-ארץ תחתים וחדשי
  and to the land of Tahtim-hodshi
  et au pays de Tahtim-hodshi
  Fac.: 12,9
C[ואל-ארץ הַחִתִּים קָדֵשׁ] = LXX
  and to the land of the Hittites, Kadesh
  et au pays des Hittites, Qadesh
    RSV*: and to Kadesh in the land of the Hittites
    NEB*: and to the land of the Hittites, to Kadesh
    J* : et au pays des Hittites, à Qadès (1e éd.)
          à Qadesh (2e, 3e éd.)

Note sur J 3e éd.: elle écrit "Hivvites",
mais suppose dans sa note la lecture
"Hittites".
  L   : und zum Land der Hethiter nach Kadesch
Rem.: The reconstruction of the Hebrew text accor-
  ding to the Septuagint proposed by NEB and J (2e
  éd.) differs slightly from that given here.
Rem.: La reconstitution du texte hébraïque selon la
  Septante en NEB et J (2e éd.) diffère légèrement
  de celle qui est donnée ici.
Transl.: and to the land of the Hittites, to Kadesh
Trad.:   et au pays des Hittites, à Qadesh

24.6

B דנה יען
    to Dan-jaan
    à Dân-Yaân
[דנה ומדן]
    to Dan and from Dan
    à Dân et de Dân
      RSV*: to Dan and from Dan
      J* : à Dan et de Dan
      L   : und (darauf) nach Dan, und von Dan
  Fac.: 14,9
[דנה עיון]
    to Dan, Iyyon
    à Dân, Iyyôn
      NEB*: to Dan and Iyyon
  Fac.: 14
  Transl.: to Dan-jaan
  Trad.:   à Dân-Yaân

24.6

B וסביב
    and round about
    et aux alentours
[סבבו]
    they turned about
    ils obliquèrent
      RSV*: they went around
      J* : ils obliquèrent
      L   : wandten sie sich ... zu
  Fac.: 4
[ויסבו]
    and they turned about
    et ils obliquèrent
      NEB*: (they came...) and so round

Fac.: 4
Transl.: and round about
Trad.:   et alentours

24.13

B שבע
   seven
   sept
   שלוש
   three
   trois
      RSV*: three
      NEB*: three
      J* : trois
      L   : drei
   Fac.: 5,4
   Transl.: seven
   Trad.:   sept

24.15

B ויתן יהוה
   and the LORD set
   et le SEIGNEUR mit
      RSV : so the LORD sent
      NEB : so the LORD sent
      L   : da liess der HERR ... kommen
[ויבחר לו דוד את הדבר והימים ימי קציר חטים ויתן יהוה]
   and David chose for himself the pestilence, and
   the days ⟨were⟩ the days of the wheat harvest, and
   the LORD set
   et David choisit pour lui la peste, et les jours
   ⟨furent⟩ les jours de la moisson des blés, et le
   SEIGNEUR mit
      J* : David choisit donc la peste. C'était le
            temps de la moisson des blés. Yahvé en-
            voya
   Fac.: 4,13
   Transl.: and the LORD set
   Trad.:   et le SEIGNEUR mit

24.17

   ואנכי העויתי
   and I, I have done wickedly
   et moi, j'ai fait le mal
      RSV : and I have done wickedly
      NEB : (it is I who have done wrong), the sin is
            mine (?)

```
   J   : c'est moi qui ai commis le mal
   L   : ich habe die Missetat getan
Fac.: 12
```
B וְאָנֹכִי הָרֹעֶה הֲרֵעֹתִי
```
   and I, the shepherd, have done evil
   et moi, le berger, j'ai fait du mal
Rem.: See also the parallel passage 1 Chron 21.17.
Rem.: Voir aussi le passage parallèle de 1 Chr 21.17.
Transl.: and I, the shepherd, have done evil
Trad.:   et moi, le berger, j'ai fait le mal
```

24.20

B עליו
```
   on him / toward him
   sur lui / vers lui
     RSV : toward him
     NEB : towards him
     L   : zu ihm
```
עליו וארונה דש חטים
```
   on him / toward him, and Arawnah was threshing
   wheat
   sur lui / vers lui, et Arawna battait le froment
     J*  : vers lui. - Arauna était en train de
           dépiquer le froment (1e, 2e éd.), de
           battre le froment (3e éd.) -
Fac.: 13,5
Transl.: toward him
Trad.:   vers lui
```

24.23

B נתן ארונה המלך למלך
```
   Arawnah the king gave to the king / Arawnah
   gives, O king, to the king
   Arawna le roi donna au roi / Arawna donne, ô roi !,
   au roi
     RSV : O king, Araunah gives to the king
```
[נתן ארונה למלך]
```
   Arawnah gave to the king
   Arawna donna au roi
     NEB*: Araunah gave (it all) to the king
     L   : (das alles) gibt Arawna dem König
  Fac.: 4
```
[נתן עבד אדני המלך למלך]
```
   the servant of the lord king gave to the king
   le serviteur du seigneur roi donna au roi
     J*  : le serviteur de Monseigneur le roi donne
           (tout) au roi
```

Fac.: 14
Transl.: O king, Arawnah gives to the king (lit.
Arawnah gives, O king, to the king)
Trad.:   O Roi, Arawna donne au roi (litt. Arawna
donne, O roi, au roi)

THE BOOKS OF KINGS

LES LIVRES DES ROIS

==================

J   =   La sainte Bible, traduite en français
sous la direction de l'Ecole Biblique
de Jérusalem, Les Livres des Rois,
le éd., Paris 1949; 2e éd., Paris 1958;
3e éd., Paris 1973 (en un volume).

L   =   Die Bibel oder die ganze Heilige Schrift
des Alten und Neuen Testaments nach der
Uebersetzung Martin Luthers, 3. Aufl.,
Stuttgart 1971.

NEB   =   The New English Bible, The Old Testament,
Oxford 1970.

RSV   =   The Holy Bible, Revised Standard Version,
New York 1952.

1.8

C ורעי והגבורים
    and Rei and the mighty men
    et Reï et les preux
        RSV : and Rei, and (David's) mighty men
        NEB : Rei, and (David's) bodyguard of heroes
        J   : (3e éd.) et Reï, ni les preux
        L   : und Reï und die Helden
[ורעיו הגבורים]
    and his companions, the mighty men
    et ses compagnons, les preux
        J* : (1e, 2e éd.) et ses compagnons, les preux
  Fac.: 1,12
  Transl.: and Rei and the mighty men
  Trad.:   et Reï et les preux

1.18

  ועתה (2°)
    and now
    et maintenant
        RSV : although (you...) (?)
        NEB : all (unknown) (?)
  Fac.: 5
C ואתה
    and you
    et toi
        J   : et toi
        L   : und du
  Rem.: See a similar case below at 1.20.
  Rem.: Voir ci-dessous en 1.20 un cas semblable.
  Transl.: and / but you
  Trad.:   et / mais toi

1.20

C ואתה
    and you
    et toi
        L   : du aber
  ועתה
    and now
    et maintenant
        RSV : and now
        NEB*: and now
        J   : pourtant
  Rem.: See immediately above, at 1.18.
  Rem.: Voir juste ci-dessus, en 1.18.

Fac.: 5,12
Transl.: and you
Trad.:   et toi

1.25

A ‏ולשרי הצבא‏
   and to the commanders of the army
   et aux chefs de l'armée
      J   : les officiers de l'armée
      L   : und die Hauptleute
[‏וליואב שר הצבא‏]
   and to Joab, commander of the army
   et à Joab, chef de l'armée
      RSV*: Joab the commander of the army
      NEB*: Joab the commander-in-chief
   Fac.: 5
   Transl.: and the commanders of the army
   Trad.:   et les chefs de l'armée

2.5

B ‏וישם‏
   and he put
   et il mit
      NEB : breaking (the peace by bloody acts of war)
[‏ויקם‏]
   and he avenged
   et il vengea
      RSV*: avenging
      J*   : il a vengé
      L   : er ... gerächt ... hat
   Fac.: 1,4,8
   Rem.: "‏בשלם‏", means here "in peace ⟨time⟩": "he shed the
      blood of war in peace ⟨time⟩".
   Rem.: "‏בשלם‏" signifie ici "en ⟨temps de⟩ paix" :
      "il répandit du sang de guerre en ⟨temps de⟩
      paix".
   Transl.: and he put
   Trad.:   et il mit

2.5

B ‏דמי מלחמה‏   (2⁰)
   blood of war
   le sang de guerre
      NEB : with that blood

[דמי נקי]
   innocent blood
   un sang innocent
     RSV*: innocent blood
     J   : d'un sang innocent
     L   : unschuldiges Blut
  Fac.: 1,4
  Transl.: blood of war
  Trad.:   du sang de guerre

2.5

B בחגרתו אשר   במתניו ובנעלו אשר ברגליו
   on his girdle which ⟨is⟩ on his loins, and on his
   sandal which ⟨is⟩ on his feet
   sur son ceinturon qui ⟨est⟩ à ses reins, et sur sa
   sandale qui ⟨est⟩ à ses pieds
     L   : an den Gürtel seiner Lenden und an die
          Schuhe seiner Füsse
[בחגרתי אשר במתני ובנעלי אשר ברגלי]
   on my girdle which ⟨is⟩ on my loins, and on my
   sandal which ⟨is⟩ on my feet
   sur mon ceinturon qui ⟨est⟩ à mes reins, et sur
   ma sandale qui ⟨est⟩ à mes pieds
     RSV*: upon the girdle about my loins, and upon
          the sandals on my feet
     NEB*: the belt about my waist and the sandals
          on my feet
     J* : le ceinturon de mes reins et la sandale
          de mes pieds
  Fac.: 1,5
  Transl.: on his belt about his loins, and on his
         sandals on his feet
  Trad.:   sur son ceinturon à ses reins, et sur ses
         sandales à ses pieds

2.13

A אם-שלמה
   Solomon's mother
   la mère de Salomon
     RSV : the mother of Solomon
     NEB : the mother of Solomon
     J   : (3e éd.) mère de Salomon
     L   : der Mutter Salomos
[אם-שלמה וישתחו לה]
   the mother of Solomon, and he prostrated himself
   before her
   la mère de Salomon, et il se prosterna devant elle

    J* : (1e, 2e éd.) mère de Salomon, et se pros-
          terna devant elle
Fac.: 9
Transl.: Solomon's mother
Trad.:   la mère de Salomon

2.19

A וישתחו לה
    and he prostrated himself before her
    et il se prosterna devant elle
      RSV : and bowed down to her
      J   : et se prosterna devant elle
      L   : und neigte sich vor ihr
 [וישקה]
    and he kissed her
    et il la baisa
      NEB*: and kissed her
  Fac.: 9
  Transl.: and he prostrated himself before her
  Trad.:   et il se prosterna devant elle

2.22

C ולו ולאביתר הכהן וליואב
    and for him and for Abiathar the priest and for
    Joab
    et pour lui et pour Abiathar le prêtre et pour
    Joab
 [ולו אביתר הכהן ולו יואב]
    and for him ⟨is⟩ Abiathar the priest, and for
    him ⟨is⟩ Joab
    et pour lui ⟨est⟩ Abiathar le prêtre, et pour lui
    ⟨est⟩ Joab
      RSV*: and on his side are Abiathar the priest
            and Joab
      NEB : and has both Abiathar the priest and
            Joab ... on his side
      J* : et il a pour lui le prêtre Abiathar
            (1e éd.) Ebyatar (2e, 3e éd.) et Joab
      L   : und zu ihm hält der Priester Abjathar und
            Joab
  Fac.: 4
  Rem.: These expressions in the dative case
    "...ולו ולאביתר הכהן וליואב, and for him and for
    Abiathar the priest and for Joab..." depend upon
    the verb "ושאלי-לו, and ask (i.e. intercede) for
    him", within the same V.   Therefore, the
    meaning of this part of the V. as a whole would

be : "and ask for him the kingdom since he is my
elder brother and ⟨asking⟩ for him ⟨ask as well⟩
for Abiathar the priest and for Joab..."
Rem.: Ces expressions au datif "ולאביתר הכהן
 וליואב..." et pour lui et pour Abyatar le prêtre
et pour Joab" dépendent du verbe précédent "ושאלי-לו,
et demande pour lui". C'est pourquoi le sens de
toute cette partie du V. est le suivant : "et
demande pour lui la royauté puisqu'il est mon
frère aîné, et ⟨demandant⟩ pour lui ⟨demande aussi
bien⟩ pour Abyatar le prêtre et pour Joab...".
Transl.: See Remark
Trad.:   Voir Remarque

2.29

וישלח שלמה
    and Solomon sent
    et Salomon envoya
      RSV : Solomon sent
      NEB*: (text) (When Solomon...) he sent
      L   : da sandte Salomo
Fac.: 10
B[וישלח שלמה אל יואב לאמר מה היה לך כי נסח
אל המזבח ויאמר יואב כי יראתי מפניך ואנוס
אל יהוה וישלח שלמה]
    and Solomon sent to Joab, saying, 'what was ⟨the
    matter⟩ with you that you fled to the altar ?',
    and Joab said, 'because I was afraid of you, I
    fled unto the LORD', and Solomon sent
    et Salomon envoya dire à Joab, 'qu'est-ce qui est
    arrivé à toi, que tu t'es réfugié à l'autel ?',
    et Joab dit, 'parce que j'ai eu peur de toi, je
    me suis réfugié auprès du SEIGNEUR', et Salomon
    envoya
      NEB*: (note) he sent to Joab, saying, 'What has
            come upon you that you fled to the altar ?'
            And Joab said, 'I was afraid of you; so
            I fled to the LORD.' So King Solomon
            sent...
      J* : alors Salomon envoya dire à Joab : "Qu'est-
            ce qui t'a pris de fuir à l'autel ?" Joab
            répondit : "J'ai eu peur de toi et je me
            suis réfugié près de Yahvé." Alors Salo-
            mon envoya
Transl.: See above
Trad.:   Voir ci-dessus

2.31

A והסירת
   and you shall take away
   et tu ôteras
      RSV : and thus take away
      NEB : and so rid   (me)
      L   : damit du ... von (mir) tust
[והסירת היום]
   and you shall take away today
   et tu ôteras aujourd'hui
      J   : (1e*, 2e*, 3e éd.) ainsi tu ôteras au-
            jourd'hui
 Fac.: 1,4
 Transl.: and you shall take away
 Trad.:   et tu ôteras

3.13

B כל-ימיך
   all your days
   tous tes jours
      RSV : all your days
      NEB : of your time
      L   : zu deinen Zeiten
 [Lacking.Manque] = J*
 Fac.: 1,4,8
 Transl.: all your days / your life long
 Trad.:   tous tes jours / toute ta vie

4.5

B כהן
   priest
   prêtre
      RSV : was priest
 [Lacking.Manque] = NEB*, J*, L
 Fac.: 1,7,9
 Transl.: priest
 Trad.:   prêtre

4.6

B על-הבית
    over the house
    sur la maison
      RSV : in charge of the palace
      NEB : comptroller of the household
      L   : Hofmeister
 [על-הבית ואליאב בן יואב על הצבא]
    over the house, and Eliab, son of Joab, over the
    army
    sur la maison, et Eliab, fils de Joab, sur l'ar-
    mée
      J*   : maître du palais. Eliab fils de Joab, chef
            de l'armée
  Fac.: 4,7
  Transl.: in charge of the house
  Trad.:   ⟨préposé⟩ à la maison

4.9

B וְאֵילוֹן בית חנן
    and Elon-beth-hanan
    et Elôn-Beth-Hanân
      RSV : and Elon-beth-hanan
 וְאֵילוֹן ובית חנן
    and Elon and Beth-hanan
    et Elôn et Beth-Hanân
      NEB*: Elon and Beth-hanan
      L   : und in Elon und Beth-Hanan
  Fac.: 9,12
 [וְאַיָּלוֹן ובית חנן =] ואילון ובית חנן
    and Ajjalon and Beth-hanan
    et Ayyalôn et Beth-Hanân
      J* : (3e éd.) Ayyalôn, Bet-Hanân
  Fac.: 14
 [וְאַיָּלוֹן עד בית חנן]
    and Ajjalon as far as Beth-hanan
    et Ayyalôn jusqu'à Beth-Hanân
      J*   : (1e, 2e éd.) Ayyalon jusqu'à Beth Hanan
            (1e éd.), Ayyalôn jusqu'à Bet-Hanân (2e
            éd.)
  Fac.: 5,14
  Transl.: and Elon-beth-hanan
  Trad.:   et Elôn-Beth-Hanân

5.6 (4.26)

ארבעים אלף B
  forty thousand
  quarante mille
    RSV : forty thousand
    NEB : forty thousand
[ארבעת אלפים]
  four thousand
  quatre mille
    J* : quatre mille
    L   : viertausend
Fac.: 5
Rem.: See the different number in the parallel
  passage at 2 Chron 9.25. The difference of the
  two passages should be maintained.
Rem.: Voir le chiffre différent en 2 Ch 9.25. La
  différence textuelle des deux passages ne devrait
  pas être supprimée.
Transl.: forty thousand
Trad.: quarante mille

5.14 (4.34)

מאת כל-מלכי הארץ B
  from all the kings of the earth
  de tous les rois de la terre
    RSV : and from all the kings of the earth
    L   : und von allen Königen auf Erden
[ויקח מנחה מאת כל-מלכי הארץ]
  and he took gifts from all the kings of the earth
  et il reçut un tribut de tous les rois de la terre
    NEB*: and from all the kings of the earth ...
          he received gifts
    J* : et il reçut un tribut de tous les rois de
          la terre
Fac.: 4,5
Rem.: The two expressions, מכל in V. 14a and מאת כל
  in V.14b, do not have quite the same meaning.
  This difference in meaning may be rendered as
  follows : "and there came ⟨representatives⟩ from
  all the peoples to hear the wisdom of Solomon,
  ⟨they came⟩ on behalf of all the kings of the
  earth who had heard of his wisdom".
Rem.: Les deux expressions, מכל en V. 14a et מאת כל
  en V. 14b, n'ont pas exactement le même sens.
  Cette différence de sens pourrait être rendue
  comme suit : "et il venait ⟨des représentants⟩
  de tous les peuples pour entendre la sagesse de

Salomon, ⟨ils venaient⟩ de la part de tous les
rois de la terre qui avaient entendu parler
de sa sagesse".
Transl.: See Remark
Trad.:   Voir Remarque

5.25 (5.11)

ועשרים כר C
　and twenty cors
　et vingt kors
　　NEB : and twenty kor
[ועשרים אלף כר]
　and twenty thousand cors
　et vingt mille kors
　　RSV*: and twenty thousand cors
　Fac.: 4,5
[ועשרים אלף בת]
　and twenty thousand baths
　et vingt mille baths
　　J* : et vingt mille baths (1e éd.), mesures
　　　　　(2e, 3e éd.)
　　L   : und zwanzigtausend Eimer
　Fac.: 4,5
　Rem.: See the textual difference in the parallel
　　passage of 2 Chron 2.9. The harmonization of the
　　two text forms should be resisted.
　Rem.: Voir la différence du texte dans le passage
　　parallèle de 2 Ch 2.9. Il ne faut pas harmoniser
　　les deux formes textuelles.
　Transl.: and twenty cors
　Trad.:   et vingt kors

6.2

ושלשים B
　and thirty
　et trente
　　RSV : and thirty
　　NEB*: and ... thirty
　　L   : und dreissig
[וחמש ועשרים]
　and twenty-five
　et vingt-cinq
　　J* : et vingt-cinq
　Fac.: 1,9
　Transl.: and thirty
　Trad.:   et trente

6.8

B פתח הצלע התיכנה
     the entrance of the middle storey
     l'entrée de l'étage intermédiaire
[פתח הצלע התחחתנה]
     the entrance of the lower storey
     l'entrée de l'étage inférieur
       RSV*: the entrance for the lowest storey
       NEB*: the entrance to the lowest arcade
       J   : (1e*, 2e*, 3e éd.) l'entrée de l'étage
             inférieur
       L   : die Tür zum unteren Seitengemach
  Fac.: 4,9
  Rem.: These storeys seem to have been open arcades
    or galeries. Therefore it was necessary to speak,
    not about the entrance of the open ground-floor,
    but about the entrances of the first(or middle)
    and of the second(or highest)floor.
  Rem.: Ces étages semblent avoir été des arcades
    ou galeries ouvertes. Pour cette raison il fallut
    expliquer non pas l'accès aux arcades ouvertes
    du rez-de-chaussée, mais bien l'accès au premier
    étage (l'étage intermédiaire) et au deuxième
    (l'étage supérieur).
  Transl.: the entrance to the middle storey
  Trad.:   l'entrée de l'étage intermédiaire

6.15

D עד-קירות הספן
     to the walls of the ceiling
     jusqu'aux parois du plafond
[עד-קורות הספן]
     to the rafters of the ceiling
     jusqu'aux poutres du plafond
       RSV*: to the rafters of the ceiling
       NEB*: to rafters (?)
       J* : jusqu'aux poutres du plafond
       L   : bis an die Decke
  Fac.: 4,9
  Rem.: The variants, ancient and modern, are obvious-
    ly attempts to make the MT which is difficult,
    intelligible, for the precise meaning of this
    architectural term has been lost. Perhaps these
    "ceiling-walls" refer to the upper part of the
    walls. See also the following case.
  Rem.: Les variantes anciennes et modernes sont des
    essais évidents pour trouver un sens au TM qui

est difficile. Car nous ne connaissons plus la
portée exacte de cette terminologie architectu-
rale. Peut-être ces "parois du plafond" signi-
fient-elles la partie supérieure des parois.
Voir aussi le cas suivant.
Transl.: to the walls of the ceiling
Trad.:   jusqu'aux parois du plafond

6.16

עד-הקירות D
    to the walls
    jusqu'aux parois
[עד-הקורות]
    to the rafters
    jusqu'aux poutres
      RSV*: to the rafters
      NEB*: to rafters
      J* : jusqu'aux poutres
      L   : bis an die Decke (?)
    Fac.: 4,9
    Rem.: See preceding case, Remark
    Rem.: Voir le cas précédent, Remarque
    Transl.: to the walls (of the ceiling)
    Trad.:   jusqu'aux parois (du plafond

6.17

לפני C
    in front
    antérieur
[לפני הדביר]
    before the inner sanctuary
    devant le sanctuaire intérieur
      RSV : in front of the inner sanctuary
      NEB*: the sanctuary in front of this
      J* : devant le Debir
      L   : vor dem Chorraum
    Fac.: 1,4
    Rem.: There are two possible ways of interpreting
    לְפָנִי : (i) as an adverbial form, with the meaning
    "in front"; (ii) as the Ketiv for : לְפָנִים, with
    the adverbial meaning "in front".
    Rem.: Deux interprétations de   לְפָנִי sont possibles
    (i) comme adverbe, avec le sens "antérieur"; (ii)
    comme Ketiv pour : לְפָנִים, avec le sens adverbial
    "antérieur".
    Transl.: See Remark
    Trad.:   Voir Remarque

6.20

D ולפני הדביר
    and in front of the inner sanctuary
    et devant le sanctuaire intérieur
       L : und vor dem Chorraum
 [והדביר]
    and the inner sanctuary
    et le sanctuaire intérieur
      RSV*: the inner sanctuary
      NEB*: this inner shrine
      J*   : le Debir
  Fac.: 4
  Rem.: V. 20 may be translated as follows : "and
    in front of the inner sanctuary, ⟨whose⟩ twenty
    cubits' length, twenty cubits' width and twenty
    cubits' height he overlaid with pure gold, he
    overlaid ⟨with gold⟩ an altar of cedar".
  Rem.: On doit comprendre le V.20 comme suit : "et
    devant le sanctuaire intérieur, ⟨dont⟩ il revêtit
    la longueur de vingt coudées, la largeur de
    vingt coudées et la hauteur de vingt coudées d'or
    fin, il revêtit ⟨d'or⟩ un autel de cèdre".
  Transl.: See Remark
  Trad.:   Voir Remarque

6.34

  קלעים
    curtains
    des rideaux
  Fac.: 12
C[צְלָעִים]
    leaves (of the door)
    des vantaux
      RSV : leaves
      NEB : each leaf
      J   : (1e*, 2e*, 3e éd.) bandes
      L   : Flügel
  Transl.: leaves
  Trad.: vantaux

7.2

B ארבעה
   four
   quatre
     NEB : four
     J   : quatre
 [שלשה]
   three
   trois
     RSV*: three
     L   : drei
  Fac.: 1,5,4
  Transl.: four
  Trad.:   quatre

7.2

B וכרתות
   and beams
   et des madriers
     RSV : with ... beams
     NEB : were laid lengths
     J   : (3e éd.) et il y avait des madriers
     L   : von (Zedern) balken
 [וכתרות]
   and capitals
   et des chapiteaux
     J* : (1e, 2e éd.) et il y avait des chapiteaux
  Fac.: 4,12
  Rem.: "כְּרֻתֹת, beams" occurs only in 6.36, 7.12 and
    here.
  Rem.: "כְּרֻתֹת, des madriers" ne se trouve qu'en 6.36,
    7,12 et ici.
  Transl.: and beams
  Trad.:   et des madriers

7.5

B והמזוזות
   and the door-posts
   et les montants
     J   : et les montants
 [והמחזות]
   and the windows
   et les fenêtres
     RSV*: and windows
     NEB*: and the windows
     L   : und Fenster

Fac.: 1,5
Rem.: V.5a may be translated as follows : "and all
  the doors and jambs ⟨were⟩ rectangular in frame".
Rem.: Le V.5a peut se traduire ainsi : "et toutes
  les portes et les montants ⟨étaient⟩ à cadre
  rectangulaire".
Transl.: See Remark
Trad.:   Voir Remarque

7.9

B ומחוץ עד-החצר הגדולה
    and from outside to the great court
    et de l'extérieur jusqu'à la grande cour
       L : und von aussen bis zum grossen Hof
  [ומחצר בית יהוה עד החצר הגדולה]
    and from the court of the house of the LORD to
    the great court
    et de la cour de la maison du SEIGNEUR jusqu'à
    la grande cour
       RSV*: and from the court of the house of the
             LORD to the great court
  Fac.: 14
[ומחצר הבית עד החצר הגדלה]
    and from the court of the house to the great court
    et de la cour de la maison à la grande cour
       NEB*: and from the court of the house as far as
             the great court (see Rem.)
  Fac.: 14
[Lacking.Manque] = J*
  Fac.: 14
  Rem.: The Hebrew basis of NEB is either the text
    given by Brockington (identical with RSV's Hebrew
    basis) or the text given here, which results from
    the literal retranslation of NEB's English text
    into Hebrew.
  Rem.: La base hébraïque de NEB est ou bien le texte
    que donne Brockington (identique avec la base
    hébraïque de RSV) ou bien le texte indiqué ci-
    dessus et résultant d'une retraduction littérale
    du texte anglais de NEB en hébreu.
  Transl.: and from outside as far as the great court /
           and on the outer side as far as the great
           court
  Trad.:   et de l'extérieur jusqu'à la grande cour /
            et du côté extérieur jusqu'à la grande
            cour

7.12

A כרתת
   beams
   des madriers
     RSV : beams
     NEB : lengths
     J   : de madriers
     L   : (Zedern)balken
  Rem.: See above, 7.2 (2°) Remark.
  Rem.: Voir ci-dessus, 7.2 (2°) Remarque.
  Transl.: beams
  Trad.:   des madriers

7.15

B וחוט ... יסב את-העמוד השני
   and a line ... encompassed the second pillar
   et un fil ... entoura la seconde colonne
[וחוט...יסב אתו ועביו ארבע אצבעות נבוב וכן העמוד השני]
   and a line ... encompassed it and its thickness
   ⟨was⟩ four fingers, ⟨it was⟩ hollow, and thus ⟨was⟩
   the second pillar
   et un fil ... l'entoura, et son épaisseur ⟨était⟩
   de quatre doigts, ⟨elle était⟩ creuse, et ainsi
   ⟨fut⟩ la deuxième colonne
     RSV*: and a line ... measured its circumference;
           it was hollow, and its thickness was four
           fingers; the second pillar was the same
     NEB*: it took a cord ... to go round it; it was
           hollow, and the metal was four fingers
           thick. The second pillar was the same
  Fac.: 5,13,14
[וחוט ... יסב אתו וכן העמוד השני]
   and a line ... encompassed it, and thus ⟨was⟩
   the second pillar
   et un fil ... l'entoura, et ainsi ⟨fut⟩ la
   deuxième colonne
     J   : et un fil ... en mesurait le tour; de même
         la seconde colonne
     L   : und eine Schnur ... war das Mass um jede
         Säule herum (?)
  Fac.: 4,5
  Rem.: 1. Translators who use notes may quote the
  parallel passage of Jer 52.21 in its specific
  form in a note.
  2. The MT makes use of a typical elliptic figure of
  speech:when speaking of the <u>first</u> column and its
  <u>height</u>, it is understood that the same applies to

the second column too; when speaking, then, of the
second column and its circumference, it is understood again that the same applies to the first
column also. Therefore, V.15b might be translated
thus : "eighteen cubits was the height of one ⟨of
those two⟩ columns, and a line of twelve cubits
measured the circumference of the other ⟨of those
two columns⟩" (i.e. of each column).
3. The Septuagint reading : "and a line ... measured it, and the thickness of the column ⟨was⟩
four fingers, ⟨it was⟩ hollow, and thus ⟨was⟩ the
second column" is partially expanded from Jer 52.21.
4. The translations of RSV and NEB are conjectural
inasmuch as they do not follow the Septuagint of
7.15 in every detail.
Rem.: 1. Les traducteurs qui utilisent des notes
peuvent ajouter en note le passage parallèle de
Jr 52.21 en sa forme spécifique.
2. Le TM emploie une figure de style typique, une
ellipse. En effet, en parlant de la première colonne et de sa hauteur, la proposition suppose
sans autre que la même chose vaut aussi pour la
seconde colonne, et en parlant de la deuxième colonne et de son épaisseur, elle entend appliquer
la même chose à la première colonne également.
Le V.15b se traduirait donc ainsi : "dix-huit
coudées était la hauteur de l'une ⟨de ces deux⟩
colonnes, et un fil de douze coudées mesurait
l'épaisseur de l'autre ⟨de ces deux colonnes⟩"
(c'est-à-dire de chacune des deux colonnes).
3. La leçon de la Septante : "et un fil ... la
mesura, et l'épaisseur de la colonne fut de
quatre doigts, ⟨elle était⟩ creuse, et ainsi ⟨fut⟩
la deuxième colonne" est complétée par des éléments
qui viennent de Jr 52.21.
4. Les traductions de RSV et NEB sont des conjectures dans la mesure où elles ne suivent pas
la Septante de 7.15 dans tous les détails.
Transl.: See Remarks 1, 2 and 3
Trad.:   Voir Remarques 1, 2 et 3

7.17

B שבעה...ושבעה
   seven ... and seven
   sept ... et sept
    L : (an jedem...) sieben

[שבכה ... ושבכה]
  a net ... and a net
  un filet ... et un filet
    RSV*: a net ... and a net
    NEB*: a band of network (for each)
    J* : un treillis ... et un treillis
 Fac.: 5
 Transl.: seven ... and seven
 Trad.:   sept ... et sept

7.18

את-העמודים C
  the pillars
  les colonnes
את-הרמנים
  the pomegranates
  les grenades
    RSV*: pomegranates
    NEB*: pomegranates
    J* : les grenades
    L   : Granatäpfel
 Fac.: 4,5
 Transl.: the pillars
 Trad.: les colonnes

7.18

הרמנים
  of the pomegranates
  des grenades
 Fac.: 12
העמודים C
  of the pillars
  des colonnes
    RSV : of the pillar
 [Lacking.Manque] = NEB*, J*, L
 Fac.: 4
 Rem.: The MT is corrupt, but the 53 MSS which replace
  "הרמנים, of the pomegranates" by "העמודים, of the
  pillars", may have done so by conjecture.
 Rem.: Le TM est corrompu, mais il se peut que les
  53 MSS qui ont remplacé "הרמנים, des grenades"
  par "העמודים, des colonnes", l'aient fait par
  conjecture.
 Transl.: of the pillars
 Trad.: des colonnes

7.24

A עשר באמה
    ten per cubit
    dix par coudée
      L   : je zehn auf eine Elle
  [שלשים באמה]
    thirty per cubit
    trente par coudée
      RSV*: for thirty cubits
      NEB*: the thirty cubits
      J* : sur trente coudées
  Fac.: 14
  Transl.: ten per cubit
  Trad.:   dix par coudée

8.9

A בחרב אשר כרת יהוה
    at Horeb, which the LORD had cut (a covenant)
    à Horeb, que le SEIGNEUR avait coupé (une alliance)
      RSV : at Horeb, where the LORD made a covenant
  [בחרב לחות הברית אשר כרת יהוה]
    at Horeb, the tablets of the covenant which the
    LORD made
    à Horeb, les tables de l'alliance que le SEIGNEUR
    conclut
      NEB*: at Horeb, the tablets of the covenant
            which the LORD made
      J* : à l'Horeb, les tables de l'alliance que
            Yahvé avait conclue
      L   : am Horeb, die Tafeln des Bundes, den der
            HERR ... schloss
  Fac.: 14
  Rem.: 1. The meaning of אשר (2°) in this relative
  clause is : "by which". The phrase may therefore
  be translated : "there was nothing in the ark
  except the two tablets of stone, which Moses
  placed there at Horeb, by which the LORD made
  ⟨a covenant⟩ with the Israelites...".
  2. See also the same expression in the parallel
  passage of 2 Chron 5.10.
  Rem.: 1. Le sens de אשר (2°) dans cette phrase relative est "par quoi". On pourrait donc traduire
  la phrase comme suit : "il n'y avait dans l'arche
  rien d'autre que les deux tables de pierre que
  Moïse y avait déposées à l'Horeb, par lesquelles
  le SEIGNEUR avait conclu ⟨une alliance⟩ avec les
  Israélites…".

2. Voir aussi la même expression dans le passage
parallèle en 2 Ch 5.10.
Transl.: See Remark 1
Trad.:   Voir Remarque 1

8.12

C יהוה אמר
    the LORD has said
    le SEIGNEUR a dit
        J   : Yahvé a décidé
[שמש הכין בשמים יהוה אמר]
    the LORD has established the sun in the heavens,
    he has said
    le SEIGNEUR a établi le soleil dans les cieux,
    il a dit
        RSV*: the LORD has set the sun in the heavens,
              but has said
        NEB*: O LORD who hast set the sun in heaven, but
              hast chosen
        L   : die Sonne hat der HERR an den Himmel ge-
              stellt; er hat aber gesagt
Fac.: 13
Rem.: 1. The rendering of this verse by the Septuagint is placed after V.53 in a fuller form.
2. Translators who use notes might indicate this
in a note as follows : "For this verse, the
Septuagint reads after V.53 : 'the LORD has
established the sun in the heavens, ⟨but⟩ he has
said...'."
3. The MT may be the abreviation of an originally
fuller form, but that form is not given us by the
Septuagint. For the Septuagint text surely is a
secondary development.
Rem.: 1. La traduction de ce verset par la Septante
se trouve après le V.53 sous une forme amplifiée.
2. Les traducteurs qui se servent de notes pourraient indiquer ceci en note : "La Septante place
le texte de ce V. après le V.53 sous une forme
différente : 'le SEIGNEUR a établi le soleil dans
les cieux, ⟨mais⟩ il a dit...'."
3. Il est possible que le TM soit l'abrégé d'une
forme plus développée primitivement, mais ce n'é-
tait pas la forme présentée par la Septante. Car
celle-ci est sûrement secondaire.
Transl.: the LORD has said
Trad.:   le SEIGNEUR a dit

8.27

A אלהים
    God
    Dieu
      RSV : God
      NEB : God
      L   : Gott
 [אלהים את-האדם]
    God with man
    Dieu avec l'homme
      J* : Dieu ... avec les hommes
 Fac.: 5
 Transl.: God
 Trad.:   Dieu

8.36

C עבדיך
    of your servants
    de tes serviteurs
      RSV : of thy servants
      L   : deiner Knechte
 [עבדך]
    of your servant
    de ton serviteur
      NEB*: thy servant (transposed into V.35)
      J : (1e*, 2e*, 3e éd.) de ton serviteur
 Fac.: 5
 Rem.: See the same textual difficulty in the paral-
   lel passage of 2 Chron 6.27.
 Rem.: Voir la même difficulté textuelle dans le pas-
   sage parallèle de 2 Chr 6.27.
 Transl.: of your servants
 Trad.:   de tes serviteurs

8.37

C בארץ שעריו
    in the land of his gates
    dans le pays de ses portes
      L   : im Lande seine Städte
 [באחד שעריו]
    in one of his gates
    dans une de ses portes
      RSV*: in any of their cities
      NEB*: in any of their cities
      J* : l'une de ses portes
 Fac.: 4

Rem.: 1. The MT is an inverted construct state.
The meaning of the expression is "the gates of
his land", i.e. "the region of its borderlands".
2. See the same expression in the parallel passage of 2 Chron 6.28.
Rem.: 1. Il s'agit d'un état construit inversé. Le
sens de l'expression est "les portes de son pays",
c'est-à-dire "la région de ses marches".
2. Voir la même expression dans le passage parallèle de 2 Chr 6.28.
Transl.: See Remark 1
Trad.:   Voir Remarque 1

8.65

ושבעת ימים ארבעה עשר יום B
and seven days, fourteen days
et sept jours, quatorze jours
   L   : und noch sieben Tage, das waren vier-
        zehn Tage
[Lacking. Manque] = RSV*, NEB*. J*
Fac.: 4,9
Transl.: and seven days, fourteen days
Trad.:   et sept jours, quatorze jours

9.8

והבית הזה יהיה עליון
and this house shall be high
et cette maison sera haute
Fac.: 7
[והבית הזה העליון]
and this sublime house
et cette maison sublime
   J* : ce Temple sublime
Fac.: 7,4
[והבית הזה יהיה לעיין]C
and this house shall become a ruin
et cette maison deviendra une ruine
   RSV*: and this house will become a heap of
       ruins
   NEB*: and this house will become a ruin
   L : und dies Haus wird eingerissen werden
Rem.: The MT has been altered by a correction of
the scribes (called : tiqqun soferim). In the
parallel passage of 2 Chron 7.21, the MT, which
may well be the original text there, already
presupposes an interpretation of 1 Kings 9.8 in
harmony with this emendation of the scribes.

Rem.: Le TM a subi une altération délibérée par
une correction des scribes (appelée tiqqûn
soferîm). Dans le passage parallèle de 2 Ch 7.21,
le TM, qui peut bien représenter le texte original
là, présuppose déjà une interprétation de 1 R 9.8
en conformité avec cette correction des scribes.
Transl.: and this house will become a ruin
Trad.:   et cette maison deviendra une ruine

10.1

לשם יהוה B
    to the name of the LORD
    au nom du SEIGNEUR
      RSV : concerning the name of the LORD
  [Lacking.Manque] = NEB*, J*, L
  Fac.: 4,1
  Rem.: The expression "לשם יהוה" in this context
    may be translated as follows : "now when the
    queen of Sheba heard of the renown of Solomon to
    the glory of the LORD...".
  Rem.: On peut comprendre l'expression "לשם יהוה"
    dans ce contexte ainsi : "or la reine de Saba
    entendait publier la renommée de Salomon à la
    gloire du Seigneur..."
  Transl.: See Remark
  Trad.:   Voir Remarque

10.8

אנשיך
    your men
    tes hommes
      L   : deine Männer
  Fac.: 7
C[נשיך]
    your wives
    tes femmes
      RSV*: your wives
      NEB*: your wives
      J* : tes femmes
  Rem.: The MT has been changed by another emendation
    of the scribes who wanted to cancel the mention
    of Solomon's badly reputed women. But in the pa-
    rallel passage of 2 Chr 9.7 the MT seems to be
    original and reflects, therefore, the same ten-
    dency which led the scribes to the correction of
    the original text in 1 Kings 10.8.

Rem.: Le TM a été modifié par une autre correction
de scribes qui voulaient supprimer la mention des
femmes de Salomon à cause de leur si mauvaise
réputation. Par contre, dans le passage parallèle
de 2 Ch 9.7, le TM semble être original. Il reflète donc la même tendance qui a conduit les
scribes à corriger le texte original en 1 R 10.8.
Transl.: your wives
Trad.:   tes femmes

10.15

לבד מאנשי התרים C
    apart from the men of the merchants
    sans compter les hommes des marchands
        RSV : besides that which (came) from the traders
        L   : ausser dem, was von den Händlern (...kam)
[לבד מענשי התרים]
    apart from the tolls of the merchants
    sans compter les redevances des marchands
        NEB*: in addition to the tolls levied by the
              customs officers
        J* : sans compter ce qui venait des redevances
              des marchands
    Fac.: 3,4
    Rem.: See the parallel passage in 2 Chron 10.15
    where the text of the MT is the same.
    Rem.: Voir le passage parallèle en 2 Ch 10.15 où
    le texte dans le TM est identique.
    Transl.: apart from ⟨that which came from⟩ the
             agents (lit.men) of the ⟨great⟩ merchants
    Trad.:   sans compter ⟨ce qui venait des⟩ agents
             (litt. hommes) des ⟨grands⟩ marchands

10.16

מאתים A
    two hundred
    deux cents
        RSV : two hundred
        NEB : two hundred
        J   : (3e éd.) deux cents
        L   : zweihundert
[שלש מאות]
    three hundred
    trois cents
        J* : (1e, 2e éd.) trois cents
    Fac.: 5

Transl.: two hundred
Trad.:   deux cents

10.28

A ממצרים
   from Egypt
   d'Egypte
     RSV : from Egypt
     NEB : from Egypt
     L   : aus Aegypten
[ממצור]
   from Muzur
   de Muçur
     J* : (3e éd.) de Muçur
 Fac.: 14
[Lacking.Manque] = J* (1e, 2e éd.)
 Fac.: 14
 Rem.: See the next case with its Remarks.
 Rem.: Voir le cas suivant avec ses Remarques.
 Transl.: See the next case
 Trad.:   Voir au cas suivant

10.28

B וּמִקְוֵה ... מִקְוֵה
   and a reservoir ... a reservoir / and from Kueh
   ... from Kueh
   et un rassemblement ... un rassemblement / et de
   Quwé ... de Quwé
     RSV : from ... and Kue ... from Kue
     NEB : from ... and Coa ... from Coa
     J* : et de Cilicie ... de Cilicie
     L   : und aus Koë ... aus Koë
 Rem.: 1. The first name, "מצרים" usually means "E-
gypt" in the Old Testament. The name may designate
here a region in upper Mesopotamia. Translators
who use notes may either transliterate the name
by "Mizrajim", in order to avoid   confusion
with Egypt, saying in a note that this country
is to be sought in northern Mesopotamia, or translate as everywhere else by "Egypt" explaining that
this Egypt is distinct from the land of the Nile
and must be located in the upper part of Mesopotamia. The same observation applies also to the
land "מצרים, Mizrajim" or "Egypt" of 2 Chron 1.16
and 9.28.
2. The second name "מקוה" has been misunderstood

by some old exegetical traditions, which took it
as a common noun meaning "from a pool or collection",
instead of understanding it as a place name. The
translation of the word as a place name, therefore,
does not imply a textual change, but a certain
understanding of the MT. (J's suggestion of such a
textual change is quite unnecessary.) This country
may possibly be Cilicia.
3. The same judgments and remarks hold good for
the parallel passage in 2 Chron 1.16.

Rem.: 1. Dans l'Ancien Testament, le premier nom
"מצרים" signifie d'ordinaire l'Egypte. Il paraît
désigner ici une région dans la haute Mésopotamie.
Les traducteurs qui utilisent des notes peuvent
ou bien transcrire le nom par "Miçrayîm" pour
écarter la confusion avec l'Egypte en indiquant
qu'il s'agit vraisemblablement d'un pays dans le
nord de la Mésopotamie, ou bien traduire comme
partout ailleurs par "Egypte" en précisant que ce
n'est pas le pays du Nil, mais une autre région
sise en Haute-Mésopotamie. La même observation
vaut également pour le pays "מצרים" en 2 Ch 1.16
et 9.28.
2. Le deuxième nom "מקוה" a été mal interprété
par certaines traditions exégétiques anciennes.
Celles-ci, en effet, le prenaient comme nom commun signifiant "d'un réservoir ou rassemblement"
au lieu de le comprendre comme nom de lieu.
Lorsqu'on traduit donc cette expression par un nom
de lieu, on ne change pas le TM, mais on en donne
une certaine interprétation. (C'est pourquoi la
suggestion de J de présupposer un autre texte
comme base de sa traduction n'est pas nécessaire.)
Il s'agit peut-être de la Cilicie.
3. Les mêmes jugements et remarques valent pour le
passage parallèle de 2 Ch 1.16.

Transl.: See Remarks 1 and 2
Trad.:   Voir Remarques 1 et 2

11.7

B שקץ מואב
    the abomination of Moab
    l'abomination de Moab
      RSV : the abomination of Moab
      NEB : the loathsome god of Moab
      J   : (3e éd.) l'abomination de Moab
      L   : dem greulichen Götzen der Moabiter

[אלהי מואב]
  the god of Moab
  le dieu de Moab
    J* : (1e, 2e éd.) le dieu de Moab
 Fac.: 6,4
 Transl.: the filth of Moab
 Trad.:   la saleté de Moab

11.7

ולמלך B
  and to Molech
  et à Molek
    RSV : and for Molech
    NEB : and for Molech
    L   : und dem Moloch
[ולמלכם]
  and for Milcom
  et à Milkôm
    J* : et à Milkom
 Fac.: 5
 Rem.: See 2 Sam 12.30, Remarks, for textual problems
  with this same proper name.
 Rem.: Voir 2 S 12.30, Remarques, pour des problèmes
  textuels avec ce même nom propre.
 Transl.: and for Molech
 Trad.:   et à Molek

11.7

B שקץ בני עמון
  the abomination of the sons of Ammon
  l'abomination des fils d'Ammôn
    RSV : the abomination of the Ammonites
    NEB : the loathsome god of the Ammonites
    J : (3e éd.) l'abomination des Ammonites
    L : dem greulichen Götzen der Ammoniter
[אלהי בני עמון]
  the god of the sons of Ammon
  le dieu des fils d'Ammôn
    J* : (1e, 2e éd.) le dieu des Ammonites
 Fac.: 6,4
 Transl.: the abomination of the Ammonites
 Trad.:   l'abomination des Ammonites

11.24

בהרג דוד אתם B
    when David killed them
    quand David les tua
      RSV : after the slaughter by David
      J   : (c'est alors que David les massacra)
      L   : - als David die Aramäer schlug -
  [Lacking.Manque] = NEB*
  Fac.: 4
  Rem.: The incision "בהרג דוד אתם, after David killed
    them" gives the reason for his going to Damascus.
  Rem.: L'incise "בהרג דוד אתם, quand David les tua"
    donne la raison pourquoi il s'en alla à Damas.
  Transl.: See Remark
  Trad.:   Voir Remarque

11.25

ואת-הרעה אשר הדד B
    and the evil which Hadad ⟨did⟩
    et le mal que ⟨fit⟩ Hadad
      RSV : doing mischief as Hadad did
      L   : das kam zu dem Schaden, den Hadad tat
  [זאת הרעה אשר עשה הדד]
    this ⟨is⟩ the evil which Hadad did
    voici le mal que fit Hadad
      J* : voici le mal que fit Hadad
  Fac.: 4,6
  [זאת הרעה אֲשֶׁר הדד]
    this ⟨is⟩ the evil ⟨which⟩ Hadad caused
    voici le mal ⟨que⟩ Hadad causa
      NEB*: this is the harm that Hadad caused
  Fac.: 14
  Rem.: 1. The expression "ואת-הרעה, and the harm"
    should be understood as complementary : "in ad-
    dition to the harm".
    2. NEB and J read this phrase after V.22. The
    transposition is conjectural, in so far as the
    Septuagint reads V.25 after V.22 only because it
    has omitted VV.23-24. See the following two cases.
  Rem.: 1. On doit comprendre l'expression "ואת-הרעה,
    et le malheur" comme un complément : "en plus du
    malheur".
    2. NEB et J donnent cette phrase après le V.22.
    La transposition est une conjecture en ce sens
    que la Septante traduit le V.25 après le V.22
    pour la seule raison qu'elle omet les VV.23-24.
    Voir les deux cas suivants.

Transl.: in addition to the harm which Hadad ⟨did⟩
Trad.:   en plus du malheur que ⟨fit⟩ Hadad

11.25

ויקץ בישראל B
    and he abhorred Israel
    et il prit Israël en aversion
      RSV : and he abhorred Israel
      J* : il eut Israël en aversion
[וישב הדד לארצו ויקץ בישראל]
    and Hadad returned to his land and he abhorred
    Israel
    et Hadad rentra à son pays et il prit Israël en
    aversion
      L* : und Hadad kehrte in sein Land zurück und
            hatte einen Hass auf Israel
  Fac.: 13,1
[ויצק בישראל]
    and he oppressed Israel
    et il opprima Israël
      NEB*: he maintained a stranglehold on Israel
  Fac.: 12,1
  Rem.: In this and the following case, NEB*, J* and L*
    transpose their translations of these phrases to
    follow V.22. This transposition is conjectural in
    as much as the Septuagint reads V.25 after V.22
    only because it has omitted VV.23-24. See the
    preceding case also.
  Rem.: Dans ce cas, et dans le cas suivant, NEB*, J*
    et L* transposent leurs traductions de ces phrases
    après la fin du V.22. Ces transpositions sont des
    conjectures en ce sens que la Septante traduit le
    V.25 après le V.22 uniquement parce qu'elle a omis
    les VV.23-24. Voir le cas précédent.
  Transl.: and he abhorred Israel
  Trad.:   et il prit Israël en aversion

11.25

וימלך על-ארם B
    and he reigned over Aram
    et il régna sur Arâm
      RSV : and reigned over Syria
[וימלך על-אדם]
    and he reigned over Edom
    et il régna sur Edôm
      NEB*: and became king of Edom
      J* : et il régna sur Edom

L* : und wurde König über Edom
Fac.: 5,4
Rem.: See the two preceding cases with their Remark.
Rem.: Voir les deux cas précédents avec leur Re-
marque.
Transl.: and he reigned over Aram
Trad.:   et il régna sur Arâm

11.33

B וְלֹא־הָלְכוּ ... עֲזָבוּנִי וַיִּשְׁתַּחֲווּ
they have forsaken me and worshipped ... and have
not walked
ils m'ont abandonné et se sont prosternés ... et
ils n'ont pas marché
[עֲזָבַנִי וַיִּשְׁתַּחוּ ... וְלֹא־הָלַךְ]
he has forsaken me and worshipped ... and has not
walked
il m'a abandonné et s'est prosterné ... et il n'a
pas marché
    RSV*: he has forsaken me, and worshipped ...
          and has not walked
    NEB*: Solomon has forsaken me; he has prostrated
          himself ... and has not conformed
    J* : (c'est qu')il m'a délaissé, (qu')il s'est
          prosterné ... et (qu') il n'a pas suivi
    L   : (weil) er mich verlassen hat und angebetet
          ... und nicht (in meinen Wegen) gewandelt
          ist
Fac.: 4,6
Rem.: The subject of the plural verbs is probably
the successors of Solomon and David, i.e. the
Davidic dynasty. Consequently "כְּדָוִד אָבִיו" might
be translated as "as David,their father".
Rem.: Le sujet des verbes au pluriel est probable-
ment les successeurs de Salomon et de David. Par
conséquent, on peut traduire "כְּדָוִד אָבִיו" par
"comme David, leur père".
Transl.: they have forsaken me and worshipped ...
          and have not gone
Trad.:   ils m'ont abandonné et se sont prosternés
          ... et ils n'ont pas marché

12.2

C וַיֵּשֶׁב יָרבעם במצרים
and Jeroboam dwelt in Egypt
et Jéroboam demeura en Egypte
    NEB*: (when Jeroboam...) he remained there

[וַיֵּשֶׁב ירבעם ממצרים]
  and Jeroboam returned from Egypt
  et Jéroboam revint d'Egypte
    RSV*: then Jeroboam returned from Egypt
    J* : (Jéroboam...) il revint d'Egypte
    L   : (Jerobeam...) und kehrte aus Aegypten
          zurück
  Fac.: 4
  Rem.: 1. In this context "וַיֵּשֶׁב" may be interpreted
    as a military technical term : "but Jeroboam re-
    mained ⟨inactive⟩ in Egypt".
    2. See the same textual problem and interpretation
    in 15.21.
    3. See also the parallel passage in 2 Chron 10.2.
  Rem.: 1. Dans ce contexte on peut interpréter
    "וַיֵּשֶׁב" dans le sens d'un terme technique mili-
    taire : "alors que Jéroboam resta ⟨inactif⟩ en
    Egypte".
    2. Voir un problème textuel identique avec la
    même interprétation en 15.21.
    3. Voir aussi le passage parallèle en 2 Ch 10.2.
  Transl.: See Remark 1
  Trad.:   Voir Remarque 1

12.3

B ויבא=Qere וישלחו ויקראו-לו ויבאו ירבעם וכל-קהל ישראל
  and they sent and called him, and Jeroboam came,
  and all the assembly of Israel
  et ils envoyèrent et l'appelèrent, et Jéroboam
  vint, et toute l'assemblée d'Israël
    RSV : and they sent and called him; and Jero-
          boam and all the assembly of Israel came
    NEB : they now recalled him, and he and all the
          assembly of Israel came
    J* : (3e éd.) on fit appeler Jéroboam et il
          vint, lui et toute l'assemblée d'Israël
    L   : und sie sandten hin und liessen ihn rufen.
          Und Jerobeam und die ganze Gemeinde Israel
          kamen
  [Lacking.Manque] = J* (1e, 2e éd.)
  Fac.: 4
  Rem.: The Committee gave two ratings for this case.
    The rating B (given above) is for the non-omission
    of V.3, while the rating A (not given above) is
    for the Qere "וַיָּבֹא, and he came".See the follo-
    wing case, Remark.
  Rem.: Le Comité a voté deux fois pour ce cas. Le
    vote B (donné ci-dessus) est pour la non-omission

du V.3, tandis que le vote A (passé sous silence ci-dessus) est pour le Qeré "ויבא, et il vint". Voir le cas suivant, Remarque.

Transl.: and they sent and called him, and Jeroboam came, and all the assembly of Israel

Trad.: et ils envoyèrent et l'appelèrent, et Jéroboam vint, et toute l'assemblée d'Israël

12.12

B ויבו ירבעם וכל-העם   Qere= וַיָּבוֹא
    and Jeroboam came, and all the people
    et Jéroboam vint, et tout le peuple
    RSV : so Jeroboam and all the people came
    NEB : Jeroboam and the people all came back
    J   : (3e éd.) Jéroboam avec tout le peuple vint
    L   : als nun Jeroboam und das ganze Volk ... kamen
[ויבא כל-העם]
    and all the people came
    et tout le peuple vint
    J* : (1e, 2e éd.) tout le peuple vint
Fac.: 4
Rem.: As in the preceding case, the Committee gave two ratings for this case. The rating B (given above) is for the non-omission of "Jeroboam", while the rating A (not given above) is for the Qere "וַיָּבוֹא, and he came".
Rem.: Comme dans le cas précédent, le Comité a voté deux fois pour ce cas. Le vote B (indiqué ci-dessus) est pour la non-omission de "Jéroboam", tandis que le vote A (non mentionné ci-dessus) est pour le Qeré "וַיָּבוֹא, et il vint".
Transl.: and Jeroboam came, and all the people
Trad.: et Jéroboam vint, et tout le peuple

12.30

B לפני האחד עד-דן
    before the one, as far as Dan
    devant l'un, jusqu'à Dan
    J   : devant l'autre jusqu'à Dan
[לפני האחד אל בית אל ולפני האחד עד דן]
    before the one to Bethel and before the other as far as Dan
    devant l'un à Béthel et devant l'autre jusqu'à Dan

RSV*: to the one at Bethel and to the other
      as far as Dan
NEB*: to Bethel to worship the one, and all the
      way to Dan to worship the other
L   : vor das eine in Bethel und vor das andere
      in Dan
Fac.: 4,14
Rem.: 1. V.30a refers to the initiative of Jeroboam
  in its entirety, while V.30b is only concerned
  with the procession which carried the image to Dan.
  2. The translations of RSV*, NEB* and L are conjectural since they do not follow the Septuagint
  facilitation exactly.
Rem.: 1. Le V.30a se réfère à l'initiative de Jéroboam cout entière; le V.30b ne concerne plus que
  la procession à Dan où l'on porta l'image.
  2. Les traductions de RSV*, NEB* et L sont des
  conjectures, puisqu'elles ne suivent pas exactement la leçon facilitante de la Septante.
Transl.: before one of them as far as Dan
Trad.:   devant l'un d'eux jusqu'à Dan

13.11

B ויבוא בנו ויספר-לו
    and his son came and told him
    et son fils vint lui raconter
[ויבואו בניו ויספרו לו]
    and his sons came and told him
    et ses fils vinrent lui raconter
  RSV*: and his sons came and told him
  NEB*: his sons came and recounted to him
  J   : (1e*, 2e*, 3e éd.) et ses fils vinrent
        lui raconter
  L   : zu dem kamen seine Söhne und erzählten
        ihm
Fac.: 4,6
Transl.: and one of his sons (lit. a son of his)
         came and told him
Trad.:   et l'un de ses fils (litt. un fils à lui)
         vint lui raconter

13.12

C וַיִּרְאוּ
    and they had seen
    et ils avaient vu

[וַיַּרְאֻהוּ]
&nd they showed him
et ils lui montrèrent
    RSV : and (his sons) showed him
    NEB : they pointed out
    J* : et (ses fils) lui montrèrent
    L   : und seine Söhne zeigten ihm
Fac.: 4
Transl.: now, his sons had seen
Trad.:   or, ses fils avaient vu

13.23-24

B החמור לנביא אשר השיבו : וילך
    the ass of the prophet who had brought him back.
    And he went
    l'âne du prophète qui l'avait ramené. Et il s'en
    alla
    RSV : the ass for the prophet whom he had
           brought back. And as he went away
    NEB : an ass for the prophet whom he had brought
           back. As he went on his way
    L   : den Esel des Propheten, der ihn zurückge-
           führt hatte. Und als er seines Weges zog
[החמור : וישב וילך]
    the ass. And he returned and went
    l'âne. Et il s'en retourna et partit
    J* : l'âne, il s'en retourna et partit
Fac.: 4
Rem.: "לנביא אשר השיבו, of the prophet who had
    brought him back" is an explanatory gloss which
    may be translated as follows : "... the ass [of
    the prophet who had brought him back]. And he
    went".
Rem.: "לנביא אשר השיבו, du prophète qui l'avait ra-
    mené" est une glose explicative qu'on pourrait
    traduire comme suit : "... l'âne [du prophète qui
    l'avait ramené]. Et il partit".
Transl.: See Remark
Trad.:   Voir Remarque

14.14

B זה היום ומה גם-עתה
    this ⟨is⟩ the day, and what now also
    c'est le jour, et quoi maintenant aussi
    L   : wie es heute ist (?)

[‏זה היום וגם מעתה‏]
   this ⟨is⟩ the day, and from henceforth
   c'est le jour, et dès maintenant
      RSV*: today. And henceforth
      NEB*: this first; and what next ?
   Fac.: 4
[Lacking.Manque] = J*
   Fac.: 14
   Rem.: These words "‏זה היום ומה גם-עתה‏" constitute
      one, or even two glosses, the meaning of which
      is difficult to determine : (i) "this ⟨is⟩ the
      day", (ii) "and what, already now !". In any case,
      all the old and modern textual changes are attempts
      at making sense of the MT which is, therefore,
      to be kept as the most original text.
   Rem.: Les mots "‏זה היום ומה גם-עתה‏" constituent une,
      ou même deux gloses, dont le sens est difficile
      à déterminer : (i) "voici le jour", (ii) "et quoi,
      déjà maintenant !". En tout cas, tous les change-
      ments textuels, anciens et modernes, ne sont que
      des essais pour rendre intelligible le TM, qui
      pour cette raison doit être préféré comme le
      texte le plus original.
   Transl.: See Remark
   Trad.:   Voir Remarque

15.5

‏רק בדבר אוריה החתי‏ B
   except in the matter of Uriah the Hittite
   sauf dans l'affaire d'Urie le Hittite
      RSV : except in the matter of Uriah the Hittite
      NEB*: except in the matter of Uriah the Hittite
      J   : (3e éd.) (sauf dans l'histoire d'Urie le
            Hittite)
      L   : ausser in der Sache mit Uria, dem Hethiter
[Lacking.Manque] = J* (le, 2e éd.)
   Fac.: 10,4
   Transl.: except in the matter of Uriah the Hittite
   Trad.:   sauf dans l'affaire d'Urie le Hittite

15.6

‏ומלחמה היתה בין-רחבעם ובין ירבעם כל-ימי חייו‏ B
   and there was war between Rehoboam and Jeroboam,
   all the days of his life
   et il y eut la guerre entre Roboam et Jéroboam
   tous les jours de sa vie

   RSV : now there was war between Rehoboam and
         Jeroboam all the days of his life
   L   : es war aber Krieg zwischen Rehabeam und
         Jerobeam ihr Leben lang
[Lacking.Manque] = NEB*, J*
Fac.: 10,4
Rem.: See a similar problem in V.32, below.
Rem.: Voir un problème analogue au V.32, ci-dessous.
Transl.: now the war ⟨which⟩ had taken place bet-
         ween Rehoboam and Jeroboam ⟨continued⟩
         throughout his life-time
Trad.:   et la guerre ⟨qui⟩ avait eu lieu entre
         Roboam et Jéroboam ⟨se poursuivit⟩ durant
         toute sa vie

15.21

B וַיֵּשֶׁב בחרצה
    and he dwelt in Tirzah
    et il demeura à Tirça
      RSV : and he dwelt in Tirzah
[וַיָּשָׁב תרצתה]
    and he returned to Tirzah
    et il retourna à Tirça
      NEB : and fell back on Tirzah
      J* : et retourna à Tirsa (1e éd.) à Tirça
            (2e, 3e éd.)
      L   : und zog wieder nach Tirza
Fac.: 4
Rem.: 1. In this context "וַיֵּשֶׁב" may be interpreted
as a military technical term : "and he remained
⟨inactive⟩ in Tirzah".
2. See the same textual problem and interpretation
in 12.2.
Rem.: 1. Dans ce contexte il faut interpréter "וַיֵּשֶׁב"
dans le sens d'un terme technique militaire : "et
il resta ⟨inactif⟩ à Tirça".
2. Voir un problème identique avec la même interprétation en 12.2.
Transl.: See Remark 1
Trad.:   Voir Remarque 1

15.32

A ומלחמה היתה בין אסא ובין בעשא מלך-ישראל כל-ימיהם
   and there was war between Asa and Baasha King of
   Israel all their days
   et il y eut la guerre entre Asa et Baasha, roi
   d'Israël, tous leurs jours
      RSV : and there was war between Asa and Baasha
            king of Israel all their days
      NEB : Asa was at war with Baasha king of Israel
            all through their reigns
      L   : und es war Krieg zwischen Asa und Baësa,
            dem König von Israel, ihr Leben lang
   [Lacking. Manque] = J*
   Fac.: 4
   Rem.: See a similar problem in V.6 above.
   Rem.: Voir un problème analogue au V.6 ci-dessus.
   Transl.: and the war ⟨which⟩ had taken place between
            Asa and Baasha, King of Israel, ⟨continued⟩
            all their days
   Trad.:   et la guerre ⟨qui⟩ avait eu lieu entre Asa
            et Baasha, roi d'Israël, ⟨se poursuivit⟩
            durant tous leurs jours

17.1

   מֵתֹשָׁבֵי גלעד
     from the settlers of Gilead
     des résidants de Galaad
   Fac.: 9,12
B [מֵתֹשָׁבֵי גלעד] = מתשבי גלעד
     from Tishbe ⟨in⟩ Gilead
     de Tishbé ⟨en⟩ Galaad
        RSV*: of Tishbe in Gilead
        NEB : of Tishbe in Gilead
        J* : de Tisbé (1e éd.), de Tishbé (2e, 3e éd.)
              en Galaad
        L   : aus Thisbe in Gilead
     Transl.: from Tishbe ⟨in⟩ Gilead
     Trad.:   de Tishbé ⟨en⟩ Galaad

17.6

B לחם ובשר בבקר ולחם ובשר בערב
      bread and meat in the morning and bread and meat
      in the evening
      du pain et de la viande le matin, et du pain et
      de la viande le soir
         RSV : bread and meat in the morning, and bread
               and meat in the evening

```
        NEB : bread and meat morning and evening
        L   : Brot und Fleisch des Morgens und des
              Abends
```
[לחם בבקר ובשר בערב]
```
    bread in the morning and meat in the evening
    du pain le matin et de la viande le soir
        J*  : du pain le matin et de la viande le soir
    Fac.: 5
    Transl.: bread and meat in the morning and bread
             and meat in the evening
    Trad.:   du pain et de la viande le matin et du
             pain et de la viande le soir
```

17.15

B וביתה
```
    and her household
    et sa maison
        RSV : and her household
        NEB : and her family
```
[ובנה]
```
    and her son
    et son fils
        J*  : et son fils
        L   : und ihr Sohn
    Fac.: 4,5
    Transl.: and her household
    Trad.:   et sa maison
```

18.5

B לך
```
    go !
    va !
        RSV : go
```
[לך ונעבר]
```
    come, and let us pass through
    viens, et nous traverserons
        NEB*: let us go through
        J*  : viens ! Nous allons parcourir
        L   : wohlan, wir wollen durchs (Land) ziehen
    Fac.: 5,4
    Transl.: go !
    Trad.:   va !
```

18.18

C את-מצות יהוה
 the commandments of the LORD
 les commandements du SEIGNEUR
  RSV : the commandments of the LORD
  NEB : the commandments of the LORD
  L : des HERRN Gebote
[את-יהוה]
 the LORD
 le SEIGNEUR
  J* : Yahvé
Fac.: 4,14
Rem.: 1. See the parallel problems in 19.10,14.
 2. J* adopts a conjecture in so far as it does
not follow exactly the Septuagint.
Rem.: 1. Voir les problèmes parallèles en 19.10,14.
 2. J* est conjecturale dans la mesure où elle ne
suit pas complètement la Septante.
Transl.: the commandments of the LORD
Trad.: les commandements du SEIGNEUR

18.26

B עשה
 he made / one made
 il fit / on fit
עשו
 they made
 ils firent
  RSV : they had made
  NEB : they had set up
  J : ils avaient fait
  L : (den) sie gemacht hatten
* Rem.: The singular is impersonal.
Rem.: Il s'agit d'un singulier impersonnel.
Transl.: (which) had been made
Trad.: on avait fait
* Fac.: 4,8

19.3

 וַיַּרְא
 'and he saw
 et il vit
Fac.: 7
B וַיִּרָא
 'and he was afraid
 et il eut peur
  RSV : then he was afraid

```
        NEB : he was afraid
        J*  : il eut peur
        L   : da fürchtete er sich
   Transl.: and he was afraid
   Trad.:    et il eut peur
```

19.10,14

B כי-עזבו בריתך
```
      for they have forsaken your covenant
      car ils ont abandonné ton alliance
        RSV : for (the people of Israel) have forsaken
              thy covenant
        NEB : (the people of Israel) have forsaken thy
              covenant
        J   : (3e éd.) parce que (les Israélites) ont
              abandonné ton alliance
        L   : denn (Israel) hat deinen Bund verlassen
```
[כי-עזבוך]
```
      for they have forsaken you
      car ils t'ont abandonné
        J*  : (1e, 2e éd.) parce que (les enfants
              d'Israël) t'ont abandonné
   Fac.: 4
   Rem.: See a parallel problem in 18.18.
   Rem.: Voir un problème parallèle en 18.18.
   Transl.: for they have forsaken your covenant
   Trad.:    car ils ont abandonné ton alliance
```

20.3

A לי 2°
```
      to me
      à moi
        RSV : also are mine
        NEB*: are mine
        L   : sind auch mein
```
[לך]
```
      to you
      à toi
        J*  : restent à toi
   Fac.: 14
   Transl.: ⟨are⟩ mine
   Trad.:    ⟨sont⟩ à moi
```

20.6

B עיניך
   of your eyes
   de tes yeux
      NEB : (everything) you (prize)
[עיניהם]
   of their eyes
   de leurs yeux
      RSV*: (whatever pleases) them
      J* : (qui) leur (plaira)
 *   L   : (was) ihnen (gefällt)
   Rem.: "כל-מחמד עינים" means every propriety in which
      the owner takes delight; see the Remark in the
      following case.
   Rem.: "כל-מחמד עינים" signifie toute propriété dont
      le propriétaire fait ses délices; voir la Re-
      marque dans le cas suivant.
   Transl.: ⟨everything delightsome⟩ in your eyes
   Trad.:   ⟨tout ce qui est délicieux⟩ à tes yeux
 * Fac.: 4

20.7

B ולכספי ולזהבי ולא מנעתי ממנו
   and for my silver and for my gold, and I have not
   refused him
   pour mon argent et pour mon or, et je ne lui ai
   rien refusé
      RSV : and for my silver and my gold, and I did
            not refuse him
      NEB*: for I did not demur when ... my silver
            and gold
      L   : um ... Silber und Gold, und ich hab ihm
            nichts verweigert
[וכספי וזהבי לא מנעתי ממנו]
   neither my silver nor my gold I have refused him
   ni mon argent ni mon or je ne lui ai refusé
      J* : pourtant je ne lui ai pas refusé mon
            argent et mon or
   Fac.: 4
   Rem.: The progression between Ben-hadad's first
      demand (V.3) and his second one (V.5-6) may be
      understood in two ways : either it is the addi-
      tional condition that Ben-hadad's own emissaries
      should search Samaria's palaces and houses, or
      it is Ben-hadad's new and special claim on "every
      delightsome thing in the eyes" of the Israelites.
      Though we do not know what this most precious
      propriety was, it is clear that it was even more

appreciated than the fortune and the family.

Rem.: La progression entre la première exigence de
      Ben-Hadad (V.3) et sa deuxième (V.5-6) peut être
      comprise de deux manières : ou bien c'est la con-
      dition supplémentaire autorisant les émissaires
      de Ben-Hadad à fouiller eux-mêmes les palais et
      les maisons de Samarie, ou bien c'est l'exigence
      nouvelle et exorbitante de Ben-Hadad que lui soit
      livré "toute chose précieuse aux yeux" des Isra-
      élites. Encore que nous ne sachions pas ce que
      cette chose précieuse était, il est clair qu'elle
      était plus appréciée que la fortune et la famille.

Transl.: for my silver and gold, I did not refuse
         him

Trad.:   pour mon argent et mon or, je ne lui ai
         rien refusé

20.17

B וישלח בן-הדד
    and Ben-hadad sent
    et Ben-Hadad envoya
      RSV : and Ben-hadad sent out scouts
      L   : Benhadad aber hatte Leute ausgesandt
[וישלחו אל בן-הדד]
    and they sent to Ben-hadad
    et ils envoyèrent à Ben-Hadad
      NEB : and (word) was sent to Ben-hadad
      J   : (1e*, 2e*, 3e éd.) on fit avertir Ben-
            Hadad (1e, 2e éd.), on envoya dire à
            Ben-Hadad (3e éd.) (dans la 1e et 2e éd.,
            la note textuelle ne correspond pas
            exactement au texte)

Fac.: 14
Transl.: and Ben-hadad sent ⟨for information⟩
Trad.:   et Ben-hadad envoya ⟨pour s'enquérir⟩

20.21

C ויך
    and he struck
    et il frappa
      L   : (und der König...) und schlug
[ויקח]
    and he took
    et il prit
      RSV*: (the king...) and captured
      NEB*: (the king...) and captured
      J* : il prit

Fac.: 4
Rem.: The expression "את-הסוס ואת הרכב" means "the
  cavalry and the armour", i.e. in a collective
  meaning all the mounted horsemen and all chario-
  teers with their horses.
Rem.: Le complément "את-הסוס ואת-הרכב" signifie "la
  cavalerie et les chars", donc en un sens collectif l'ensemble des cavaliers et des équipages des
  chars avec leurs chevaux.
Transl.: and he struck
Trad.:   et il frappa

22.28

B ויאמר שמעו עמים כלם
  and he said, "hear, all peoples
  et il dit, écoutez, tous les peuples
    RSV : and he said, "Hear, all you peoples !"
    L   : und er sprach : Höret, alle Völker !
  [Lacking.Manque] = NEB*, J*
  Fac.: 4
  Rem.: See also the parallel passage with the same
    expression in 2 Chron 18.27.
  Rem.: Voir aussi en 2 Ch 18.27 le passage parallèle
    contenant la même expression.
  Transl.: and he said, "hear, all peoples !"
  Trad.:   et il dit, "écoutez, tous les peuples !"

22.31

A שלשים ושנים
  thirty-two
  trente-deux
    RSV : thirty-two
    NEB : thirty-two
    L   : - es waren zweiunddreissig -
  [Lacking.Manque] = J*
  Fac.: 5
  Transl.: thirty-two
  Trad.:   trente-deux

22.48(47)

נצב מלך C
    established, king
    établi, roi
      RSV : a deputy was king
      L   : ein Statthalter war im Lande (?)
[נצב והמלך]
    established. And the king
    établi. Et le roi
      J* : établi (sur Edom,) et le roi
 Fac.: 4
[רק נציב המלך]
    only a deputy of the king
    seulement un préfet du roi
      NEB*: only a viceroy of (Jehoshaphat)
 Fac.: 14
 Rem.: V.48 may be translated as follows : "there was
  no king in Edom, ⟨but⟩ a deputy ⟨exercised⟩ royal
  functions".
 Rem.: On peut rendre le V.48 comme suit : "il n'y
  avait pas de roi en Edom, ⟨mais⟩ un préfet ⟨exer-
  çait⟩ la royauté".
 Transl.: See Remark
 Trad.: Voir Remarque

1.11

A ויען
   and he began to speak
   et il prit la parole
 [ויעל]
   and he went up
   et il monta
     RSV*: and he went up
     NEB*: and he went up
     J*   : qui monta
     L   : der kam (zu ihm) hinauf
  Fac.: 5
  Transl.: and he began to speak
  Trad.:   et il prit la parole

1.12

B אש-אלהים
   God's fire
   le feu de Dieu
     RSV : the fire of God
     NEB : God's fire
     L   : das Feuer Gottes
 [אש]
   a fire
   un feu
     J   : (1e*, 2e*, 3e éd.) un feu
  Fac.: 5
  Transl.: the fire of God
  Trad.:   le feu de Dieu

1.16

B המבלי אין-אלהים בישראל לדרש בדברו
   is it because there is no God in Israel to inquire
   of his word ?
   serait-ce parce qu'il n'y a pas de Dieu en Israël
   pour s'informer de sa parole ?
     RSV : - is it because there is no God in Israel
          to inquire of his word ? -
     L   : als wäre kein Gott in Israel, dessen Wort
          man erfragen könnte
 [Lacking.Manque] = NEB*, J*
 Fac.: 4
 Rem.: This incidental clause should be placed between dashes or parentheses.
 Rem.: On devrait mettre cette incise entre tirets ou
  entre parenthèses.

Transl.: - is it because there is no God in Israel
          to inquire of his word ? ⚊
Trad.:   - serait-ce parce qu'il n'y a pas de Dieu
          en Israël pour s'informer de sa parole ? -

1.17

B יהורם
    Jehoram
    Joram
      L   ; Joram
  [יהורם אחיו]
    Jehoram, his brother
    Joram, son frère
      RSV*: Jehoram, his brother
      NEB*: his brother Jehoram
      J* : Joram, son frère
  Fac.: 13
  Transl.: Jehoram
  Trad.:   Joram

2.14

A אשר נפלה מעליו
    which had fallen from upon him
    qui était tombé de dessus lui
      RSV : that had fallen from him
      L   : der (Elia) entfallen war
  [Lacking. Manque] = NEB, J*
  Fac.: 14
  Transl.: which had fallen from him
  Trad.:   qui était tombé de lui

2.14

B אף-הוא
    even he
    même lui
      NEB : he too
  [Lacking.Manque] = RSV, J*, L
  Fac.: 14
  Rem.: The Committee voted B for the retention of
    "אף-הוא", but was not agreed as to which of the
    following two interpretations should be adopted :
    (i) "אף-הוא, he too" a gloss referring to Elisha
    (but which was inserted in the MT in the wrong
    place) :"'where is the LORD, Elijah's God ?' and
    he struck the water, he too".

(ii) "אַף-הוּא, even he", referring to "the LORD,
the God of Elijah" (the phrase division in the
MT having been displaced from הוּא to אליהו to avoid
an impious overtone to Elisha's question) : "where
is the LORD, Elijah's God, even he ?" Consequently,
translators may choose either interpretation.

Rem.: Le Comité a voté B pour retenir "אַף-הוּא",
mais ne s'accordait pas sur l'interprétation à
conseiller. Il hésitait entre : (i) "אַף-הוּא, lui
aussi", une glose se référant à Elisée (mais in-
sérée dans le TM à une mauvaise place) : "'où est
le SEIGNEUR, le Dieu d'Elie?' et il frappa l'eau
lui aussi". (ii) "אַף-הוּא, même lui", se référant
au "SEIGNEUR, le Dieu d'Elie"(la division principale de la phrase ayant été déplacée, dans le TM,
הוא   אליהו   pour écarter tout soupçon d'un sens
impie de la question d'Elisée): "où est le
SEIGNEUR, le dieu d'Elie,même lui ?" Par conséquent, les traducteurs peuvent suivre l'une ou
l'autre interprétation.

Transl.: See Remark
Trad.:   Voir Remarque

2.15

A אשר-ביריחו
    who ⟨were⟩ at Jericho
    qui ⟨étaient⟩ à Jéricho
      RSV : who were at Jericho
      NEB : from Jericho
      L   : die gegenüber bei Jericho waren
  [Lacking.Manque] = J*
  Fac.: 14
  Transl.: who ⟨were⟩ at Jericho
  Trad.:   qui ⟨étaient⟩ à Jéricho

3.4

B ישראל
    of Israel
    d'Israël
      NEB : of Israel
      J   : d'Israël
      L   : von Israel
  [ישראל שנה בשנה]
    of Israel, year by year
    d'Israël, année par année
      RSV*: annually ... of Israel
  Fac.: 13

Rem.: Part of the Septuagint adds : "in the insurrection", i.e. because of the insurrection which
Mesha perhaps had attempted against the king of
Israel. Translators who use notes may indicate
this Greek gloss in a note.

Rem.: Une partie de la Septante ajoute : "dans l'insurrection", c'est-à-dire à cause de l'insurrection
que Mésha avait peut-être tentée contre le roi
d'Israël. Les traducteurs qui se servent de
notes pourraient citer cette glose ancienne du
grec.

Transl.: of Israel
Trad.:   d'Israël

3.15

B מנגן

    a lyre-player
    un joueur de lyre
      RSV : a minstrel
      J   : un joueur de lyre
      L   : einen Spielmann

[מנגן ויקחו לו מנגן]

    a lyre-player, and they took for him a lyre-player
    un joueur de lyre, et ils prirent pour lui un
    joueur de lyre
      NEB*: a minstrel'. They fetched a minstrel

Fac.: 8,14

Rem.: 1. The translation of NEB is conjectural in
that it expands the facilitating variant of part
of the Septuagint, without having another textual
basis.
2. The second half of V.15 does not report an
unique event which happened then and only then, but it
describes what used to happen whenever music was
played. Thus the MT is elliptic, and the gloss
of part of the Septuagint is the result of the
meaning of V.15b in the MT having been misunderstood.

Rem.: 1. La traduction de NEB est une conjecture
dans la mesure où elle amplifie la variante facilitante d'une partie de la Septante sans avoir
d'autre base textuelle.
2. La deuxième moitié du V.15 ne veut pas rappor-
ter un fait unique qui arriva alors et une seule
fois, mais elle entend décrire ce qui arrivait
habituellement chaque fois que l'on jouait de la
musique. Ainsi le TM est-il elliptique, et si une
partie de la Septante a cru nécessaire sa glose,

c'est qu'elle n'a pas saisi ce sens du V.15b dans
le TM.
Transl.: a lyre-player;(and it happened (i.e. used
to happen) whenever the lyre-player played
on the lyre, that the LORD's hand lay upon
him.)
Trad.: un joueur de lyre;(et il arrivait (c'est-
à-dire habituellement) chaque fois qu'un
joueur de lyre jouait de la lyre, que la
main du SEIGNEUR se posait sur lui.)

3.17

B ומקניכם
   and your cattle
   et vos troupeaux
     RSV : your cattle
  [ומחניכם]
   and your army
   et votre armée
     NEB*: and your army
     J* : vos troupes
     L   : und euer Heer
  Fac.: 5
  Transl.: and your cattle
  Trad.:   et vos troupeaux

3.24

  ויבו Qere= ויכו
   and they smote
   et ils frappèrent
  Fac.: 4,8
C ויבו = Ketiv
   and they came
   et ils vinrent
     RSV*: and they went forward
     NEB*: and themselves entered
     J* : et ils allèrent
     L   : aber Israel jagte... nach (?)
  Transl.: and they went
  Trad.:   et ils allèrent

3.24

B בה
   in it
   en elle
 בם
   against them
   contre eux
     L   : ihnen
 Fac.: 4
[בֹּא]
   coming
   en venant
    RSV*: as they went
    NEB*: as they went
    J* : de l'avant (voir Rem.3)
 Fac.: 4,12
 Rem.: 1. בה, without a formal antecedent, can have
 the meaning of "there".
 2. V.24b may therefore be translated : "and they
 went there and smote the Moabites".
 3. J*, according to the note in the 2nd ed., may
 mean to omit the expression "בה, there".
 Rem.: 1. בה, sans antécédent formel, peut avoir le
 sens de "là".
 2. On peut donc comprendre le V.24b comme suit :
 "et ils allèrent là et frappèrent les Moabites".
 3. J* entend peut-être, selon la note de la 2e éd.,
 omettre l'expression "בה, là".
 Transl.: See Remarks
 Trad.:   Voir Remarques

3.25

B יפילו
   they felled
   ils abattirent
    RSV : (they...) and felled
    J   : et coupaient (1e éd.), et abattaient (2e,
       3e éd.)
    L   : und fällten
[יפילו ויגידו את מואב]
   they felled, and they drove Moab about
   ils abattirent, et ils firent errer Moab
    NEB*: they cut down... and they harried Moab
 Fac.: 13
 Transl.: they felled
 Trad.:   ils abattirent

3.25

עד-הִשְׁאִיר אבניה בַּקִיר חֲרָשֶׂת B
  until one had left ⟨only⟩ its stones in Kir-
  hareseth
  jusqu'à ce qu'on eût laissé⟨seulement⟩ses pierres
  dans Qir-Haréseth
    RSV : till only its stones were left in Kir-
          hareseth
 [עד-הַשְׁאִיר אבניה קִיר חֲרָשֶׂת]
  until there were left its stones ⟨only⟩ at Kir-
  hareseth
  jusqu'à ce qu'il ⟨ne⟩ restât ⟨plus que⟩ ses
  pierres à Qir-Haréseth
    NEB : until only in Kir-hareseth were any
          buildings left standing (?)
  Fac.: 4/14
 [עד-הִשָּׁאֵר לבדה קיר חרשת]
  until there remained Kir-hareseth alone
  jusqu'à ce que restât Qir-haréseth seule
    J* : finalement il ne resta plus que Qir-
          Hareseth (le éd.), finalement, il ne
          resta plus que Qir-Hérès (2e, 3e éd.)
  Fac.: 14
  Rem.: 1. For the orthography, the name "חרשת"
  should be written with a Sin, not with a Shin.
  2. The two forms of the name of the city in J
  (1st versus 2nd, 3d ed.) do not imply two
  different readings, as note c of the 2nd ed.
  makes clear. J wanted to use everywhere the
  same name without taking into account the small
  variations of the name in the MT between "קיר
  חרשת" and "קיר חרש".
  3. Two interpretations may be given : (i) "until
  they had left ⟨only⟩ its stones to Kir-hareseth",
  i.e. there remained nothing else other than a stone
  heap; (ii) "until they had left its stones ⟨only⟩
  to Kir-hareseth", i.e. Kir-hareseth was the only
  place left.
  Rem.: 1. Quant à l'orthographe, le nom "חרשת" doit
  s'écrire avec Sîn et non point avec Shîn.
  2. Les deux formes du nom de la ville en J,(1e
  contre 2e, 3e éd), ne représentent pas deux
  leçons différentes. La note c de la 2e éd. le
  montre clairement. J a simplement voulu normali-
  ser partout ce nom de la ville, sans tenir compte
  de ces oscillations entre "קיר חרשת" et "קיר חרש"
  dans le TM.
  3. Deux interprétations de cette phrase sont pos-

sibles : (i) jusqu'à ce qu'on eût laissé ⟨seule-
ment⟩ ses pierres à Qir-Haréseth", c'est-à-dire
il n'en resta plus qu'un monceau de pierres;
(ii) "jusqu'à ce qu'on eût laissé ses pierres à
Qir-Haréseth ⟨seulement⟩", c'est-à-dire Qir-
Haréseth était le seul lieu qui restât.
Transl.: see Remark 3
Trad.:   voir Remarque 3

3.26

אדום
  of Edom
  d'Edôm
    RSV : of Edom
    L   : von Edom
  Fac.: 5
C[ארם]
  of Aram
  d'Arâm
    NEB*: of Aram
    J* : d'Aram
  Transl.: Aram
  Trad.:   Arâm

4.16

B איש האלהים
  the man of God
  l'homme de Dieu
    RSV : O man of God
    NEB : you are a man of God
    L   : du Mann Gottes
  [Lacking.Manque]= J*
  Fac.: 4
  Transl.: O man of God
  Trad.:   O homme de Dieu

5.1

B גבור חיל
  a man of valour
  un homme fort
    RSV : a mighty man of valor
    L   : ein gewaltiger Mann
  [Lacking.Manque]= NEB*, J*
  Fac.: 1,4
  Transl.: a brave hero
  Trad.:   un preux

5.18

בהשתחוריתי בית רמן B
    when I bow down in the house of Rimmon
    quand je me prosterne dans la maison de Rimmôn
      RSV : when I bow myself in the house of Rimmon
[בהשתחריתו בית רמן]
    when he bows down in the house of Rimmon
    quand il se prosterne dans la maison de Rimmôn
      NEB*: when he worships there
      J* : (et je me prosterne dans le temple de
           Rimmôn) en même temps qu'il le fait
  Fac.: 4,5
  [Lacking.Manque] = L
  Fac.: 14
  Transl.: when I bow down in the house of Rimmon
  Trad.:   quand je me prosterne dans la maison de
           Rimmôn

5.22,23

ושתי חלפות בגדים A
    and two changes of clothing
    et deux habits de rechange
      RSV : and (V.22), with (V.23) two festal gar-
          ments
      NEB : and two changes of clothing (V.22), and
          the two changes of clothing (V.23)
      J   : (3e éd.) et deux habits de fête (V.22),
          avec les deux habits de fête (V.23)
      L   : und zwei Feierkleider
  [Lacking. Manque] = J* (le, 2e éd.)
  Fac.: 14
  Transl.: and two changes of clothing
  Trad.:   et deux habits de rechange

5.26

העת לקחת את-הכסף ולקחת בגדים B
    was it a time to receive the silver and to receive
    garments ?
    était-ce le temps de recevoir l'argent et de rece-
    voir des habits ?
      RSV : was it a time to accept money and gar-
          ments ?
[העתה לקהתָ את-הכסף ולקחתָ בו גנים]
    have you now taken the silver ? you may buy gar-
    dens with it
    as-tu maintenant pris l'argent ? tu achèteras
    avec lui des jardins

NEB*: is it not true that you have the money ?
       You may buy gardens with it
Fac.: 4,12

[וְעַתָּה לָקַחְתָּ אֶת-הכסף וְלָקַחְתָּ בו גנים]

and now you have received the silver, and you will
buy gardens with it
et maintenant tu as reçu l'argent, et tu achèteras
avec lui des jardins
     J   : (1e*, 2e*, 3e éd.) maintenant tu as reçu
            l'argent, et tu peux acheter avec cela
            jardins
Fac.: 4,12

[וְעַתָּה לָקַחְתָּ אֶת-הכסף והבגדים וְלָקַחְתָּ]

and now you have taken the silver and the gar-
ments and you may procure
et maintenant tu as pris l'argent et les habits,
et tu te procureras
     L   : wohlan, du hast nun das Silber und die
            Kleider genommen und wirst dir schaffen
Fac.: 14
Transl.: was it a time to receive silver and to
         receive garments ?
Trad.:   était-ce le moment de recevoir de l'argent
         et de recevoir des vêtements ?

6.8

C תחנתי
    my camp
    mon camp
      RSV : my camp
      NEB : I mean to attack (?)
[תחנתו]
    you will go down
    vous descendrez
      J* : vous ferez une descente
 Fac.: 14
[נתחבא]
    we will hide ourselves
    nous nous cacherons
      L   : wir wollen ... einen Hinterhalt legen
 Fac.: 8
 Transl.: my camp
 Trad.:   mon camp

6.9

B כִּי-שָׁם אֲרָם נְחִתִּים
    for there the Arameans ⟨are⟩ going down
    car là, les Araméens descendent
      RSV : for the Syrians are going down there
[נחתים / נְחֹתִים] כִּי-שָׁם אֲרָם נחתים
    for there the Arameans ⟨are⟩ going down
    car là, les Araméens descendent
      NEB : for the Arameans are going down that way
      J* : car les Araméens y descendent
 Fac.: 14
[כִּי-שָׁם אֲרָם נחבאים]
    for there the Arameans are lying in wait
    car là les Araméens se tiennent en embuscade
      L   : denn die Aramäer lauern dort
 Fac.: 8
 Transl.: for the Arameans are going down there
 Trad.:   car là, les Araméens descendent

6.11

B מִי מִשֶּׁלָּנוּ
    who of us
    qui d'entre nous
      RSV : who of us
      L   : wer von den Unsern
[מִי שִׁלְּמָנוּ]
    who has delivered us ?
    qui nous a livrés ?
      NEB*: who has betrayed us
 Fac.: 12
[מי משלמנו]
    who betrays us ?
    qui nous trahit ?
      J* : qui nous trahit
 Fac.: 12
 Transl.: who of us
 Trad.:   qui d'entre nous

6.15

A משרת
    the servant of (the man of God)
    le serviteur de (l'homme de Dieu)
      RSV : the servant of (the man of God)
      NEB : the disciple of (the man of God)
      L   : der Diener (des Mannes Gottes)

[ממחרת]
   on the morrow
   le lendemain
    J*   : le lendemain
  Fac.: 14
  Transl.: the servant of (the man of God)
  Trad.:   le serviteur de (l'homme de Dieu)

6.25

דְּבְיוֹנִים Qere= חרייונים
   of pigeon droppings
   de secrétion de pigeons
  Fac.: 7
B חרי יונים = Ketiv
   dung of pigeons
   fiente de pigeons
    RSV : of dove's dung
    NEB : of locust-beans
    L   : Taubenmist
 [חרצנים]
   of wild onions
   d'oignons sauvages
    J* : d'oignons sauvages
  Fac.: 14
  Rem.: We no longer know what this name "pigeon-
    dung" designated. It is better, then, to leave
    this name as it stands and as it was read by all
    the ancient versions. Corrections, without support
    from the textual witnesses, would only be mere guesses.
  Rem.: Nous ne savons plus ce que ce nom "fiente de
    pigeon" désignait. C'est pourquoi il vaut mieux
    le laisser tel quel, surtout aussi parce que
    toutes les versions anciennes l'ont ainsi compris.
    Des changements textuels seraient des corrections
    sans appui dans les témoins anciens.
  Transl.: of pigeon-dung
  Trad.:   de fiente de pigeon

6.33

A המלאך
   the messenger
   le messager
 [המלך]
   the king
   le roi
    RSV*: the king
    NEB*: the king

J* : le roi
L   : der König
Fac.: 14 (See Remark / Voir Remarque)
Rem.: Although there are no textual witnesses to
support the reading "הַמֶּלֶךְ, the king", it is the
sure opinion of the Committee that this was the
reading of the original text. Consequently, in
spite of the rating A for the MT, translators
may translate "king", saying in a note that all
the textual witnesses unanimously read "messenger".
Rem.: Bien qu'il n'y ait pas d'appui textuel pour
la leçon "הַמֶּלֶךְ, le roi", c'est l'opinion certaine
du Comité que cette leçon correspond au texte
original. Par conséquent, en dépit du vote A pour
le TM, les traducteurs auront avantage à traduire
par "le roi", expliquant en note que tous les témoins anciens lisent unanimement "messager".
Transl.: See Remark
Trad.:   Voir Remarque

7.13

מן-הסוסים הנשארים אשר נשארו-בה הנם ככל-ההמון
ישראל אשר נשארו-בה הנם ככל-המון ישראל אשר-תמו
of the surviving horses, which survive in it,
behold they ⟨are⟩ as the entire multitude of
Israel which survive in it, behold they ⟨are⟩
as the entire multitude of Israel which has been
consumed
des chevaux survivants, qui y survivent, les voici
comme toute la foule d'Israël, qui y survit, les
voici comme toute la foule d'Israël qui a été
achevée
Fac.: 11

C מן-הסוסים הנשארים אשר נשארו-בה הנם ככל ההמון
ישראל אשר-תמו
of the surviving horses, which survive in it,
behold they ⟨are⟩ as the entire multitude of
Israel which has been consumed
des chevaux survivants, qui y survivent, les
voici comme toute la foule d'Israël qui a été
achevée
   RSV : of the remaining horses, seeing that those
         who are left here will fare like the whole
         multitude of Israel that have already
         perished
[מן-הסוסים הנשארים אשר נשארו בה הנם ככל-ההמון
אשר תמו]
of the surviving horses, which survive in it, be-

hold they ⟨are⟩ as the entire multitude which
has been consumed
des chevaux survivants, qui y survivent, les
voici comme toute la foule qui a été achevée
>   J*   : des chevaux survivants, qui restent ici
>   - il leur arrivera (le, 3e éd.), il leur
>   en arrivera (2e éd.) comme à l'ensemble
>   qui a péri
>   L   : Rosse von denen, die noch in der Stadt
>   übriggeblieben sind, - ihnen wird es ja
>   doch gehen wie der ganzen Menge, die
>   hier noch übriggeblieben oder schon da-
>   hin ist

Fac.: 14

[מן-הסוסים הנשארים אם יחיו הנם ככל-ההמון ישראל אשר
נשארו ואם יאבדו הנם ככל-המון ישראל אשר תמו]

from the surviving horses; if they live, behold,
they ⟨are⟩ as the entire multitude of Israel
which survives; and if they perish, behold they
⟨are⟩ as the entire multitude of Israel that has
been consumed
des chevaux survivants; s'ils vivent, les voici
comme toute la foule d'Israël qui survit; et
s'ils périssent, les voici comme toute la foule
d'Israël qui a été achevée
>   NEB*: of the horses that are left; if they live,
>   they will be as well off as all the other
>   Israelites who are still left; if they
>   die, they will be no worse off than all
>   those who have already perished

Fac.: 14

Transl.: of the remaining horses, which ⟨if⟩ they are
         left in it, behold they ⟨will be⟩ as the
         entire multitude of Israel which has ⟨al-
         ready⟩ perished
Trad.:   des chevaux survivants, qui, ⟨s'⟩ils y
         restent, les voici comme toute la foule
         d'Israël qui a ⟨déjà⟩ péri

7.14

שני רכב סוסים B
   two horse-chariots
   deux chars à chevaux
>   J   : deux attelages
>   L   : zwei Wagen mit Rossen
[שני רכבי סוסים]
   two horse-riders
   deux cavaliers

```
     RSV : two mounted men
     NEB*: two mounted men
  Fac.: 9
  Transl.: two horse-chariots
  Trad.:    deux chars à chevaux / attelages
```

8.16

ויהושפט מלך יהודה C
    and Jehoshaphat, king of Judah
    et Josaphat, roi de Juda
       L : - Josaphat war noch König von Juda -
  [Lacking.Manque] = RSV*, NEB*, J*
  Fac.: 4
  Rem.: Translators might indicate in a note that
    although the MT reflects a disordered chronology,
    cf. 2 Kings 1.17, it is not possible to solve this
    difficulty with the help of the other ancient
    textual witnesses.
  Rem.: Les traducteurs peuvent indiquer en note que
    le TM reflète une chronologie en désordre, cf.
    2 R 1.17, sans que les autres témoins textuels
    anciens permettent de résoudre cette difficulté.
  Transl.: and Jehoshaphat ⟨being⟩ king of Judah
  Trad.:   et Josaphat ⟨étant⟩ roi de Juda

8.19

לבניו B
    to his sons
    à ses fils
ולבניו
    and to his sons
    et à ses fils
      RSV : and to his sons
      NEB*: and his sons
      L : und seinen Söhnen
  Fac.: 4
[לפניו]
    before him
    devant lui
      J* : en sa présence
  Fac.: 14
  Rem.: Translators might add in a note that the
    original text was probably "לפניו, before him",
    but that such an original text cannot be ascer-
    tained through textual analysis.
  Rem.: Les traducteurs peuvent indiquer en note que
    le texte original a été probablement "לפניו, en
```
```

sa présence", mais l'analyse textuelle ne permet
pas d'atteindre ce texte original.
Transl.: to his sons
Trad.:   à ses fils

8.21

A ויכה את-אדום
    and he defeated Edom
    et il battit Edôm
      RSV : and he ... smote the Edomites
      J   : et força la ligne des Edomites
      L   : und er ... schlug die Edomiter
[ויכהו אדום]
    and Edom defeated him
    et Edôm le battit
      NEB*: (but they were surrounded) by the Edomites
          and defeated
  Fac.: 14
  Rem.: See also the parallel passage in 2 Chron 21.9
    where the same textual conjecture is to be re-
    sisted.
  Rem.: Voir aussi le passage parallèle en 2 Ch 21.9
    où l'on doit résister à la même conjecture tex-
    tuelle.
  Transl.: and he defeated the Edomites
  Trad.:   et il battit les Edomites

9.8

B ואבד
    and it shall perish
    et elle périra
      RSV : for (the whole house...) shall perish
      NEB : (the house...) shall perish
      L   : so dass (das ganze Haus Ahab) umkomme
[ומיד]
    and from the hand of
    et de la main de
      J* : et sur (toute la famille...)
  Fac.: 4
  Transl.: and it shall perish
  Trad.:   et elle périra

9.15

אם יש נפשכם
  if it is your spirit
  si c'est votre esprit
    RSV : if this is your mind (?)
    J   : si c'est votre sentiment (?)
    L   : wenn ihr wollt (?)
  Fac.: 4,5
C אם יש את נפשכם
  if it is with your spirit
  si c'est avec votre esprit
[אם יש נפשכם אתי]
  if your spirit is with me
  si votre esprit est avec moi
    NEB*: if you are on my side
  Fac.: 8,4
  Rem.: See a similar problem in 10.15, below.
  Rem.: Voir un problème parallèle en 10.15, ci-des-
    sous.
  Transl.: if it is with your spirit / if it is in
           your mind
  Trad.:   si c'est avec votre esprit / si c'est dans
           votre pensée

9.27

C הכהו אל-המרכבה
  strike him on the chariot
  frappez-le sur le char
[הכהו ויכהו אל-המרכבה]
  "strike him", and they struck him on the chariot
  "frappez-le !" et ils le frappèrent sur le char
    RSV*: "Shoot him..."; and they shot him in the
          chariot
    NEB*: 'Make sure of him...' They shot him down
          in his chariot
    J* : frappez-le !" On le blessa sur son char
  Fac.: 1,4
[הכהו אל-המרכבה ויכהו]
  strike him on the chariot", and they struck him
  frappez-le sur le char", et ils le frappèrent
    L   : und liess auch ihn töten auf dem Wagen,
          und sie schossen auf ihn (?)
  Fac.: 14
  Rem.: Two translations are possible : (i) Jehu's
  order extends to "Ibleam" : "And he gave the
  order : 'him too, strike him in the chariot on
  the ascent of Gur, which is near Ibleam'";

(ii) Jehu's order extends to "strike him" : "and
he gave the order ; 'him too, strike him !'<It
happened /was> in the chariot on the ascent of
Gur, which is near Ibleam."

Rem.: Deux traductions sont possibles : (i) L'ordre
de Jéhu va jusqu'au nom "Yibléâm" : "et il ordonna : 'lui aussi, frappez-le dans le char sur
la montée de Gur, qui est près de Yibléâm'". (ii)
L'ordre de Jéhu s'étend jusqu'à "frappez-le !" :
"et il ordonna : 'lui aussi, frappez-le !' <Cela
arriva / Ce fut> dans le char sur la montée de
Gur, qui est près de Yibléâm".

Transl.: See Remark
Trad.:   Voir Remarque

9.37

בחלק יזרעאל C
    in the portion of Jezreel
    dans le champ de Yizréel
       RSV : in the territory of Jezreel
       NEB : in the plot at Jezreel
       L   : im Gefilde von Jesreel
  [Lacking.Manque] = J*
  Fac.: 1,4
  Transl.: in the portion of Jezreel
  Trad.:   dans le champ de Yizréel

10.1

יזרעאל B
    of Jezreel
    de Yizréel
  [העיר]
    of the city
    de la ville
       RSV*: of the city
       NEB*: of the city
       J* : de la ville
       L   : der Stadt
  Fac.: 4
  Transl.: of Jezreel
  Trad.:   de Yizréel

10.1

D הזקנים
    the elders
    les anciens
      NEB : to the elders, (the rulers of the city)
D ואל־הזקנים
    and to the elders
    et aux anciens
      RSV : to the elders
      J   : aux anciens
      L   : zu den Aeltesten
  Rem.: 1. One half of the Committee opted for the
  majority reading of the MT : "הזקנים, the elders",
  with the rating D, whereas the other half gave
  the rating D to the minority reading of the MT :
  "ואל־הזקנים, and to the elders". Translators may
  choose either reading.
  2. If the first reading is chosen, it should be
  interpreted as referring to one category of people;
  the princes of Jezreel are the Elders, whether
  "princes of Jezreel" be an honorary title for the
  Elders of Samaria, or wheter the princes of Jezreel are gathered at Samaria. If the second reading is chosen, two categories of people are involved.
  3. The majority reading of the MT may be translated
  as follows : "(and he sent it to Samaria, to the
  princes of Jezreel,) the elders", whereas the
  minority reading may be translated : "and he sent
  it to Samaria, to the princes of Jezreel,) and
  to the elders".
  Rem.: 1. Une moitié du Comité se décida pour la leçon
  majoritaire du TM : "הזקנים, les anciens", avec
  le vote D, tandis que l'autre moitié accorda le
  degré D à la leçon minoritaire du TM : "ואל־הזקנים,
  et aux anciens". Les traducteurs peuvent donc
  choisir entre ces deux leçons.
  2. Si l'on choisit la première leçon, il s'agit
  d'une catégorie de personnes : les princes de
  Yizréel sont les Anciens,que cette expression
  "princes de Yizréel" soit un titre honorifique
  pour les Anciens de Samarie ou que les princes de
  Yizréel soient effectivement présents à Samarie.
  Si l'on choisit la deuxième leçon, il s'agit de
  deux catégories de personnes.
  3. La traduction de la leçon majoritaire du TM
  serait donc : "(et il l'envoya à Samarie aux
  princes de Yizréel,) les anciens", tandis qu'on

peut traduire la leçon minoritaire : "(et il l'envoya à Samarie aux princes de Yizréel,) et aux
anciens".
Transl.: See Remarks
Trad.:   Voir Remarques

10.1
B ואל-האמנים אהאב
   and to the tutors of Ahab
   et aux tuteurs d'Achab
   [ואל-האמנים את-בני אהאב]
   and to the tutors of the sons of Ahab
   et aux tuteurs des fils d'Achab
      RSV : and to the guardians of the sons of Ahab
      NEB*: and to the tutors of Ahab's children
      J* : et aux tuteurs des enfants d'Achab
      L   : zu den ... und Vormündern der Söhne Ahabs
   Fac.: 1,4
   Transl.: and to the tutors ⟨appointed by⟩ Ahab
   Trad.:   et aux instituteurs ⟨institués par⟩ Achab

10.2
C ועיר מבצר
   and a fortified city
   et une ville fortifiée
      J   : (3e éd.) une ville forte
   וערי מבצר
   and fortified cities
   et des villes fortifiées
      RSV : fortified cities also (?)
      NEB*: fortified cities
      J* : (1e, 2e éd.) les villes fortes
      L   : feste Städte (?)
   Fac.: 6,4
   Rem.: Two interpretations of the singular in the MT
      are possible : It is either a collective singular
      (the old Versions with their plural understood it
      that way); or the singular means the one fortified
      city of Samaria.
   Rem.: Deux interprétations du singulier dans le TM
      sont possibles : Ou bien c'est un singulier col-
      lectif. C'est ainsi que les Versions anciennes avec
      leur pluriel l'ont interprété. Ou bien il désigne
      la ville fortifiée de Samarie.
   Transl.: and a fortified city / and fortified cities
   Trad.:   et une ville forte / et des villes fortes

10.15

C היש את לבבך ישר
    is it right with your heart ?
    y a-t-il droiture avec ton coeur ?
[היש לבבך את לבבי ישר]
    is your heart right with my heart ?
    ton coeur est-il droit avec mon coeur ?
      RSV*: is your heart true to my heart
      J* : ton coeur est-il loyalement avec le mien
  Fac.: 4,8
[היש אתי לבבך ישר]
    is your heart right with me ?
    ton coeur est-il droit avec moi ?
      NEB : are you with me heart and soul (?)
      L   : ist dein Herz aufrichtig gegen mich
  Fac.: 4,8
  Rem.: See a similar problem in 9.15, above.
  Rem.: Voir un problème semblable en 9.15, ci-dessus.
  Transl.: is your heart right ?
  Trad.:   y a-t-il droiture avec /dans ton coeur ? /
             ton coeur est-il droit ?

10.15

A יש וריש
    "it is." "If it is
    "il l'est." "S'il l'est
      J   : "Oui." - "Si c'est oui
[יש ויאמר יהוא ריש]
    "it is." And Jehu said, "If it is
    "il l'est." Et Jehu dit, "S'il l'est
      RSV*: "It is." Jehu said, "If it is
      NEB*: 'I am',... 'Then if you are,' said Jehu
      L   : Ja. Da sprach Jehu : Wenn es so ist
  Fac.: 4
  Transl.: "it is." "If it is
  Trad.:   "il l'est." "S'il l'est

10.16

B וירכבו אתו
    and they had him ride
    et ils le firent monter
[וירכב אתו]
    and he had him ride
    et il le fit monter
      RSV*: so he had him ride
      NEB*: so he took him with him

        J   : et il l'emmena
        L   : und er liess ihn mit sich fahren
    Fac.: 4,9
    Transl.: and they had him ride
    Trad.:   et ils le firent monter

10.19

A כל-עבדיו
      all his worshippers
      tous ses adorateurs
        RSV : all his worshipers
        L   : die in seinem Dienste stehen (?)
   כל-עבדיו
      all his servants
      tous ses serviteurs
        NEB : all his ministers
    Fac.: 4
    [Lacking.Manque] = J*
    Fac.: 14
    Rem.: For this case the Committee gave two ratings :
        (i) the rating A (given above) for the form
        "עבדיו, his worshippers", and (ii) the rating B
        (not given above) for the word-order of the MT,
        where "כל-עבדיו" precedes "וכל-כהניו".
    Rem.: Le Comité a voté deux fois pour ce cas :
        (i) le vote A (donné ci-dessus) pour la forme
        "עבדיו, ses adorateurs", et (ii) le vote B
        (non cité ci-dessus) pour l'ordre des mots du TM,
        où "כל-עבדיו" précède "וכל-כהניו".
    Transl.: all his worshippers
    Trad.:   tous ses adorateurs

10.24

B ויבאו
      and they came
      et ils vinrent
        NEB : then they went in
        L   : und sie kamen hinein
   [ויבא]
      and he came
      et il vint
        RSV*: then he went in
        J* : et il s'avança
    Fac.: 5
    Transl.: and they came
    Trad.:   et ils vinrent

10.25

A עד-עיר בית-הבעל
    as far as the citadel of the house of Baal
    jusqu'à la citadelle de la maison de Baal
[עד-דביר בית-הבעל]
    as far as the sanctuary of the house of Baal
    jusqu'au sanctuaire de la maison de Baal
      RSV*: into the inner room of the house of Baal
      NEB : into the keep of the temple of Baal
      J* : jusqu'au sanctuaire du temple de Baal
      L   : in das Innere des Hauses Baal
  Fac.: 14
  Transl.: as far as the citadel of the house of Baal
  Trad.:   jusqu'à la citadelle de la maison de Baal

10.26

C את-מצבות בית-הבעל
    the pillars / the mazzeboth of the house of Baal
    les stèles / les maççéboth de la maison de Baal
את-מצבת בית-הבעל
    the pillar / the mazzebah of the house of Baal
    la stèle / la maççéba de la maison de Baal
      RSV : the pillar that was in the house of Baal
  Fac.: 5,4
[את-אשרת בית-הבעל]
    the sacred pole / the Asherah of the house of Baal
    le pieu sacré / l'Ashéra de la maison de Baal
      NEB*: the sacred pole from the temple of Baal
      J* : le pieu sacré du temple de Baal
  Fac.: 14
[את-אשרות בית-הבעל]
    the sacred poles / the Asheroth of the house of
    Baal
    les pieux sacrés / les Ashéroth de la maison de
    Baal
      L   : die Bilder der Aschera aus dem Hause Baals
  Fac.: 14
  Rem.: V.26 may be translated as follows : "and they
    brought out the mazzeboth of the house of Baal
    and burned each one ⟨of them⟩".
  Rem.: On peut traduire le V.26 comme suit : "et ils
    amenèrent dehors les maççéboth de la maison de
    Baal et brûlèrent chacune ⟨d'elles⟩".
  Transl.: See Remark
  Trad.:   Voir Remarque

10.27

A את מצבת הבעל
   the pillar / the mazzebah of Baal
   la stèle / la maççéba de Baal
      RSV : the pillar of Baal
      NEB : the sacred pillar of the Baal
      J   : (3e éd.) la stèle de Baal
 [את מצבות הבעל]
   the pillars / the mazzeboth of Baal
   les stèles / les maççéboth de Baal
      L   : die Steinmale Baals
 Fac.: 5
 [את מזבח הבעל]
   the altar of Baal
   l'autel de Baal
      J* : (1e, 2e éd.) l'autel de Baal
 Fac.: 14
 Transl.: the mazzebah of Baal
 Trad.:   la maççéba de Baal

11.2

B אתו 2⁰
   him
   lui
 [ותתן אתו]
   and she put him
   et elle le mit
      RSV*: and she put him
      NEB*: she put him
      J   : (1e*, 2e*, 3e éd.) et elle le mit
      L   : und brachte ihn
 Fac.: 14
 Transl.: him
 Trad.:   lui

11.12

A ואת-העדות
   and the testimony
   et le témoignage
      RSV : the testimony
      NEB : the warrant
      J* : (3e éd.) le document de l'alliance
      L   : die Ordnung
 [ואת-הצעדות]
   and the bracelets
   et les bracelets

        J* : (1e, 2e éd.) et les bracelets
    Fac.: 14
    Rem.: See also the parallel passage in 2 Chron 23.11.
    Rem.: Voir aussi le passage parallèle en 2 Ch 23.11.
    Transl.: and the testimony
    Trad.:   et le témoignage

11.15

B אל-מבית השדרות
    towards the interior of the ranks / between the
    ranks
    vers l'intérieur des rangs / entre les rangs
      RSV : between the ranks
      J   : (3e éd.) entre les rangs
      L   : zwischen den Reihen
 [אל-מחוץ החצרות]
    outside the courts
    hors des parvis
      NEB : outside the precincts
      J* : (1e, 2e éd.) hors des parvis
    Fac.: 14
    Transl.: between the ranks
    Trad.:   entre les rangs

12.10(9)

A אצל המזבח בימין   Qere = מימין
    beside the altar from the right
    à côté de l'autel, sur la droite
      RSV : beside the altar on the right side
      NEB : beside the altar on the right side
      L   : zur rechten Hand neben dem Altar
 [אצל המצבה בימין] Qere = מימין
    beside the pillar / the mazzebah, from the right
    à côté de la stèle / maççéba, sur la droite
      J* : à côté de la stèle, à droite
    Fac.: 14
    Transl.: beside the altar on the right
    Trad.:   à côté de l'autel, sur la droite

12.11(10)

A והכהן הגדול
    and the high priest
    et le grand prêtre
      RSV : and the high priest
      NEB : and the high priest
      L   : mit dem Hohenpriester

[Lacking.Manque] = J*
Fac.: 9,14
Transl.: and the high priest
Trad.:   et le grand prêtre

12.11(10)

B וַיָּצֻרוּ
   and they tied ⟨in bags⟩
   et ils lièrent ⟨dans un sac⟩
      RSV : (they...) and tied up in bags
      L   : (sie...) und banden es zusammen
[וַיַּצְרוּ] = ויצרו
   and they had melted
   et ils firent fondre
      J* : (1e éd.) on fondait
Fac.: 8,12
[וַיִּצְרוּ] = ויצרו
   and they melted
   et ils fondirent
      NEB : and melted down
      J* : (2e, 3e éd.) on fondait
Fac.: 8,12
Transl.: and they tied ⟨in bags⟩
Trad.:   et ils lièrent ⟨dans un sac⟩

12.22(21)

D ויוזבד
   and Jozabad
   et Yozabad
   Fac.: 12 (see Remark / voir Remarque)
D ויוזכר
   and Jozachar
   et Yozakar
      RSV : it was Jozacar
      NEB*: Jozachar
      J   : Yozakar
      L   : Josachar
   Fac.: 12 (See Remark / voir Remarque)
   Rem.: One half of the Committee voted for the form
      "ויוזבד, and Jozabad", with the rating D, whereas
      the other half opted for the form "ויוזכר, and
      Jozachar", with the same rating, D. The passage
      from the original to the corrupt form is the
      result of a scribal error, whichever may have
      been the original form. Translators may choose
      either reading.

Rem.: Une moitié du Comité vota pour la forme
"רוזבד, et Yozabad", avec le degré de certitude
D, tandis que l'autre moitié se décida pour
"רוזכר, et Yozakar", avec le même degré D. Le
passage de la forme originale à la forme corrompue est dû à une erreur de scribe, quelle qu'ait
été cette forme originale.Aux traducteurs le
choix entre les deux formes.
Transl.: See Remark
Trad.:   Voir Remarque

13.6

A בית-ירבעם
     of the house of Jeroboam
     de la maison de Jéroboam
        RSV : of the house of Jeroboam
        NEB : of the house of Jeroboam
        L   : des Hauses Jerobeams
ירבעם
     of Jeroboam
     de Jéroboam
        J* : de Jéroboam
     Fac.: 5
     Transl.: of the house of Jeroboam
     Trad.:   de la maison de Jéroboam

13.10

A שלשים ושבע
     thirty-seven
     trente-sept
        RSV : thirty-seventh
        J   : trente-septième
        L   : siebenunddreissigsten
[שלשים ותשע]
     thirty-nine
     trente-neuf
        NEB*: thirty-ninth
     Fac.: 4,1
     Rem.: Translators might add in a note that for 13.1
        Flavius Josephus,Antiquities IX, 1733 reads : "in
        the twenty-first year of Joash".
     Rem.: Les traducteurs pourront ajouter en note que
        la leçon de Flavius Josèphe,Antiquités IX, 1733
        pour 13.1 est : "dans la vingt-et-unième année de
        Yoash".
     Transl.: thirty-seventh
     Trad.:   trente-septième

13.21

B וילך ויגע האיש
    and he went, and the man touched / and the man
    went and touched
    et il s'en alla, et l'homme toucha / et l'homme
    s'en alla et toucha
        RSV : and as soon as the man touched
        L   : und als er ... berührte
    וילכו ויגע האיש
    and they went, and the man touched
    et ils s'en allèrent, et l'homme toucha
        NEB*: (they...) and made off; when the body
              touched
        J   : (1e*, 2e*, 3e éd.) et partirent. L'homme
              toucha
    Fac.: 4,5
    Rem.: 1. "וילך" may be interpreted as plural, "and
    they went", the final waw being omitted simply
    through a graphic procedure.
    2. The rating B also covers the transferral of
    the main phrase division from "אלישע" to "וילך".
    3. "וילך ויגע האיש" may be translated, therefore,
    as follows : "and they went away. And the man
    touched".
    Rem.: 1. On peut interpréter "וילך" comme pluriel,
    "et ils s'en allèrent", le waw final étant omis
    simplement par un procédé scribal.
    2. Le vote B inclut le déplacement de la division
    principale de la phrase de "אלישע" à "וילך".
    3. On peut donc traduire "וילך ויגע האיש" comme
    suit : "et ils s'en allèrent. Et l'homme toucha".
    Transl.: See Remarks
    Trad.:   Voir Remarques

13.23

C עד-עתה
    until now
    jusqu'à maintenant
        RSV : until now
        NEB : even yet
        L   : bis auf diese Stunde
  [Lacking.Manque] = J*
    Fac.: 4,7
    Transl.: until now
    Trad.:   jusqu'à maintenant

14.28

ליהודה בישראל B
    for Judah in Israel
    pour Juda en Israël
      RSV : for Israel ... which had belonged to Judah
[לישראל]
    to Israel
    à Israël
      L   : an Israel
 Fac.: 1, 4
[ביהודה לישראל]
    in Judah for Israel
    à Juda pour Israël
      NEB*: in Jaudi for Israel
 Fac.: 14
[ליהודה ולישרשל]
    to Judah and to Israel
    à Juda et à Israël
    J* : (3e éd.) à Juda et à Israël
 Fac.: 14
[Lacking.Manque] = J* (le, 2e éd.)
 Rem.: This expression may be understood as follows :
    "(and how he recovered) for Israel (Damascus and
    Hamath,) ⟨which had belonged⟩ to Judah".
 Rem.: On peut comprendre cette expression ainsi :
    "(et comment il recouvra,) pour Israël (Damas et
    Hamat)⟨qui avaient appartenu⟩ à Juda".
 Transl.: See Remark
 Trad.:   Voir Remarque

15.10

קבל עם C
    before the people
    en face du peuple
D[ביבלעם]
    in Ibleam
    à Yibléam
      RSV*: at Ibleam
      NEB*: in Ibleam
      J* : à Yibléam (le éd.), à Yibleam (2e, 3e éd.)
 [Lacking. Manque] = L
 Fac.: 4
 Rem.: 1. An old exegetical tradition of the Phari-
    sees interprets this expression as "before the
    people".
    2. Some of the Septuagint witnesses give a trans-
    cription of the MT, while others read here the

name of the town, "Ibleam".
3. One half of the Committee gave the MT the
rating C, while the other half preferred the
Septuagint variant, "Ibleam", with the rating D.
Translators may choose either reading.
Rem.: Une ancienne tradition exégétique des phari-
siens comprend cette expression comme : "en face
du peuple".
2. Un certain nombre de témoins de la Septante
donne le TM en transcription, tandis que d'autres
lisent le nom de la ville de Yibléâm.
3. Une moitié du Comité a donné au TM le vote C,
tandis que l'autre moitié a préféré, avec le vote
D, la variante de la Septante, Yibléâm. Les traducteurs peuvent choisir entre les deux leçons.
Transl.: See Remark
Trad.:   Voir Remarques

15.16

C חפסח
    Tiphsah
    Tiphsah
       L   : Tiphsach
  [חפוח]
    Tappuah
    Tappuah
      RSV*: Tappuah
      NEB*: Tappuah
      J* : Tappuah
  Fac.: 9,5
  Transl.: Tiphsah
  Trad.:   Tiphsah

15.25

A את-ארגב ואת-האריה
    Argob and Haarieh
    Argob et Haarieh
       L   : samt Argob und Arje
  [Lacking.Manque] = RSV*, NEB*, J*
  Fac.: 14
  Rem.: These two persons seem to be victims of Pekah's
    revolution against Menahem.
  Rem.: Ces deux personnes semblent être victimes de
    la révolution de Péqah contre Ménahem.
  Transl.: Argob and Haarieh
  Trad.:   Argob et Haarieh

15.30

‏בשנת עשרים ליותם בן-עזיה‎ B
 in the twentieth year of Jotham,son of Uzziah
 dans la vingtième année de Yotâm, fils d'Ozias
  RSV : in the twentieth year of Jotham the son
     of Uzziah
  NEB : in the twentieth year of Jotham son of
     Uzziah
  L : im zwanzigsten Jahr Jothams, des Sohnes
     Usias
 [Lacking.Manque] = J*
 Fac.: 1,4
 Transl.: in the twentieth year of Jotham, son of
    Uzziah
 Trad.: dans la vingtième année de Yotâm, fils
    d'Ozias

16.6

‏רצין מלך-ארם‎ A
 Rezin, king of Aram
 Raçîn, roi d'Arâm
  L : Rezin, der König von Aram
[‏מלך אדם‎]
 the king of Edom
 le roi d'Edôm
  RSV*: the king of Edom
  NEB*: the king of Edom
  J* : le roi d'Edom
 Fac.: 14
 Rem.: See the following case, Remark 1.
 Rem.: Voir le cas suivant, Remarque 1.
 Transl.: Rezin, king of Aram
 Trad.: Raçîn, roi d'Arâm

16.6

‏לארם‎ A
 to / for Aram
 à / pour Arâm
[‏לאדם‎]
 for Edom
 pour Edôm
  RSV*: for Edom
  NEB : (free rendering, see Brockington for
    text)
  J* : pour Edom
  L : an Edom

Fac.: 14
Rem.: 1. V.6 describes the restitution of Elath to
Edom, under an Aramean protectorate.
2. Although the original text must have had
"לאדם, to Edom", there are no longer textual witnesses which attest this reading. Translators who
use notes may indicate that Elath was restored
to Edom.
Rem.: 1. Le V.6 décrit la restitution de Elat à
Edôm sous un protectorat araméen.
2. Bien que le texte original portât certainement
"לאדם, à Edôm", il n'existe plus de témoins textuels qui l'attestent. Les traducteurs qui utilisent
des notes peuvent donner la leçon originale "Edôm"
en note.
Transl.: to Aram
Trad.:   à Arâm

16.10

B את-דמות המזבח
   the likeness of the altar
   l'image de l'autel
      RSV : a model of the altar
      NEB : an altar of which (he sent) a sketch
      J   : (3e éd.) l'image de l'autel
[את-מדות המזבח]
   the measurements of the altar
   les mesures de l'autel
      J* : (1e, 2e éd.) les mesures de l'autel
      L   : Masse ... des Altars
   Fac.: 14
   Transl.: the likeness of the altar
   Trad.:   l'image de l'autel

16.18

מוּסַךְ = Qere   וְאֶת-מיסך הַשַּׁבָּת
   the portico of the sabbath / the veil of the
   sabbath
   le portique du sabbat / le voile du sabbat
      RSV : and the covered way for the sabbath
      NEB*: and the structure ... for use on the
            sabbath (?)
      L   : auch die bedeckte Sabbathalle
[וְאֶת-מוסד הַשַּׁבָּת]
   and the foundation of the seat
   et la base du siège
      J* : l'estrade du trône

Fac.: 4,9
Rem.: The Committee voted twice for this case. The
   first word מוּסַךְ (=Qere)/מיסך (=Ketiv), "veil",
   "portico" was given the rating C, and the second
   word הַשַּׁבָּת, "the sabbath", the rating D.
Rem.: Le Comité a donné deux votes pour ce cas.
   Le premier mot מוּסַךְ (=Qere) / מיסך (= Ketiv) "le
   voile", "le portique" a reçu le vote C, tandis
   que le deuxième mot הַשַּׁבָּת, "le sabbat" a reçu le
   vote D.
Transl.: and the portico / the veil of the sabbath
Trad.:   et le portique / le voile du sabbat

16.18

B הסב בית יהוה
   he turned about in the house of the LORD
   il tourna dans la maison du SEIGNEUR
      NEB : in the house of the LORD he turned round
      L   : am Hause des HERRN änderte er
 [הסר מבית יהוה]
   he removed from the house of the LORD
   il supprima de la maison du SEIGNEUR
      RSV*: he removed from the house of the Lord
      J* : il supprima du Temple de Yahvé
   Fac.: 14
   Transl.: he turned / deflected ⟨towards⟩ the house
            of the LORD
   Trad.:   il détourna / dévia ⟨vers⟩ la maison du
            SEIGNEUR

17.4

A אל-סוא מלך-מצרים
   to So, king of Egypt
   vers So, roi d'Egypte
      RSV : to So, king of Egypt
      J* : (1e, 2e éd.) à Sô (1e éd.), à So (2e éd.),
            roi d'Egypte
      L   : zu So, dem König von Aegypten
 [סוא אל-מלך-מצרים]
   So, to the king of Egypt
   So, vers le roi d'Egypte
      NEB*: to the king of Egypt at So
      J* : (3e éd.) à Saïs, vers le roi d'Egypte
   Fac.: 4
   Rem.: The translation of "אל-סוא מלך-מצרים" is "to
      So, king of Egypt". It is difficult to identify
      the pharaoh of this name. Another possible trans-

lation, though less probable,is : "towards So
(=Sais), ⟨to⟩ the king of Egypt". Translators who
use notes may indicate this in a note.
Rem.: La traduction de "אל-סוא מלך-מצרים" est la
suivante : "vers So, roi d'Egypte". Une autre
possibilité, moins probable, serait de traduire :
"vers Sô (=Saïs), ⟨vers⟩ le roi d'Egypte". Les
traducteurs qui utilisent des notes pourraient
indiquer cela en note.
Transl.: See Remark
Trad. : Voir Remarque

17.8

B וּמַלְכֵי יִשְׂרָאֵל אֲשֶׁר עָשׂוּ
and of the kings of Israel whom they had made /
and which the kings of Israel had practised
et des rois d'Israël qu'ils se firent / et que
les rois d'Israël avaient accomplies
   RSV*: and in the customs which the kings of
        Israel had introduced (see Rem.2)
[וכאשר מלכי ישראל עשו]
and as did the kings of Israel ⟨they did⟩
et ⟨ils firent⟩ comme firent les rois d'Israël
   L : und taten wie die Könige von Israel (?)
Fac.: 14
[Lacking.Manque] = NEB* (NEB's note is erroneous),
                   J* (3e éd.)
Fac.: 4
[Transposed to beginning of V.9. Transposé au début
du V.9] = J* (1e, 2e éd.)
Fac.: 14 (see the next case / voir le cas suivant)
Rem.: 1. If this clause belongs to the original
text, it should be understood as follows : "and
which (i.e. the customs) the kings of Israel had
practised", the expression "חקות, customs" being
tacitly presupposed before "ומלכי ישראל, and the
kings of Israel", cf. the parallel expression
at the end of V.19. If however the clause be a
gloss, the meaning would be "just that which the
kings of Israel had done".
2. It does not seem necessary, therefore, to
presuppose another Hebrew basis for a translation
such as that of RSV.
Rem.: 1. Si cette proposition fait partie du texte
original, il faut la comprendre ainsi : "que
(c'est-à-dire les coutumes) les rois d'Israël
avaient instituées, le mot "חקות, coutumes"
étant sous-entendu devant "ומלכי ישראל, et les

rois d'Israël", cf. l'expression parallèle à la
fin du V.19. Si la proposition était au contraire
une glose, elle signifierait : "juste ce que les
rois d'Israël avaient fait".
2. Il semble donc superflu de postuler un autre
texte hébraïque pour une traduction comme celle
que donne RSV.
Transl.: See Remark 1
Trad.:   Voir Remarque 1

17.9

B בני-ישראל
   the children of Israel
   les enfants d'Israël
     RSV : the people of Israel
     NEB : (V.7 the Israelites... they, V.8 they...)
           V.9 (and uttered...)
     J* : (3e éd.) les Israélites
     L   : die Kinder Israel
[בני-ישראל ומלכי ישראל אשר עשו]
   the children of Israel and the kings of Israel
   whom they made
   les enfants d'Israël et les rois d'Israël qu'ils
   se firent
     J* : (1e, 2e éd.) les Israélites, et les rois
           qu'ils se firent
   Fac.: 14
   Rem.: See the preceding case.
   Rem.: Voir le cas précédent.
   Transl.: the Israelites
   Trad.:   les Israélites

17.14

B כערף אבותם
   like the back of their fathers
   comme la nuque de leurs pères
     RSV : (were stubborn,) as their fathers had
           been
     NEB : (but were as stubborn and rebellious) as
           their forefathers had been
     L   : (ihren Nacken) wie ihre Väter
[מערף אבותם]
   more than the back of their fathers
   plus que la nuque de leurs pères
     J* : (leur nuque) plus que n'avaient fait leurs
           pères
   Fac.: 6,13

Transl.: as the back of their fathers
Trad.:   comme la nuque de leurs pères

18.17

B ‏ויעלו ויבאו ירושלם ויעלו ויבאו
and they went up and came to Jerusalem, and they
went up and came
et ils montèrent et vinrent à Jérusalem, et ils
montèrent et vinrent
> RSV : and they went up and came to Jerusalem.
> When they arrived, they came

[‏ויעלו ויבאו ירושלם]
and they went up and came to Jerusalem
et ils montèrent et vinrent à Jérusalem
> NEB*: and they went up and came to Jerusalem

Fac.: 4

[‏ירושלם ויעלו ויבאו]
to Jerusalem, and they went up and came
à Jérusalem, et ils montèrent et vinrent
> L   : nach Jerusalem, und sie zogen hinauf. Und
> als sie hinkamen

Fac.: 14

[‏ירושלם ויעל ויבא]
and he went up to Jerusalem and came
et il monta à Jérusalem et vint
> J* : il monta donc à Jérusalem et, étant arrivé

Fac.: 14

Rem.: The style here is purposely and emphatically
redundant. Thus, the clause may be rendered as
follows : "they went up and came to Jerusalem;
they went up <then> and came and stood..."
Rem.: Le style est volontairement redondant et la
répétition marque une emphase. On peut traduire
ainsi : "ils montèrent et arrivèrent à Jérusalem; ils montèrent <donc> et arrivèrent et firent
halte..."
Transl.: See Remark
Trad.:   Voir Remarque

18.24

B ‏פחת
of a governor
d'un gouverneur
> RSV : a ... captain
[Lacking.Manque] = NEB (?), J*, L (?)
Fac.: 14

Transl.: of (one) governor
Trad.:   d'un (seul) gouverneur

18.34

C הנע ועוה
   of Hena and of Ivvah
   de Héna et de Ivva
     RSV : Hena, and Ivvah
[הנע ועוה ואיה אלהי ארץ שמרון]
   of Hena and of Ivvah ? And where the gods of the
   land of Samaria ?
   de Héna et de Ivva ? Et où les dieux du pays de
   Samarie ?
     NEB*: Hena, and Ivvah ? Where are the gods of
           Samaria ?
     J* : de Hena et de Iwwa (le éd.), de Héna et
           de Ivva (2e, 3e éd.), où sont les dieux
           du pays de Samarie ?
     L   : Hena und Iwwa ? Wo sind die Götter des
           Landes Samarien ?
   Fac.: 1,13
   Rem.: In their full context VV.34 and 35 mean :
     "Where ⟨are⟩ the gods of ..., so that they could
     have delivered Samaria out of my hand ? (V.35)
     Who is ⟨the god⟩ among all the gods of the coun-
     tries who has been able to deliver his country
     out of my hand, so that the LORD might deliver
     Jerusalem out of my hand ?".
   Rem.: Le mouvement de la pensée dans les VV.34-35
     est le suivant : "Où ⟨sont⟩ les dieux de ..., de
     sorte qu'ils auraient pu arracher Samarie de ma
     main ? (V.35) Qui est ⟨le dieu⟩ parmi tous les
     dieux des pays qui pouvait arracher son pays de
     ma main, de sorte que le SEIGNEUR pourrait arra-
     cher Jérusalem de ma main ?"
   Transl.: See Remark
   Trad.:   Voir Remarque

19.12

A בחלאשר
   in Telassar
   à Telassar
     RSV : in Telassar
     NEB : in Telassar
     L   : zu Telassar

[בחל בשר]
   in Tel-basar
   à Tell-Basar
     J* : à Tell-Basar
  Fac.: 14
  Transl.: in Telassar
  Trad.:   à Telassar

19.17

B ואת-ארצם
   and their countries
   et leurs pays
     RSV : and their lands
     NEB : and their lands
     L   : und ihre Länder
 [Lacking.Manque] = J*
  Fac.: 4,5
  Rem.: See the parallel passage of Is 37.18 with its
    different text.
  Rem.: Voir le passage parallèle de Is 37.18 avec
    son texte différent.
  Transl.: and their countries
  Trad.:   et leurs pays

19.23

  ברב רכבי = Qere
   with the multitude of my chariots
   avec la multitude de mes chars
     RSV : with my many chariots
     J   : avec mes nombreux chars
     L   : ich bin mit der Menge meiner Wagen
  Fac.: 5
B ברכב רכבי = Ketiv
   when I mount my chariot
   quand je monte sur mon char
     NEB : I have mounted my chariot
  Rem.: See also the following case.
  Rem.: Voir aussi le cas suivant.
  Transl.: when I mount my chariot
  Trad.:   quand je monte sur mon char

19.23

A אני
   I
  moi
    RSV : I

    J   : j'(ai)
    L   : (ich...)
[אני עשיתי חיל]
    I did a mighty deed
    je fis moi une prouesse
      NEB*: I (have...) and done mighty deeds
  Fac.: 1,13
  Transl.: I
  Trad.:   moi

19.26

A ושדפה
    and a blight
    et une nielle / flétrissure
      RSV : blighted
      NEB : blasted
      L   : das verdorrt
[ושדמה]
    and a field
    et un champs
      J*   : et guérets
  Fac.: 5
  Rem.: 1. See the two following cases also.
    2. See the parallel passage of Is 37.27 with its
    textual difference.
  Rem.: 1. Voir aussi les deux cas suivants.
    2. Voir le passage parallèle de Is 37.27 avec son
    texte différent.
  Transl.: and blighted
  Trad.:   et flétri / niellé

19.26

C לפני קמה
    before it rises
    avant qu'il   se lève
      RSV : before it is grown
      L   : ehe es reif wird
[לפני קדים]
    before the east wind
    devant le vent d'est
      NEB*: before the east wind
      J* : sous le vent d'Orient (le éd.), d'orient
            (2e, 3e éd.)
  Fac.: 5
  Rem.: See the parallel passage of Is 37.27.
  Rem.: Voir le passage parallèle de Is 37.27.
  Transl.: before it stands up / rises
  Trad.:   avant qu'il   se lève

19.27

ושבתך

   and your sitting down
   et quand tu t'assieds
               RSV : but ... your sitting down
   Fac.: 12
C[קומך ושבתך]

   your rising up and your sitting down
   quand tu te lèves et quand tu t'assieds
     NEB*: your rising up and your sitting down
      J* : (3e éd.) quand tu te lèves et quand tu
            t'assieds
      L   : (ich weiss) von deinem Aufstehen und
            Sitzen
[ולפני קומך ושבתך]

   and before me your rising up and your sitting
   down
   et devant moi ton lever et ton coucher (litt. ton
   asseoir)
      J* : (le, 2e éd.) mais je suis là, si tu te
           lèves ou t'assieds (voir Rem.1)
   Fac.: 14
   Rem.: 1. J's Hebrew basis in its first and second edi-
     tion is reconstructed here with a reservation,
     since J itself does not explicitly quote it.
     2. See the parallel passage of Is 37.27.
   Rem.: 1. La base hébraïque de J, le et 2e éd., est
     donnée ici sous réserve, dans l'absence d'indi-
     cations précises en J elle-même.
     2. Voir le passage parallèle de Is 37.27.
   Transl.: your rising up and your sitting down
   Trad.: quand tu te lèves et quand tu t'assieds

19.27

A ואת התרגזך אלי

   and your being excited towards me
   et ton agitation envers moi
     RSV : and your raging against me
     L   : und dass du tobst gegen mich
  [Lacking.Manque] = NEB*, J*
   Fac.: 14
   Rem.: See the parallel passage in Is 37.28 with
     the same clause.
   Rem.: Voir le passage parallèle de Is 37.28 avec
     la même expression.
   Transl.: and your raging against me
   Trad.: et ton emportement contre moi

20.9

הלך
  (the shadow) went
  (l'ombre) alla
    RSV : shall (the shadow) go forward... ?
    L   : soll (der Schatten) ... vorwärts gehen...?
[הילך]
  will (the shadow) go ?
  est-ce que (l'ombre) ira ?
    NEB*: shall (the shadow) go forward...?
    J* : veux-tu que l'ombre avance
  Fac.: 6
  Rem.: The MT may be interpreted in two ways, either
    "the shadow has gone forward ten steps : will /
    would it come back ten steps ?" or "does the
    shadow go forward ten steps or does it come back
    ten steps ?"
  Rem.: Le TM peut être compris de deux façons : ou
    bien "l'ombre a avancé de dix degrés : peut-elle
    reculer de dix degrés ?" ou bien "est-ce que
    l'ombre avance de dix degrés ou est-ce qu'elle
    recule de dix degrés ?"
  Transl.: See Remark
  Trad.:   Voir Remarque

20.11

במעלות אשר ירדה במעלות אחז B
    on the steps which it had gone down, on Ahaz's steps
    sur les degrés qu'elle avait descendus, sur les de-
    grés d'Achaz
    L   : an der Sonnenuhr des Ahas..., die er
          vorwärtsgegangen war (?)
[במעלות אשר ירדה השמש במעלות אחז]
  on the steps which the sun had gone down,
  on the steps of Ahaz
  sur les degrés que le soleil avait descendus, sur
  les degrés d'Achaz
    RSV*: by which the sun had declined on the dial
          of Ahaz
  Fac.: 5,9
[במעלות אשר ירד במעלות אחז]
  on the steps which it had gone down, on Ahaz's
  steps
  sur les degrés qu'il avait descendus sur les
  degrés d'Achaz
    NEB*: where it had advanced down the stairway
          of Ahaz

Fac.: 8,14

[במעלות אחז]
   on Ahaz's steps
   sur les degrés d'Achaz
      J* : (1e, 2e éd.) sur les degrés d'Achaz

Fac.: 4,9

[במעלות אשר ירדה השמש במעלות עלית אחז]
   on the steps, which the sun had gone down - on
   the steps of the roof-chamber of Ahaz
   sur les degrés que le soleil avait descendus -
   sur les degrés de la chambre haute de Achaz
      J* : (3e éd.) sur les degrés que le soleil
           avait descendus, les degrés de la chambre
           haute d'Achaz

Fac.: 5

Rem.: See the parallel passage with its different
   text in Is 38.8.

Rem.: Voir le passage parallèle, mais avec une forme
   textuelle différente en Is 38.8.

Transl.: (and he brought the shadow back) on the
        steps which it had gone down, on
        Ahaz's steps (-back by ten steps)

Trad.:   (et il fit reculer l'ombre) sur les degrés
        qu'elle avait descendus, sur les
        degrés d'Achaz (- d'un recul de dix degrés)

20.12

ברּאדך C
   Berodach
   Bérodak
מרדך
   Merodach
   Mérodak
     RSV : Merodach (-baladan)
     NEB*: Merodach (-baladan)
     J   : Mérodak (-Baladan)
     L   : Merodach (-Baladan)

Fac.: 5

Rem.: This name in 2 Kings 20.12 is but another form
   of the name of the same person in the parallel passage of Is 39.1. Translators who use notes may
   keep the different forms of this proper name in
   the two parallel passages, but indicate in a note
   that the same Babylonian king is meant.

Rem.: Ce nom n'est qu'une autre forme du nom du même
   personnage que donne le passage parallèle d'Is
   39.1. Les traducteurs qui emploient des notes
   peuvent donc maintenir la différence des noms

aux deux endroits, en indiquant en note que les
deux noms désignent le même personnage.
Transl.: Berodach (-baladan)
Trad.:   Bérodak (-Baladân)

20.12

B חזקיהו
    Hezekiah
    Ezéchias
      RSV : Hezekiah
      NEB : he (see the whole context of the V.)
      L   : Hiskia
 [ויחזק]
    and he became strong
    et il se raffermit
      J* : et son rétablissement
    Fac.: 5
    Rem.: See the parallel passage in Is 39.1 where
       the text is different.
    Rem.: Voir le passage parallèle en Is 39.1 où le
       texte est différent.
    Transl.: Ezekiah
    Trad.:   Ezéchias

20.13

C וישמע
    and he heard
    et il entendit
 וישמח
    and he rejoiced
    et il se réjouit
      RSV : and (Hezekiah) welcomed (them) (?)
      NEB*: (Hezekiah) welcomed (them)
      J* : s'en réjouit
      L   : aber freute sich
    Fac.: 5
    Rem.: See the parallel passage of Is 39.2 with its
       different text.
    Rem.: Voir le passage parallèle en Is 39.2 avec un
       texte différent.
    Transl.: (Hezekiah) listened (to them)
    Trad.:   (Ezéchias les) écouta

21.26

B בקברתו
    in his sepulchre
    dans sa sépulture
      RSV : in his tomb
      NEB : in his grave
      L   : in seinem Grabe
 [בקבר אביו]
    in the grave of his father
    dans le tombeau de son père
      J* : dans le sépulcre de son père
  Fac.: 1,5
  Transl.: in his sepulchre
  Trad.: dans sa sépulture

22.4

B ויתם
    and he shall complete
    et il achèvera
      RSV : that he may reckon the amount (of the
            money) (?)
      L   : dass er abgebe alles (Geld)
 [ויתך]
    and he shall melt
    et il fondra
      NEB*: (and tell him) to melt down
      J* : pour qu'il fonde
  Fac.: 1,5
  Rem.: The meaning of this verb can be rendered by trans-
    lations such as:"so that he makes ready", "that
    he completes", "that he sums up".
  Rem.: Le sens du verbe employé ici peut être rendu
    par des expressions comme "qu'il achève", "qu'il
    prépare ⟨pour livraison⟩", "qu'il complète".
  Transl.: See Remark
  Trad.: Voir Remarque

22.13

C עלינו
    upon us / against us
    sur nous / contre nous
      RSV : concerning us
      NEB : upon us
 עליו
    upon it
    sur lui

```
J*  : (ce qui) y (est écrit)
L   : (was) darin (geschrieben ist)
Fac.: 5
Transl.: upon us / concerning us
Trad.:   sur nous / pour nous
```

23.4

```
B ואת-כהני המשנה
    and the priests of the second rank
    et les prêtres de la deuxième classe
      RSV : and the priests of the second order
 [ואת-כהן המשנה]
    and the priest of the second rank
    et le prêtre de la deuxième classe
      NEB*: the deputy high priest
      J*  : au prêtre en second
      L   : und dem zweitobersten Priester
  Fac.: 1,9
  Transl.: and the priests of second rank
  Trad.:   et les prêtres de deuxième ordre
```

23.8

```
B הַשְּׁעָרִים
    of the gates
    des portes
      RSV : of the gates
      J*  : (3e éd.) des portes
 [הַשְּׂעִירִים]
    of the satyrs / demons
    des satyres / démons
      NEB*: of the demons
      J*  : (1e, 2e éd.) des boucs
      L   : der Feldgeister
  Fac.: 14
  Transl.: of the gates
  Trad.:   des portes
```

23.12

```
A עלית אחז
    the upper room of Ahaz
    la chambre haute d'Achaz
      RSV : of the upper chamber of Ahaz
      NEB : by the upper chamber of Ahaz
      L   : dem Obergemach des Ahas
  [Lacking.Manque] = J*
  Fac.: 14
```

Rem.: This element of the whole clause may be un-
    derstood in two ways : either "(on the roof) of
    the upper room of Ahaz" or "(on the roof,) ⟨i.e.⟩
    on the upper room of Ahaz".
Rem.: On peut comprendre ce membre de la phrase,
    soit : "(sur le toit) de la chambre haute d'Achaz",
    soit : "(sur le toit,) ⟨c'est-à-dire⟩ sur la
    chambre haute d'Achaz".
Transl.: See Remark
Trad.:   Voir Remarque

23.13

להר-המשחית B
    to the mountain of the ruin
    à la montagne de la ruine
        RSV : to ... of the mount of corruption
        L   : am Berge des Verderbens
[להר-המשחת]
    to the mountain of the ointment / of oil
    à la montagne de l'onction / de l'huile
        NEB*: to ... of the Mount of Olives
        J* : du Mont (1e éd.), mont (2e, 3e éd.) des
              Oliviers
Fac.: 1,8,9
Rem.: The author of this passage used a euphemism
    in order to avoid the mention of the name of the
    Mount of Olives in this   context of idolatry.
    Translators who use notes may indicate this in a
    note, saying that the Mount of Olives is meant
    indeed, but designated by another name, thus avoi-
    ding the mention of the Mount of Olives in an
    idolatrous context.
Rem.: L'auteur de ce passage se sert ici d'un
    euphémisme, car il ne veut pas prononcer le nom
    "Mont des Olives" dans ce contexte d'idolâtrie.
    C'est pourquoi les traducteurs utilisant des
    notes peuvent indiquer en note que c'est bien
    le Mont des Oliviers dont il s'agit, mais qu'on
    lui donne un autre nom pour éviter de combiner
    le nom "Mont des Oliviers" avec un contexte
    idolâtre.
Transl.: to the mountain of ruin
Trad.:   à la montagne de la ruine

23.15

D וישרף את-הבמה
    and he burnt the high place
    et il brûla le haut-lieu
[וישבר את-אבניו]
    and he broke its stones
    et il brisa ses pierres
      RSV*: and he broke in pieces its stones
      NEB*: he broke its stones in pieces
      J* : il en brisa les pierres
      L   : zerschlug seine Steine
    Fac.: 4
    Transl.: and he burnt the high-place
    Trad.:   et il brûla le haut-lieu

23.16

איש האלהים
    the man of God
    l'homme de Dieu
      RSV : the man of God
      L   : der Mann Gottes
    Fac.: 10
B : [איש האלהים ויעמד ירבעם בחג על המזבח
ויפן וישא את-עיניו על קבר איש האלהים]
    the man of God when Jeroboam stood, at the feast,
    on the altar. And he turned and lifted his eyes
    on the grave of the man of God
    l'homme de Dieu lorsque Jéroboam se tint, ⟨le
    jour⟩ de la fête, sur l'autel. Et il se retourna
    et leva ses yeux vers le tombeau de l'homme de
    Dieu
      NEB*: by the man of God when Jeroboam stood by
            the altar at the feast. But when he
            caught sight of the grave of the man of
            God
      J* : l'homme de Dieu lorsque Jéroboam se te-
            nait à l'autel pendant la fête. En se
            retournant, Josias leva les yeux sur le
            tombeau de l'homme de Dieu
    Transl.: the man of God when Jeroboam stood, at the
             feast, on the altar. Turning back he lif-
             ted his eyes upon the grave of the man of
             God
    Trad.:   l'homme de Dieu lorsque Jéroboam se tint,
             pendant la fête, sur l'autel. En se re-
             tournant il leva les yeux sur le tombeau
             de l'homme de Dieu

23.33

B ויאסרהו
    and he fettered him
    et il l'enchaîna
        RSV : and (Pharaoh Neco) put him in bonds
        J   : (le pharaon Neko) le mit aux chaînes
        L   : aber (der Pharao Necho) legte ihn ins
              Gefängnis
  [ויסירהו]
    and he removed him
    et il l'écarta
        NEB*: removed him
    Fac.: 5,4
    Rem.: See the parallel passage of 2 Chron 36.3,
      where the text is different.
    Rem.: Voir le passage parallèle de 2 Ch 36.3
      où le texte diffère d'ici.
    Transl.: and he put him in fetters
    Trad.:   et il l'enchaîna

23.33

C מִמְּלֹךְ = Qere
    from reigning
    loin du règne
        RSV : that he might not reign
        NEB*: from the throne
        J* : (3e éd.) pour qu'il ne règne plus
        L   : damit er nicht mehr...regieren sollte
    במלך = Ketiv
    when he reigned
    lorsqu'il reignait
        NEB*: (in the note) when he was king
    Fac.: 4
    [Lacking.Manque] = J* (le, 2e éd.)
    Fac.: 14
    Rem.: 1. In its note, NEB does not state the Hebrew
      text quite correctly, since it only gives the
      Ketiv reading, without quoting the Qere reading.
      2. The Committee gave the vote A (a vote not in-
      dicated above) against the omission of J* (1st,
      2nd ed.), since this would be a mere conjecture
      without any ancient textual witness. The vote C,
      included above, indicates that the Qere reading
      is more probable than the Ketiv reading and should,
      therefore, be preferred.
      3. See the parallel passage in 2 Chron 36.3, where
      this expression does not occur.

Rem.: 1. Dans sa note, NEB ne donne pas tout à
fait correctement l'état du TM puisqu'elle se
borne à citer la leçon du Ketiv, en passant sous
silence la leçon du Qeré.
2. Le Comité a voté A (ce vote n'est pas mentionné ci-dessus) contre l'omission de J* (le, 2e éd.)
qui est pure conjecture sans appui textuel ancien.
Le vote C, qui est indiqué ci-dessus, signifie
que la leçon du Qeré est plus probable que la
leçon du Ketiv et mérite donc la préférence.
3. Voir le passage parallèle en 2 Ch 36.3 où
cette expression ne figure pas.
Transl.: from governing
Trad.:   loin du règne

23.33

A ברבלה בארץ חמת
    at Riblah, in the land of Hamath
    à Ribla, au pays de Hamat
      RSV : at Riblah, in the land of Hamath
      J   : à Ribla, dans le territoire de Hamat
      L   : in Ribla im Lande Hamath
  [Lacking.Manque] = NEB*
  Fac.: 14
  Transl.: at Riblah, in the land of Hamath
  Trad.:   à Ribla, au pays de Hamat

23.33

B וככר זהב
    and a talent of gold
    et un talent d'or
      RSV : and a talent of gold
      NEB : and one talent of gold
      J   : (3e éd.) et talents d'or
      L   : und einem Zentner Gold
  [ועשר ככרי זהב]
    and ten talents of gold
    et dix talents d'or
      J* : (le, 2e éd.) et de dix talents d'or
  Fac.: 7,9
  Transl.: and a talent of gold
  Trad.:   et un talent d'or

24.2

B יהוה
    the LORD
    le SEIGNEUR
      RSV : the LORD
      NEB : the LORD
      L   : der HERR
 [Lacking.Manque] = J*
 Fac.: 1,4
 Transl.: the LORD
 Trad.:   le SEIGNEUR

24.3

C על-פי יהוה
    at the command of the LORD
    sur l'ordre du SEIGNEUR
      RSV : at the command of the LORD
      NEB : in fulfilment of the LORD's purpose
      L   : nach dem Wort des HERRN
D [על-אף יהוה]
    because of the wrath of the LORD
    à cause de la colère du SEIGNEUR
      J* : à cause de la colère de Yahvé
 Rem.: The Committee did not vote in this case, for
    the two readings must have existed together at
    a very early period. The translators, therefore,
    may choose either of the two readings, giving the
    other reading in a note, if they use notes in
    their translation.
 Rem.: Dans ce cas, le Comité ne s'est pas décidé
    à choisir l'une des deux leçons de préférence
    à l'autre. Les traducteurs choisiront une des
    deux et, s'ils pourvoient leur traduction de
    notes, ajouteront l'autre en note.
 Transl.: at the command of the LORD, or : because
        of the wrath of the LORD (see Remark)
 Trad.:   sur l'ordre du SEIGNEUR, ou : à cause de
        la colère du SEIGNEUR (voir Remarque)

25.3

B בתשעה לחדש
    on the ninth ⟨day⟩ of the month
    le neuvième ⟨jour⟩ du mois
 [בחדש הרביעי בתשעה לחדש]
    on the fourth month, on the ninth ⟨day⟩ of the
    month
    le quatrième mois, le neuvième jour du mois

RSV : on the ninth day of the fourth month
J* : au quatrième mois, le neuf du mois
L   : aber am neunten Tage des vierten Monats
Fac.: 14

[ויהי בחדש הרביעי בתשעה לחדש]
and it happened, on the fourth month, on the
ninth ⟨day⟩ of the month
et il arriva, le quatrième mois, le neuvième
⟨jour⟩ du mois
NEB*: in the fourth month of that year, on the
      ninth day of the month
Fac.: 14
Rem.: Although Jer 39.2 and 52.6 explicitly state
which month it was, the present text of Kings,
where this indication is lacking, should not be
assimilated to these two passages. For there is
no ancient textual witness for such a reading,
which would therefore be a mere conjecture. Translators who use notes should add the full dating,
given in Jer 39.2; 52.6, in a note.
Rem.: Quand bien même Jr 39.2 et 52.6 indiquent de
quel mois il s'agit, il ne faut pas assimiler ce
passage de 2 Rois, où cette indication est absente,
à ces passages jérémiens. Car il n'y a pas de témoins textuels anciens appuyant une telle leçon,
qui par conséquent serait une pure conjecture. Les
traducteurs qui emploient des notes ajouteront la
date précise avec l'indication du mois, selon
Jr 39.2; 52.6, en note.
Transl.: on the ninth ⟨day⟩ of the month
Trad.:   le neuvième ⟨jour⟩ du mois

25.4

B ותבקע העיר וכל-אנשי המלחמה הלילה
and a breach was made in the city, and all the
men of war, at night
et une brèche fut ouverte dans la ville, et tous
les hommes de guerre, de nuit
[ותבקע העיר ויצאו המלך וכל-אנשי המלהמה הלילה]
and a breach was made in the city, and came out
the king and all the men of war, at night
et une brèche fut ouverte dans la ville, et sortirent le roi et tous les hommes de guerre, de
nuit
RSV*: then a breach was made in the city; the
      king with all the men of war fled by
      night

```
J*  : une brèche fut faite au rempart de la
      ville. Alors le roi s'évada (le éd.),
      s'échappa (2e, 3e éd.) de nuit avec tous
      les hommes de guerre
L   : da brach man in die Stadt ein. Und der
      König und alle Kriegsmänner flohen bei
      Nacht
```

Fac.: 4

[וַתִּבָּקַע הָעִיר וַיְהִי כַּאֲשֶׁר רָאָה צִדְקִיָּהוּ מֶלֶךְ יְהוּדָה וְכָל-אַנְשֵׁי
הַמִּלְחָמָה וַיִּבְרְחוּ וַיֵּצְאוּ מֵהָעִיר הַלַּיְלָה]

and a breach was made in the city. And it came
to pass when Zedekiah, the king of Judah, saw ⟨it⟩,
⟨he⟩ and all the men of war, they fled and left
the city at night

et une brèche fut ouverte dans la ville. Et il arriva, lorsque Sédécias, roi de Judée, ⟨le⟩ vit,
⟨lui⟩ et tous les hommes de guerre, ils prirent la
fuite et sortirent de la ville de nuit

```
NEB*: the city was thrown open. When Zedekiah
      king of Judah saw this, he and all his
      armed escort left the city and fled by
      night
```

Fac.: 14

Rem.: The construction of the MT is difficult. The subject of the verb "וַיֵּלֶךְ, and he went" in V.4b is
"the king", while the second part of V.4a
consists of two nominal clauses. The translation, then, may be suggested as follows : "a
breach was opened in the city. And all the men
of war ⟨were already⟩, during the night, on the
way ⟨towards⟩ the gate between the two walls,
which ⟨is⟩ near the king's garden, while the
Chaldeans ⟨were⟩ against the city all around
(or : ⟨were⟩ besieging the city all around).
⟨Meanwhile the king⟩ went towards the Arabah."

Rem.: La construction du TM est difficile. Au
V.4b, le sujet du verbe "וַיֵּלֶךְ, et il alla" doit
être le roi sous-entendu. La deuxième moitié du
V.4a est composée de deux phrases nominales.
La traduction de tout le V.4 sera donc la suivante : "une brèche fut ouverte dans la ville.
Et tous les hommes de guerre ⟨étaient déjà⟩, de
nuit, sur le chemin ⟨vers⟩ la porte entre les
deux murs, qui ⟨est située⟩ près du jardin du
roi, pendant que les Chaldéens ⟨étaient⟩ contre
la ville tout autour (ou : assiégeaient la ville
tout autour). ⟨Entretemps le roi⟩ s'en alla vers
l'Araba."

Transl.: See Remark

Trad.:   Voir Remarque

25.9

C ‏ואת-כל-בית גדול שרף באש‏
   and every big house he burnt down with fire
   et toute maison grande, il la brûla par le feu
     RSV : every great house he burnt down
     L   : alle grossen Häuser verbrannte er mit
         Feuer
[‏ואת-כל-בית גדליהו שרף באש‏]
   and the entire house of Gedaliah he burnt down
   with fire
   et toute la maison de Godolias il la brûla par
   le feu
     NEB*: all the (houses in the city,) including
         the mansion of Gedaliah, were burnt down
  Fac.: 14
[Lacking.Manque] = J*
  Fac.: 14
  Rem.: The vote A, not given above, indicates that
   the readings of NEB and J are without any textual
   witness, i.e. that they are conjectures. The
   expression of the MT "‏בית גדול‏, great house,
   or : house of a great⟨man⟩", however, might not be
   original. For this reason, the Committee gave
   the rating C to this form of the MT, a rating
   which is mentioned above.
  Rem.: Le vote A, qui n'est pas donné ci-dessus,
   indique que les leçons de NEB et de J ne jouis-
   sent d'aucun appui textuel ancien. Ce sont donc
   des conjectures. Mais l'expression du TM "‏בית גדול‏,
   la grande maison, ou : la maison d'un grand" pourrait ne pas être originale. Pour cette raison le
   Comité lui a donné le vote C, un vote qui est
   indiqué ci-dessus.
  Transl.: and every great house he burnt down with
        fire / and every house of a great ⟨man⟩ he
        burnt down with fire
  Trad.:   et toute grande maison, il la brûla par
        le feu / et chaque maison d'un grand, il
        la brûla par le feu

25.11

B ההמון
    of the crowd
    de la foule
        RSV : of the multitude
        J   : de la foule
[האמון]
    of the artisans
    des artisans
        NEB*: and any (remaining) artisans
        L   : von den Werkleuten
    Fac.: 5
    Rem.: See the parallel passage of Jer 52.15. The
        two passages have a different text at this point
        and should not be assimilated.
    Rem.: Voir le passage parallèle de Jr 52.15. Les
        deux passages ont un texte différent en cet en-
        droit et ne doivent pas être assimilés l'un à
        l'autre.
    Transl.: of the crowd
    Trad.:   de la foule

25.17

A שלש אמה   = Ketiv
A שלש אמות = Qere
    three cubits
    trois coudées
        RSV : three cubits
        NEB : three cubits
        L   : drei Ellen
[חמש אמה \ אמות]
    five cubits
    cinq coudées
        J*   : cinq coudées
    Fac.: 14
    Rem.: Translators who use notes, may say in a note
        that the parallel passage of Jer 52.22 mentions
        five cubits instead of three. But since there is
        no textual witness attesting the number five for
        this passage of 2 Kings, it would be a mere con-
        jecture to introduce it here.
    Rem.: Ceux des traducteurs qui utilisent des notes
        peuvent indiquer en note que le passage parallèle
        de Jr 52.22 parle ici d'une hauteur de cinq cou-
        dées au lieu de trois. Mais puisqu'il n'y a aucun
        témoin textuel qui attesterait ce nombre de cinq
        pour notre passage de 2 Rois, ce serait une pure

conjecture si on l'introduisait ici.
Transl.: three cubits
Trad.:   trois coudées

THE BOOKS OF CHRONICLES

LES LIVRES DES CHRONIQUES

=========================

J   = La sainte Bible, traduite en français
           sous la direction de l'Ecole Biblique
           de Jérusalem, Les Livres des Chroniques,
           le éd., Paris 1954; 2e éd., Paris 1961;
           3e éd., Paris 1973 (en un volume).

L   = Die Bibel oder die ganze Heilige Schrift
           des Alten und Neuen Testaments nach der
           Uebersetzung Martin Luthers, 3. Aufl.,
           Stuttgart 1971.

NEB   = The New English Bible, The Old Testament,
           Oxford 1970.

RSV   = The Holy Bible, Revised Standard Version,
           New York 1952.

1.6

ודיפת C
    and Diphath
    et Diphat
      RSV : Diphath
      NEB*: Diphath
  וריפת
    and Riphath
    et Riphat
      J : (le*, 2e*, 3e éd.) Riphat
      L : Riphath
  Fac.: 5
  Rem.: Translators who use notes may add in a note
    that the city referred to here is the same as that
    of Gen 10.3, but that it cannot be identified.
    Consequently, neither form of the place-name
    should be given preference. For since it cannot
    be established through historical geography which
    form is preferable, the two forms should be pre-
    served rather than that one of the two which, in
    fact, might be the correct one, should be elimina-
    ted.
  Rem.: Les traducteurs utilisant des notes peuvent
    ajouter dans une note que c'est la même cité que
    celle de Gn 10.3, mais que l'on ne peut l'identi-
    fier. C'est pourquoi on doit s'abstenir de donner
    la préférence à l'une ou à l'autre forme du nom
    de lieu. Car la géographie historique ne permet-
    tant pas d'établir quelle forme est la meilleure,
    on doit conserver les deux formes plutôt que de
    sacrifier l'une des deux, qui pourrait s'avérer
    être la forme juste.
  Transl.: See Remark
  Trad.: Voir Remarque

1.12

ואת-כסלחים אשר יצאו משם פלשתים ואת-כפתרים A
    and the Casluhites - whence came the Philistines -
    and the Caphtorites
    et les Kasluhites - d'où sortirent les Philistins -
    et les Kaphtorites
      RSV : Casluhim (whence came the Philistines),
            and Caphtorim
  [ואת-כסלחים ואת-כפתרים אשר יצאו משם פלשתים]
    and the Casluhites and the Caphtorites - whence
    came the Philistines
    et les Kasluhites et les Kaphtorites - d'où
    sortirent les Philistins

```
       NEB*: Casluhites, and the Caphtorites, from
             whom the Philistines were descended
       J   : (les gens...) de Casluh et de Caphtor
             (le éd.) de Kasluh et de Kaphtor (2e,
             3e éd.) d'où sont sortis les Philistins
       L   : die Kasluhiter und die Kaphtoriter, von
             denen die Philister ausgegangen sind
```
Fac.: 14
Rem.: 1.The relative clause "whence came the Phi-
    listines", is perhaps an ancient gloss which
    slipped into the text at the wrong place. Trans-
    lators who make use of foot-notes may quote the
    gloss "whence came the Philistines" in a note say-
    ing that the clause depends on "the Caphtorites"
    and not on "the Casluhites".
    2.See the same textual difficulty in Gen 10.14.
Rem.: 1.La phrase relative "d'où descendirent les
    Philistins", est peut-être une glose ancienne
    qui s'est glissée dans le texte au mauvais endroit.
    Les traducteurs qui ajoutent des notes pourraient
    donner cette glose "d'où descendirent les Phi-
    listins" en note en précisant qu'elle dépend de
    "les Kaphtorites" et non de "les Kasluhites".
    2. Voir la même difficulté textuelle en Gn 10.14.
Transl.: See Remark 1
Trad.:   Voir Remarque 1

1.17

B ומשך
    and Meshech
    et Méshek
       RSV : and Meshech
       J   : et Meshek (le* éd.), et Méshek (2e*, 3e
             éd.)
  ומש
    and Mash
    et Mash
       NEB*: and Mash
       L   : und Masch
Fac.: 5,9
Rem.: Although the oldest attested text for this
    name in Chron is probably "משך, Meshech", never-
    theless it is probably another form of "מש, Mash"
    in Gen 10.23.
Rem.: Il s'agit probablement du nom "מש, Mash", de
    Gn 10.23, mais le texte attesté le plus ancien
    de Ch est probablement "משך, Méshek".
Transl.: and Meshech
Trad.:   et Méshek

1.30

A ותימא
    and Tema
    et Téma
        RSV : Tema
        J   : Têma (1e éd.), Téma (2e, 3e éd.)
        L   : Tema
  [ותימן]
    and Teman
    et Téman
        NEB*: Teman
    Fac.: 8
    Rem.: See a similar case in Gen 25.15.
    Rem.: Voir un cas analogue en Gn 25.15.
    Transl.: Tema
    Trad.:   Téma

1.42

  יעקן
    Jaakan
    Yaaqân
        RSV : and Jaakan
        J   : Yaaqân
    Fac.: 12,9
C ועקן
    and Akan
    et Aqân
        NEB*: and Akan
        L   : Akan
    Transl.: and Akan
    Trad.:   et Aqân

2.6

B ודרע
    and Dara
    et Dara
        RSV : and Dara
        L   : Dara
  ודרדע
    and Darda
    et Darda
        NEB*: and Darda
        J   : (1e*, 2e*, 3e éd.) et Darda
    Fac.: 5
    Transl.: and Dara
    Trad.:   et Dara

2.7

B ‏ובני כרמי עכר‏
   and the sons of Carmi : Achar
   et les fils de Karmi : Akar
    RSV : the sons of Carmi : Achar
    J   : fils de Karmî (le éd.) de Karmi (2e, 3e
        éd.) : Akar
  ‏ובני כרמי עכן‏
   and the sons of Carmi : Achan
   et les fils de Karmi : Akân
    L   : der Sohn Karmis ist : Achan
 Fac.: 5,9
[‏ובן-זמרי כרמי ובן-כרמי עכר‏]
   and the son of Zimri : Carmi, and the son of
   Carmi : Achar
   et le fils de Zimri : Karmi, et le fils de Karmi :
   Akar
    NEB*: the son of Zimri : Carmi. The son of
          Carmi : Achar
 Fac.: 14
 Transl.: and the sons of Carmi : Achar
 Trad.:   et les fils de Karmi : Akar

2.18

B ‏הוליד את-עזובה אשה ואת-יריעות‏
   he begot ⟨children⟩ by Azubah, woman, and by
   Jerioth / he begot Azubah, Ishsha and Jerioth
   il engendra de Azuba, femme, et de Yeriot / il
   engendra Azuba, Ishsha et Yeriot
    RSV : (Caleb...) had children by his wife
          Azubah and by Jerioth
    J   : (Caleb...) engendra Azuba, Ishsha et
          Yeriôt (le éd.) Yeriot (2e éd.)
[‏הוליד את-עזובה אשתו את-יריעות‏]
   he begot Jerioth by Azubah, his wife
   il engendra Yeriot d'Azuba, sa femme
    NEB*: (Caleb...) had Jerioth by Azubah his
          wife
    J   : (3e éd.*) (Caleb...) engendra Yeriot
          d'Azuba sa femme
    L   : (Kaleb...) zeugte mit Asuba, seiner Frau,
          die Jerigoth
 Fac.: 4
 Rem.: "‏אשה‏, a woman" is probably a gloss, indicating that "‏את-עזובה‏, Azubah" refers not to a
   child but to the woman through whom he had children. The phrase may therefore be translated :

"and Caleb the son of Hezron had children by
Azubah (a woman) and by Jerioth : and these were
her sons (i.e. of each of the two women)...".
Rem.: "אשה,femme" est probablement une glose pour
indiquer qu'ici le "את-עזובה, Azuba" désigne,
non pas l'enfant, mais la femme, de qui il eut
des enfants. On peut donc traduire la phrase
comme suit : "et Caleb, fils d'Heçrôn, fit enfan-
ter Azuba (femme) et Yeriot, et ceux-ci furent
ses fils (c.-à-d. de   chacune des deux femmes)...".
Transl.: See Remark
Trad.:   Voir Remarque

2.24

בכלב אפרתה ואשת חצרון אביה
   in Caleb-ephrathah, and the wife of Hezron ⟨was⟩
   Abiyyah
   à Caleb-Ephrata, et la femme de Heçrôn ⟨fut⟩
   Abiyya
 Fac.: 12,8
[בא כלב אפרתה אשת חצרון אביה]
   Caleb went unto Ephrathah, the wife of Hezron his
   father
   Caleb vint à Ephrata, la femme d'Heçrôn son père
     RSV*: Caleb went in to Ephrathah, the wife of
           Hezron his father
     J* : Caleb s'unit à Ephrata, femme de son père
           Héçrôn (le éd.), Heçrôn (2e, 3e éd.)
     L   : (...) kam Kaleb zu Ephratha, der Frau
           Hezrons, seines Vaters
 Fac.: 14
[בא כלב אפרתה]
   Caleb went to Ephrathah
   Caleb vint à Ephrata
     NEB*: Caleb had intercourse with Ephrathah
 Fac.: 4,8
[בא כלב באפרתה ואשת חצרון אביה]C
   Caleb went to Ephrathah, and the wife of Hezron
   ⟨was⟩ Abiyyah
   Caleb vint à Ephrata, et la femme de Heçrôn ⟨fut⟩
   Abiyya
 Transl.: Caleb went to Ephrathah, and the wife of
          Hezron ⟨was⟩ Abiyyah
 Trad.:   Caleb vint à Ephrata, et la femme d'Heçrôn
          ⟨fut⟩ Abiyya

2.30,31

אפים B
 Appaim
 Appaïm
  RSV : Appaim
  L : Appajim
[אפרים]
 Ephraim
 Ephraïm
  NEB*: Ephraim
  J : (1e*, 2e*, 3e éd.) Ephraïm
 Fac.: 5,12,9
 Transl.: Appaim
 Trad.: Appaïm

2.42

מישע B
 Mesha
 Mésha
  NEB : Mesha
  J : Mésha
  L : Mescha
[מרשה]
 Mareshah
 Maresha
  RSV*: Mareshah
 Fac.: 5
 Transl.: Mesha
 Trad.: Mésha

2.42

ובני מרשה אבי חברון A
 and the sons of Mareshah the father of Hebron
 et les fils de Maresha le père de Hébrôn
  L : und die Söhne Mareschas, des Vaters
    Hebrons
[ובני מרשה חברון]
 and the sons of Mareshah Hebron
 et les fils de Maresha Hébrôn
  RSV*: the sons of Mareshah : Hebron
 Fac.: 14

[ומרשה אבי חברון]
   and Mareshah, the father of Hebron
   et Maresha, le père de Hébrôn
      NEB*: and Mareshah founder of Hebron
   Fac.: 14
[ובנו מרשה אבי חברון]
   and his son Mareshah the father of Hebron
   et son fils Maresha le père de Hébrôn
      J* : il eut pour fils Marésha, père de Hébron
            Maresha, père de Hébrôn (2e éd.)/   (le éd.)
            son fils, Maresha, père de Hébrôn (3e éd.)
   Fac.: 14
   Rem.: 1. The names here refer not to individuals
   but to groups of people.
   2. The groups are first of all placed in either a
   descending or ascending genealogical or in a
   political relationship. Then there is sometimes
   also a tendency to place the groups in a geo-
   graphical relationship according to their territories. Accordingly "father" sommetimes means
   founder of a city or locality, while "son" can
   mean "citizen".
   Rem.: 1. Les noms désignent ici non des individus,
   mais des groupes humains.
   2. D'abord les groupes sont mis dans une relation
   généalogique de descendance et d'ascendance, ou
   aussi d'unité politique. Ensuite la tendance se
   manifeste parfois de mettre les groupes dans un
   rapport géographique selon leurs territoires.
   "Père" peut ainsi signifier quelquefois "fondateur
   de cité", tandis que "fils" signifiera "citoyen".
   Transl.: and the sons of Mareshah, father of Hebron /
            and the sons of Maresha, founder of Hebron
   Trad.:   et les fils de Maresha, père de Hébrôn /
            et les fils de Maresha, fondateur de Hébrôn

2.44

D ירקעם
   Jorkeam
   Yorqeâm
      RSV : Jorke-am
      NEB : Jorkoam
      J   : Yorkeam (le éd.), Yorqéam (2e, 3e éd.)
      L   : Jorkoam
[יקדעם]
   Jokdeam
   Yoqdeâm
   Fac.: 12,9

Rem.: See the same case in Josh 15.56.
Rem.: Voir le même cas en Jos 15.56.
Transl.: Jorkeam
Trad.:   Yorqeâm

3.20

A וחשבה
    and Hashubah
    et Hashuba
      RSV : and Hashubah
      NEB : Hashubah
      L   : ferner Haschuba
[ורבני משלם חשבה]
    and the sons of Meshullam : Hashubah
    et les fils de Meshullâm : Hashuba
      J* : fils de Meshullam : Hashuba
  Fac.: 4
  Rem.: The text is probably not original. This double
    list of children in V.19 and in V.20 may be under-
    stood in three ways : 1. The children of V.19
    are those born in Babylon. 2. The children of
    V.19 and of V.20 are born of two women (as is the
    case for David's sons in VV.5-9). 3. The children
    of V.20 are in fact the sons of Meshullam.
  Rem.: Probablement le texte n'est pas original. On
    peut comprendre cette double liste d'enfants aux
    V.19 et 20 de trois manières : 1. Les enfants au
    V.19 sont engendrés à Babel. 2. Les enfants au
    V.19 et au V.20 sont nés de deux femmes (comme
    c'est le cas pour les fils de David aux VV.5-9).
    3. Les enfants au V.20 sont effectivement les
    fils de Meshullâm.
  Transl.: and Hashubah
  Trad.:   et Hashuba

3.21

ובן חנניה פלטיה וישעיה בני רפיה בני ארנן בני עבדיהD
בני שכניה
    and Hananiah's son Pelatiah, and Jeshaiah, the
    sons of Rephaiah, the sons of Arnan, the sons
    of Obadiah, the sons of Shecaniah
    et le fils de Hananya : Pelatya, et Yeshaya, les
    fils de Rephaya, les fils d'Arnân, les fils
    d'Obadya, les fils de Shekanya

‎[ובני חנניה פלטיה וישעיה בנו רפיה בנו ארנן בנו עבדיה‏
‎בנו שכניה]‏

and the sons of Hananiah : Pelatiah and Jeshaiah,
his son Rephaiah, his son Arnan, his son Obadiah,
his son Shecaniah
et les fils de Hananya : Pelatya et Yeshaya, son
fils Rephaya, son fils Arnân, son fils Obadya, son
fils Shekanya
> RSV*: the sons of Hananiah : Pelatiah and
> Jeshaiah, his son Rephaiah, his son Arnan,
> his son Obadiah, his son Shecaniah
> NEB*: the sons of Hananiah : Pelatiah and Isaiah;
> his son was Rephaiah, his son Arnan, his
> son Obadiah, his son Shecaniah

Fac.: 14

‎[ובני חנניה פלטיה וישעיה בנו רפיה בנו ארנן בנו‏
‎עבדיה בנו שכניה בנו]‏

and the sons of Hananiah : Pelatiah and Jeshaiah
his son, Rephaiah his son, Arnan his son, Obadiah
his son, Shecaniah his son
et les fils de Hananya : Pelatya, Yeshaya son
fils, Rephaya son fils, Arnân son fils, Obadya
son fils, Shekanya son fils
> J* : fils de Yanaya (le éd.) de Hananya (2e,
> 3e éd.) : Pelatya; Yishaya (le éd.)
> Yeshaya (2e, 3e éd.) son fils, Rephaya
> son fils, Arnân son fils, Obadya son fils,
> Shekanya son fils
> L : die Söhne Hananjas aber waren : Pelatja,
> Jesaja, Rephaja, Arnan, Obadja, Schechan-
> ja (?)

Fac.: 5,4
Transl.: and Hana iah's son Pelatiah, and Jeshaiah,
    the sons of Rephaiah, the sons of Arnan,
    the sons of Obadiah, the sons of Shecaniah
Trad.: et le fils de Hananya Pelatya, et Yeshaya,
    les fils de Rephaiah, les fils d'Arnân,
    les fils d'Obadiah, les fils de Shecaniah

3.22

C ‎ובני שמעיה‏
  and the sons of Shemaiah
  et les fils de Shemaya
   RSV : and the sons of Shemaiah
 [Lacking.Manque] = NEB*, J, L
 Fac.: 4
 Rem.: "‎ובני שמעיה‏, and the sons of Shemaiah" is
  probably a gloss, and consequently not the origi-

nal text. Translators may put it in parenthesis,
or between dashes, or mention it in a foot-
note instead of in the text,
Rem.: Il s'agit probablement d'une glose; ce n'est
donc pas le texte original. Les traducteurs pourraient la mettre entre parenthèses ou entre
tirets, ou la mentionner en note, en l'omettant
dans le texte,
Transl.: and the sons of Shemaiah
Trad.:   et les fils de Shemaya

4.3

C אבי עיטם
    the father of Etam
    le père d'Etâm
      J   : Abî-Etam (1e éd.), Abi-Etam (2e, 3e éd.)
[בני עיטם]
    the sons of Etam
    les fils d'Etâm
     RSV*: the sons of Etam
     NEB*: the sons of Etam
 Fac.: 4,5
[בני חור אבי עיטם]
    the sons of Hur the father of Etam
    les fils de Hur le père d'Etâm
     L   : die Söhne Hurs, des Vaters Etams
 Fac.: 14
Rem.: "אבי, father of" in the expression "אבי עיטם,
father of Etam" has a plural meaning as in 4.19
and 8.29a. It may therefore be translated as
"the founders of Etam".
Rem.: "אבי, père de" dans l'expression "אבי עיטם,
père d'Etâm" a un sens de pluriel comme en 4.19
et 8.29a, On peut donc traduire par "les fonda-
teurs d'Etâm".
Transl.: See Remark
Trad.: Voir Remarque

4.19

אבי קעילה
    the father of Keilah
    le père de Qéîla
     RSV : (...were) the fathers of Keilah
     J   : père de Qéila (1e éd.), Qéîla (2e, 3e éd.)
     L   : (...) des Vaters Kegilas
 Fac.: 10

D[ודליה אבי קעילה]
   and Daliah the father of Keilah
   et Dalya le père de Qéïla
     NEB*: Daliah father of Keilah
  Transl.: and Daliah, the father of Keilah
  Trad.:   et Dalya, le père de Qéïla

4.22

וְיֹשְׁבִי לֶחֶם
   and Jashubi-lahem
   et Yashubi-Lahem
  Fac.: 12,9
C[וַיָּשֻׁבוּ לֶחֶם]
   and they returned to Lehem
   et ils revinrent à Lehem
     RSV*: and returned to Lehem
[וַיָּשֻׁבוּ בֵית-לֶחֶם]
   and they returned to Bethlehem
   et ils revinrent à Bethléem
     NEB*: and came back to Bethlehem
     J* : avant de revenir à Bethléem
     L   : und sie kehrten nach Bethlehem zurück
  Fac.: 14
  Transl.: and they returned to Lehem
  Trad.: et ils revinrent à Lehem

4.32

וְעַיִן רִמּוֹן
   and Ain, Rimmon
   et Ayîn, Rimmôn
     RSV : Ain, Rimmon
     NEB : Ain, Rimmon
     J   : Ayin, Rimmôn (1e éd.), Ayîn, Rimmôn
         (2e, 3e éd.)
     L   : Ajin, Rimmon
  Fac.: 9,4
A וְעַיִן רִמּוֹן
   and En-Rimmon
   et En-Rimmôn
  Rem.: 1. See similar cases in Josh 15.32 and 19.7.
    2. The Committee added the rating D (not given
  above) for the insertion of another village,
  "καὶ ἱεχθεμ, and Iehtem" after "En-Rimmon". It
  did not, however, reconstruct a Hebrew form of
  this name, since this form is only attested in
  Greek. Translators may add that name either in
  a note or in the text.

Rem.: 1. Voir des cas analogues en Jos 15.32 et
19.7.
2. Le Comité a ajouté le vote D (non indiqué ci-
dessus) pour l'insertion du nom d'un autre village, "καὶ ἱεχθεμ, et Yehtem" après "En-Rimmôn".
Cependant, il s'est abstenu de reconstruire la
forme hébraïque de ce nom qui n'est attesté
qu'en grec. Les traducteurs pourraient ajouter
ce nom soit en note, soit dans le texte.
Transl.: and En-rimmon
Trad.:   et En-Rimmôn

4.39

D גדר
    Gedor
    Gedor
      RSV : Gedor
      NEB : Gedor
      L   : Gedor
 [גרר]
    Gerar
    Gérar
      J* : Gérar
    Fac.: 9,12
    Transl.: Gedor
    Trad.:   Gedor

4.41

A את-אהליהם
    their tents
    leurs tentes
      RSV : their tents
      J   : leurs tentes
 [את-אהלי-חם]
    the tents of Ham
    les tentes de Châm
      NEB*: the tribes of Ham
      L   : die Zelte Hams
    Fac.: 14
    Rem.: The suffix "הם-" in fact refers to the Ha-
    mites, who are mentioned in V.40b.
    Rem.: Le suffixe "הם-" se réfère, en effet, aux
    Chamites qui sont mentionnés au V.40b.
    Transl.: their tents
    Trad.:   leurs tentes

5.2

A ליוסף
    to Joseph
    à Joseph
      RSV : to Joseph
      J   : (1e, 2e éd.) Joseph (ayant le droit
            d'aînesse), (3e éd.) à Joseph
      L   : Joseph (aber erhielt das Erstgeburts-
            recht)
 [לו לא ליוסף]
    to him, not to Joseph
    à lui, non à Joseph
      NEB : (the rank...was) his, not Joseph's
  Fac.: 14
  Transl.: to Joseph
  Trad.:   à Joseph

5.16

B שרון
    Sharon
    Sharôn
      RSV : Sharon
      NEB : Sharon
      J* : (3e éd.) Sharon
      L   : Scharon
 [שריון]
    Sirion
    Siryôn
      J* : (1e, 2e éd.) Siryôn
  Fac.: 14
  Transl.: Sharon
  Trad.:   Sharôn

5.23

C המה רבו
    they were numerous
    ils étaient nombreux
      RSV : they were very numerous
      J   : ils étaient nombreux
      L   : und ihrer waren viele
 [ובלבנון המה רבו]
    and in Lebanon they were numerous
    et dans le Liban ils étaient nombreux
      NEB*: and were numerous also in Lebanon
  Fac.: 9,5
  Transl.: they were numerous
  Trad.:   ils étaient nombreux

5.26

והרא D
    and Hara
    et Hara
      RSV : Hara
      NEB : Hara
      J   : (3e éd.) Hara
      L   : Hara
  [Lacking.Manque] = J* (1e, 2e éd.)
  Fac.: 5
  Transl.: and Hara
  Trad.:   et Hara

6.11(26)

אֶלְקָנָה בְּנֵי אֶלְקָנָה = Qere אלקנה בנו אלקנה
  Elkanah, the sons of Elkanah
  Elqana, les fils d'Elqana
  Fac.: 7,9
אלקנה בְּנוֹ
  Elkanah his son
  Elqana son fils
    RSV : Elkanah his son
    NEB*: his son Elkanah
    J   : (1e*, 2e*, 3e éd.) Elqana son fils
    L   : dessen Sohn war Elkana
  Fac.: 4
בְּנֵי אֶלְקָנָה : אֶלְקָנָה C
  Elkanah. The sons of Elkanah
  Elqana. Les fils d'Elqana
  Rem.: The translation of VV. 10-12 (25-27) runs
    thus : (V.10/25) And Elkanah's sons : Amasai
    and Ahimoth, Elkanah. (V.11/26) Elkanah's sons :
    Sophai his son, and Nahat his son, (V.12/27)
    Eliab his son, Jeroham his son, Elkanah his son.
  Rem.: Voici la traduction des VV.10-12 (25-27) :
    (V.10/25) Et les fils de Elqana : Amasaï et Ahimot,
    Elqana. (V.11/26) Les fils de Elqana : Çophaï son
    fils, et Nahat son fils, (V.12/27) Elyab son fils,
    Yerohâm son fils, Elqana son fils.

  Transl.: See Remark
  Trad.:   Voir Remarque

6.12,13(27,28)

B אלקנה בנו ובני שמואל
    Elkanah his son, and the sons of Samuel
    Elqana son fils, et les fils de Samuel
      RSV : Elkanah his son. The sons of Samuel
      NEB : his son Elkanah. The sons of Samuel
[אלקנה בנו שמואל בנו ובני שמואל]
    Elkanah his son, Samuel his son, and the sons of
    Samuel
    Elqana son fils, Samuel son fils, et les fils de
    Samuel
      L   : dessen Sohn war Elkana, dessen Sohn war
          Samuel. Und die Söhne Samuels waren
  Fac.: 5
[אלקנה בנו ובני אלקנה שמואל]
    Elkanah his son, and the sons of Elkanah :
    Samuel
    Elqana son fils, et les fils d'Elqana : Samuel
      J   : (1e*, 2e*, 3e éd.) Elqana son fils. Fils
          d'Elqana : Samuel
  Fac.: 5
  Transl.: Elkanah his son, and the sons of Samuel
  Trad.:   Elqana son fils, et les fils de Samuel

6.13(28)

C הבכר ושני ואביה
    the first born Vashni, and Abijah
    le premier-né Vashni, et Abiyya
[הבכר יואל והשני אביה]
    the first-born Joel, and the second Abijah
    le premier-né Joël, et le deuxième Abiyya
      RSV*: Joel his first-born, the second Abijah
      NEB*: Joel the eldest and Abiah the second
      L   : der Erstgeborene Joel und der zweite
          Sohn Abia
  Fac.: 5,4
[הבכר והשני אביה]
    the first-born, and the second Abijah
    le premier-né, et le deuxième Abiyya
      J   : (1e*, 2e*, 3e éd.) l'aîné et Abiyya le
          second
  Fac.: 4,5
  Rem.: 1. The MT here is not the original text. The
  Versions, however, merely correct it by having
  recourse to its parallels.
  2. A name has dropped out in the MT after "and
  the sons of Samuel : the first-born". This name,

Joel, may be found in 1 Sam 8.2, 1 Chron 6.18(33)
and 15.17.
3. Once this name was lost, the expression which
followed, "and the second : Abijah" was misunderstood; "ושני, and the second" was taken to be a
proper name "Vashni".
4. It would therefore be better not to translate
this false name "Vashni", although attested by
the MT, which is nearer the original than all the
other Versions. The translation of V.13(28) accordingly would be : "and the sons of Samuel : the
eldest ..., and the second, Abijah". Translators
who use notes might indicate the name of the eldest son "Joel" in a note, saying at the same
time that it dropped out of the text.
Rem.: 1. Le texte n'est pas original. Mais les
Versions ne font que corriger par des parallèles.
2. Après "et les fils de Samuel : l'aîné" un nom
doit être tombé. Ce nom, Joël, est donné en
1 S 8.2, 1 Chr 6.18(33), 15.17.
3. Après la chute de ce nom, on a mal interprété
l'expression qui suit : "et le deuxième : Abiyya"
en comprenant "ושני, et le deuxième" comme nom
propre "Vashni".
4. Il vaut donc mieux ne pas traduire ce nom
faux "Vashni" bien qu'il soit attesté par le TM,
qui est plus proche du texte original que toutes
les autres Versions. On peut traduire par conséquent le V.13(28) : "et les fils de Samuel :
l'aîné..., et le deuxième, Abiyya". Les traducteurs
qui usent de notes pourront indiquer le nom de
l'aîné "Joël" dans une note, en expliquant qu'il
était tombé du texte.
Transl.: See Remark 4
Trad.:   Voir Remarque 4

6.43(58)

ואת-חֵילֶז
  and Hilez
  et Hilez
Fac.: 12,9
ואת-חִילָז
  and Hilaz
  et Hilaz
    J   : Hilaz
Fac.: 12,9

C ואת-חִילֵן
  and Hilen
  et Hilên
    RSV : Hilen
    NEB*: Hilen
[ואת-חילן / ואת-חלן]
  and Holon
  et Holðn
    L   : Holon
  Fac.: 5,9
  Transl.: and Hilen
  Trad.:   et Hilên

6.62(77)

את-רמונו
  Rimmono
  Rimmono
    RSV : Rimmono
  Fac.: 9
[את-רמון]
  Rimmon
  Rimmðn
    NEB*: Rimmon
    J   : Rimmon (1e éd.), Rimmðn (2e, 3e éd.)
    L   : Rimmon
  Fac.: 9
B[את-רמונה]
  Rimmonah
  Rimmðna
  Rem.: See Josh 19.13 and 21.35 for similar diffi-
  culties with this place-name.
  Rem.: Voir Jos 19.13 et 21.35 pour des problèmes
  semblables en ce nom de lieu.
  Transl.: Rimmonah
  Trad.: Rimmðna

7.6

C בנימן
  Benjamin
  Benjamin
    J   : Benjamin :
בני בנימן
  the sons of Benjamin
  les fils de Benjàmin
    RSV : the sons of Benjamin
    NEB*: the sons of Benjamin
    L   : die Söhne Benjamins

Fac.: 5,4

Rem.: Although the MT is not the original text, it
is the oldest attested text. It should be translated : "Benjamin : Bela, Becher, and Jediael,
three". Translators who use notes might indicate
in a note that the original text must have con-
tained : "the sons of Benjamin : ...". The Versions are secondary normalisations of the hard
TM.

Rem.: Bien que le TM ne soit pas le texte original,
il est le plus ancien texte attesté. On peut le
traduire : "Benjamin : Béla, Béker et Yediael,
trois". Les traducteurs qui se servent de notes
pourraient indiquer dans une note que le texte
original a dû porter : "fils de Benjamin...". Les
Versions sont des normalisations secondaires du
TM difficile.

Transl.: See Remark

Trad.:   Voir Remarque

7.12

A ושפם וחפם בני עיר חשם בני אחר

and Shuppim and Huppim the sons of Ir; Hushim
the son of another
et Shuppîm et Huppîm les fils de Ir; Hushîm le
fils d'un autre

   RSV : and Shuppim and Huppim were the sons of
        Ir, Hushim the sons of Aher

   J   : Shuppim et Huppim. Fils de Ir : Hushim;
        son fils : Aher

   L   : und Schuppim und Huppim waren Söhne Irs;
        Huschim aber war ein Sohn Ahers

[בני דן חשם בני אחר]

the sons of Dan : Hushim, the sons of Aher
les fils de Dân : Hushîm, les fils d'Aher

   NEB*: the sons of Dan : Hushim and the sons of
        Aher

Fac.: 14

Rem.: 1. The Committee gave two ratings for this
case : the rating A (indicated above) for the
entire verse, and the rating C (not indicated
above) for the Masoretic vocalisation of שֻׁפָּם and
חֻפָּם.
2. The translators who use notes may explain in a
note : Two explanations for the translation of
אחר as "another" are possible : a) "אחר, another"
may refer to the name Dan, but was deliberately
chosen to replace it.

b) "אחר, another" was used by a scribe because
he did not know the real name and so filled in
for this lack of information by using "אחר,
another".
Rem.: 1. Le Comité a donné deux votes pour ce cas :
le premier vote A (indiqué ci-dessus) pour le
verset entier, et le vote C (non-indiqué ci-dessus)
pour la vocalisation massorétique de שֻׁפָּם et de
חֻפָּם.
2. Les traducteurs pourront dire en note : Pour la
traduction de אחר par "un autre", deux explications sont possibles : a) ce mot "autre" désigne
peut-être Dan, mais son emploi ici est dû à la
volonté de remplacer le nom de Dan.
b) "אחר, autre" est le moyen d'un scribe pour dire
qu'il ignore le vrai nom et supplée cette igno-
rance par un "אחר, autre".
Transl.: and Shuppim and Huppim, the sons of Ir;
          Hushim the son of another
Trad.:   et Shuppim et Huppim, les fils de Ir;
          Hushim le fils d'un autre

7.14

B אשריאל
    Asriel
    Asriel
      RSV : Asri-el
      J   : Asriel
      L   : Asriël
  [Lacking.Manque] = NEB*
  Fac.: 14
  Transl.: Asriel
  Trad.:   Asriel

7.15

A לחפים ולשפים ושם אחתו
    for Huppim and for Shuppim and the name of his
    sister
    pour Huppîm et pour Shuppîm et le nom de sa soeur
      RSV : for Huppim and for Shuppim. The name of
            his sister
      J   : pour Huppim et Shuppim. Le nom de sa soeur
      L   : (und Machir gab) Huppim et Schuppim
            (Frauen); und seine Schwester hiess
  [ושמה]
    and her name
    et son nom

NEB*: whose name
Fac.: 14
Transl.: for Huppim and Shuppim, and the name of
         his sister
Trad.:   pour Huppim et pour Shuppim, et le nom de
         sa soeur

7.21

A הנולדים בארץ
    born in the country
    nés dans le pays
      RSV : who were born in the land
      NEB : the native (Gittites)
      J   : (3e éd.) natifs du pays
      L   : die Einheimischen im Lande
  [Lacking. Manque] = J* (le, 2e éd.)
  Fac.: 14
  Transl.: born in the country
  Trad.:   nés dans le pays

7.23

B ויקרא
    and he named
    et il nomma
      RSV : and he called
      NEB : whom he named
      J   : (3e éd.) qu'il nomma
      L   : den nannte er
    ותקרא
    and she named
    et elle nomma
      J* : (le, 2e éd.) qu'elle nomma
  Fac.: 4
  Transl.: and he named
  Trad.:   et il nomma

7.23

    בביתו
    in his house
    dans sa maison
      RSV : (had befallen) his house
      NEB : on his family
      J   : (3e éd.) sa maison
      L   : in seinem Hause
  Fac.: 4,5

D [בביתי]
   in my house
   dans ma maison
     J*   : (1e, 2e éd.) dans ma maison
  Transl.: on my house
  Trad.:   dans ma maison

7.25

B ורשף ותלח בנו
   and Resheph and Telah his son
   et Résheph et Télah son fils
     L   : auch Rescheph, dessen Sohn war Telach
ורשף בנו ותלח בנו
   and Resheph his son and Telah his son
   et Résheph son fils et Télah son fils
     RSV : Resheph his son, Telah his son
     NEB*: his son was Resheph, his son Telah
  Fac.: 5
[ושותלח בנו]
   and Shutelah his son
   et Shutélah son fils
     J*   : Shutélah son fils
  Fac.: 14
  Rem.: The two names, Resheph and Telah, refer either
    to brothers (therefore "בנו, his son" is lacking
    after Resheph), or to father and son (in this
    case "בנו, his son" would have dropped out after
    Resheph).
  Rem.: Les deux noms, Résheph et Télah, se réfèrent
    ou bien à deux frères (c'est pourquoi "בנו, son
    fils" manque après Résheph) ou bien à un père et
    son fils (dans ce cas, "בנו, son fils" après
    Résheph serait tombé).
  Transl.: and Resheph and Telah his son
  Trad.:   et Résheph et Télah son fils

7.28

B עד-עיה
   as far as Ayyah
   jusqu'à Ayya
     RSV : (westward...) and Ayyah
     J   : (1e*, 2e*, 3e éd.) et même à Ayyah
     L   : bis nach Ajja
עד-עזה
   as far as Gaza
   jusqu'à Gaza
     NEB*: and Gaza
  Fac.: 9,12

Transl.: as far as Ayyah
Trad.:   jusqu'à Ayya

7.32

B ואת-שומר ואת-חותם
    and Shomer and Hotham
    et Shomer et Hotâm
        RSV : Shomer, Hotham
        NEB : Shomer, Hotham
ואת-שמר ואת-חותם
    and Shemer and Hotham
    et Shémer et Hotâm
        J   : Shémer, Hotam
        L   : Schemer, Hotham
    Fac.: 14
    Rem.: See below, 7.34 2º, Remarks.
    Rem.: Voir ci-dessous, 7.34 2º, Remarques.
    Transl.: and Shomer and Hotham
    Trad.:   et Shomer et Hotâm

7.34

A ובני שמר
    and the sons of Shemer
    et les fils de Shémer
        RSV : the sons of Shemer
        J   : fils de Shémer
        L   : die Söhne Schemers
ובני שמר = [ובני שֹׁמֵר]
    and the sons of Shomer
    et les fils de Shomer
        NEB*: the sons of Shomer
    Fac.: 5
    Rem.: See following case, Remarks.
    Rem.: Voir cas suivant, Remarques.
    Transl.: and the sons of Shemer
    Trad.:   et les fils de Shémer

7.34

A אחי ורוהגה
    Ahi and Rohgah
    Ahi et Rohga
        NEB : Ahi, Rohgah
        L   : Ahi, Rohga
[אחיו רוהגה]
    his brother : Rohgah
    son frère : Rohga

RSV : his brother : Rohgah
J   : (1e*, 2e*, 3e éd.) son frère Rohga
Fac.: 14
Rem.: Translators who use notes may indicate in
   a note the following explanation :
   1. The names "Shomer" and "Hotham" in V.32
   refer to the same persons as "Shemer" in V.34
   and "Helem" in V.35.
   2. The original text of the beginning of V.34
   was : "ובני שמר אחיו רוהגה, and the sons of
   Shemer his brother : Rohgah...", for which no
   textual witnesses are extant. The corruption of
   the two names in VV.32,34 and 35 prevented then
   the recognition of fraternity between these two
   persons.
Rem.: Les traducteurs qui emploient des notes pourront donner en note les explications suivantes :
   1. Les noms "Shomer" et "Hotâm" du V.32 désignent les
   mêmes personnages que "Shémer" au V.34 et "Hélem"
   au V.35.
   2. Le texte original du début du V.34 est : "
   "ובני שמר אחיו רוהגה, et les fils de Shémer son
   frère : Rohga...", pour lequel il n'existe pas de
   témoins textuels. La corruption des deux noms aux
   VV.32,34 et 35 a ensuite empêché les copistes de
   reconnaître en ces deux personnages des frères.
Transl.: Ahi and Rohgah / see Remarks 1 and 2
Trad.:   Ahi et Rohga / voir Remarques 1 et 2

7.35

B ובן הלם אחיו
   and the son of Helem his brother
   et le fils de Hélem son frère
      RSV : the sons of Helem his brother
      J   : fils de Hélem son frère
[ובני חותם אחיו]
   and the sons of Hotham his brother
   et les fils de Hotam son frère
      NEB*: the sons of his brother Hotham
      L   : und die Söhne seines Bruders Hotham
Fac.: 14
Rem.: See above, preceding case, Remarks 1 and 2
Rem.: Voir cas précédent, Remarques 1 et 2
Transl.: and the sons of Helem his brother
Trad.:   et les fils de Hélem son frère

8.3

A ואביהוד
   and Abihud
   et Abihud
     RSV : Abihud
     L   : Abihud
[אבי אהוד]
   father of Ehud
   père d'Ehud
     NEB*: fahter of Ehud
     J* : père d'Ehud
  Fac.: 14
  Rem.: "אביהוד, Abihud" is probably the father of
    Ehud, as Judg 3.15 and 1 Chron 8.6 suggest.
    Translators may add that in a note.
  Rem.: "אביהוד, Abihud" est probablement le père
    d'Ehud, comme Jg 3.15 et 1 Ch 8.6 le suggèrent.
    Les traducteurs ajouteront cette explication en
    note.
  Transl.: and Abihud
  Trad.: et Abihud

8.29

B אבי גבעון
   the father of Gibeon / Abi-gibeon
   le père de Gabaôn / Abi-Gabaôn
     J : Abi-Gabaon (1e éd.), Abi-Gabaôn (2e éd.)
[ויעיאל אבי גבעון]
   Jeiel the father of Gibeon
   Yeïel le père de Gabaôn
     RSV*: Jeiel the father of Gibeon
     NEB*: Jehiel founder of Gibeon
     J* : (3e éd.) Yeïel, le père de Gabaôn
     L : Jeïël, der Vater Gibeons
  Fac.: 5
  Rem.: The translation of V.29 should be linked with
    that of VV.30 and 31 as follows : "And at Gibeon
    there dwelt : Abi-Gibeon - his wife's name was
    Maacah -, and his first-born son..." (to the end
    of V.31).
  Rem.: On doit lier la traduction du V.29 à celle des
    VV.30 et 31 : "Et habitèrent à Gabaôn : Abi-Gabaôn
    - le nom de sa femme était Maaka - et son fils
    premier-né..." (jusqu'à la fin du V.31).
  Transl.: See Remark
  Trad.: Voir Remarque

8.30

ובעל
  and Baal
  et Baal
    RSV : Baal
    NEB : Baal
  Fac.: 10
D[ובעל ונר]
  and Baal and Ner
  et Baal et Ner
    J* : Baal, Ner
    L   : Baal, Ner
  Transl.: and Baal and Ner
  Trad.:   et Baal et Ner

8.38

D בֹּכְרוּ
  Bocheru
  Bokeru
    RSV : Bocheru
    NEB : Bocheru
[בְּכֹרוֹ] = בכרו
  his first born
  son premier-né
    J* : son premier-né
    L   : sein Erstgeborener
  Fac.: 9
  Rem.: See the same textual difficulty in 9.44.
  Rem.: Voir la même difficulté textuelle à 9.44.
  Transl.: Bocheru
  Trad.:   Bokeru

9.22

A בספים
  at the thresholds
  sur les seuils
    RSV : at the thresholds
    J   : (les portiers) des seuils
    L   : an der Schwelle
[במספר]
  in number
  en nombre
    NEB*: numbered
  Fac.: 4,12
  Transl.: at the thresholds
  Trad.:   aux seuils

9.44

D בִּכְר֑וּ
   Bocheru
   Bokeru
     RSV : Bocheru
     NEB : Bocheru
   [בְּכֹר֖וֹ] = בכרו
   his first born
   son premier-né
     J   : son premier-né
     L   : der Erstgeborene
   Fac.: 9
   Rem.: See the same textual difficulty in 8.38.
   Rem.: Voir la même difficulté textuelle à 8.38.
   Transl.: Bocheru
   Trad.:   Bokeru

10.11

B כל יביש גלעד
   all Jabesh-gilead
   tout Yabesh de Galaad
     RSV : all Jabesh-gilead
     NEB : the people of Jabesh-gilead
     L   : jedermann von Jabesch in Gilead
   כל ישבי יביש גלעד
   all the inhabitants of Jabesh-gilead
   tous les habitants de Yabesh de Galaad
     J* : (3e éd.) tous les habitants de Yabesh
           de Galaad
   Fac.: 4
   [כל ישבי גלעד]
   all the inhabitants of Gilead
   tous les habitants de Galaad
     J* : (1e, 2e éd.) tous les habitants de Galaad
   Fac.: 4
   Transl.: all Jabesh-gilead
   Trad.:   tout Yabesh de Galaad

11.11

ישבעם
   Jashobeam
   Yashobéam
     RSV : Jashobe-am
     NEB*: Jashoboam
     J   : Yashobeam (1e* éd.), Yashobéam (2e*, 3e
           éd.)
     L   : Jaschobam

Fac.: 12,9
ישבעל‭]‬B
   Jishbaal
   Yishbaal
  Rem.: See 2 Sam 23.8 for a similar problem with this
   proper name.
  Rem.: Voir 2 S 23.8 pour un problème analogue avec
   ce nom-propre.
  Transl.: Jishbaal
  Trad.:   Yishbaal

11.11

C ראש השלישים = Qere
   head of the officers / of the heroes
   chef des officiers / des preux
  ראש השלושים = Ketiv
   head of the thirty
   chef des trente
     J : (1e, 2e éd.) le chef des Trente
  Fac.: 5,9
ראש השלושה‭]‬
   head of the three
   chef des trois
    RSV*: chief of the three
    NEB*: chief of the three
    J* : (3e éd.) le chef des Trois
    L   : der Erste unter den Dreien
  Fac.: 5,4
  Rem.: See 2 Sam 23.8, 3°, Remarks 1 and 2 for textual
   difficulties with this word שליש.
  Rem.: Voir 2 S 23.8, 3°, Remarques 1 et 2 à propos des
   difficultés textuelles avec ce mot שליש.
  Transl.: chief of the heroes
  Trad.:   chef des preux

11.14

C ויתחצבו...ויצילוה ויכו
   and they stood... and they saved it (i.e. the
   field) and they smote
   et ils se dressèrent... et ils le (c.-à-d. le
   champ) sauvèrent et ils frappèrent
    J : mais ils se postèrent... le défendirent et
      battirent (1e* éd.), mais ils se postèrent
      ... le préservèrent et battirent (2e*,
      3e éd.)

[ויתיצב...וייצילה ויך]
    and he stood...and he saved it and he smote
    et il se dressa...et il le sauva et il frappa
        RSV*: but he took his stand...and defended it,
              and slew
        NEB*: he stood his ground...saved it and defea-
              ted
        L : und er trat...sicherte es und schlug
    Fac.: 5,6
    Transl.: and they stood...and they saved it and
             they smote
    Trad.:   et ils se dressèrent...et ils le sauvèrent
             et ils frappèrent

11.20

C ראש השלושה
    head of the three
    chef des trois
        J : (1e, 2e éd.) le chef des Trois
[ראש השלושים]
    head of the thirty
    chef des trente
        RSV*: chief of the thirty
        NEB*: chief of the thirty
        J* : (3e éd.) le chef des Trente
        L : der Erste unter den Dreissig
    Fac.: 5,9
    Rem.: See 2 Sam 23.8, 3°, Remark 3.
    Rem.: Voir 2 S 23.8, 3°, Remarque 3.
    Transl.: head of the three
    Trad.:   chef des trois

11.20

A ולֹו = Qere
    and to him
    et à lui
        RSV : and won
        NEB : and he was
        J : (1e*, 2e*, 3e éd.) et se fit
        L : und er war
    ולא = Ketiv
    and not
    et non

    Transl.: and he had
    Trad.:   et il avait

11.20

A בשלושה
    among the three
    parmi les trois
      RSV : beside the three
      J*   : (1e, 2e éd.) parmi les Trois
 [בשלושים]
    among the thirty
    parmi les trente
      NEB*: among the thirty
      J*   : (3e éd.) parmi les Trente
      L   : unter den Dreissig
  Fac.: 5
  Rem.: See 2 Sam 23.8, 3°, Remark 3.
  Rem.: Voir 2 S 23.8, 3°, Remarque 3.
  Transl.: among the three
  Trad.:   parmi les trois

11.21

B מן-השלושה בשנים
    of the three among the two
    des trois parmi les deux
 [מן-השלושים]
    of the thirty
    des trente
      RSV*: of the thirty
      NEB*: of the thirty
      J*   : que les Trente
      L   : unter den dreissig
  Fac.: 4,5
  Rem.: See 2 Sam 23.8, 3°, Remark 3.
  Rem.: Voir 2 S 23.8, 3°, Remarque 3.
  Transl.: of the three among the two
  Trad.:   des trois parmi les deux

11.22

A בן-איש-חיל
    the son of a mighty man
    le fils d'un homme brave
 [איש-חיל]
    a mighty man
    un brave
      RSV*: a valiant man
      NEB*: a hero
      J   : un brave
      L   : ein streitbarer Mann

Fac.: 4,5
Rem.: See 2 Sam 23.20 for a similar difficulty.
Rem.: Voir un cas analogue en 2 S 23.20.
Transl.: the son of a might man
Trad.: le fils d'un homme brave

11.24

A בשלושה
   among the three
   parmi les trois
     RSV : beside the three
     J   : (1e éd.) parmi les Trois
[בשלושים]
   among the thirty
   parmi les trente
     NEB*: among the (heroic) thirty
     J   : (2e*, 3e* éd.) parmi les Trente
     L   : unter den dreissig
  Fac.: 14
  Rem.: See 2 Sam 23.8, 3°, Remark 3.
  Rem.: Voir 2 S 23.8, 3°, Remarque 3.
  Transl.: among the three
  Trad.:   parmi les trois

11.27

B ההרורי
   the Harorite
   le Harorite
     J   : le Harorite
     L   : der Haroriter
[ההרודי]
   the Harodite
   le Harodite
     RSV*: of Harod
     NEB*: from Harod
  Fac.: 5,9
  Rem.: "ההרורי, the Harorite" refers to the same
    person mentioned in 2 Sam 23.11,25,33 and in
    1 Chron 11.34, although the name of his origin
    is different in these places.
  Rem.: Il s'agit du même homme mentionné en 2 S
    23.11,25,33 et en 1 Ch 11.34, bien que le genti-
    lice varie dans ces endroits.
  Transl.: the Harorite
  Trad.:   le Harorite

11.34

בני השם הגזוני
  the sons of Hashem the Gizonite
  les fils de Hashem le Gizonite
    J   : Beney-Hashem de Gizon (le éd.), Bené-
        Hashem de Gizōn (2e, 3e éd.)
[השם הגזוני]
  Hashem the Gizonite
  Hashem le Gizonite
    RSV*: Hashem the Gizonite
    NEB*: Hashem the Gizonite
 Fac.: 14
[ישן הגוני]
  Jashen the Gunite
  Yashen le Gounite
    L   : Jaschen, der Guniter
 Fac.: 5
 Rem.: 1. The Committee gave three distinct ratings
 for this case (none of which are indicated above):
 (i) the rating D for the retention of "בני, sons
 of"; (ii) the rating A for the proper name "השם,
 Hashem"; (iii) the rating B for "הגזוני, the
 Gizonite".
 2. See a parallel passage in 2 Sam 23.32, 1° and
 2° for other textual problems.
 Rem.: 1. Le Comité a procédé à trois votes pour ce
 cas (votes qui ne sont pas indiqués ci-dessus) :
 (i) le vote D pour la retention de "בני, fils
 de"; (ii) le vote A pour le nom propre "השם,
 Hashem"; (iii) le vote B pour "הגזוני, le Gizonite".
 2. Voir un passage parallèle en 2 S 23.32, 1°
 et 2°, pour d'autres problèmes textuels.
 Transl.: the sons of Hashem the Gizonite
 Trad.: les fils de Hashem le Gizonite

12.19(18)

C רֹאשׁ הַשָּׁלוּשִׁים = Qere
  head of the officers / of the heroes
  chef des officiers / des preux
 רֹאשׁ השלושים = Ketiv
  head of the thirty
  chef des trente
    RSV : chief of the thirty
    NEB : the chief of the thirty
    J   : chef des Trente
    L   : den Ersten der Dreissig
 Fac.: 5

Rem.: See 2 Sam 23.8, 3°, Remarks.
Rem.: Voir 2 S 23.8, 3°, Remarques
Transl.: chief of the heroes
Trad.:   chef des preux

14.7

וּבְעֶלְיָדָע
      and Beelyada
    et Beelyada
      RSV : Beeliada
      NEB : Beeliada
      L   : Beeljada
  Fac.: 7
A בעלידע = [וּבַעַלְיָדָע]
      and Baalyada
    et Baalyada
      J   : Baalyada
  Rem.: See also 2 Sam 5.16 and 1 Chron 3.8 for other
    textual forms of this proper name.
  Rem.: Voir aussi 2 S 5.16 et 1 Ch 3.8 pour d'autres
    formes textuelles de ce nom propre.
  Transl.: and Baalyada
  Trad.:   et Baalyada

15.18

C זכריהו בן ויעזיאל
      Zecharyahu, son, and Jaaziel
      Zekaryahu, fils, et Yaaziel
   [זכריהו ויעזיאל]
      Zecharyahu and Jaaziel
      Zekaryahu et Yaaziel
      RSV : Zechariah, Jaaziel
      NEB*: Zechariah, Jaaziel
      L   : Sacharja, Jaasiël
  Fac.: 4
   זכריהו בן יעזיאל
      Zecharyahu son of Jaaziel
      Zekaryahu fils de Yaaziel
      J   : (1e, 2e éd.) Zekaryahu fils de Yaaziel
  Fac.: 4
   [זכריהו ועזיאל]
      Zecharyahu and Uzziel
      Zekaryahu et Uzziel
      J   : (3e éd.) Zekaryahu, Uzziel
  Fac.: 4,9
  Rem.: Translators who use notes may add the follo-
    wing explanation :

There are two ways of understanding "בֵּן, son" :
it is either a gloss clarifying the identity of
Zecharyahu (similiar to the gloss "אשה, woman"
in 2.18) although the meaning is not entirely
evident; or the father's name has dropped out of
the text.

Rem.: Les traducteurs utilisant des notes, pourront
donner cette explication :
Ce mot "בֵּן, fils" peut être compris de deux façons:
ou bien c'est une glose pour préciser l'identité
de Zekaryahu (analogue à la glose de 2.18, "אשה,
femme") quoi_que le sens ne soit pas entièrement
clair; ou bien le nom du père est tombé dans le
texte.

Transl.: Zecharyahu, son, and Jaaziel
Trad.:   Zekaryahu, fils, et Yaaziel

16.5

B יעיאל
    Jeiel
    Yeïel
      RSV : Je-iel
      L   : Jei'ël
[יעזיאל]
    Jaaziel
    Yaaziel
      NEB*: Jaaziel
  Fac.: 14,5
[עזיאל]
    Uzziel
    Uzziel
      J*   : Uzziel   Fac.: 14,5

Rem.: "יעיאל, Jeiel" refers to the same person
mentioned in 15.18 as "יְעֲזִיאֵל, Jaaziel" and in
15.20 as "עֲזִיאֵל, Aziel", but the textual traditions
do not permit a reconstruction of the form given
in 16.5, because of the lack of any existing
textual witness. The correct form of the name is
probably יְעֲזִיאֵל. Translators might give this
explanation in a note.

Rem.: "יעיאל, Yeïel" est le même personnage que celui qui est mentionné en 15.18 comme "יְעֲזִיאֵל,
Yaaziel" et en 15.20 comme "עֲזִיאֵל, Aziel", mais
les traditions textuelles ne permettent pas une
reconstruction de la forme de 16.5, faute de
témoins textuels existants. La forme correcte du
nom est probablement יְעֲזִיאֵל. Les traducteurs pourront donner cette explication en note.

Transl.: Jeiel
Trad.:   Yeïel

16.15

B זכרו
   remember
   rappelez-vous
      J : rappelez (1e, 2e éd.) rappelez-vous (3e éd.)
      L : gedenket
 [זכר]
   he has remembered
   il a rappelé
      RSV : he is mindful of
      NEB*: he called to mind
   Fac.: 5
   Transl.: remember
   Trad.:   rappelez-vous

16.38

B ואחיהם
   and their brothers
   et leurs frères
 [ואחיו]
   and his brothers
   et ses frères
      RSV*: and his (sixty-eight) brethren
      NEB*: and his kinsmen
      J : (1e*, 2e*, 3e éd.) et ses (soixante-huit)
          frères
      L : und seine Brüder
   Fac.: 4
   Rem.: Translators may either indicate in a note that
   one or several names have dropped out of the text,
   and that consequently it is not necessary to translate as "his brothers"; or they may link VV.37
   and 38, pausing after "שׁשׁים ושׁמנה, sixty-eight",
   so that the phrase which follows becomes a nominal
   proposition (לאחיו in V.37 meaning "and his
   brothers", i.e. his relatives; and ואחיהם in
   V.38 meaning "and their colleagues"). The two
   verses may then be translated as follows :
   (V.37) "he left there... Asaph and his brothers...
   (V.38) and Obed-edom and their colleagues : sixty-
   eight; Obed-edom son of Jeduthun and Hosah ⟨were
   there⟩ as door-keepers".
   Rem.: Les traducteurs peuvent ou bien indiquer dans
   une note qu'un ou plusieurs noms sont tombés et

qu'il ne faut donc pas traduire par "ses frères";
ou bien ils peuvent lier le V.37 au V.38 qu'ils
couperont après "שׁשׁים וּשׁמנה, soixante-huit", la
phrase qui suit étant une proposition nominale
(לאחיו au V.37 ayant le sens de "et ses frères",
c.-à-d. sa parenté; et ואחיהם du V.38 ayant le
sens de "et leurs collègues"). La traduction des
deux versets serait donc : (V.37) "il laissa là...
Asaph et ses frères... (V.38) et Obed-Edôm et
leurs collègues : soixante-huit; Obed-Edôm fils de
Yedutun et Hosa ⟨étaient là⟩ comme portiers".
Transl.: See Remark
Trad.:   Voir Remarque

17.5

B מאהל אל-אהל וממשׁכן
    from tent to tent and from dwelling
    de tente en tente et de demeure
      RSV : from tent to tent and from dwelling to
            dwelling
      J   : de tente en tente et ma Demeure se dé-
            plaçait (?) (le* éd.), de tente en tente
            et d'abri en abri (2e*, 3e éd.)
      L   : von Zelt zu Zelt und von Wohnung zu
            Wohnung
 [באהל ובמשׁכן]
    in a tent and in a dwelling
  dans une tente et dans une demeure
      NEB*: in a tent and a tabernacle
    Fac.: 4,5
    Rem.: The MT is not original, but is the earliest
    attested text. Its present elliptic form may be
    translated as follows : "from tent to tent and
    from dwelling ⟨to dwelling⟩".
    Rem.: Le TM n'est pas original, mais il est le plus
    ancien texte attesté. On peut traduire sa forme
    elliptique actuelle ainsi : "de tente en tente
    et de demeure ⟨en demeure⟩".
    Transl.: See Remark
    Trad.:   Voir Remarque

17.10

C ואגד לך
    and I did declare to you
    et je t'annonçai
      RSV : moreover I declare to you
      L   : ich ... und verkündige dir

[ואגדלך / (?) ואגיד (= Brockington)]
   and I will make you great
   et je te rendrai grand
     NEB : but I will make you great (?)
     J*   : (1e, 2e éd.) je te rendrai grand
  Fac.: 12
[ויגד לך יהוה]
   and the LORD will declare to you
   et le SEIGNEUR t'annoncera
     J*   : (3e éd.) Yahvé t'annonce
  Fac.: 5
  Rem.: Translators who use notes might include the
   reading of the Septuagint in a note : "and I will
   make you great".
  Rem.: Les traducteurs qui se servent de notes pourront indiquer la leçon de la Septante dans une
   note : "et je te rendrai grand".
  Transl.: and I will declare to you
  Trad.:   et je t'annoncerai

17.17

B   וראיתני כתור האדם הַמַעֲלָה
   and you see me according to the rank of the man
   placed high
   et tu me vois selon le rang de l'homme d'éléva-
   tion
[ותראני כתור האדם הַמַעֲלָה]
   and you make me see as a group of men, he who
   raises up
   et tu me fais voir comme un groupe d'hommes,
   celui qui l'élève
     J   : (1e*, 2e*, 3e éd.) tu me fais voir comme
            un groupe d'hommes, celui qui l'élève
  Fac.: 14
[ותראני כמראה אדם ותעלני]
   and you make me see, like the appearance of a
   man, and you have exalted me
   et tu me fais voir, comme l'aspect d'un homme,
   et tu m'as élevé
     L   : du hast mich schauen lassen, wie ein
          Mensch ein Gesicht empfängt, und hast
          mich erhöht
  Fac.: 4
[וראיתני כתור האדם הַמַעֲלֶה] = וראיתני כתור האדם המעלה
(= Brockington)

NEB : and now thou lookest upon me as a man
      already embarked on a high career (?)
Fac.: 14
[הלעמל םדא דרות ינתיארו] (?)
      RSV*: and hast shown me future generations
Fac.: 14
Transl.: and you see me according to the rank of
         the man placed high, (O LORD God)
Trad.:   et tu me considères comme l'homme de haut
         rang, (SEIGNEUR Dieu)

17.19

A וּכְלִבְּךָ
    and according to your heart
    et selon ton coeur
      RSV : and according to thy own heart
      NEB : and according to thy purpose
      J   : (3e éd.) et selon ton coeur
      L   : nach deinem Herzen
    וכלבך = [וְכַלְבְּךָ]
    and your dog
    et ton chien
      J* : (le, 2e éd.) et de ton chien
    Fac.: 14
    Rem.: Another vocalisation of the consonants of
      "וכלבך" gives the meaning "your dog", but there
      are no textual witnesses for this interpretation
      of the consonants.
    Rem.: Une autre vocalisation des consonnes donnerait
      le sens de "ton chien", mais aucun témoin textuel
      existant n'a interprété ce mot dans ce sens.
    Transl.: and according to your heart
    Trad.:   et selon ton coeur

17.19

A תולדגה-לכ-תא עידהל
    to make known all the great things
    de révéler toutes les grandeurs
      RSV : in making known all these great things
      J   : de révéler toutes ces grandeurs
      L   : dass du kundtätest alle Herrlichkeit
    [Lacking. Manque] = NEB*
    Fac.: 10
    Transl.: to make known all the great things
    Trad.:   de révéler toutes les grandeurs

17.21

גוי אחד C
    one nation
    un peuple
        L   : (wo ist) ein Volk
 [גוי אחר]
    another nation
    un autre peuple
      RSV*: (what) other nation
      NEB*: any other nation
      J*   : un autre peuple
  Fac.: 5
  Rem.: See also 2 Sam 7.23.
  Rem.: Voir aussi 2 S 7.23.
  Transl.: one nation
  Trad.:   un peuple

18.6

וישם דויד C
    and David placed
    et David établit
 וישם דויד נציבים
    and David placed garrisons / governors
    et David établit des garnisons / gouverneurs
      RSV*: then David put garrisons
      NEB : David... and established garrisons
      J   : (1e*, 2e*, 3e éd.) puis David établit des
            gouverneurs
      L   : David... und setzte Statthalter ein

  Fac.: 5,4
  Rem.: The verb "שׂים, to put", in its use without
      an object, may have in military language the
      technical meaning of : "to put a garrison or
      troups" somewhere.
  Rem.: Le verbe "שׂים, mettre", employé sans complé-
      ment, peut avoir, dans le langage militaire, le
      sens technique de "placer une garnison, des
      troupes".
  Transl.: and David placed ⟨garrisons⟩
  Trad.:   et David établit ⟨des garnisons⟩

18.16

A וצדוק בן-אחיטוב ואבימלך בן-אביתר כהנים
and Zadok, son of Ahitub, and Abimelech, son of
Abiathar ⟨were⟩ priests
et Çadoq, fils d'Ahitub et Abimélek, fils
d'Abyatar ⟨furent⟩ prêtres
    L : Zadok, der Sohn Ahitubs, und Abimelech,
         der Sohn Abjathars waren Priester
  וצדוק בן-אחיטוב ואחימלך בן-אביתר כהנים
and Zadok, son of Ahitub, and Ahimelech, son of
Abiathar ⟨were⟩ priests
et Çadoq, fils d'Ahitub et Ahimélek, fils
d'Abyatar ⟨furent⟩ prêtres
    RSV : and Zadok the son of Ahitub and Ahimelech
          the son of Abiathar were priests
    J* : Sadoq, fils d'Ahitub, et Ahimélek, fils
          d'Abiathar (le éd.), d'Ebyatar (2e, 3e éd.),
          étaient prêtres
  Fac.: 5
[וצדוק ואביתר בן-אחימלך בן-אחיטוב כהנים]
and Zadok and Abiathar, son of Ahimelech, son of
Ahitub ⟨were⟩ priests
et Çadok et Abyatar, fils d'Ahimélek, fils
d'Ahitub ⟨furent⟩ prêtres
    NEB*: Zadok and Abiathar son of Ahimelech, son
          of Ahitub, were priests
  Fac.: 14
  Rem.: 1. See 2 Sam 8.17, Remarks 1 and 2.
  2. The Committee gave two ratings for this case :
  the rating A (indicated above), for the order
  of the MT, and the rating C (not indicated above),
  for the MT form, "ואבימלך, and Abimelech". See
  also 2 Sam 8.17, Remark 3.
  Rem.: 1. Voir 2 S 8.17, Remarques 1 et 2.
  2. Le Comité a donné deux votes pour ce cas : le
  vote A (indiqué ci-dessus) pour l'ordre du TM,
  et le vote C (qui n'est pas mentionné ci-dessus)
  pour la forme du nom "ואבימלך, et Abimélek", dans
  le TM. Voir aussi 2 S 8.17, Remarque 3.
  Transl.: and Zadok, son of Ahitub, and Abimelech,
           son of Abiathar ⟨were⟩ priests
  Trad.:   et Çadok, fils d'Ahitub, et Abimélek, fils
           d'Abyatar ⟨furent⟩ prêtres

19.17

B ויערך דויד לקראת ארם מלחמה
    and David set the battle in array to meet Aram
    et David se mit en ordre de combat pour rencontrer
    Aram̂
        RSV : and when David set the battle in array
              against the Syrians
        J   : puis David se mit (le éd.), se rangea
              (2e, 3e éd.) en ordre de combat pour
              rencontrer les Araméens (le éd.), en
              face des Araméens (2e, 3e éd.)
        L   : und David stellte sich gegen die Aramäer
              zum Kampf
    [ויערך ארם לקראת דויד מלחמה]
    and Aram set the battle in array to meet David
    et Arâm se mit en ordre de combat pour rencontrer
    David
        NEB*: the Aramaeans likewise took up positions
              facing David
    Fac.: 5
    Transl.: and David set the battle in array to meet
             Aram
    Trad.:   et David se mit en ordre de combat pour
             rencontrer Arâm

20.2

    מַלְכָּם
      of their king
      de leur roi
        RSV*: of their king
        L   : ihrem König
    Fac.: 7
B מלכם = [מִלְכֹּם]
      of Milcom
      de Milkôm
        NEB : of Milcom
        J* : de Milkom
    Rem.: See 2 Sam 12.30, Remarks.
    Rem.: Voir 2 S 12.30, Remarques.
    Transl.: of Milcom
    Trad.:   de Milkôm

20.3

A וישר
   and he sawed
   et il scia
 [וישם]
   and he placed
   et il mit
     RSV*: and set them to labor
     J   : il ... mit
     L   : er ... liess sie ... Frondienst leisten
  Fac.: 14,5
 [וַיָּשֶׂר] = וישר
     NEB : and set them to work (?)
  Fac.: 14
  Rem.: The text here in Chronicles may be the result
    of a misunderstanding of the text of 2 Sam 12.31 :
    "he placed them in the saw", i.e. "he forced them
    to work with saws". The expression in 2 Sam was
    probably interpreted by the author of Chronicles
    as : "he placed them in the saw" i.e. he had them
    sawn. The Chronicler would not have been shocked
    by David's cruelty towards the Ammonites.
  Rem.: Le texte des Chroniques peut provenir d'un
    malentendu du texte de 2 S 12.31 : "il les mit
    à la scie", c'est-à-dire : "il les força au tra-
    vail de scierie". L'expression de 2 S 12.31 a
    probablement été interprétée par l'auteur des
    Chroniques comme : "il les mit dans la scie",
    c'est-à-dire : il les fit scier. Le Chroniste ne
    se choque pas de la cruauté de David à l'égard
    des Ammonites.
  Transl.: and he sawed ⟨them⟩
  Trad.:   et il les ⟨scia⟩

20.3

C ובמגרות
   and with saws
   et avec des scies
 ובמגזרות
   and with axes
   et avec des haches
     RSV*: and axes
     NEB*: (and other iron tools,...) toothed
     J   : et les haches (1e* éd.), ou les haches
          (2e*, 3e éd.)
     L   : und Aexten
  Fac.: 5

Transl.: and with stone-cutters / stone cutter's saws
Trad.:   et avec des scies à pierre

21.17

A ‏והרע הרעותי‎
   and I have done very wickedly
   et j'ai méchamment agi en méchant
      RSV : I ... and done very wickedly
      J   : moi ... et qui ai commis le mal
      L   : Ich ..., der ... und das Uebel getan hat
[‏הרעה הרעותי‎]
   and the shepherd, I have done wickedly
   et le pasteur, moi, j'ai agi en méchant
      NEB*: I, the shepherd, who did wrong
Fac.: 14
Rem.: See also the parallel passage 2 Sam 24.17.
Rem.: Voir aussi le passage parallèle de 2 S 24.17.
Transl.: and I have done very wickedly
Trad.:   et j'ai agi très mal

21.17

B ‏ובעמך לא למגפה‎
   and ⟨let it⟩ not ⟨be⟩ on your people for a plague
   et ⟨qu'elle⟩ ne ⟨soit⟩ pas sur ton peuple pour un
   fléau
      RSV : but let not the plague be upon thy people
      J   : mais que ton peuple échappe au fléau
      L   : und nicht gegen dein Volk, es zu plagen
[‏ובעם כלא למגפה‎]
   and on the people restrain the plague

      NEB*: but check this plague on the people
Fac.: 6,8
Rem.: V.17 b may be translated as follows : "O LORD,
   my God, grant that your hand may be against me
   and against my father's house, but ⟨let it⟩ not
   ⟨be⟩ against your people as a plague".
Rem.: On peut traduire le V.17 b comme suit :
   "SEIGNEUR, mon Dieu, que ta main, de grâce, soit
   sur moi et sur la maison de mon père, mais sur
   ton peuple ⟨qu'elle⟩ ne ⟨s'abatte⟩ pas comme un
   fléau".
Transl.: See Remark
Trad.:   Voir Remarque

23.9

A שלשה והרן וחזיאל שלמות שמעי בני   Qere = שְׁלֹמִ֫ית
    the sons of Shimei : Shelomith, Haziel and Haran,
    three
    les fils de Shiméi : Shelomit, Haziel et Harân,
    trois
        RSV : the sons of Shime-i : Shelomoth, Hazi-el
              and Haran, three
        J   : Fils de Shimei (1e éd.), de Shiméï (2e,
              3e éd.) : Shelomit, Haziel, Haran (1e
              éd.), Harân (2e, 3e éd.), trois en tout
        L   : Söhne Simeïs waren : Schelomith, Hasiël
              und Haran, diese drei
    [Lacking. Manque] = NEB*
    Fac.: 14
    Transl.: the sons of Shimei : Shelomith, Haziel and
             Haran, three
    Trad.:   les fils de Shiméi : Shelomit, Haziel
             et Harân, trois

23.10

C זינא
    Zina
    Zina
        RSV : Zina
        J   : Zina
    זיזא
    Ziza
    Ziza
        NEB*: Ziza
        L   : Sisa
    Fac.: 5,9,12
    Rem.: The two names, Zina and Ziza, refer to the
          same person. The form Zina is probably the ori-
          ginal one, although V.11 has the form Ziza. Since
          there are no textual witnesses in V.11 for Zina,
          the form Ziza must be maintained in V.11 and
          assimilation to V.10 is to be resisted. Transla-
          tors who give notes may explain this in a note.
    Rem.: Les deux noms, Zina et Ziza, se rapportent
          au même personnage. La forme Zina est probable-
          ment originale, bien que le verset suivant lise
          la forme Ziza. Faute de témoins textuels pour
          Zina, au V.11, on doit cependant garder cette
          forme Ziza, au V.11, sans l'assimiler au V.10.
          Les traducteurs qui donnent des notes, peuvent
          ajouter ces explications en note.
    Transl.: Zina
    Trad.:   Zina

24.6

אחד אחז לאלעזר ואחז אחז לאיתמר C
one ⟨was⟩ taken for Eleazar, and one taken, one
taken for Ithamar
un ⟨fut⟩ pris pour Eléazar, et un pris, un pris
pour Itamar
> J* : on tirait une fois au sort (pour chaque
>   famille) des fils d'Eléazar, toutes les
>   deux fois pour les fils d'Itamar

אחד אחז לאלעזר ואחז אחז לאיתמר
one ⟨was⟩ taken for Eleazar and one ⟨was⟩ taken
for Ithamar
un ⟨fut⟩ pris pour Eléazar et un ⟨fut⟩ pris pour
Itamar
> RSV : one (father's house) being chosen for
>   Eleazar and one chosen for Ithamar
> NEB*: one (priestly family) being taken from
>   the line of Eleazar and one from that of
>   Ithamar

Fac.: 5

[אחד אחד לאלעזר ואחד אחז לאיתמר]
one ⟨was taken⟩, one ⟨taken⟩ for Eleazar, and one
was taken for Ithamar
un ⟨fut pris⟩, un ⟨pris⟩ pour Eléazar, et un pris
pour Itamar
> L   : nämlich je zwei Sippen für Eleasar und
>   eine für Ithamar

Fac.: 14

Rem.: V.6 b should be translated as follows : "per
paternal house, one ⟨was⟩ taken ⟨by lot⟩ for
Eleazar, one ⟨was⟩ taken ⟨and⟩ one ⟨was⟩ taken ⟨by
lot⟩ for Ithamar". Thus Eleazar receives sixteen
chosen ones, according to the sixteen heads at
his disposition; Ithamar has eight heads, to each
of whom will be attributed two chosen ones. The
meaning of "לראשי הגברים" in V.4 is not "according
to the total number of men" but rather "according
to the heads of men"; the expression probably refers to the heads of the "בית-אב".

Rem.: On doit traduire le V.6 b comme suit : "par
maison paternelle, un ⟨fut⟩ pris ⟨par le sort⟩ pour
Eléazar, un ⟨fut⟩ pris ⟨et⟩ un ⟨fut⟩ pris ⟨par le
sort⟩ pour Itamar." Eléazar a donc seize hommes
pris, selon ses seize chefs disponibles; Itamar
a huit chefs dont chacun régira deux hommes pris.
Le sens de "לראשי הגברים" n'est pas : selon le
total des hommes", mais - semble-t-il - "selon
les chefs des hommes", cette expression désignant
probablement les chefs des "בית-אב".

24.13

A לישבאב
    to Jeshebeab
    à Yeshebeab
        RSV : to Jeshebe-ab
        NEB*: to Jeshebeab
        L   : auf Jeschebab
  [לישבעל]
    to Yishbaal
    à Yishbaal
        J   : (1e*, 2e*, 3e éd.) Ishbaal
    Fac.: 5,4
    Transl.: to Jeshebeab
    Trad.:   à Yeshebeab

24.23

וּבְנָי ירִיהו
    and Benay   Jeriyyahu
    et Benaï, Yeriyyahu
Fac.: 9
C ובני יריהו = [וּבְנָי יריהו]
    and the sons of Jeriyyahu
    et les fils de Yériyyahu
  [בני חברון יריהו הראש]
    the sons of Hebron : Jeriyyahu, the first
    les fils de Hébrôn : Yeriyyahu le premier
        RSV*: the sons of Hebron : Jeriah the chief
        NEB*: the sons of Hebron : Jeriah the chief
        J   : (1e*, 2e*, 3e éd.) fils de Hébron (1e éd.)
               Hébrôn (2e, 3e éd.) : Yeriyya le premier
        L   : die Söhne Hebrons waren : Jeria der Erste
    Fac.: 5
    Rem.: The Committee gave two ratings for this case :
    the rating A (not indicated above) for the con-
    sonantal text,"וּבני יריהו"; and the rating C for
    the vocalisation : "וּבְנָי, and the sons of".
    Rem.: Le Comité a donné deux votes pour ce cas :
    le vote A (non-indiqué ci-dessus) pour le texte
    consonnantique,"וּבני יריהו"; et le vote C pour la
    vocalisation : "וּבְנָי, et les fils de".
    Transl.: and the sons of Jeriyyahu
    Trad.:   et les fils de Yeriyyahu

24.26

C בני יעזיהו בנו
    the sons of Jaaziyyahu his son
    les fils de Yaaziyyahu son fils
       RSV : the sons of Ja-aziah : Beno
       J   : (1e*, 2e*, 3e éd.) fils de Yaaziyyahu, son
            fils
       L   : und die Söhne Jaasias, seines Sohnes
[ורגם יעזיהו בנו]
    and also Jaaziyyahu his son
    et aussi Yaaziyyahu son fils
       NEB*: and also Jaaziah his son
  Fac.: 14
  Rem.: The following translation of VV.26-27 is a
    possible interpretation of the MT, which is
    probably not the original, but the oldest attested
    text, and includes the transferral of the Athnah
    in V.27 from מררי to בנו :(V.26) "the sons of Me-
    rari ⟨were⟩ Mahli and Mushli - ⟨i.e. they were⟩
    the sons of Jaaziyyahu his (i.e. Merari's) son,
    (V.27) ⟨consequently they were⟩ the sons of
    Merari by Jaaziyyahu his son - and Shoham, Zac-
    cur and Ibri".
  Rem.: La traduction des VV.26-27 qui suit apparaît
    comme une interprétation possible du TM, qui n'est
    pas le texte original, mais le plus ancien texte
    attesté. Elle présuppose le déplacement de
    l'Athnah en V.27 de מררי à בנו : (V.26) "Les
    fils de Mérari ⟨étaient⟩ Mahli et Mushi - ⟨c.-à-d.
    ils étaient⟩ les fils de Yaaziyyahu son fils (de
    Mérari), (V.27) ⟨donc ils étaient⟩ les fils de
    Mérari par Yaaziyyahu son fils - et Shoham, Zak-
    kur et Ibri."
  Transl.: See Remark
  Trad.:   Voir Remarque

25.3

וישעיהו חשביהו ומתתיהו
    and Jeshayahu, Hashabyahu and Mattithyahu
    et Yeshayahu, Hashabyahu et Mattityahu
       J   : (1e*, 2e*, 3e éd.) Yeshaeyahu (1e éd.),
            Yeshayahu (2e, 3e éd.) Hashabyahu, Matti-
            tyahu
  Fac.: 10
[וישעיהו השביהו ומתתיהו ושמעי]
    and Jeshayahu, Hashabyahu and Mattithyahu and
    Shimei

et Yeshayahu, Hashabyahu, et Mattityahu et Shimeï
    L   : Jesaja, Haschabja, Mattithja, Simeï
Fac.: 14
B רישעיהו ושמעי חשביהו ומתתיהו
    and Jeshayahu and Shimei, Hashabyahu and Mattithya-
    hu
    et Yeshayahu et Shimeï, Hashabyahu et Mattityahu
      RSV*: Jeshaiah, Shime-i, Hashabiah, and Mattithiah
      NEB*: Isaiah, Shimei, Hashabiah, Mattithiah
    Transl.: and Jeshayahu and Shimei, Hashabyahu and
          Mattithyahu
    Trad.:   et Yeshayahu et Shimeï, Hashabyahu et
          Mattityahu

25.9

A לאסף ליוסף
    to Asaph, to Joseph
    à Asaph, à Joseph
      RSV : for Asaph to Joseph
      J   : sur qui (tomba le sort fut) l'Asaphite
          Yoseph
      L   : unter Asaph auf Joseph
 [ליוסף]
    to Joseph
    à Joseph
      NEB*: to Joseph
    Fac.: 1,4
    Rem.: V.9 a may be translated either as : "the first
    lot went to Asaph for Joseph" or as : "the first
    lot went to Asaph, ⟨namely⟩ to Joseph".
    Rem.: On peut traduire le V.9 a ou bien comme :
    "le premier sort tomba sur Asaph pour Joseph",
    ou bien comme : "le premier sort tomba sur
    Asaph, ⟨plus précisément⟩ sur Joseph".
    Transl.: See Remark
    Trad.:   Voir Remarque

25.9

B ליוסף
    to Joseph
    à Joseph
      RSV : to Joseph
      J   : sur ... Yoseph
      L   : auf Joseph
 [ליוסף הוא ואחיו ובניו שנים עשר]
    to Joseph, he and his brothers and his sons, twelve
    à Joseph, lui et ses frères et ses fils, douze

NEB*: to Joseph, he and his brothers and his
        sons, twelve
Fac.: 14,5
Transl.: to Joseph
Trad.:   sur Joseph

26.1

מן-בני אסף
  from the sons of Asaph
  des fils d'Asaph
    RSV : of the sons of Asaph
    L   : von den Söhnen Asaphs
Fac.: 5,9
C [מן-בני אביאסף]
  from the sons of Ebyasaph
  des fils d'Ebyasaph
    J* : l'un des fils d'Ebyasaph
[בן-אביאסף]
  the son of Ebyasaph
  le fils d'Ebyasaph
    NEB*: son of Ebiasaph
Fac.: 14,5
Transl.: of the sons of Ebyasaph
Trad.:   des fils d'Ebyasaph

26.16

B לשפים
  for Shuppim
  pour Shuppîm
    RSV : for Shuppim
    J   : (1e*, 2e*, 3e éd.) Shuppim
    L   : für Schuppim
[Lacking. Manque] = NEB*
Fac.: 3,14
Transl.: for Shuppim
Trad.:   pour Shuppîm

26.17

C הלוים
  the Levites
  les Lévites
    NEB : (six) Levites
[ליום] \ [היום]
  the day
  le jour
    RSV*: each day

```
J*  : par jour
L   : für den Tag
```
Fac.: 5,4
Rem.: V.17 may be translated as follows : "on the
  east : six Levites; on the north : four each day;
  on the south : four each day; at the storehouses :
  two by two".
Rem.: On peut traduire le V.17 comme suit : "à l'est:
  six Lévites; au nord : quatre par jour; au sud :
  quatre par jour; aux magasins : deux par deux".
Transl.: See Remark
Trad.:   Voir Remarque

26.20

C אחיה
```
    Ahiyyah
    Ahiyya
      RSV : Ahijah
```
[אחיהם]
```
    their brothers
    leurs frères
      NEB*: fellow (-Levites)
      J*  : leurs frères
      L   : ihren Brüdern
  Fac.: 4
  Transl.: Ahiyyah
  Trad.:   Ahiyya
```


26.21,22

B יחיאלי : בני יחיאלי זתם
```
    Jehieli. The sons of Jehieli, Zetham
    Yehieli. Les fils de Yehieli, Zétâm
      RSV*: Jehieli. The sons of Jehieli, Zetham
      J   : les Yehiélites... . Les Yehiélites, Zétam
            (le, 2e éd.) les Yéhiélites... Les Yéhi-
            élites, Zétam (3e éd.)
      L   : der Jehiéliter. Die Söhne der Jehiéliter,
            Setham
```
[יחיאל וזתם]
```
    Jehiel and Zetham
    Yehiel et Zétâm
      NEB*: Jehiel and ... Zetham
  Fac.: 5,4
  Transl.: Jehieli. The sons of Jehieli, Zetham
  Trad.:   Yehiéli. Les fils de Yehiéli, Zétâm
```

26.25

C ‏ואחיו לאליעזר‎
    and his brothers, to Eliezer
    et ses frères, à Eliézer
      RSV : his brethren : from Eliezer
      J   : ses frères par Eliézer
[‏לאחיו אליעזר‎]
    to his brother Eliezer
    à son frère Eliézer
      NEB*: the line of Eliezer his brother
      L   : sein Bruder Eliëser hatte
    Fac.: 4
    Transl.: and his brothers, to Eliezer
    Trad.:   et ses frères, à Eliézer

27.1

B ‏המשרתים את-המלך לכל דבר המחלקות הבאה והיצאת‎
    who served the king in any matter of the di-
    visions that came and went
    qui étaient au service du roi en toute matière
    des classes, celle qui arrivait et celle qui
    partait
      RSV : who served the king in all matters con-
            cerning the divisions that came and went
      NEB : who had their share in the king's ser-
            vice in the various divisions which took
            (monthly) turns of duty
      J   : (3e éd.) (et leurs scribes) au service
            du roi, pour tout ce qui concernait les
            classes en activité
      L   : die dem König dienten. Von allen Ordnun-
            gen, die ab- und zuzogen

      [J* : (1e, 2e éd.) : (leurs scribes) faisaient
            le service dans le peuple. En toute af-
            faire royale les classes intervenaient.
            Il y en avait une en activité ?]
    Fac.: 14
    Rem.: No attempt is made here to reconstruct the
    Hebrew text underlying the translation of J
    (1e, 2e éd.).
    Rem.: Nous renonçons à reconstituer le texte
    hébraïque supposé pour la traduction que donne
    J (1e, 2e éd.).
    Transl.: who served the king in all matters <con-
             cerning> the divisions that came and went
    Trad.:   qui étaient au service du roi en tout ce qui
             concernait les classes, celle qui arrivait
             et celle qui partait

27.4

A דודי
   Dodai
   Dodaï
     RSV : Dodai
     J   : Dodaï
     L   : Dodai
[אלעזר בן דודי]
   Eleazar son of Dodai
   Eleazar fils de Dodaï
    NEB*: Eleazar son of Dodai
  Fac.: 14,5
  Transl.: Dodai
  Trad.:   Dodai

27.4

B ומחלקתו ומקלות הנגיד
   and his division and Mikloth the commander
   et sa classe et Miqlôt le commandant
     L   : und Mikloth war der Vorsteher seiner
           Ordnung
 [Lacking.Manque] = RSV* , NEB*, J*
  Fac.: 4
  Transl.: and his division ⟨was⟩ also of the com-
         mander Mikloth
  Trad.:   et sa classe ⟨fut⟩ aussi au commandant
         Miqlôt

27.6

C ומחלקתו
   and his division
   et sa classe
     J   : et de sa classe
[ועל מחלקתו]
   and over his division
   et sur sa classe
    RSV*: was in charge of his division
    NEB*: (his son) commanded his division
    L   : war unter seinem Sohn
  Fac.: 4
  Transl.: and his division ⟨was⟩ (Ammizabad's his
         son's)
  Trad.:   et sa classe ⟨fut⟩ (à son fils Ammizabad)

28.19

B עָלַי

    upon me

    sur moi

      NEB : my part

      L   : mich (unterwies)

[עָלָיו]

    upon it

    sur lui

      RSV*: concerning it

  Fac.: 14

עָלַי = [עֲלֵי]

     J   : (1e*, 2e*, 3e éd.) pour faire (comprendre)

  Fac.: 14

  Rem.: 1. V.19 may be understood as follows : "⟨the
    LORD⟩ has revealed (has made known) for me, by
    a writing from the hand of the LORD, all that,
    all the works of the model." Here David is
    speaking in direct speech. Translators could add
    this explanation in a note.
    2. It is possible that the MT is not original,
    since direct speech appears abruptly and without
    introduction. One could then suppose behind the
    עָלַי an original עָלָיו from which the waw was later
    dropped.

  Rem.: 1. On peut comprendre le V.19 comme suit :
    "⟨le SEIGNEUR⟩ a révélé (a fait connaître) à mon
    intention, par un écrit de la main du SEIGNEUR,
    tout cela, toutes les oeuvres du modèle (du type)".
    C'est David qui parle dans le discours direct.
    Les traducteurs pourraient dire cela en note.
    2. Il se peut que le texte massorétique ne soit
    pas original, puisque le discours direct apparaît
    brusquement, sans introduction. On peut donc sup-
    poser derrière le עָלַי actuel un עָלָיו original
    dont le waw final était tombé par erreur.

  Transl.: See Remark

  Trad.:   Voir Remarque

<u>1.5</u>

שָׂם
  he placed
  il mit
שָׁם
  there
  là
    RSV : there
    NEB*: there
    J   : là
    L   : dort

Rem.: 1. The Committee's vote was divided here :
3 <u>D</u> for "שָׂם, he placed", 3 <u>D</u> for "שָׁם, there".
Translators may therefore choose either of the
two forms, since both could be argued to be the
oldest attested text form.
2. "שָׂם, he placed" would mean that <u>David</u> erected
the altar of bronze at Gibeon, and would correspond
to the Chronicler's view that <u>David</u> as well as
Solomon sacrificed at Gibeon, so that there is
no difference between the two kings in this regard. (Such a difference on the contrary is suggested by the author of 1 Kings 3.3.) "שָׁם, there",
on the other hand, would mean that the altar of
bronze was <u>at Gibeon</u>, in front <u>of the tent of
meeting</u>, so that Solomon's sacrificing there
appears normal and legitimate. In any case, the
Chronicler would show that Solomon offered a legitimate cult at Gibeon, and at Gibeon <u>only</u>, not
in two places as had been suggested by <u>1 Kings 3.15</u>.
3. See the following case which is related to the
present one.
Rem.: 1. Le vote du Comité se divisa ici : 3 <u>D</u>
pour "שָׂם, il plaça", 3 <u>D</u> pour "שָׁם, là". Les traducteurs pourront choisir l'une ou l'autre forme,
parce qu'il y a de bons arguments pour l'origina-
lité de chacune des deux formes.
2. "שָׂם, il plaça" signifierait que c'était <u>David</u>
qui érigea l'autel de bronze à Gabaon, et cor-
respondrait à la vue du Chroniste selon laquelle
<u>David</u> sacrifiait à Gabaon aussi bien que Salomon,
si bien qu'il n'y eut pas de différence entre les
deux rois sous cet aspect. (Une telle différence
est suggérée par contre par l'auteur de 1 R 3.3.)
"שָׁם, là" d'autre part signifierait que l'autel de
bronze se trouvait à <u>Gabaon devant la tente du
rendez-vous</u> de sorte qu'il apparaît comme normal

et légitime que Salomon sacrifie à cet endroit.
En tout cas, le Chroniste s'attache à montrer que
le culte de Salomon à Gabaon était légitime, et
qu'il célébrait ce culte <u>uniquement</u> à Gabaon, et
non dans deux lieux, comme le suggère 1 R 3.15.
3. Voir le cas suivant qui est en relation avec
celui-ci.
Transl.: See Remarks 1 and 2
Trad.:   Voir Remarques 1 et 2

1.13

B לבמה
    to the high place
    au haut lieu
 [מהבמה]
    from the high place
    du haut lieu
      RSV*: from the high place
      NEB : from the hill-shrine
      J   : (quitta) le haut lieu
      L   : von der Höhe
  Fac.: 4,8
  Rem.: 1. Two translations are possible : either
    "Solomon went from the high place which ⟨is⟩ at
    Gibeon to Jerusalem" or "Solomon came, in rela-
    tion to the high place which ⟨is⟩ at Gibeon, to
    Jerusalem".
    2. See the preceding case linked with this pre-
    sent case by the same problem of Solomon's cult
    at Gibeon.
  Rem.: 1. Deux traductions sont concevables : Ou bien
    "Salomon alla du haut lieu qui ⟨est⟩ à Gabaon à
    Jérusalem" ou bien : "Salomon vint, par rapport
    au haut lieu qui ⟨est⟩ à Gabaon, à Jérusalem".
    2. Voir le cas précédent lié à ce cas-ci par la
    même problématique du culte salomonien à Gabaon.
  Transl.: See Remark 1
  Trad.:   Voir Remarque 1

1.16

A ממצרים
    from Egypt
    d'Egypte
      RSV : from Egypt
      NEB : from Egypt
      L   : aus Aegypten

[ממצר]
   from Muzur
   de Muçur
     J* : de Muçur
  Fac.: 14
  Rem.: See 1 Kings 10.28, Remark 1.
  Rem.: Voir 1 R 10.28, Remarque 1.
  Transl.: from Egypt
  Trad.:   d'Egypte

1.16

B וּמִקְוֵא ... מִקְוֵא
   and a reservoir ... a reservoir / and from Kueh ...
   from Kueh
   et un rassemblement ... un rassemblement / et de
   Quwé ... de Quwé
     RSV : from ... and Kue ... from Kue
     NEB : from ... and Coa ... from Coa
     J   : et de Qué ... à Qué (1e éd.), et de Qevé...
         à Qevé (2e éd.), et de Cilicie ... en
         Cilicie (3e* éd.)
     L   : und aus Koë ... aus Koë
  Rem.: See 1 Kings 10.28, Remark 2.
  Rem.: Voir 1 R 10.28, Remarque 2.
  Transl.: See 1 Kings 10.28, Remark 2
  Trad.:   Voir 1 R 10.28, Remarque 2

1.17

A ממצרים
   from Egypt
   d'Egypte
     RSV : from Egypt
     NEB : from Egypt
     J   : (3e éd.) d'Egypte
     L   : aus Aegypten
[ממצר]
   from Muzur
   de Muçur
     J* : (1e, 2e éd.) de Muçur
  Fac.: 14
  Rem.: See 1 Kings 10.28, Remark 1.
  Rem.: Voir 1 R 10.28, Remarque 1.
  Transl.: from Egypt
  Trad.:   d'Egypte

2.9(10)

C מכות

    crushed
    broyé
      RSV : crushed

[מאכלת]

    food
    des comestibles
      NEB*: provisions
      J* : pour l'entretien
      L   : zur Speise
  Fac.: 5,4
  Rem.: The meaning of the word מכות is "crushed" or
    "ground corn", thus semolina (or "food", but this
    is less likely).
  Rem.: Le sens du mot מכות est "du blé broyé" ou
    "concassé", donc semoule (ou bien "nourriture",
    mais cela est moins probable).
  Transl.: See Remark
  Trad.   Voir Remarque

3.2

בחדש השני בשני

  in the second month on the second
  au second mois au second
    J* : (1e, 2e éd.) au second mois ... le
           second jour
    L   : im zweiten Monat am zweiten Tage
  Fac.: 11

C בחדש השני

  in the second month
  au second mois
    RSV : in the second month
    NEB*: in the second month
    J* : (3e éd.) au second mois
  Transl.: in the second month
  Trad.: au second mois

3.4

C על-פני הארך

  in front of the length / in front, the length
  devant la longueur / devant, la longueur
    J : par devant avait une longueur
    L : (die sich) davor (befand), war nach der
       Breite

[על-פֿני היכל הבית הארך]
   in front of the nave of the house, the length
   devant la nef de la maison, la longueur
     RSV*: in front of the nave of the house (was
          twenty cubits) long
 Fac.: 14
[על-פני הבית הארך]
   in front of the house, the length
   devant la maison, la longueur
     NEB*: in front of the house (was twenty cubits)
          long
 Fac.: 6,4
 Rem.: Two interpretations of "על-פני" are possible :
   Either the vocalisation of the MT is not original. It would seem that the Masoretes were not
   aware of the adverbial meaning of "עַל-פְּנֵי, in
   front", as "לִפְנֵי" in 1 Kings 6.17. The beginning
   of V.4 might therefore be translated as follows :
   "the vestibule which ⟨was⟩ in front : its length,
   which ⟨was equal to⟩ the width of the house, was
   twenty cubits". Or the Septuagint and Syriac
   Versions had a Hebrew text in which the "waw"
   from "על-פניו" (Syriac) or "הבית" after "על-פני" (Septuagint) had not yet dropped out, as in the MT. This
   second possibility is less probable.
 Rem.: Deux interprétations de "על-פני" sont possibles :
   Ou bien la vocalisation du TM n'est pas originale.
   Il paraît que les Massorètes n'ont pas connu le
   sens adverbial de "עַל-פְּנֵי, devant", comme "לִפְנֵי"
   en 1 R 6.17. On pourrait donc comprendre le début
   du V.4 ainsi : "le vestibule qui ⟨était⟩ par
   devant : sa longueur qui ⟨équivalait à⟩ la largeur
   de la maison, fut de vingt coudées." Ou bien la
   Septante et le Syriaque avaient un texte
   hébraïque dans lequel le "waw" de "על-פניו"
   (Syriaque) ou "הבית" après "על-פני" (Septante) n'é-
   tait pas encore tombé, comme dans le TM. Cette
   deuxième possibilité est moins probable.
 Transl.: See Remark
 Trad.:   Voir Remarque

3.4

B מאה ועשרים
   one hundred and twenty
   cent vingt
     RSV : a hundred and twenty
     J   : de cent vint
     L* : hundertzwanzig

[אמות עשרים]
   twenty cubits
   vingt coudées
     NEB*: twenty
  Fac.: 4
  Transl.: a hundred and twenty
  Trad.:   cent vingt

3.9

B ומשקל למסמרות לשקלים חמשים זהב
   and the weight for the nails, for fifty shekels
   of gold
   et le poids pour les clous, pour cinquante sicles
   d'or
     NEB : and the weight of the nails was fifty
          shekels of gold
     J   : les clous d'or pesaient cinquante sicles
     L   : und er gab auch für die Nägel fünfzig Lot
          Gold an Gewicht
[ומשקל למסמרות משקל אחד לשקלים חמשים זהב]
   and the weight for the nails, one shekel for
   fifty shekels of gold
   et le poids pour les clous, un sicle pour
   cinquante sicles d'or
     RSV*: and the weight of the nails was one
          shekel to fifty shekels of gold
  Fac.: 4
  Rem.: The gold, the weight of which is indicated
  here, was used to cover over the nails.
  Rem.: L'or dont on indique le poids ici sert à
  recouvrir les clous.
  Transl.: and the weight for the nails, ⟨was⟩ gold
         for fifty shekels
  Trad.:   et le poids pour les clous, ⟨c'était⟩ de
         l'or pour cinquante sicles

3.10

B מעשה צעצעים
   molten-work
   travail de fonte
     NEB*: images
     J   : ouvrage en métal forgé
     L   : kunstreiche Werke
[מעשה עצים]
   wood-work
   travail de bois
     RSV*: of wood

Fac.: 5,4
Transl.: molten-work
Trad.:   travail de fonte

3.15

B שלשים וחמש
    thirty-five
    trente-cinq
        RSV : thirty-five
        J   : trente-cinq
        L   : fünfunddreissig
[שמנה עשרה]
    eighteen
    dix-huit
        NEB*: eighteen
    Fac.: 5
    Transl.: thirty-five
    Trad.:   trente-cinq

3.16

A בדביר
    in the inner sanctuary
    dans le saint des saints
        J   : (1e*, 2e*, 3e éd.) dans le Debir
[כרביד]
    like a necklace
    comme un collier
        RSV*: like a necklace
        NEB*: like a necklace
        L   : zum Gitterwerk
    Fac.: 14
    Rem.: "בדביר, in the inner sanctuary" is an ancient
        gloss inspired from 1 Kings 6.21, and attested by
        all the textual witnesses except the Syriac, where
        its absence is secondary and facilitating. It
        cannot consequently be omitted, and translators
        who use notes might indicate this in a note, or
        put this gloss itself "in the inner sanctuary"
        into a note.
    Rem.: "בדביר, dans le saint des saints" est une
        ancienne glose inspirée de 1 R 6.21, et attestée
        par tous les témoins textuels sauf le Syriaque,
        où son absence est secondaire et facilitante. On
        ne peut donc l'omettre, et les traducteurs qui
        se servent de notes peuvent indiquer ce fait dans
        une note, ou placer la glose elle-même "dans le
        saint des saints" dans une note.

Transl.: in the inner sanctuary
Trad.:   dans le saint des saints

4.3

A הבקר ... בקרים ודמות
    and the likeness of oxen ... the oxen
    et la ressemblance de boeufs ... les boeufs
        J : ressemblant à des taureaux ... de taureaux
             (1e* éd.), à des boeufs ... de boeufs
             (2e*, 3e éd.)
        L : Gestalten, Rindern vergleichbar ... (?)
[הפקעים ... פקעים ודמות]
    and the likeness of gourds ... the gourds
    et la ressemblance des coloquintes ... les colo-
    quintes
        RSV*: figures of gourds ... the gourds
        NEB*: what looked like gourds ... (two rows) of
              them
    Fac.: 14
    Rem.: For the second half of V.3 L gives a transla-
    tion which differs much from the TM.
    Rem.: Pour la seconde partie du V.3, L donne une
    traduction très différente du TM.
    Transl.: and the likeness of oxen ... the oxen
    Trad.:   et la ressemblance des boeufs ... les
             boeufs

4.3

A עשר
    ten
    dix
        J : dix
        L : zehn
[שלשים]
    thirty
    trente
        RSV*: thirty
        NEB*: thirty
    Fac.: 14
    Transl.: ten
    Trad.:   dix

4.14

B ואת-המכנות עשה ואת-הכירות עשה על-המכנות
    and the stands he made, and the basins he made
    on the stands
    et les bases il fit, et les bassins il fit sur
    les bases
        RSV : he made the stands also, and the
              lavers upon the stands
        L   : auch machte er die Gestelle und die
              Kessel auf den Gestellen
[ואת-המכנות עשר ואת-הכירות עשרה על-המכנות]
    and the stands, ten, and the basins, ten, on
    the stands
    et les bases, dix, et les bassins, dix, sur les
    bases
        NEB*: the ten trolleys and the ten basins on
              the trolleys
        J* : les dix bases et les dix bassins sur les
              bases
  Fac.: 14,5
  Transl.: and he made the stands and he made the
           basins on the stands
  Trad.:   et il fit les bases et il fit les bassins
           sur les bases

4.16

B ואת-המזלגות
    and the forks
    et les fourchettes
      RSV : the forks
      J   : les tridents (le éd.), les fourchettes
            (2e, 3e éd.)
      L   : Gabeln
[ואת-המזרקות]
    and the basins
    et les bassins
      NEB*: and the tossing bowls
  Fac.: 5
  Rem.: The Committee gave a rating for this text
    of 4.16, which is linked to 4.11, where the MT.
    in a parallel list has another term, מזרקות.
    The Septuagint does not provide a trustworthy
    textual basis for replacing מזרקות there with
    מזלגות, although it is possible that the origi-
    nal text was in fact מזלגות which was assimila-
    ted to the מזרקות of the parallel passage of
    1 Kings 7.40. This is why the distinction bet-
    ween the two textual forms, 4.11 and 4.16, must

be retained. The Committee's rating A for the
MT in 4.11 is to give some indication regarding
this case of 4.11, although it does not figure
among the problems referred to by the four modern translators.

Rem.: Le Comité a voté sur ce texte de 4.16, qui
est lié de son côté à 4.11, où le TM a un autre
terme, מזרקות, dans une liste parallèle. Il
n'y a pas en LXX de base textuelle sûre qui
permette de remplacer en 4.11 מזרקות par מזלגות,
bien qu'il soit possible que le texte original
ait été, de fait, מזלגות, qu'on aurait assimilé
au מזרקות parallèle de 1 R 7.40. C'est pourquoi
il faut maintenir la distinction entre les deux
formes textuelles de 4.11 et de 4.16. Le Comité
a voté A pour le TM en 4.11, à titre d'indication
bien qu'il ne figure pas comme problème dans une
des quatre traductions modernes.

Transl.: and the forks

Trad.:   et les fourchettes

4.22

B ‏ופתח הבית דלתותיו הפנימיות ... ודלתי הבית
and the entrance of the house/of the temple, its
inner doors... and the doors of the house / of
the temple
et l'entrée de la maison/du temple, ses portes
intérieures ... et les portes de la maison / du
temple

> NEB : and, at the entrance to the house, the
>   inner doors ... and those leading to
>   (the sanctuary)
> J   : l'entrée du Temple, les portes intérieures
>   ... et les portes du Temple
> L   : und an den Eingängen des Hauses waren
>   die inneren Türen ... und die Türen zur
>   Tempelhalle

‏[ופתחות הבית לדלתותיו הפנימיות ... ולדלתי הבית]
and the sockets of the house / of the temple for
its inner doors ... and for the doors of the
house / of the temple
et les emboîtures de la maison / du temple pour
ses portes intérieures ... et pour les portes de
la maison / du temple

> RSV*: and the sockets of the temple, for the
>   inner doors ... and for the doors (of
>   the nave) of the temple

Fac.: 14,5

Transl.: and the entrance to the temple, its inner
         doors ... and the doors of the temple
Trad.:   et l'entrée du temple, ses portes inté-
         rieures ... et les portes du temple

5.5

B הכהנים הלוים
   the Levitical priests
   les prêtres-lévites
     J : (1e*, 2e*, 3e éd.) les prêtres lévites
הכהנים והלוים
   the priests and the Levites
   les prêtres et les lévites
     RSV : the priests and the Levites
     NEB*: the priests and the Levites together
     L   : die Priester und Leviten
Fac.: 5
Rem.: See also 23.18, 30.27 and Ezra 10.5 for
  similar textual problems.
Rem.: Voir aussi 23.18, 30.27 et Esd 10.5 pour
  des problèmes textuels analogues.
Transl.: the Levitical priests
Trad.:   les prêtres-lévites

5.9

B מן-הארון
   from the ark
   depuis l'arche
מן-הקדש
   from the holy place
   depuis le saint
     RSV : from the holy place
     NEB*: from the Holy Place
     J* : depuis le Saint
     L   : vor dem Chorraum
Fac.: 5
Rem.: The meaning of the MT is as follows : "the
  edges of the poles were visible from the ark
  ⟨as far as⟩ to the front of the holy of holies
  (i.e. between the ark and the frontal entry)
  but they were not visible outside the holy of
  holies" (i.e. the edges of the poles did not
  emerge from the holy of holies).
Rem.: Le sens du TM est le suivant : "les extrémités des barres étaient visibles de l'arche
  ⟨jusqu'⟩ au devant du saint des saints (c.-à-d.
  entre l'arche et l'entrée frontale), mais n'étaient

pas visibles au dehors du saint des saints"
(c.-à-d. les extrémités des barres ne sortaient
pas du saint des saints)
Transl.: See Remark
Trad.:   Voir Remarque

5.10

בחרב אשר כרת יהוה A
    at Horeb, which the LORD had cut (a covenant)
    à l'Horeb, que le SEIGNEUR avait coupé (une
    alliance)
      RSV : at Horeb, where the LORD made a covenant
      J   : à l'Horeb, où Yahvé avait conclu une
            alliance (1e, 2e éd.) lorsque Yahvé
            avait conclu une alliance (3e éd.)
[בחרב לחות הברית אשר כרת יהוה]
    at Horeb, the tablets of the covenant which the
    LORD made
    à l'Horeb, les tables de l'alliance que le
    SEIGNEUR conclut
      NEB*: at Horeb, the tablets of the covenant
            which the LORD made
      L   : am Horeb ... die Tafeln des Bundes, den
            der HERR ... geschlossen hatte
Fac.: 14
Rem.: See 1 Kings 8.9, Remark 1.
Rem.: Voir 1 R 8.9, Remarque 1.
Transl.: See 1 Kings 8.9, Remark 1.
Trad.:   Voir 1 R 8.9, Remarque 1.

5.13

והבית מלא ענן בית יהוה B
    and the house was filled with a cloud, the
    house of the LORD
    et la maison fut remplie par une nuée, la mai-
    son du SEIGNEUR
      RSV : the house, the house of the LORD, was
            filled with a cloud
      J* : le Temple fut rempli par une nuée, la
            maison de Yahvé (1e éd.), le sanctuaire
            fut rempli par une nuée, le Temple de
            Yahvé (2e éd.)
      L   : da wurde das Haus des HERRN erfüllt mit
            einer Wolke

[וְהַבַּיִת מָלֵא עָנָן כְּבוֹד יהוה]
   and the house was filled with the cloud of the
   glory of the LORD
   et la maison fut remplie par la nuée de la gloire
   du SEIGNEUR
      NEB*: and the house was filled with the cloud
            of the glory of the LORD
      J   : (3e éd.) - le sanctuaire fut rempli par
            la nuée de la gloire de Yahvé
Fac.: 4,6
Rem.: "בֵּית יהוה, the house of the LORD" is probably
   a gloss added to the text to specify that the
   house is the LORD's house. It should therefore
   be translated as follows : "and the house was
   filled with a cloud, ⟨i.e.⟩ the house of the
   LORD". However, if the text is considered as
   original, without a gloss, it may be translated
   in the following manner : "and the house was
   filled with a cloud : ⟨it was/became⟩ the house
   of the LORD !".
Rem.: "בֵּית יהוה, la maison du SEIGNEUR" est probablement une glose ajoutée au texte pour préciser que la maison est celle du SEIGNEUR. On
   doit traduire donc comme suit : "et la maison
   fut remplie par une nuée, ⟨c.-à-d.⟩ la maison
   du SEIGNEUR". Pourtant, si l'on considère le
   texte comme original et sans glose, on peut le
   comprendre comme suit : "et la maison fut remplie
   par une nuée : ⟨c'était⟩ la maison du SEIGNEUR !"
Transl.: See Remark
Trad.:   Voir Remarque

6.22

B וְנָשָׁא
   and he lends / and one lends
   et il prête / et on prête
      RSV : and is made (to take an oath) (?)
      NEB : and he is adjured (to take an oath)
      L   : und es wird ihm (ein Fluch auferlegt)
   וְנָשָׂא = [וְנָשָׂא]
   and he takes up
   et il lève
      J* : on prononcera (le éd.), et que celui-ci
            prononce (2e, 3e éd.) ... (un serment)
Fac.: 8,12
Rem.: 1. The beginning of V.22 may be translated
   as follows : "if a man sins against his neighbour
   and is subjected to (i.e. is made to take) an

oath in order to make him bind himself by impre-
cation, when he comes ⟨for⟩ the oath...".
2. See 1 Kings 8.31 for a similar textual problem.
Rem.: 1. Le début du V.22 a le sens suivant : "si
un homme pêche contre son prochain et si on lui
soumet (c.-à-d. si on lui fait prêter) un serment afin
de le faire se lier par imprécation, quand il
vient ⟨pour⟩ le serment...".
2. Voir 1 R 8.31 pour un problème textuel analogue.
Transl.: See Remark 1
Trad.:   Voir Remarque 1

6.27

עבדיך B
    of your servants
    de tes serviteurs
      RSV : of thy servants
      J   : de tes serviteurs
      L   : deiner Knechte
[עבדך]
    of your servant
    de ton serviteur
      NEB*: (thy servant)(see V.26, and see Brocking-
            ton)
Fac.: 5
Rem.: See the same textual difficulty in the pa-
rallel passage of 1 Kings 8.36.
Rem.: Voir la même difficulté textuelle dans le
passage parallèle de 1 R 8.36.
Transl.: of your servants
Trad.:   de tes serviteurs

6.28

בארץ שעריו A
    in the land of his gates
    dans le pays de ses portes
      L   : im Lande seine Städte
[באחד שעריו]
    in one of his gates
    dans une de ses portes
      RSV : in any of their cities
      NEB*: in any of their cities
      J   : l'une de ses portes
Fac.: 14
Rem.: See 1 Kings 8.37, Remark 1.
Rem.: Voir 1 R 8.37, Remarque 1.

Transl.: See 1 Kings 8.37, Remark 1
Trad.:   Voir 1 R 8.37, Remarque 1

6.42

פני משיחיך
  the face of your anointed ones
  la face de tes oints
Fac.: 12
פני משיחך B
  the face of your anointed one
  la face de ton oint
    RSV : the face of thy anointed one
    NEB*: thy anointed prince
    J   : la face de ton oint
    L   : das Antlitz deines Gesalbten
Transl.: the face of your anointed one
Trad.:   la face de ton oint

7.21

והבית הזה אשר היה עליון B
  and this house which was high
  et cette maison qui fut haute
    RSV : and at this house, which is exalted
    J   : ce Temple qui aura été sublime
    L   : und vor diesem Hause, das so hoch er-
        hoben wurde
[והבית הזה יהיה לעיין]
  and this house will become a ruin
  et cette maison deviendra une ruine
    NEB*: and this house will become a ruin
Fac.: 14
Rem.: See the parallel passage in 1 Kings 9.8 with
  its remark.
Rem.: Voir le passage parallèle de 1 R 9.8 avec
  sa remarque.
Transl.: and this house which will have been high
Trad.:   et cette maison qui aura été haute

8.9

ושרי שלישיו B
  and the commanders of his officers
  et les commandants de ses officiers
    J   : des officiers pour ses gardes (1e éd.),
          les officiers de ses écuyers (2e, 3e éd.)
[ושריו ושלישיו]
  and his commanders and his officers
  et ses commandants et ses officiers

```
        NEB*: his captains and lieutenants
        L   : seine Obersten und Ritter
   Fac.: 5
[ושלישיו]
     and his officers
     et ses officiers
        RSV : and his officers
   Fac.: 14
   Transl.: and the commanders of his officers
   Trad.:   et les commandants de ses officiers
```

8.16

B עד-היום
```
     until the day of
     jusqu'au jour de
        J   : (1e*, 2e*, 3e éd.) jusqu'au jour de
[מן-היום]
     from the day
     depuis le jour
        RSV*: from the day
        NEB : from (the foundation)
        L   : von dem Tage an
   Fac.: 6
```
   Rem.: Two translations of V.16a are possible: Either
   "and all Solomon's work was accomplished up to the
   day the foundation of the house of the LORD ⟨was
   laid⟩ and up to its completion" (i.e. the two main
   building stages are mentioned); or "and all Solomon's
   work was completed up to the foundation (lit. the
   day of the foundation) of the house of the LORD and
   up to its completion" (i.e. both the foundation of
   the house of the LORD as well as its completion,
   the two main parts of the work, are mentioned,
   cf. Num 8.4).

   Rem.: Deux traductions du V.16a sont possibles :
   Ou bien "et tout l'ouvrage de Salomon fut achevé
   jusqu'au jour de la fondation de la maison du
   SEIGNEUR et jusqu'à son achèvement (c.-à-d. les
   deux étapes principales, précédée chacune de
   longs travaux, sont mentionnées); ou bien "et
   tout l'ouvrage de Salomon fut achevé jusqu'à
   la fondation (litt. jusqu'au jour de la fondation) de la maison du SEIGNEUR et jusqu'à son
   achèvement" (c.-à-d. les parties principales des
   travaux sont mentionnées : aussi bien la fondation de la maison du SEIGNEUR que son achèvement,
   cf. Nb 8.4).
   Transl.: See Remark
   Trad.:   Voir Remarque

9.4

B ועליתו
     and his ascent / and his stairway
     et sa montée / et son escalier
       NEB*: and the stairs
 [ועלותיו]
     and his burnt offerings
     et ses holocaustes
       RSV : and his burnt offerings
       L   : und seine Brandopfer
 Fac.: 5,4
 [ועלות]
     and burnt offerings
     et des holocaustes
       J*   : les holocaustes
 Fac.: 5,4
 Transl.: and his ascent (in procession) / and
          his stairway
 Trad.:   et sa montée (en procession) / et son
          escalier

9.7

B אנשיך
     your men
     tes hommes
       J*   : (3e éd.) tes gens
       L   : deine Männer
 [נשיך]
     your wives
     tes femmes
       RSV*: your wives
       NEB*: your wives
       J*   : (1e, 2e éd.) tes femmes
 Fac.: 5
 Rem.: See 1 Kings 10.8, Remark.
 Rem.: Voir 1 R 10.8, Remarque.
 Transl.: your men
 Trad.:   tes hommes

9.12

B מלבד אשר-הביאה אל-המלך
     apart from what she had brought to the king
     excepté ce qu'elle avait apporté au roi
       RSV : besides what she had brought to the king
       J   : sans compter ce qu'elle avait apporté
              au roi

    L   : mehr als die Gastgeschenke, die sie dem
          König gebracht hatte

[מלבד אשר נתן לה תחת אשר הביאה אל-המלך]

apart from what he had given her in exchange
for what she had brought to the king
excepté ce qu'il lui avait donné en échange à
ce qu'elle avait apporté au roi

    NEB*: besides his gifts in return for what
         she had brought him

Fac.: 4

Rem.: Two interpretations of the MT are possible :
(1) "... and everything that pleased her and
that she desired except ⟨only⟩ that which she
herself had brought to the king" (2)"... and
everything that pleased her and she desired
except ⟨that which he had given in exchange
for⟩ that which she herself had brought to the
king".

Rem.: Deux interprétations du TM sont possibles :
(1) "... et toute chose qui lui plût et qu'elle
désira ⟨n'étant⟩ excepté que ce qu'elle avait
apporté elle-même au roi"; (2) " ... et toute
chose qui lui plût et qu'elle désira excepté
⟨ce qu'il lui avait donné en échange de⟩ ce
qu'elle avait apporté elle-même au roi".

Transl.: See Remark
Trad.:   Voir Remarque

9.14

B לבד מאנשי התרים

apart from the men of the merchants
sans compter les hommes des marchands

    RSV : besides that which the traders ...
         (brought)
    L   : ausser dem, was die Händler ... (brachten)

[לבד מענשי התרים]

apart from the tolls of the merchants
sans compter les redevances des marchands

    NEB*: in addition to the tolls levied on
         merchants
    J   : (1e, 2e, 3e* éd.) sans compter ce qui
         provenait (1e éd.), venait (2e, 3e éd.)
         des redevances des marchands

Fac.: 4

Rem.: See a similar textual problem in 1 Kings
10.15.

Rem.: Voir un problème textuel analogue en
1 R 10.15.

Transl.: apart from ⟨that which⟩ the agents (lit.
         men) of the ⟨great⟩ merchants
Trad.:   sans compter ⟨ce qui venait des⟩ agents
         (litt. hommes) des ⟨grands⟩ marchands

9.28

A ממצרים
   from Egypt
   d'Egypte
      RSV : from Egypt
      NEB : from Egypt
      L   : aus Aegypten
 [ממצר]
   from Muzur
   de Muçur
      J* : de Muçur
   Fac.: 14
   Rem.: See 1 Kings 10.28, Remark 1.
   Rem.: Voir 1 R 10.28, Remarque 1.
   Transl.: from Egypt
   Trad.:   d'Egypte

10.3

B וכל-ישראל
   and all Israel
   et tout Israël
      RSV : and all Israel
      NEB : and all Israel
      J   : (3e éd.) avec tout Israël
      L   : mit ganz Israel
 [וכל-הקהל]
   and all the assembly
   et toute l'assemblée
      J* : (1e, 2e éd.) avec toute l'assemblée
   Fac.: 1,4
   Transl.: and all Israel
   Trad.:   et tout Israël

10.14

C אכביד
   I will make heavy
   je rendrai pesant
 אבי הכביד
   my father made heavy
   mon père a rendu pesant
      RSV : my father made ... heavy

NEB*: my father made ... heavy
J* : mon père a rendu pesant
L   : hat mein Vater euer Joch schwer gemacht
Fac.: 5
Rem.: The MT is certainly the oldest attested
    text. But the committee withholds judgment re-
    garding the original text of this passage.
Rem.: Le plus ancien texte attesté, c'est le TM.
    Par-là, le Comité ne veut pas se prononcer sur
    le texte original de ce passage.
Transl.: I will make heavy
Trad.: je rendrai pesant

10.16

וכל-ישראל A
    and all Israel
    et tout Israël
    J   : et à tous les Israélites
וכל-ישראל ראו
    and all Israel saw
    et tout Israël vit
      RSV : and when all Israel saw
      NEB*: when all Israel saw
      L   : als aber ganz Israel sah
Fac.: 5,4
Rem.: 1. The Committee gave two ratings for this
    case : the first rating A (indicated above) is
    for the consonantal MT; the second rating C
    (not indicated above) is for the phrase division
    according to the Septuagint which pauses after
    "וכל-ישראל", and not before it, as does the MT.
    2. The translation of V.15b and V.16a in accor-
    dance with these ratings is therefore as fol-
    lows : "... that the LORD might fulfil his
    word, which he spoke by Ahijah the Shilonite
    to Jeroboam the son of Nebat and ⟨to⟩ all Is-
    rael : that the king would not listen to them.
    And the people answered the king...".
    However, if one follows the MT phrase division
    for VV.15 and 16,"וכל-ישראל"may be understood
    as a casus pendens and translated as follows :
    "and ⟨as regards⟩ all Israel, since the king
    did not listen to them, the people answered
    the king...". The former translation is in the
    Committee's opinion more probable.
Rem.: 1. Le Comité a donné deux votes pour ce
    cas : le premier vote A (indiqué ci-dessus) est
    pour le TM consonantique; le deuxième vote C

(non-indiqué ci-dessus) est pour la division de
la phrase selon la Septante, qui marque la
coupure après"וכל-ישראל" et non pas, comme le TM,
avant.
2. La traduction du V.15b et du V.16a en conformité avec ces votes sera donc : "... afin que le
SEIGNEUR accomplisse sa parole qu'il a dite
par Ahiyya de Silo à Jéroboam, fils de Nebat
et ⟨à⟩ tout Israël : que le roi ne les exaucerait
pas. Et le peuple répondit au roi...". Pourtant,
si l'on suit la division de la phrase selon le
TM pour les VV.15 et 16, on peut interpréter
"וכל-ישראל" comme <u>casus pendens</u>. La traduction du
V.16a serait alors : "et ⟨quant à⟩ tout Israël,
puisque le roi ne les avait pas écoutés, le peuple
répondit au roi... ".La première traduction est plus
probable aux yeux du Comité.
Transl.: See Remark 2
Trad.:   Voir Remarque 2

11.17

הלכו C
    they went
    ils allèrent
      RSV : they walked
      L   : wandelten sie
 [הלך]
    he went
    il alla
      NEB*: he followed
      J   : il suivit
  Fac.: 4
  Transl.: they went
  Trad.:   ils allèrent

11.23

וישאל המון נשים A
    and he sought a multitude of wives
    et il demanda une multitude de femmes
      J*   : (1e, 2e éd.) mais il consulta la multi-
             tude des dieux de ses femmes
 [וישא להם נשים]
    and he procured wives for them
    et il leur procura des femmes
      RSV*: and procured wives for them
      NEB*: and procured them wives
      J*   : (3e éd.) et leur trouva des femmes

Fac.: 14

[וישא להם המון נשים]
and he procured a multitude of wives for them
et il leur procura une multitude de femmes
   L   : und verschaffte ihnen viele Frauen

Fac.: 14

Rem.: 1. The literal translation of "וישאל המון נשים,
he asked a multitude of wives ⟨for them⟩" may be
interpreted as "he procured a multitude of wives
⟨for them⟩".
2. The MT is the oldest attested text, but is
not the original text. It has probably undergone
some type of accident like that suggested by L, i.
e. haplography.

Rem.: 1. On peut interpréter la traduction littérale de "וישאל המון נשים, il ⟨leur⟩ demanda une
multitude de femmes" comme "il ⟨leur⟩ procura
une multitude de femmes".
2. Le TM, quoique le texte le plus ancien attesté,
n'est pas le texte original. Un accident comme
celui que suggère L s'est probablement produit,
c'est-à-dire une haplographie.

Transl.: See Remark 1
Trad.:   Voir Remarque 1

12.15

להתיחש B
to be enrolled by genealogy
pour être inscrit dans la généalogie
   J*   : (1e, 2e éd.) sur le groupement des
             lévites

[Lacking. Manque] = RSV*, NEB*, J* (3e éd.), L

Fac.: 14

Rem.: See 1 Chron 4.33; 5.1,7; Neh 7.5; etc., for
the same expression. Everywhere, the meaning
is the same, namely "according to the genealogical lists", "for the genealogical lists".

Rem.: Voir 1 Ch 4.33; 5.1,7; Neh 7.5; etc. pour la
même expression. Partout, le sens est le même,
à savoir "selon les listes généalogiques", "pour
les listes généalogiques".

Transl.: for genealogical reference / for enroll-
         ment by genealogy
Trad.:   pour notes généalogiques / pour inscrip-
         tion dans la généalogie

15.8

B והנבואה עדד הנביא
    and the prophecy of Oded the prophet / and the
    prophecy, Oded the prophet
    et la prophétie d'Oded le prophète / et la
    prophétie, Oded le prophète
[והנבואה]
    and the prophecy
    et la prophétie
       J* : et cette prophétie
 Fac.: 14
[ונבואת עזריה בן עדד]
    and the prophecy of Azariah son of Oded
    et la prophétie d'Azaria fils d'Oded
     RSV*: the prophecy of Azariah the son of Oded
 Fac.: 4
[והנבואה אשר דבר עזריה בן עדד הנביא]
    and the prophecy which Azariah son of Oded the
    prophet spoke
    et la prophétie qu'Azaria, fils d'Oded le pro-
    phète, dit
      L   : und die Weissagung, die der Prophet
             Asarja, der Sohn Odeds, gesprochen hatte
 Fac.: 14
[Lacking. Manque] = NEB*
 Fac.: 14
 Rem.: There are three ways in which this text may
    be understood : (1) It is a gloss with a diffi-
    cult syntax; it may be translated : "and the
    prophecy of Oded the prophet". (2) It is an
    asyndetical relative phrase, i.e. without an
    explicit relative particle, "עדד" being a verb
    meaning "to deliver a message". The meaning of
    the text would then be : "and the prophecy ⟨wich⟩
    the prophet brought". It should be noted, however,
    that this meaning of the verb has not been
    established with certainty. (3) The expression
    "והנבואה עדד הנביא, and the prophecy Oded the
    prophet" may be the title of a written source
    of the Chronicler which he quotes by its title
    and which he takes as known by his readers.
 Rem.: Trois manières s'offrent d'interpréter ce
    texte : (1) Il s'agit d'une glose, à la syntaxe
    difficile; elle se traduira "et la prophétie
    d'Oded le prophète". (2) C'est une phrase relative
    asyndétique, c.-à-d. sans particule relative
    explicite, "עדד" étant un verbe signifiant
    "délivrer un message". Le sens du texte serait
    alors : "et la prophétie ⟨que⟩ le prophète apporta".

Il faut reconnaître toutefois que ce sens du
verbe n'est pas sûrement établi. (3) L'expression "והנבואה עדד הנביא, et la prophétie Oded
le prophète" peut être le <u>titre</u> d'une <u>source
écrite</u> que le Chroniste cite par son titre et
qu'il suppose connue auprès de ses lecteurs.
Transl.: See Remark
Trad.:   Voir Remarque

16.7

B חיל מלך-ארם
    the army of the king of Aram
    l'armée du roi d'Arâm
        RSV : the army of the king of Syria
        J   : les forces du roi de Syrie (1e éd.),
              d'Aram (2e, 3e éd.)
        L   : das Heer des Königs von Aram
    [חיל מלך-ישראל]
    the army of the king of Israel
    l'armée du roi d'Israël
        NEB*: the army of the king of Israel
Fac.: 1,4
Rem.: The reading which part of the Septuagint
    attests, and which is adopted by NEB, seems
    at first sight to be more appropriate than the
    MT. For the king of Aram is, in fact, the ally
    of king Asa of Judah. But the Chronicler would
    never have visualised the defeat of the army of
    Israel as a grace from God. He wanted to say
    that Asa could have conquered the Arameans while
    these were still the allies of his enemy Israel,
    but that at present they "were escaping" him
    from the moment that Asa, in his lack of confi-
    dence in God, had thought it opportune to make
    them his own allies.
Rem.: La leçon qu'une partie de la Septante pré-
    sente et que NEB adopte semble correspondre mieux,
    à première vue, à la situation que le TM. En
    effet, le roi d'Arâm est l'allié du roi Asa de
    Judée. Mais le Chroniste n'aurait jamais conçu
    la défaite de l'armée d'Israël comme une grâce
    de Dieu. Il a voulu dire qu'Asa eût pu vaincre
    les Araméens lorsque ceux-ci furent encore les
    alliés d'Israël ennemi, mais qu'à présent ils
    lui "échappent", dès lors qu'Asa a cru bon,
    dans son manque de confiance en Dieu, de se les
    acquérir comme alliés.
Transl.: the army of the king of Aram
Trad.:   l'armée du roi d'Arâm

17.3

דויד C
    David
    David
    L   : David
  Lacking.Manque = RSV*, NEB*, J*
  Fac.: 4
  Rem.: It is probable that the author of Chronicles
    presupposes that the two periods in David's life
    are known. This is why he does not refer to them
    explicitly. His knowledge of them comes from
    2 Samuel.
  Rem.: Il est probable que l'auteur des Chroniques
    présuppose que les deux périodes de la vie de
    David sont connues. C'est pourquoi il ne parle
    pas d'elles d'une manière explicite. Il les con-
    naît par 2 Samuel.
  Transl.: David
  Trad.:   David

17.8

וטוב אדוניה B
    and Tob-adonijjah
    et Tob-Adoniyya
      RSV : Tobadonijah
      NEB : and Tob-adonijah
      L   : und Tob-Adonia
  [Lacking.Manque] = J (1e*, 2e*, 3e éd.)
  Fac.: 10
  Rem.: The two names, "וטוביהו וטוב אדוניה, and
    Tobijjahu and Tob-adonijjah" may be a doublet
    of one name only, which was accidentally doubled.
  Rem.: Les deux noms, "וטוביהו וטוב אדוניה, et
    Tobiyyahu et Tob-Adoniyya" peuvent être le
    doublet d'un nom unique qui par accident s'est
    dédoublé.
  Transl.: and Tob-adonijjah
  Trad.:   et Tob-Adoniyya

18.27

ויאמר שמעו עמים כלם A
    and he said, hear, all peoples
    et il dit, écoutez, tous les peuples
      RSV : and he said, "Hear all you peoples !"
      L   : und er sprach : Höret, alle Völker !

[שִׁמְעוּ עַמִּים כֻּלָּם]
   hear, all peoples
   écoutez, tous les peuples
     J* : (1e, 2e éd.) écoutez, vous tous,
          peuples !"
  Fac.: 4
[Lacking. Manque] = NEB*, J* (3e éd.)
  Fac.: 14
  Rem.: See also the parallel passage with the same
     expression in 1 Kings 22.28.
  Rem.: Voir aussi en 1 R 22.28 le passage parallèle
     contenant la même expression.
  Transl.: and he said, "hear, all peoples !"
  Trad.:   et il dit, "écoutez, tous les peuples !"

19.8

וְלָרִיב וַיָּשֻׁבוּ יְרוּשָׁלַם
   and for disputing ⟨law suits⟩, and they returned
   to Jerusalem
   et pour juger ⟨les procès⟩, et ils revinrent à
   Jérusalem
  [וְלָרִיב וַיָּשֻׁבוּ יְרוּשָׁלַם] = ולריב וישבו ירושלם
   and for disputing ⟨law suits⟩, and they dwelt in
   Jerusalem
   et pour juger ⟨les procès⟩, et ils habitaient
   Jérusalem
     RSV : and to decide disputed cases. They had
           their seat at Jerusalem
     J* : et juger les procès. Ils habitaient Jé-
          rusalem
  Fac.: 14
[וְלָרִיבֵי יֹשְׁבֵי יְרוּשָׁלַם]
   and for the disputes of the inhabitants of
   Jerusalem
   et pour les procès des habitants de Jérusalem
     NEB*: and to arbitrate in lawsuits among the
          inhabitants of the city
     L : und für die Streitfälle der Einwohner
          Jerusalems
  Fac.: 14
C[וְלָרִיב יֹשְׁבֵי יְרוּשָׁלַם]
   and for the lawsuit(s) of the inhabitants of Jerusalem
   et pour le(s) procès des habitants de Jérusalem
  Transl.: and for the lawsuits of the inhabitants
         of Jerusalem
  Trad.:   et pour les procès des habitants de
         Jérusalem

20.1

מהעמונים
  some of the Ammonites
  quelques-uns d'entre les Ammonites
 Fac.: 12,9
B[מֵהַמְּעוּנִים]
  some of the Meunites
  quelques-uns d'entre les Méûnites
    RSV*: some of the Meunites
    NEB*: some of the Meunites
    J* : accompagnés de Méonites (1e éd.), de
          Méûnites (2e, 3e éd.)
    L   : auch Mĕuniter
 Rem.: See 26.8 for a similar textual problem with
  this proper name.
 Rem.: Voir 26.8 pour un problème textuel analogue
  avec ce nom propre.
 Transl.: some of the Meunites
 Trad.: quelques-uns d'entre les Méûnites

20.2

מארם
  from Aram
  d'Arâm
 Fac.: 12,9
C מאדם
  from Edom
  d'Edôm
    RSV*: from Edom
    NEB*: from Edom
    J* : d'Edom
    L   : von Edom
 Transl.: from Edom
 Trad.: d'Edôm

20.9

A שפוט
  judgment / doom
  jugement
    RSV*: judgment
    J   : punition
    L   : Strafe
[שטף]
  flood
  inondation
    NEB*: or flood

Fac.: 14
Transl.: judgment
Trad.: jugement

20.25

בהם
  among them
  parmi eux
  Fac.: 12
C בהמה
  beasts
  bétail
    RSV*: cattle
    NEB*: cattle
    J* : du bétail
    L   : Vieh
Rem.:"בהמה" here does not designate "cattle", but
animals which may be ridden and beasts of burden
(camels, donkeys, mules, horses).
Rem.: Ici le mot"בהמה" ne signifie pas "bétail" mais
les montures et les bêtes de somme (chameaux,
ânes, mulets, chevaux).
Transl.: See Remark
Trad.: Voir Remarque

20.25

ופגרים
  and corpses
  et des cadavres
  Fac.: 12
C ובגדים
  and clothing
  et des vêtements
    RSV : clothing
    NEB*: clothing
    J* : des vêtements
    L   : und Kleider
  Transl.: and clothing
  Trad.: et des vêtements

21.2

B ישראל
  of Israel
  d'Israël
    J* : d'Israël

יהודה
  of Judah
  de Juda
    RSV : of Judah
    NEB*: of Judah
    L   : von Juda
Fac.: 4
Rem.: See similar textual problems in 28.19 and
  28.27.
Rem.: Voir des problèmes textuels analogues en
  28.19 et 28.27.
Transl.: Israel
Trad.:   Israël

21.9

A ויך את-אדום
  and he defeated Edom
  et il battit Edôm
    RSV : and smote the Edomites
    J   : il battit les Edomites (le éd.), et
          força la ligne des Edomites (2e, 3e éd.)
    L   : und schlug die Edomiter
[ויך אתו אדום]
  and Edom defeated him
  et Edôm le battit
    NEB*: (but they were surrounded) by the
          Edomites and defeated
Fac.: 14
Rem.: See also the parallel passage in 2 Kings
  8.21 where the same textual conjecture is to
  be resisted.
Rem.: Voir aussi le passage parallèle en 2 R 8.21
  où l'on doit résister à la même conjecture
  textuelle.
Transl.: and he defeated the Edomites
Trad.:   et il battit les Edomites

21.11

C בהרי יהודה
  in the mountains of Judah
  dans les montagnes de Juda
    RSV : in the hill country of Judah
    NEB : in the hill-country of Judah
    J   : dans les montagnes de Juda (le* éd.),
          sur les montagnes de Juda (2e*, 3e éd.)
בערי יהודה
  in the cities of Judah
  dans les villes de Juda

        L   : in den Städten Judas
    Fac.: 5
    Transl.: in the mountains of Judah
    Trad.:   dans les montagnes de Juda

21.15

B בחליים רבים
    with many sicknesses
    par de nombreuses maladies
        NEB : from a chronic disease
        L   : viel Krankheit
    בחליים רעים
    with bad sicknesses
    par de méchantes maladies
        RSV : a severe sickness
        J* : de graves maladies
    Fac.: 5
    Transl.: with many sicknesses
    Trad.:   par de nombreuses maladies

22.2

    ארבעים ושתים
      of forty-two
      de quarante-deux
        RSV : forty-two
        NEB : forty-two
        J* : (3e éd.) quarante-deux
    Fac.: 5
    עשרים ושתים
      twenty-two
      vingt-deux
        L   : zweiundzwanzig
    Fac.: 5
C[עשרים]
      twenty
      vingt
        J* : (1e, 2e éd.) vingt
    Transl.: twenty
    Trad.:   vingt

22.6

    ועזריהו
      and Azarjahu
      et Azaryahu
    Fac.: 5

C ואחזיהו
   and Ahazjahu
   et Ahazyahu
     RSV : and Ahaziah
     NEB*: Ahaziah
     J   : (1e*, 2e*, 3e éd.) Ochozias
     L   : und Ahasja
   Transl.: and Ahazjahu
   Trad.:   et Ahazyahu

22.8

A ובני אחי אחזיהו
   and the sons of the brothers of Ahazjahu
   et les fils des frères d'Ahazyahu
     RSV : and the sons of Ahaziah's brothers
     J   : (1e*, 2e*, 3e éd.) et les neveux
          d'Ochozias
     L   : und (auf) die Söhne der Brüder Ahasjas
[ואחי אחזיהו]
   and the brothers of Ahazjahu
   et les frères d'Ahazyahu
     NEB*: and the kinsmen of Ahaziah
   Fac.: 5,4
   Transl.: and the sons of Ahazjahu's brothers
   Trad.:   et les fils des frères d'Ahazyahu

23.10

A למזבח ולבית
   to the altar and to the house
   à l'autel et à la maison
     RSV : around the altar und the house
     J   : entourant l'autel et le Temple
     L   : vor dem Altar und dem Hause
 [Lacking.Manque] = NEB*
   Fac.: 14
   Rem.: See also 2 Kings 11.11 where the same
   textual conjecture is to be resisted.
   Rem.: Voir aussi 2 R 11.11 où l'on doit résister
   à la même conjecture textuelle.
   Transl.: to the altar and to the house
   Trad.:   à l'autel et à la maison

23.14

B ויוצא
   and he brought out
   et il fit sortir
     RSV : then (Jehoiada...) brought out
     J   : (1e*, 2e*, 3e éd.) mais (Yehoyada...)
          fit sortir
  [ויצו]
   and he gave orders
   et il prescrivit
     NEB*: (Jehoiada...) gave orders
     L   : aber (...Jojada) gebot
  Fac.: 5
  Transl.: and he brought out
  Trad.:   et il fit sortir

23.16

A בינו
   between himself
   entre lui-même
     RSV : between himself
     J   : (Yehoyada conclut un pacte avec tout
          le peuple) (1e éd.) (Yehoyada conclut
          entre tout le peuple...) (2e, 3e éd.) (?)
  [בין יהוה]
   between the LORD
   entre le SEIGNEUR
     NEB*: between the LORD
     L   : zwischen dem HERRN
  Fac.: 14
  Rem.: The high-priest represents the LORD in the
  drawing up of the covenant.
  Rem.: Dans la conclusion de l'alliance le grand-
  prêtre représente le SEIGNEUR
  Transl.: between himself
  Trad.: entre lui-même

23.18

B הכהנים הלוים
   of the Levitical priests
   des prêtres-lévites
     RSV : of the Levitical priests
     J   : (1e*, 2e*, 3e éd.) des prêtres lévites
  הכהנים והלוים
   of the priests and of the Levites
   des prêtres et des lévites

NEB*: of the priests and the Levites
 L : (aus) den Priestern und den Leviten
Fac.: 5
Rem.: See also 5.5, 30.27 and Ezra 10.5 for similar
  textual problems.
Rem.: Voir aussi 5.5,30.27 et Esd 10.5 pour des
  problèmes textuels analogues.
Transl.: the Levitical priests
Trad.:   les prêtres-lévites

24.7

B בניה
    her sons
    ses fils
    RSV : for the sons of Athaliah
[ובניה]
    and her sons
    et ses fils
    NEB*: and her adherents
    J   : et ses fils
    L   : und ihre Söhne
  Fac.: 4
  Rem.:"בניה"may be understood as either "her sons"
    or "her adherents". The beginning of the verse
    may be taken as a casus pendens : "Athaliah,
    that wicked woman - her sons / adherents...".
  Rem.: On peut interpréter"בניה"soit comme "ses
    fils" soit comme "ses adhérents". Le début
    du verset peut être compris comme un casus
    pendens : "Atalia, cette femme perverse - ses
    fils /   adhérents...".
  Transl.: See Remark
  Trad.:   Voir Remarque

24.12

B אל-עושה מלאכת
    to the doer of the work of
    à celui qui fait le travail de
    RSV : to those who had charge of
    NEB : to those responsible for
    J   : (1e*, 2e*, 3e éd.) au maître d'oeuvre
          attaché au
    L   : den Werkmeistern, die am...
  Rem.: The form עושה has a collective meaning,
    "whoever does", or a distributive meaning, "each
    one who does". None of the old Versions presup-
    poses a different text; they rightly translate

the expression in a collective way.
Rem.: La forme עושה a une valeur collective :
   "quiconque fait", ou distributive : "chacun
   qui fait". Aucune Version ancienne ne suppose
   un autre texte; elles ont raison de traduire
   en un sens collectif.
Transl.: See Remark
Trad.:   Voir Remarque

24.25

בני יהוידע
   of the sons of Jehoyada
   des fils de Yehoyada
   Fac.: 11
D[בן יהוידע]
   of the son of Jehoyada
   du fils de Yehoyada
      RSV*: of the son of Jehoiada
      NEB*: of the son of Jehoiada
      J* : le fils du (prêtre) Yehoyada
      L   : an dem Sohn des (Priesters) Jojada
   Transl.: of the son of Jehoyada
   Trad.:   du fils de Yehoyada

25.8

B כי אם-בא אתה עשה חזק למלחמה יכשילך האלהים לפני אויב
   but if you are going, act, be strong for the battle, God will make you stumble before the enemy
   mais si tu vas, agis, sois fort pour la guerre,
   Dieu te fera trébucher devant l'ennemi
[כי אם באלה אתה עשה חזק למלחמה יכשילך האלהים לפני אויב]
   but if with these ⟨people⟩ you are acting and
   making strong for the battle, God will make you
   stumble before the enemy
   mais si c'est avec ceux-ci que tu agis et te
   fortifies pour la guerre, Dieu te fera trébucher
   devant l'ennemi
      NEB*: for, if you make these people your
            allies in the war, God will overthrow
            you in battle
   Fac.: 14
      RSV*: but if you suppose that in this way you
            will be strong for war, God will cast
            you down before the enemy (See below,
            Rem.1)
   Fac.: 14

J   : (1e*, 2e*, 3e éd.) car s'ils viennent,
      tu auras beau agir et combattre vaillam-
      ment, Dieu ne t'en fera pas moins tré-
      bucher devant tes ennemis (voir ci-dessous,
      Rem.1)

Fac.: 14

L   : denn wenn du denkst, mit ihnen stark zu
      sein zum Kampf, so wird Gott dich vor
      den Feinden fallen lassen (siehe unten,
      Rem.1)

Fac.: 14

Rem.: 1. The Hebrew texts underlying the trans-
      lations of RSV, J and L have not been reconstruc-
      ted here, as the extent to which these transla-
      tions depend on the MT and on a conjectural text
      is not clear.
      2. Two ways of translating the MT are possible :
      (1) (V.7) "O king, do not let the army of
      Israel go with you, for ..., (V.8) otherwise
      - go ! you, act ! be strong for the battle ! -
      God will make you stumble before the enemy".
      The imperatives have conditional meaning : if
      you go...(2) (V.7) "O king, do not let the
      army of Israel go with you, for..., (V.8) indeed
      (on the contrary), if you are going to act, to
      make yourself strong for the battle, God will
      make you stumble before the enemy".

Rem.: 1. On a renoncé à reconstruire ici les
      textes hébraïques ayant servi de base aux tra-
      ductions de RSV, J et L, puisqu'il est difficile
      de discerner jusqu'où elles suivent le TM et
      jusqu'où elles adoptent des conjectures.
      2. Deux traductions du TM sont possibles :
      (1) (V.7) "O roi, que ne vienne pas avec toi
      l'armée d'Israël, car..., (V.8) sinon - va, toi,
      agis, sois fort pour la guerre - Dieu te fera
      crouler devant l'ennemi." Les impératifs ont une
      valeur conditionnelle: si tu vas... (2)(V.7)"ô roi,
      que ne vienne pas avec toi l'armée d'Israël, car...,
      (V.8)en effet (au contraire),si tu vas agir, te rendre
      fort pour la guerre, Dieu te fera crouler devant
      l'ennemi."

Transl.: See Remark 2
Trad.:   Voir Remarque 2

25.20

A למען תתם ביד
    in order to deliver them into a hand
    pour les livrer dans une main
        J   : qui voulait soumettre ces gens-là (le
              éd.), livrer ces gens-là (2e, 3e éd.)
[למען תתם ביד איבים]
    in order to deliver them into the enemies' hand
    afin de les livrer dans la main des ennemis
        RSV : in order that he might give them into
              the hand of their enemies
    Fac.: 4,8
[למען תתם ביד יואש]
    in order to deliver them into the hand of Joash
    pour les livrer dans la main de Yoash
        NEB*: in order to give (Judah) into the power
              of Jehoash
        L   : um sie in die Hand des Joas zu geben
    Fac.: 4
    Transl.: in order to hand them over
    Trad.:   pour les livrer

25.24

C וכל ... וישב
    and all ... and he returned
    et tout ... et il retourna
        RSV : and (he seized) all ... and he returned
        J   : (3e éd.)(il prit) tout ... et retourna
[וכל ... השיב]
    and all ... he brought back
    et tout ... il ramena
        L   : und alles ... nahm er mit sich nach
              (Samaria)
    Fac.: 4
[ויקח כל ...וישב]
    and he took all ... and he returned
    et il prit tout ... et il retourna
        NEB*: he also took all ... and returned
        J' : il prit tout ... puis il retourna (le
              éd.), il prit tout ... et retourna (2e
              éd.)
    Fac.: 5,4
    Rem.: There is a lacuna in this text of Chronicles,
        which appears to have already existed in the
        archetype of the manuscripts of 2 Chron and the
        parallel passage of 2 Kings 14.14 (since the
        initial ולקח in 2 Kings is awkward and secondary).

The Versions tried to fill in for this lacuna.
Translators may interpret 2 Chron along the lines
of the MT for 2 Kings 14.14 as follows : "and
⟨he took⟩ all ... and returned".
Rem.: Il y a une lacune dans ce texte des Chroniques.
Cette lacune semble avoir existé déjà dans
l'archétype des manuscrits de 2 Chr et du passage
parallèle de 2 R 14.14 (puisque le ולקח initial
de 2 R est malheureux et secondaire). Les Versions
ont essayé de suppléer à cette lacune. Les
traducteurs peuvent interpréter 2 Chr selon la
forme du TM en 2 R 14.14 : "et ⟨il prit⟩ tout ...
et retourna".
Transl.: See Remark
Trad.:   Voir Remarque

25.28

B בעיר יהודה
    in the city of Judah
    dans la ville de Juda
  בעיר דויד
    in the city of David
    dans la ville de David
      RSV : in the city of David
      NEB*: in the city of David
      J* : dans la Cité de David
      L   : in der Stadt Davids
  Fac.: 5
  Transl.: in the city of Judah
  Trad.:   dans la cité de Juda

26.5

B בראת האלהים
    in seeing God
    en voyant Dieu
  ביראת האלהים
    in the fear of God
    dans la crainte de Dieu
      RSV : in the fear of God
      NEB*: in the fear of God
      J* : dans la Crainte (le éd.), la crainte
            (2e, 3e éd.) de Dieu
      L   : in der Furcht Gottes
  Fac.: 7,5
  Transl.: in seeing God
  Trad.:   en voyant Dieu

26.8

העמונים
   the Ammonites
   les Ammonites
      RSV : the Ammonites
      NEB : the Ammonites
      J   : (le*, 2e*, 3e éd.) les Ammonites
      L   : und die Ammoniter
   Fac.: 9,5,12
C[המעונים]
   the Meunites
   les Méûnites
   Rem.: See also 20.1 for a similar textual problem
     with this proper name.
   Rem.: Voir aussi 20.1 pour un problème textuel
     analogue avec ce nom propre.
   Transl.: the Meunites
   Trad.:   les Méûnites

26.23

A עם-אבחיו (2°)
   with his fathers
   avec ses pères
      RSV : with his fathers
      J   : avec eux
      L   : bei seinen Vätern
   Lacking.Manque = NEB*
   Fac.: 4
   Transl.: with his fathers
   Trad.:   avec ses pères

26.23

A אשר למלכים
   which ⟨was⟩ to the kings
   qui ⟨était⟩ aux rois
      RSV : which belonged to the kings
      J* : (des sépultures) royales
      L   : (neben der Grabstätte) der Könige
   [לא בקבורת המלכים]
   not in the burial place of the kings
   non pas dans le sépulcre des rois
      NEB*: but not that of the kings
   Fac.: 4
   Transl.: which ⟨belonged⟩ to the kings
   Trad.:   qui ⟨appartenait⟩ aux rois

28.16

C על-מלכי אשור
   to the kings of Assyria
   aux rois d'Assyrie
     J* : (1e, 2e éd.) aux rois d'Assyrie
  על-מלך אשור
   to the king of Assyria
   au roi d'Assyrie
     RSV*: to the king of Assyria
     NEB*: to the king of Assyria
     J   : (3e éd.) au roi d'Assyrie
     L   : zu dem König von Assur
   Fac.: 4
   Rem.: There are two ways in which the plural מלכי
     may be interpreted : (1) as a figure of style,
     to designate the king by a plural form, thus
     connoting royal power; (2) as the royal dynasty.
     The translation of the plural מלכי should be
     consistent in 28.16;30.6 and 32.4.
   Rem.: Il y a deux possibilités d'interpréter מלכי :
     (1) comme une figure de style désignant le roi
     par un pluriel et connotant le pouvoir royal;
     (2) comme la dynastie royale. La traduction du
     pluriel מלכי devrait être conséquente en 28.16;
     30.6 et 32.4.
   Transl.: See Remark
   Trad.:   Voir Remarque

28.19

B ישראל
   of Israel
   d'Israël
     RSV : of Israel
     J* : d'Israël
  יהודה
   of Judah
   de Juda
     NEB*: of Judah
     L   : von Juda
   Fac.: 4
   Rem.: See similar textual problems in 21.2 and
     28.27.
   Rem.: Voir des problèmes textuels analogues en
     21.2 et 28.27
   Transl.: of Israel
   Trad.:   d'Israël

28.27

A ישראל
   of Israel
   d'Israël
     RSV : of Israel
     J   : d'Israël
     L   : von Israel
[יהודה]
   of Judah
   de Juda
     NEB*: of Judah
   Fac.: 1,4,5
   Rem.: See the similar textual problem in 21.2 and
     28.19.
   Rem.: Voir le problème textuel analogue en 21.2
     et 28.19.
   Transl.: of Israel
   Trad.:   d'Israël

29.21

A וכבשים שבעה
   and seven lambs
   et sept agneaux
     RSV : seven lambs
     J   : et sept agneaux
     L   : sieben Lämmer
[וכבשים שבעה לעולה]
   and seven lambs for a burnt-offering
   et sept agneaux pour un holocauste
     NEB*: and seven lambs for the whole-offering
   Fac.: 14
   Rem.: Only the he-goats were used as sacrifices
     for sin, whereas the first three categories were
     used for burnt-offerings.
   Rem.: Seuls les boucs sont destinés à des sacri-
     fices pour le péché, tandis que les trois premières
     catégories sont destinées à des holocaustes.
   Transl.: and seven lambs
   Trad.:   et sept agneaux

30.21

B בכלי-עז ליהוה
    with powerful instruments for the LORD
    avec des instruments de force pour le SEIGNEUR
        L   : mit den mächtigen Saitenspielen des
                HERRN
 [בכל-עז ליהוה]
    with all ⟨their⟩ might to the LORD
    de toute ⟨leur⟩ force au SEIGNEUR
        RSV*: with all their might to the LORD
 Fac.: 12,5
 [בכל-עז]
    with all ⟨their⟩ might
    de toute ⟨leur⟩ force
        NEB*: with unrestrained fervour
        J   : (1e*, 2e*, 3e éd.) de toutes leurs forces
 Fac.: 12,1
 Transl.: with powerful instruments for the LORD
 Trad.:   avec des instruments de force pour le
            SEIGNEUR

30.27

A הכהנים הלוים
    the Levitical priests
    les prêtres-lévites
        J   : (1e*, 2e*, 3e éd.) les prêtres lévites
 הכהנים והלוים
    the priests and the Levites
    les prêtres et les lévites
        RSV : the priests and the Levites
        NEB*: the priests and the Levites
        L   : die Priester und die Leviten
 Fac.: 5
 Rem.: See similar textual problems in 5.5 and
    23.18.
 Rem.: Voir des problèmes textuels analogues en
    5.5 et 23.18.
 Transl.: the Levitical priests
 Trad.:   les prêtres-lévites

31.16

A שלוש
    three
    trois
        RSV : from three
        NEB : three
        L   : drei

[שלושים]
   thirty
   trente
      J* : trente
   Fac.: 14
   Rem.: Priests and Levites received public support
      from the age of three years. Before that age they
      were considered as without claim to such support.
   Rem.: Les prêtres et les Lévites recevaient des
      subsides publics à partir de l'âge de trois ans.
      En-dessous de cet âge on les considérait comme
      de petits enfants n'ayant pas encore droit à ce
      subside.
   Transl.: from three years old (and upwards)
   Trad.:   de trois ans d'âge (et au-dessus)

32.5

B ויעל על-המגדלות
   and he raised upon the towers
   et il suréleva sur les tours
[ויעל עליה מגדלות]
   and he raised towers upon it (i.e. the wall)
   et il éleva sur elle (c.-à-d. la muraille) des
   tours
      RSV*: and raised towers upon it
      NEB*: and erected towers   on it
      J   : qu'il surmonta de tours
   Fac.: 4
[ויעל מגדלות]
   and he raised towers
   et il éleva des tours
      L   : und führte Türme auf
   Fac.: 14
   Transl.: he added ⟨buildings⟩ to the towers /
            he built higher on the towers
   Trad.:   il ajouta ⟨des constructions⟩ aux tours /
            il suréleva les tours

32.22

[וינהלם]
   and he led them
   et il les conduisit
   Fac.: 12
C [וַיָּנַח לָהֶם]
   and he gave them rest
   et il leur donna la tranquillité
      RSV : and he gave them rest

```
    NEB : and he gave them respite
    J*  : il leur donna la paix (le, 2e éd.), la
          tranquillité (3e éd.)
    L   : und gab ihnen Ruhe
Transl.: and he gave them rest
Trad. :  et il leur donna la tranquillité
```

32.24

B ויאמר לו
```
    and he said to him / and he spoke to him
    et il lui dit / et il lui parla
    RSV : and he answered him
    L   : der redete mit ihm
```
[ויאמר לו הנני רפה לך]
```
    and he said to him, 'behold I am about to heal
    you'
    et il lui dit, 'me voici, je vais te guérir
    NEB*: the LORD said, 'I will heal you'
Fac.: 14
```
[וינשא]
```
    and he was lifted up
    et il fut élevé
    J   : (le, 2e*, 3e* éd.) qui l'exauça
Fac.: 14
Rem.: ויאמר לו may be interpreted in two ways :
    (1) "and he spoke to him (and gave him a sign)"
    (the LORD is subject here); (2) "and he spoke
    to him (i.e. Hezekiah to the LORD), and the
    latter gave him a sign".
Rem.: On peut interpréter ויאמר לו ou bien :
    (1) "et il lui parla (et lui donna un signe)"
    (le SEIGNEUR est sujet ici); ou bien : (2) "et
    il lui parla (Ezéchias au SEIGNEUR), et celui-
    ci lui donna un signe".
Transl.: See Remark
Trad. :  Voir Remarque
```

32.28

B ועדרים לאורות
```
    and flocks for the folds
    et des troupeaux pour les étables
```
[ואורות לעדרים]
```
    and folds for the flocks
    et des étables pour les troupeaux
    RSV : and sheepfolds
    NEB*: as well as sheepfolds
    J   : et des parcs pour ses troupeaux
```

        L   : und Hürden für die Schafe
    Fac.: 4
    Transl.: also flocks for the folds
    Trad.:   aussi des troupeaux pour les étables

32.29

A וערים
    and cities
    et des villes
        RSV : cities
        L   : Städte
    [Lacking.Manque] = NEB*
    Fac.: 14
[וערים]
    and donkeys
    et des ânes
        J* : des ânes
    Fac.: 14
    Rem.: These cities are cities lying on the border,
      fortresses controlling access to the country.
    Rem.: Ces villes sont des villes de frontière,
      des forteresses contrôlant l'accès du pays.
    Transl.: and cities
    Trad.:   et des villes

32.31

B שרי בבל
    of the princes of Babylon
    des princes de Babylone
        RSV : of the princes of Babylon
        J   : (3e éd.) des officiers babyloniens
        L   : der Fürsten von Babel
    [מלך בבל]
    of the king of Babylon
    du roi de Babylone
        NEB*: by the king of Babylon
    Fac.: 14
    [שרי מלכי בבל]
    the princes of the kings of Babylon
    les princes des rois de Babylone
        J   : (1e, 2e éd.) les officiers des rois de
              Babylone
    Fac.: 14
    Rem.: There are two possibilities for translating
      "במליצי שרי בבל": (1) "with the interpreters of
      the princes of Babylon" or (2) "with the inter-
      preters, the princes of Babylon". The use of the

plural form may be explained by the political
situation in Babylon at that period.

Rem.: Deux traductions de"במליצי שרי בבל"sont
possibles : ou bien (1) "avec les interprètes
des princes de Babylone", ou bien (2) "avec les
interprètes, les princes de Babylone". Le
pluriel peut s'expliquer par la situation politique de Babylone à l'époque.

Transl.: See Remark
Trad.:   Voir Remarque

33.19

B חוֹזָי
  my seers / Hozai
  mes voyants / Hozaï
    J*   : Hozaï
חוזים
  seers
  des voyants
    RSV*: of the Seers
    NEB*: of the seers
    L   : (in den Geschichten) der Seher

Fac.: 4

Rem.: 1."חוֹזָי"may be interpreted in three ways :
  (1) It is a proper name, "Hozai".; (2) it is
  a plural form with third person suffix "waw"
  which has dropped out, "his seers" (there are
  no textual means for recovering this text);
  (3) it might also be a plural constructed
  with"י"instead of"ים-": "seers".
  2. Three of the Committee's members recommend
  these three possibilities to translators, while
  the remaining three members recommend the first
  possibility only.

Rem.: 1. On peut interpréter"חוֹזָי"de trois façons :
  (1) c'est un nom propre, "Hozaï"; (2) il s'agit
  d'un pluriel avec un suffixe masculin "waw" qui
  serait tombé, "ses voyants" (il n'y a pas de
  moyen textuel de rétablir ce texte); (3) il
  pourrait s'agir aussi d'un pluriel avec"י"au lieu
  de"ים-": "des voyants".
  2. Trois membres du Comité recommandent ces
  trois possibilités aux traducteurs, tandis que
  les trois autres membres ne recommandent que la
  première possibilité.

Transl.: See Remarks
Trad.:   Voir Remarques

33.20

B ביתו
   in his house
   dans sa maison
     RSV : in his house
     J* : (1e, 2e éd.) dans son palais
     L   : in seinem Hause
[בגן ביתו]
   in the garden of his house
   dans le jardin de sa maison
     NEB*: in the garden-tomb of his family
     J   : (3e éd.) dans le jardin de son palais
  Fac.: 5
  Rem.: ביתו in this context does not refer to the
    house only, but the house and surrounding pro-
    perty. It should be translated therefore as :
    "at home", "on his property".
  Rem.: L'expression ביתו ne désigne pas seulement
    la maison, mais la maison avec toute sa propriété.
    On peut donc traduire "à la maison", "dans sa
    propriété".
  Transl.: See Remark
  Trad.:   Voir Remarque

34.6

בחר בתיהם = Qere בְּחַרְבֹתֵיהֶם / בְּחַרְבֹתֵיהֶם
   with their swords / in their ruins
   avec leurs épées / dans leurs ruines
     RSV*: in their ruins
     J   : (1e*, 2e*, 3e éd.) et dans les territoires
        saccagés
  Fac.: 8
C בחר בתיהם = Ketiv [בָּחַר בָּתֵּיהֶם]
   he chose their houses / he explored their houses
   il choisit leurs maisons / il explora leurs maisons
     NEB : he burnt down their houses (see Rem.1)
[ברחבתיהם]
   in their squares
   dans leurs places
     L   : auf ihren Plätzen
  Fac.: 6
  Rem.: 1. NEB chooses the Ketiv reading and gives a
    translation of it which is uncertain.
    2. The most probable interpretation of the Ketiv
    reading seems to be : "he explored their buildings".

Rem.: 1. NEB choisit la leçon du Ketiv et en donne
une traduction qui n'est pas certaine.
2. Le sens le plus probable de la leçon du Ketiv
semble être : "il perquisitionnait leurs édifices".
Transl.: See Remark 2
Trad.:   Voir Remarque 2

34.21

A אשר נתכה
    which has been poured out
    qui s'est répandue
      RSV : that is poured out
      NEB : and it has been poured out
      J   : qui se répand (1e* éd.), qui s'est
            répandue (2e*, 3e éd.)
  [אשר נצתה]
    which has been kindled
    qui s'est allumée
      L   : der ... entbrannt ist
  Fac.: 5,6
  Rem.: See a similar textual problem in 34.25.
  Rem.: Voir un problème textuel analogue en 34.25.
  Transl.: which has been poured out
  Trad.:   qui s'est répandue

34.22

C ואשר המלך
    and those whom the king
    et ceux que le roi
      J   : et les gens du roi (?)
      L   : samt den andern, die der König gesandt
            hatte
  ואשר שלח המלך
    and those whom the king had sent
    et ceux que le roi avait envoyés
      RSV*: and those whom the king had sent
  Fac.: 3,6
  [ואשר אמר המלך]
    and those the king had instructed
    et ceux à qui le roi avait parlé
      NEB*: and those whom the king had instructed

Fac.: 3,6
Rem.: The MT is elliptic. It may be translated (cf.
   the ancient Versions) by understanding a verb
   such as אמר, צוה or שלח : (1) "those to whom
   the king ⟨had spoken⟩"; (2) "those whom the king
   ⟨had commanded⟩"; (3) "those whom the king ⟨had
   sent⟩". See V.20.
Rem.: Le TM est elliptique et on peut le traduire
   (cf. les Versions anciennes) en sous-entendant
   un verbe comme אמר, צוה ou שלח : (1) "ceux à qui
   le roi ⟨l'avait dit⟩"; (2) "ceux à qui le roi
   ⟨l'avait commandé⟩"; (3) "ceux que le roi ⟨avait
   envoyés⟩". Voir V.20.
Transl.: See Remark
Trad.:   Voir Remarque

34.25

A ותתך חמתי
   and my anger will be poured out
   et ma colère se répandra
      RSV : therefore my wrath will be poured out
      NEB : therefore my wrath is poured out
 [ונצתה חמתי]
   and my anger is enkindled
   et ma colère s'est enflammée
      J   : ma colère s'est allumée (1e éd.) s'est
            enflammée (2e, 3e éd.)
      L   : und mein Grimm soll ... entbrennen
Fac.: 5
Rem.: See a similar textual problem in 34.21.
Rem.: Voir un problème textuel analogue en 34.21.
Transl.: and my anger will be poured out
Trad.:   et ma colère se répandra

34.32

A ובנימן
   and Benjamin
   et Benjamin
      RSV : and in Benjamin
      J   : ou dans Benjamin
      L   : und in Benjamin
 [בברית]
   in the covenant
   dans l'alliance
      NEB*: to keep the covenant
Fac.: 14
Transl.: and ⟨in⟩ Benjamin
Trad.:   et ⟨dans⟩ Benjamin

35.8

B לפסחים אלפים ושש מאות

    for Passover victims two thousand and six hundred
    comme victimes pascales deux mille et six cents

[לפסחים כבשים ובני-עזים אלפים ושש מאות]

    for Passover victims two thousand and six
    hundred lambs and kids
    comme victimes pascales deux mille et six cents
    agneaux et chevreaux

     RSV : for the passover offerings two thousand
          six hundred lambs and kids
     L   : zum Passa zweitausendsechshundert Lämmer
          und Ziegen

  Fac.: 3,14

[לפסחים צאן אלפים ושש מאות]

    for Passover victims two thousand and six hundred
    small cattle
    comme victimes pascales, deux mille et six cents
    ⟨têtes de⟩ petit bétail

     NEB : two thousand six hundred small cattle
          for the Passover
     J   : (3e éd.) en victimes pascales deux mille
          six cents têtes de petit bétail

  Fac.: 3,4,6

[לפסחים צאן כבשים ובני-עזים אלפים ושש מאות]

    for Passover victims two thousand six hundred
    small cattle : lambs and kids
    comme victimes pascales, deux mille six cents
    ⟨têtes de⟩ petit bétail : des agneaux et des
    chevreaux

     J   : (1e*, 2e* éd.) comme victimes pascales,
          en petit bétail, deux mille six cents
          agneaux et chevreaux

  Fac.: 3,4
  Rem.: See following case.
  Rem.: Voir le cas suivant.
  Transl.: for the Passover offerings two thousand
         and six hundred, (and cattle...)
  Trad.:   pour les offrandes pascales deux mille
        et six cents, (et du bétail...)

35.9

A לפסחים חמשת אלפים

    for Passover victims, five thousand
    comme victimes pascales cinq mille

[לפסחים כבשים ובני-עזים חמשת אלפים]
   for Passover victims five thousand lambs and kids
   comme victimes pascales cinq mille agneaux et
   chevreaux
      RSV : for the passover offerings five thousand
            lambs and kids
      L   : zum Passa fünftausend Lämmer und Ziegen
  Fac.: 14
[לפסחים צאן חמשת אלפים]
   for Passover victims five thousand small cattle
   comme victimes pascales cinq mille ⟨têtes de⟩
   petit bétail
      NEB : for the Passover five thousand small cattle
      J   : (2e, 3e éd.) comme victimes pascales, cinq
            mille têtes de petit bétail
  Fac.: 14
[צאן חמשת אלפים]
   five thousand small cattle
   cinq mille ⟨têtes de⟩ petit bétail
      J   : (1e éd.) cinq mille têtes de petit bétail
  Fac.: 14
  Rem.: See preceding case.
  Rem.: Voir le cas précédent
  Transl.: for the Passover offerings five thousand
  Trad.:   pour les offrandes pascales, cinq mille

35.11

מידם C
   from their hand
   de leur main
[את-הדם מידם]
   the blood from their hand
   le sang de leur main
     RSV : the blood which they received from them
     J   : de leurs mains, le sang (1e éd.), le sang
          qu'ils recevaient des mains (des lévites)
          (2e, 3e éd.)
     L   : das Blut aus der Hand (der Leviten)
  Fac.: 4,6
[מן-הדם]
   from the blood
   du sang
     NEB*: the blood
  Fac.: 12,4
  Rem.: "מידם, from their hand" refers to those who
   slaughtered the victim. These were not priests
   but lay people.
  Rem.: "מידם, de leur main" se rapporte à ceux qui

abattaient la victime. Ceux-ci n'étaient pas des
prêtres, mais des personnes laïques.
Transl.: from their hand
Trad.:   de leur main

35.15

B חוזה המלך
    the seer of the king
    le voyant du roi
      RSV : the king's seer
      J   : le voyant du roi
      L   : der Seher des Königs
  חוזי המלך
    the seers of the king
    les voyants du roi
      NEB*: the king's seers
  Fac.: 4,6
  Rem.: "חוזה המלך, the king's seer" may be a distri-
    butive singular : "⟨each one of them⟩ the king's seer",
    or the title of only the last named singer,
    Jeduthun.
  Rem.: "חוזה המלך, le voyant du roi" est ou bien un
    singulier distributif : "⟨chacun d'eux⟩ voyant du
    roi", ou bien le titre du dernier chanteur men-
    tionné, Yedutûn seulement.
  Transl.: See Remark
  Trad.:   Voir Remarque

35.22

B התחפש
    he disguised himself
    il se déguisa
      RSV : but disguised himself
  [התחזק]
    he strengthened himself
    il se fortifia
      J* : il était ... décidé (le, 2e éd.), il
            était fermement décidé (3e éd.)
      L   : (sondern) schickte sich an (?)
  Fac.: 4
  [התחפש] = התחפש
    NEB : but insisted
  Fac.: 14
  Rem.: 1. The note of J, 1st ed., is misleading,
    because J changes the second, not the first verb
    of V.22.
    2. It is possible that the Chronicler gave another

meaning to the verb"התחפש"which he uses here.
Nevertheless, of all the interpretations that are
proposed, that given below is the most probable.
Rem.: 1. La note de J, le éd., est erronée, puisque J n'entend pas corriger le premier verbe du
V.22, mais bien le second.
2. Il n'est pas impossible que le Chroniste ait
donné un autre sens au verbe"התחפש"qu'il emploie
ici. Néanmoins le sens donné ci-dessous est l'ac-
ception du mot la plus probable parmi toutes celles que l'on propose.
Transl.: he disguised himself
Trad.:   il se déguisa

36.9

B שמונה
    eight
    huit
      RSV : eight
      NEB : eight
      J* : (1e, 2e éd.) huit
שמונה עשרה
    eighteen
    dix-huit
      J* : (3e éd.) dix-huit
      L   : achtzehn
    Fac.: 5
    Transl.: eight
    Trad.:   huit

36.10

B אחיו
    his brother
    son frère
      RSV : his brother
      J* : son frère
      L   : seinen Bruder
[אחי אביו]
    the brother of his father
    le frère de son père
      NEB*: his father's brother
    Fac.: 4,5
    Transl.: his brother
    Trad.:   son frère

36.14

כל-שרי הכהנים B
    all the leaders of the priests
    tous les chefs des prêtres
      RSV : all the leading priests
      J   : tout le haut clergé (le* éd.), tous les
            chefs des prêtres (2e*, 3e éd.)
[כל-שרי יהודה והכהנים]
    all the princes of Judah and the priests
    tous les princes de Juda et les prêtres
      NEB*: all the chiefs of Judah and the priests
      L   : alle Oberen Judas und die Priester
  Fac.: 1,4
  Transl.: all the leaders of the priests
  Trad.:   tous les chefs des prêtres

THE BOOKS OF EZRA AND NEHEMIAH

LES LIVRES D'ESDRAS ET DE NEHEMIE

=====================================

J   = La sainte Bible, traduite en français sous la direction de l'Ecole Biblique de Jérusalem, Les livres d'Esdras et de Néhémie, le éd., Paris 1953; 2e éd., Paris 1960; 3e éd., Paris 1973 (en un volume).

L   = Die Bibel oder die ganze Heilige Schrift des Alten und Neuen Testaments nach der Uebersetzung Martin Luthers, 3. Aufl., Stuttgart 1971.

NEB = The New English Bible, The Old Testament, Oxford 1970.

RSV = The Holy Bible, Revised Standard Version, New York 1952.

1.6

בכלי-כסף C
    with vessels of silver
    avec des vases d'argent
        RSV : with vessels of silver
 [בכל בכסף]
    with everything, with silver
    avec tout, avec de l'argent
        NEB*: of every kind, silver
        J* : tout (secours) : argent (1e, 2e éd.),
              toute sorte d'(aide) : argent (3e éd.)
        L   : mit allem, mit Silber
    Fac.: 5
    Transl.: with vessels of silver
    Trad.:   avec des vases d'argent

1.6

לבד C
    besides
    outre
        RSV : besides
        J   : (3e éd.) sans compter
        L   : ausser
 [לרב]
    in abundance
    en abondance
        NEB*: in abundance
        J* : (1e, 2e éd.) en quantité
    Fac.: 5,6
    Transl.: besides
    Trad.:   outre

1.9

שלשים B
    thirty
    trente
        NEB : thirty
        J   : 30
        L   : dreissig
 [אלף]
    a thousand
    mille
        RSV*: a thousand
    Fac.: 5
    Transl.: thirty
    Trad.:   trente

1.9

מַחֲלָפִים
  knives (?) / vessels (?)
  couteaux (?) / vases (?)
    RSV : censers
 Fac.: 9,12
מחלפים = [מְהֻלָּפִים]
  changed / various
  changés / variés
    NEB : vessels of various kinds
 Fac.: 14
[Lacking. Manque]   = J* (1e, 2e éd.), L
 Fac.: 14
C מחלפים = [מֻחֲלָפִים]
  altered
  changés
    J   : (3e éd.) réparés
 Rem.: 1. The Committee gave two ratings for this case. The first rating, A (not indicated above) is
  for the MT <u>consonants.</u> The second rating, C (indicated <u>above) is for</u> the <u>vocalisation</u> of these
  consonants. 2. The meaning <u>of the word</u>"מחלפים"in
  the MT is not clear and consequently all the old
  Versions translate differently. See following
  case with its Remark.
 Rem.: 1. Le Comité a procédé à deux votes pour ce
  cas. Le premier vote, A (qui n'est pas indiqué
  ci-dessus) est pour les <u>consonnes</u> du TM. Le
  deuxième vote, C (indiqué ci-dessus) est pour la
  <u>vocalisation</u> de ces consonnes.
  2. Le sens du mot"מחלפים"dans le TM n'est pas clair.
  C'est pourquoi toutes les Versions anciennes ont
  traduit d'une manière différente. Voir le cas
  suivant avec sa Remarque.
 Transl.: altered
 Trad.:   changés

1.10

B משנים
  spare (bowls) / doubles
  (coupes de) rechange / doubles
  משנים = [מְשֻׁנִּים]
  changing / second ones
  changeants / seconds
    NEB : of various types
 Fac.: 14
[אלפים]
  two thousand
  deux mille

RSV*: two thousand
Fac.: 5
[Lacking.Manque] = J* (1e, 2e éd.), L
Fac.: 14
Rem.: 1. It is not possible to determine which
   textual form J, 3d éd., intended to follow for
   its translation.
   2. In V.9 "מחלפים" is translated by a passive participle, "changed/altered". In V.10 "משנים" is translated as "doubles/spares"; this is certainly not
   the original text, but a gloss similar to "מחלפים",
   which must also have meant "changed/altered". None
   of the old textual witnesses, however, has preserved this interpretation. Consequently, the
   Committee cannot give a meaning for the MT other
   than that indicated above - "doubles/spares"   -
   although knowing that the meaning of the original text was different.
Rem.: 1. Il n'est pas possible de déterminer quelle
   forme textuelle J, 3e éd., entend suivre pour sa
   traduction.
   2. Dans le V.9 "מחלפים" est traduit par un participe
   passé, "changés". Dans le V.10 "משנים" est traduit
   comme "doubles/(coupes de) rechange", mais ce
   n'est sûrement pas le texte original, car il
   s'agit ici d'une glose analogue à "מחלפים", qui
   devait signifier aussi : "changés". Mais aucun
   témoin ancien n'a conservé cette interprétation.
   C'est pourquoi le Comité ne peut changer le TM
   interprété comme indiqué ci-dessus - "doubles/
   (coupes de) rechange" - tout en pensant que le
   sens du texte original était différent.
Transl.: See Remark
Trad.:   Voir Remarque

1.11

B חמשת אלפים וארבע מאות
     five thousand four hundred
     cinq mille quatre cent
       NEB : five thousand four hundred
       J* : 5.400
       L* : fünftausendvierhundert
[חמשת אלפים וארבע מאות ששים ותשעה]
     five thousand four hundred and sixty-nine
     cinq mille quatre cent soixante-neuf
       RSV*: five thousand four hundred and sixty-nine
Fac.: 5
Transl.: five thousand four hundred
Trad.:   cinq mille quatre cent

2.40

לִבְנֵי
  through the sons of
  par les fils de
    RSV : of the sons of
    NEB : of the line of
    J   : (3e éd.) des fils de
  Fac.: 9
B לבני [לְבִנּ֣וּי]
  through Binnui
  par Binnoui
[בני]
  Binnui
  Binnoui
    J* : Binnouï (le éd.), Binnuï (2e éd.)
    L   : Binnui
  Fac.: 5
  Rem.: See also Neh 7.43 for the same textual
  problem in a parallel list.
  Rem.: Voir aussi Néh 7.43 pour un problème textuel
  identique, dans une liste parallèle.
  Transl.: through Binnui
  Trad.:   par Binnoui

2.42

B בני השערים
  the sons of the gatekeepers
  les fils des portiers
    RSV : the sons of the gatekeepers
    NEB : the guild of door-keepers
    J   : (3e éd.) les fils des portiers
[השערים]
  the gatekeepers
  les portiers
    J* : (le, 2e éd.) les portiers
    L   : (die Zahl) der Torhüter
  Fac.: 4
  Transl.: the sons of the gatekeepers/the guild of
           the gatekeepers
  Trad.:   les fils des portiers/la confrérie des por-
           tiers

2.70

ומן-העם B
   and from the people
   et du peuple
[ומן-העם בירושלם ובחצריה]
   and from the people in Jerusalem and its villages
   et du peuple à Jérusalem et dans ses villages
      RSV*: and some of the people (lived) in Jeru-
            salem and its vicinity
      NEB*: and some of the people (lived) in Jerusa-
            lem and its suburbs
   Fac.: 4
[ומן-העם בירושלם]
   and from the people in Jerusalem
   et du peuple à Jérusalem
      J* : et une partie du peuple (s'installèrent)
            à Jérusalem
      L   : und einige andere Leute in Jerusalem
   Fac.: 4
   Rem.: 1. "מן-העם, some of the people" is in contrast
   with "כל-ישראל, all Israel". The first "בעריהם,
   in their towns" belongs to "מן-העם", the second
   to "כל-ישראל". Thus V.70 may be translated as
   follows : "the priests and the Levites and some
   of the lay-folk (lit. some of the people) : the
   singers, the gatekeepers and those given ⟨to
   Temple-service⟩ dwelt in their towns; and all
   Israel in their towns".
      2. See a similar textual problem in Neh 7.72(73).
   Rem.: 1. "מן-העם, quelques-uns d'entre le peuple"
   fait contraste avec "כל-ישראל, tout Israël".
   Le premier "בעריהם, dans leurs villes" appartient
   à"מן-העם", le second à"כל-ישראל". On peut donc
   traduire le V.70 comme suit : "les prêtres et
   les lévites et quelques-uns d'entre les laïcs (litt.
   d'entre le peuple) : les chantres, les portiers
   et les "donnés" ⟨au service du Temple⟩ s'installèrent dans leurs villes, et tout Israël dans leurs
   villes".
      2. Voir un problème textuel analogue en Néh 7.72(73).
   Transl.: See Remark 1
   Trad.:   Voir Remarque 1

3.5

ולחדשים B
   and for the new moons
   et pour les nouvelles-lunes

RSV : the offerings at the new moon
L   : und die Opfer für die Neumonde
[ולשבתות ולחדשים]
   and for the Sabbaths and for the new moons
   et pour les sabbats et pour les nouvelles-lunes
     NEB*: and the offerings for sabbaths, for new
          moons
     J* : on offrit ceux prévus pour les sabbats,
          nouvelles-lunes (1e éd.), néoménies (2e,
          3e éd.)
Fac.: 5
Transl.: and for the new moons
Trad.:   et pour les nouvelles-lunes / néoménies

3.9

A ובניו בני
   and his sons, the sons of
   et ses fils, les fils de
     RSV : and his sons, the sons of
     J   : (3e éd.) et ses fils, les fils de
[ובני]
   and Binnui
   et Binnoui
     NEB*: Binnui
     J* : Binnouï (1e éd.), Binnuï (2e éd.)
     L   : Binnui
Fac.: 14
Rem.: The MT is not the original text. This was
    "וּבְנֵי, and Binnui". But since there are no an-
    cient witnesses attesting this form, the MT must
    be retained. Translators who use notes might in-
    dicate in a note that the original form of the
    text was probably "בני, Binnui", which later
    was corrupted by dittography and erroneous vocali-
    sation in the MT.
Rem.: Le TM n'est pas original : celui-ci serait
    "וּבְנֵי, et Binnoui". Mais comme il n'y a aucun
    témoin ancien pour appuyer cette forme, il faut
    garder le TM. Les traducteurs qui se servent de
    notes pourront indiquer dans une note que la
    forme originale du texte a très probablement été
    "בני, Binnoui", et que cette forme a été corrompue
    par dittographie et vocalisation fausse dans le
    TM.
Transl.: and his sons, the sons of (see Remark)
Trad.:   et ses fils, les fils de (voir Remarque)

3.9
יהודה-
  of Judah
  de Juda
    RSV : of Judah
  Fac.: 9,12
C[הודיה] / [הודויה]
  of Hodawiah / of Hodiah
  de Hodawya / de Hodiya
    J*   : (3e éd.) de Hodavya
  [והודיה] / [והודויה]
  and Hodawiah / and Hodiah
  et Hodawya / et Hodiya
    NEB*: and Hodaviah
    J*   : et Hodawia (le éd.), et Hodavya (2e éd.)
    L   : und Hodawja
  Fac.: 14
  Rem.: 1. See a similar textual problem with this
  proper name in Neh 12.8.
  2. In accordance with what has been established in
  the preceding case (see there) the original text
  would be "and Hodawiah/and Hodiah". But this text
  has no actual support in any ancient existing witness. Translators, therefore, may translate according to the preceding case with : "(his sons, the
  sons) of Hodawiah/of Hodiah". They may add the
  reconstructed original text in a note.
  Rem.: 1. Voir un problème textuel semblable avec ce
  nom propre en Néh 12.8.
  2. Le texte original serait, selon ce qui a été
  établi dans le cas précédent (voir là), "et Hodawya/
  et Hodija". Mais ce texte ne jouit du support d'aucun témoin textuel ancien. C'est pourquoi les traducteurs rendront conformément au cas précédent
  par : "(ses fils, les fils) de Hodawya/de Hodiya".
  Ils pourront citer le texte original reconstruit
  en note.
  Transl.: See Remark 2
  Trad.:   Voir Remarque 2

3.9

A בני חנדד בניהם ואחיהם הלוים
    the sons of Henadad, their sons and brothers, the
    Levites
    les fils de Henadad, leurs fils et leurs frères,
    les lévites
        RSV : along with the sons of Henadad and the
              Levites, their sons and kinsmen
        L   : dazu die Söhne Henadads mit ihren Söhnen
              und ihren Brüdern, die Leviten
  [Lacking.Manque] = NEB*, J*
  Fac.: 14
  Rem.: The end of V.9 is probably a later gloss
    (containing either "the sons of Henadad" only, or
    "the sons of Henadad, their sons and brothers, the
    Levites") but which is accurate as regards con-
    tent (see Neh 3.18,24; 10,10). Its object is to
    clarify the names mentioned in V.9a. Translators
    may indicate the extent and nature of this gloss
    in a note.
  Rem.: La fin du V.9 est probablement une glose pos-
    térieure (comprenant ou bien seulement "les fils
    de Henadad" ou bien "les fils de Henadad, leurs
    fils et leurs frères, les lévites"), mais qui est
    correcte quant au contenu (voir Néh 3.18,24; 10.10).
    Son intention est de préciser les noms mentionnés
    au V.9a. Les traducteurs peuvent indiquer l'étendue
    et le caractère de cette glose en note.
  Transl.: the sons of Henadad, their sons and brothers,
           the Levites
  Trad.: les fils de Henadad, leurs fils et leurs
          frères, les lévites

3.10

A מלבשים
    clothed
    revêtus
        RSV : in their vestments
        NEB : in their robes
        J   : (3e éd.) en costume
        L   : in ihren Amtskleidern
  [מלבשים בוץ]
    clothed in byssus
    revêtus de byssus
        J* : (1e, 2e éd.) revêtus de byssus
  Fac.: 14
  Transl.: clothed / in their robes
  Trad.:   revêtus / en costume

3.11

כי טוב A
    for ⟨he is⟩ good
    car ⟨il est⟩ bon
      RSV : for he is good
      J   : car il est bon
      L   : denn er ist gütig
  [הודו ליהוה כי טוב]
    give thanks to the LORD for ⟨he is⟩ good
    rendez grâce au SEIGNEUR car ⟨il est⟩ bon
      NEB*: it is good to give thanks to the LORD
  Fac.: 14
  Transl.: for⟨he is⟩ good
  Trad.:   car ⟨il est⟩ bon

3.12

בְּיָסְדוֹ זה הבית בעיניהם A
    when its foundations were being laid - that is,
    the temple - before their eyes
    quand on le fondait - il s'agit du temple - sous
    leurs yeux
      RSV : when they saw the foundation of this house
            being laid
      NEB : when they saw the foundation of this
            house laid
      L   : als nun dies Haus vor ihren Augen gegrün-
            det wurde
  [בְּהִוָּסְדוֹ בעיניהם]
    when its foundations were being laid before their
    eyes
    quand on le fondait sous leurs yeux
      J* : (3e éd.) tandis qu'on posait les fondations
            sous leurs yeux
  Fac.: 14
  [בִּיסוֹדוֹ בעיניהם]
    on its foundation before their eyes
    sur sa fondation sous leurs yeux
      J* : (1e, 2e éd.) de leurs yeux... sur ses
            fondations
  Fac.: 14
  Rem.: "זה הבית, it is the temple" is probably a
    gloss, which was added to indicate that to which
    the suffix in "ביסדו, in its foundation" referred.
  Rem.: "זה הבית, c'est le temple" est probablement
    une glose, ajoutée pour indiquer à quoi se
    rapporte le suffixe en "ביסדו, dans sa fondation".

Transl.: when its foundations were being laid -
         that is, the temple - before their eyes
Trad.:   quand on le fondait - il s'agit du temple -
         sous leurs yeux

4.2

B אל-זרבבל
    to Zerubbabel
    à Zorobabel
    RSV : (approached) Zerubbabel
[אל-זרבבל ואל-ישוע]
    to Zerubbabel and to Jeshua
    à Zorobabel et à Josué
       NEB*: Zerubbabel and Jeshua
       J* : Zorobabel, Josué
       L   : zu Serubabel, Jeschua
    Fac.: 5
    Transl.: to Zerubbabel
    Trad.:   à Zorobabel

4.7

A בְּשְׁלָם
    Bishlam / in agreement with / in peace
    Bishlam / en accord avec / en paix
       RSV : Bishlam
       L   : Bischlam
    [בְּשְׁלם] = בשלם
    with the peace of
    dans la paix de
       NEB : with the agreement of
    Fac.: 6
    [בְּשָׁלָם] = בשלם
    against Salem
    contre Salem
       J* : contre Jérusalem
    Fac.: 14
    Rem.: Two interpretations of "בְּשְׁלָם" are possible :
      (1) as a proper name, "Bishlam"; (2) "in peace,
      in agreement with". The second possibility is
      less likely.
    Rem.: Deux interprétations de "בְּשְׁלָם" sont possibles :
      (1) comme nom propre, "Bishlam"; (2) "en paix, en
      accord avec". La deuxième possibilité est moins
      vraisemblable.
    Transl.: See Remark
    Trad.:   Voir Remarque

4.10

בקריה B
   in the city / in the cities
   dans la ville / dans les villes
     RSV : in the cities
     NEB : in the city
     L   : in den Städten
 [בקריחא]
   in the cities
   dans les villes
     J* : dans les villes
 Fac.: 6
 Transl.: in the cities
 Trad.:   dans les villes

4.12

ושוריא שכלילו B = Qere   ושורי אשכללו
   and they have completed / and they are completing
   the walls
   et ils ont achevé / et ils achèvent les murs
     RSV : they are finishing the walls
     J   : (1e, 2e éd.) ils travaillent à relever
           les remparts
 [ושוריא ישכללון]
   and they are completing the walls
   et ils achèvent les murs
     NEB*: they ... and are completing the walls
 Fac.: 9,6
 [ושריו שוריא לשכללה]
   and they have begun to complete the walls
   et ils ont commencé à achever les murs
     J   : (3e éd.) ils commencent à restaurer les
           remparts
     L   : sie haben begonnen, die Mauern zu errich-
           ten
 Fac.: 14
 Transl.: and they have completed / and they are
          completing the walls
 Trad.:   et ils ont achevé / et ils achèvent les
          murs

5.4

B אדין כנמא אמרנא להם
    then we spoke to them thus
    alors nous leur avons parlé ainsi
[אדין כנמא אמרו להם]
    then they spoke to them thus
    alors ils leur ont parlé ainsi
      RSV*: they also asked them this
      NEB*: they also asked them
      L : dann sagten sie zu ihnen
  Fac.: 4
[Lacking. Manque]   = J*
  Fac.: 4
  Rem.: The direct speech in V.4 contrasts with that
    of the preceding verse. There, the second person
    is used for the Jewish builders being addressed,
    whereas in V.4 they appear in the third person.
    This variation points to a redaction which had not
    fully homogenised its text. All the ancient wit-
    nesses tried to give the text a more unified form
    than that of the MT. Translators who use notes
    may give this explanation in a note, while faith-
    fully following the MT with its heterogeneous
    character in their translation.
  Rem.: Le discours direct du V.4 fait contraste
    avec celui du V. précédent où l'on a la deuxième
    personne pour les Juifs constructeurs interpellés,
    tandis qu'ici ils apparaissent à   la troisième.
    C'est la trace d'une rédaction qui n'a pas homo-
    généisé parfaitement son texte. Les versions
    anciennes ont toutes essayé de donner une forme
    plus unifiée au texte que celle du TM. Les tra-
    ducteurs qui se servent de notes peuvent donner
    cette explication en note et suivre fidèlement
    dans leur traduction, le TM avec son caractère
    hétérogène.
  Transl.: See Remark
  Trad.: Voir Remarque

5.8

B ליהוד מדינתא...והוא מתבנא
    to the province of Judah ... and it is being
    built
    au district de Juda ... et il se bâtit
      RSV : to the province of Judah ... it is being
            built
      J : (le*, 2e*, 3e éd.) dans le district de
            Juda ... elle se bâtit(le éd.), il se
            bâtit (2e éd.), il se rebâtit (3e éd.)

L   : ins jüdische Land ... dies baute man
[ליהוד מדינתא ...והוא מתבנא מן-שבי יהודיא]
   to the province of Judah ... and it is being
   built by the elders of the Jews
   au district de Juda ... et il est bâti par les
   anciens des Juifs
      NEB*: to the province of Judah (and found the
            house) ... being rebuilt by the Jewish
            elders
Fac.: 14,7
Rem.: The demonstrative, "לשביא אלך, those elders",
   at the beginning of V.9 is not related to a
   previous mention of these elders accidentally lost
   in V.8, but has a pejorative significance.
Rem.: Le démonstratif "לשביא אלך, ces anciens-là"
   du début du V.9 ne renvoie pas à une première
   mention de ces anciens qui serait tombée par
   erreur ici au V.8. Mais ce démonstratif a une
   valeur péjorative.
Transl.: to the province of Judah ... and it is
         being built
Trad.:   au district de Juda ... et il se bâtit

6.3

B ואשוהי
   and its foundations
   et ses fondations
      J* : (3e éd.) et ses fondations
      L   : und seinen Grund
[ואשוהי = ואשוהי]
   and its fire-offerings
   et ses offrandes à brûler
      RSV : and burnt offerings (?)
      NEB : and fire-offerings
Fac.: 4
[ואשיא]
   and fire-offerings
   et des offrandes à brûler
      J* : (1e, 2e éd.) des offrandes à brûler
Fac.: 4
Rem.: The meaning of this part of V.3 is as follows :
   "the house should be built, ⟨a place⟩ where sacrifices are sacrificed; its foundations must be
   preserved".
Rem.: Le sens de cette partie du V.3 est le suivant :
   "La maison doit être construite, ⟨un lieu⟩ où
   l'on sacrifie des sacrifices, ses fondations
   devant être préservées".

Transl.: See Remark
Trad.:   Voir Remarque

6.4

חדת
  new
  neuf
  Fac.: 4,12
C[חד]
  one
  un
    RSV : one
    NEB*: one
    J   : (1e*, 2e*, 3e éd.) une
    L   : eine (Schicht)
  Transl.: one
  Trad.:   un

6.14

A וארתחששתא מלך פרס
  and of Artaxerxes, king of Persia
  et d'Artaxerxès, roi de Perse
    RSV : and Ar-ta-xerxes king of Persia
    L   : und Arthahsastha,der Könige von Persien
[Lacking.Manque] = NEB*, J*
  Fac.: 4
  Transl.: and of Artaxerxes, king of Persia
  Trad.:   et d'Artaxerxès, roi de Perse

6.15

עד יום תלתה
  on the third day
  au troisième jour
    RSV : on the third day
    L   : bis zum dritten Tag
  Fac.: 3
C[עד יום תלתה ועשרין] / [עד יום תלתה עסרין] עד יום תלחה=Brockington]
  on the twenty-third day
  au vingt-troisième jour
    NEB*: on the twenty-third day
    J* : le vingt-troisième jour
  Transl.: on the twenty-third day
  Trad.:   le vingt-troisième jour

6.20

כי הטהרו הכהנים והלוים כאחד כלם טהורים
  for the priests and the Levites had purified
  themselves as one ⟨man⟩, all of them ⟨were⟩
  clean
  car les prêtres et les lévites s'étaient purifiés
  comme un seul ⟨homme⟩, tous ⟨étaient⟩ purs
    RSV : for the priests and the Levites had puri-
         fied themselves together; all of them
         were clean
    NEB : the priests and the Levites, one and all,
         had purified themselves; all of them were
         ritually clean
  Fac.: 10
[כי הטהרו הלוים כאחד כלם טהורים]
  for the Levites had purified themselves as one
  ⟨man⟩, all of them ⟨were⟩ clean
  car les lévites s'étaient purifiés comme un seul
  ⟨homme⟩, tous ⟨étaient⟩ purs
    J* : les lévites, en bloc (le éd.), comme un
        seul homme (2e, 3e éd.), s'étaient puri-
        fiés : tous étaient purs
    L : denn die Leviten hatten sich gereinigt
        Mann für Mann, so dass sie alle rein waren
  Fac.: 10,4
C [כי הטהרו הכהנים והלוים כאחד כלם וכל בני הגולה לא
            טהרו כי הלוים כאחד כלם טהורים]
  for the priests and the Levites had purified
  themselves all of them as one ⟨man⟩, but all the
  exiles had not purified themselves; for the
  Levites, all of them as one ⟨man, were⟩ clean
  car les prêtres et les lévites s'étaient purifiés,
  tous comme un seul ⟨homme⟩, mais l'ensemble des
  exilés ne s'était pas purifié; car les lévites,
  tous comme un seul ⟨homme, étaient⟩ purs
  Transl.: See above
  Trad.:   Voir ci-dessus

7.12

B נמיר
  and so forth
  et ainsi de suite
[שלם גמיר]
  perfect peace
  paix parfaite
    J* : paix parfaite
    L : Friede zuvor ! (?)
  Fac.: 8

[Lacking.Manque] = RSV*, NEB
Fac.: 14
Transl.: (and so forth) / (complete)
Trad.:   (et ainsi de suite) / (complet)

8.5

מבני
   of the sons of
   des fils de
 Fac.: 12,9
B[מבני זתוא]
   of the sons of Zattu
   des fils de Zattû
     RSV*: of the sons of Zattu
     NEB*: of the family of Zattu
     J* : des fils de Zattou (1e éd.), Zattu (2e,
           3e éd.)
     L   : von den Söhnen Sattu
   Transl.: of the sons of Zattu
   Trad.:   des fils de Zattû

8.10

ומבני
   and of the sons of
   et des fils de
 Fac.: 10,9
B[ומבני בני]
   and of the sons of Bani
   et des fils de Bani
     RSV*: of the sons of Bani
     NEB*: of the family of Bani
     J* : des fils de Bani
     L   : von den Söhnen Bani
   Transl.: and of the sons of Bani
   Trad.:   et des fils de Bani

8.14

D וזבוד וְזַכּוּר = Qere
   and Zaccur
   et Zakkûr
     RSV : and Zaccur
וְזָבוּד = Ketiv
   and Zabud
   et Zabûd
     NEB : and Zabbud (?)
 Fac.: 12

[בן זבוד]
   son of Zabud
   fils de Zabûd
      J* : fils de Zaboud (1e éd.) fils de Zabud
           (2e, 3e éd.)
      L   : der Sohn Sabbuds
   Fac.: 14
   Rem.: 1. The Committee gave two ratings for this
   case : firstly, the rating A (not indicated above)
   for the MT without reference to either Qere or
   Ketiv; secondly, the rating D (indicated above)
   for the Qere.
   2. The word "עמו", which follows upon this name,
   should be translated in the plural, "with them",
   since the singular is not appropriate in the
   remainder of V.14.
   Rem.: 1. Le Comité a donné deux votes pour ce cas :
   d'abord le vote A (non indiqué ci-dessus) pour
   le TM, sans tenir compte du Qeré ou du Ketiv; et
   puis le vote D (indiqué ci-dessus) pour le Qeré.
   2. On doit traduire le mot "עמו", qui suit ce
   nom, au pluriel, "avec eux", puisque le singulier
   ne convient pas au contexte de la fin du V.14.
   Transl.: and Zaccur
   Trad.:   et Zakkûr

8.16

וליויריב ולאלנתן C
   and for Joiarib and for Elnathan
   et pour Yoyarib et pour Elnatân
      RSV : and for Joiarib and Elnathan
      NEB : and Joiarib and Elnathan
   [Lacking. Manque] = J*, L
   Fac.: 4
   Rem.: The text seems to be overloaded, but other
   textual witnesses are facilitating.
   Rem.: Le texte semble être surchargé; d'autres
   témoins textuels n'ont fait qu'alléger ce texte.
   Transl.: and for Joiarib and for Elnathan
   Trad.:   et pour Yoyarib et pour Elnatân

8.17

אחיו
   his brother
   son frère
   Fac.: 10,12

B[וְאָחָיו] / [וְאָחָיו in Brockington = erroneous]
  and his brothers
    et ses frères
      RSV : and his brethren
      NEB*: and his kinsmen
      J* : et à ses frères
      L   : und seinen Brüdern
    Transl.: and his brothers
    Trad.:   et ⟨à⟩ ses frères

8.19

B ישעיה מבני מררי אחיו
    Jeshaiah of the sons of Merari, his brothers
    Yeshaya, des fils de Merari, ses frères
      RSV : Jeshaiah of the sons of Merari, with his
          kinsmen
      NEB : Isaiah of the family of Merari, his kins-
          men
[ישעיה אחיו מבני מררי]
    Jeshaiah his brother, of the sons of Merari
    Yeshaya son frère, des fils de Merari
      J* : son frère Isaïe (le éd.), Yeshaya (2e, 3e
          éd.), des fils de Mérari (le éd.) Merari
          (2e, 3e éd.)
      L :   Jesaja, seinen Bruder, von den Söhnen
          Merari
    Fac.: 14
    Rem.: The suffix "ו-" in "אחיו, his brothers" may
    refer to "חשביה, Hashabiah" or to "ישעיה, Jeshaiah",
    whereas "הם-" in the following "בניהם, their sons"
    refers to both of them.
    Rem.: Le suffixe "ו-" en "אחיו, ses frères" peut se
    rapporter ou bien à "השביה, Hashabya" ou bien à
    "ישעיה, Yeshaya", tandis que "הם-" en "בניהם,
    leurs fils" qui suit, se rapporte à tous les deux.
    Transl.: Jeshaiah of the sons of Merari, his
          brothers
    Trad.:   Yeshaya, des fils de Merari, ses frères

8.26

B וכלי-כסף מאה לככרים
    and silver vessels, a hundred, of talents
    et des vases d'argent, cent, de talents
      RSV : and silver vessels worth a hundred talents
      L   : und an silbernen Geräten hundert Zentner

[וכלי-כסף מאה לכפרים] = וכלי-כסף מאה לככרים
   and a hundred silver vessels of two talents
   et cent vases d'argent de deux talents
      NEB : a hundred silver vessels weighing two
            talents
      J* : cent ustensiles d'argent de deux talents
   Fac.: 14
   Rem.: The number of the talents has dropped out of
         the text. Translators who use notes might indi-
         cate this, and translate as follows : "and a hund-
         red silver vessels weighing ... talents."
   Rem.: Le nombre des talents est tombé du texte. Les
         traducteurs qui se servent de notes pourront in-
         diquer ce fait et traduire la phrase comme suit :
         "et cent vases d'argent de ... talents."
   Transl.: See Remark
   Trad.:   Voir Remarque

8.35
שבעים ושבעה
   seventy-seven
   soixante-dix-sept
      RSV : seventy-seven
      L   : siebenundsiebzig
   Fac.: 12
C[שבעים ושנים]
   seventy-two
   soixante-douze
      NEB*: seventy-two
      J* : soixante-douze
   Transl.: seventy-two
   Trad.:   soixante-douze

9.13
C חשכת למטה מעוננו
   you have spared <us>, below <the measure> of our
   iniquities
   tu <nous> as épargnés, en-dessous <de la mesure>
   de nos iniquités
      RSV : thou ... hast punished us less than our
            iniquities deserved
      NEB : thou ... hast punished us less than our
            iniquities deserved
      J   : (3e éd.) bien que ... tu aies réduit le
            poids de nos iniquités
      L   : und du ... hast unsere Missetat nicht be-
            straft, wie wir's verdient hätten

השבת למטה מעוננו
you have taken into account, below ⟨the measure⟩,
our iniquities
tu as tenu compte de nos fautes moins ⟨qu'elles
ne méritaient⟩
    J* : (1e, 2e éd.) bien que ... tu aies compté
           nos crimes au-dessous de leur malice
Fac.: 1,12
Rem.: Brockington quotes "חָשַׁכְתָּ, you have been dark"(?)
as NEB's Hebrew basis. The translation of NEB,
however, seems to follow the MT.
Rem.: Brockington cite "חָשַׁכְתָּ, tu fus sombre" (?)
comme le texte hébreu de NEB. La traduction de
NEB cependant semble suivre le TM.
Transl.: you have spared ⟨us more⟩ than our ini-
        quities ⟨deserved⟩
Trad.:   tu ⟨nous⟩ a épargnés ⟨plus⟩ que nos iniquités
        ⟨ne le méritaient⟩

10.5

B את-שרי הכהנים הלוים
the leaders of the Levitical priests
les chefs des prêtres-lévites
את-שרי הכהנים והלוים
the leaders of the priests and the/of the Levites
les chefs des prêtres et des/les lévites
    RSV : the leading priests and Levites
    NEB : the chiefs of the priests, the Levites (?)
    J   : (1e*, 2e*, 3e éd.) aux chefs des prêtres
        et des lévites
    L   : von den obersten Priestern, den Leviten (?)
Fac.: 5
Rem.: See also 2 Chron 5.5; 23.18 and 30.27 for similar textual problems.
Rem.: Voir aussi 2 Ch 5.5; 23.18 et 30.27 pour des
problèmes textuels analogues.
Transl.: the leaders of the Levitical priests
Trad.: les chefs des prêtres-lévites

10.6

וילך (2°)
and he went
et il alla
Fac.: 5,12
B וילן
and he spent the night
et il passa la nuit

```
     RSV*: (where) he spent the night
     NEB*: and lodged
     J*  : (où) il passa la nuit
     L   : und er blieb (dort) über Nacht
 Transl.: and he spent the night
 Trad.:   et il passa la nuit
```

10.14

עד לדבר הזה C
```
   as long as this matter ⟨goes on⟩
   aussi longtemps que cette affaire ⟨dure⟩
```
על הדבר הזה
```
   over this matter
   à cause de cette affaire
     RSV : over this matter
     NEB*: on this account
     J   : (motivée) par cette affaire
     L   : um dieser Sache willen
 Fac.: 4,6
 Transl.: as long as this matter ⟨goes on⟩
 Trad.:   aussi longtemps que cette affaire ⟨dure⟩
```

10.16

ויבדלו עזרא הכהן אנשים
```
   and there were separated Ezra the priest, men
   et furent séparés Esdras le prêtre, des hommes
 Fac.: 12,8
```
C[ויבדל לו עזרא הכהן אנשים]
```
   and Ezra the priest selected for himself men
   et Esdras le prêtre se choisit des hommes
     RSV*: Ezra the priest selected men
     NEB*: and Ezra the priest selected certain men
     J*  : le prêtre Esdras se choisit pour aides
     L   : und der Priester Esra sonderte sich Män-
           ner aus
 Rem.: The MT "(ויבדלו)" may either be an abbreviated
   way of writing "ויבדל לו", or a "ל-" has dropped out
   through haplography (as a result the MT consonantal
   form was interpreted as a Niphal).
 Rem.: Le TM "(ויבדלו)" peut être ou bien une manière
   abrégée d'écrire "ויבדל לו", ou bien un "ל-" est tombé
   par haplographie (par conséquent les consonnes du
   TM ont été interprétées comme un Nifal).
 Transl.: and Ezra the priest selected for himself men
 Trad.:   et le prêtre Esdras se choisit des hommes
```

10.19

B וַאֲשֵׁמִים
    and acknowledging guilt
    et se confessant coupables
    [וַאֲשֵׁמִים] = ואשמים
    and guilt-offerings
    et des sacrifices expiatoires
        J* : en sacrifice expiatoire (le éd.), en
              sacrifice de réparation (2e, 3e éd.)
  Fac.: 6
[וַאֲשָׁמָם]
    and their guilt-offering
    et leur sacrifice expiatoire
        RSV : and their guilt offering
        NEB : as a guilt offering
        L   : als Schuldopfer
  Fac.: 6
  Transl.: and acknowledging guilt
  Trad.:   et se confessant coupables

10.24

C אלישיב
    Eliashib
    Elyashib
        RSV : Eliashib
        NEB : Eliashib
        L   : Eljaschib
[אלישיב וזכור]
    Eliashib and Zaccur
    Elyashib et Zakkur
        J* : Elyashib et Zakkour (le éd.), Zakkur
              (2e, 3e éd.)
  Fac.: 5,4
  Transl.: Eliashib
  Trad.:   Elyashib

10.25

B ומלכיה (2°)
    and Malchijah
    et Malkiyya
        NEB : Malchiah
        J   : Malkia (le éd.), Malkiyya (2e, 3e éd.)
[וחשביה]
    and Hashabiah
    et Hashabya
        RSV*: Hashabiah
        L   : Haschabja

Fac.: 5,4
Transl.: and Malchijah
Trad.:   et Malkiyya

10.29

B בני
   of Bani
   de Bani
      RSV : of Bani
      NEB : of Bani
[ובגוי]
   of Bigvai
   de Bigvaï
      J : de Bigwaï (1e* éd.), Bigvaï (2e*, 3e éd.)
      L : Bigewai
   Fac.: 14
   Rem.: It is V.34, rather than this V., which should
      be corrected, that is, if corrections are to be
      made without textual support. For there "בצי,
      Bezai" would fit the context better than "בני,
      Bani" (cf. Ezra 2.17 and Neh 10.19), although such
      a reading would remain conjectural in the absence
      of textual witnesses.
   Rem.: C'est le V.34 qu'on devrait corriger plutôt
      que ce V., si l'on veut corriger sans l'appui
      de témoins textuels. Car là, la leçon "בצי, Béçai"
      conviendrait mieux que "בני, Bani" (cf. Esd 2.17
      et Néh 10.19) bien qu'une telle leçon resterait une
      conjecture dans l'absence de tout témoin textuel.
   Transl.: of Bani
   Trad.:   de Bani

10.38

C ובני ובנוי
   and Bani and Binnui
   et Bani et Binnuï
[ומבני בנוי]
   and of the sons of Binnui
   et des fils de Binnuï
      RSV*: of the sons of Binnui
      NEB*: of the family of Binnui
      J : des fils de Binnouï (1e* éd.), de Binnuï
           (2e*, 3e éd.)
      L : bei den Söhnen Binnui
   Fac.: 14
   Rem.: There are two ways in which "ובני ובנוי" may
      be interpreted : either "and the sons of Bani";

or "and Bani and Binnui (and Shimei)" ("ו" in
"וּבְנֵי הִבְנּוּי ⟨ו⟩שמעי" being understood). Although
these are conjectures they nevertheless may represent the original text in an approximate way.
Since the interpretation "וּבְנֵי, and the sons of"
places "בנוי,Binnui" on the level of chief and
the head of a family, and since there is no parallel for this in all the lists, the first
possibility is somewhat doubtful.

Rem.: Deux interprétations de "ובני ובנוי" sont
possibles : soit "et les fils de Binnuï"; soit "et
Bani et Binnuï (et Shiméï)" (le "ו" en
"וּבְנֵי הִבְנּוּי ⟨ו⟩שמעי" étant sous-entendu). Bien
que ces deux possibilités soient des conjectures,
elles peuvent représenter approximativement le
texte original. L'interprétation de "וּבְנֵי, et
les fils de" met "בנוי, Binnuï" au niveau de chef
et père d'une famille : ce qui n'a pas de parallèle
dans toutes les autres listes. C'est pourquoi
la première possibilité est douteuse.

Transl.: See Remark
Trad.:   Voir Remarque

10.40

C מכנדבי

   Machnadebai
   Maknadebaï
     RSV : Machnadebai
     NEB : Maknadebai
     L   : Machnadbai

[מבני זכי]

   of the sons of Zaccai
   des fils de Zakkaï
     J   : (1e*, 2e*, 3e éd.) des fils de Zakkaï

Fac.: 14

Rem.: Although the MT form of the name is hardly
original, textual evidence does not permit any
other form.

Rem.: Bien que la forme massorétique du nom ne soit
pas originale, les témoins du texte ne permettent pas
la reconstruction d'une autre forme.

Transl.: Machnadebai
Trad.:   Maknadebaï

10.44

ויש מהם נשים וישימו בנים C
   and there were among them women; and they had
   added sons
   et il y eut parmi elles des femmes, et elles
   avaient ajouté des fils
 [וישלחום נשים ובנים]
   and they dismissed them, women and children
   et ils les renvoyèrent, femmes et enfants
     RSV*: and they put them away with their children
     NEB*: and they dismissed them, together with
          their children
     J* : ils les renvoyèrent, femmes et enfants
     L   : und nun entliessen sie Frauen und Kinder
  Fac.: 4
  Rem.: There are two possibilities for interpreting
    this expression : either "שׂים" may be a pejorative
    way of saying "they gave birth to" (lit. they de-
    posited). The phrase should then be translated
    as follows : "and there were among them women
    who had given birth to sons"; or it should be
    translated : "and there were among them women
    who had brought (lit. added) sons (i.e. to their
    marriage)".
  Rem.: Deux interprétations de cette phrase sont
    possibles : ou bien "שׂים" a ici un sens péjoratif:
    "mettre bas" pour "mettre au monde".On doit donc
    traduire la phrase ainsi : "et il y eut parmi
    elles des femmes qui avaient mis au monde des
    fils"; ou bien il faut comprendre : "et il y eut
    parmi elles des femmes qui avaient apporté (litt.
    ajouté) des fils (c.-à-d. dans leur mariage)".
  Transl.: See Remark
  Trad.: Voir Remarque

2.1

יין לפניו C
   wine ⟨was⟩ before him
   du vin ⟨fut⟩ devant lui
     RSV : when wine was before him
     NEB : when his wine was ready
     L   : als Wein vor ihm stand
 [ויין לפני]
   and wine ⟨was⟩ before me
   et du vin ⟨fut⟩ devant moi
     J* : comme j'étais chargé du vin
  Fac.: 4,5
  Transl.: wine ⟨had been served⟩ before him
  Trad.:   du vin lui ⟨avait été servi⟩

2.1

ולא הייתי רע לפניו B
   and I had not been sad before him
   et je n'avais pas été triste devant lui
     RSV : now I had not been sad in his presence
 [והייתי רע לפניו]
   and I was sad before him
   et j'étais triste devant lui
     NEB : and as I stood before him I was feeling
          very unhappy
     L   : und ich stand traurig vor ihm
 Fac.: 4
[ולא הייתי רע לפנים]
   and I had not been sad before
   et je n'avais pas été triste auparavant
     J* : je n'avais, auparavant, jamais été triste
  Fac.: 14
  Rem.: There are two ways of interpreting the MT :
     either "⟨because⟩ I had not ever been sad before
     him / in his presence, ..."; or "I was not dis-
     pleasing before him" (cf. V.5). In this case there
     is a play on words with the king's reply in V.2,
     where the expression is then taken in another
     sense.
  Rem.: Le TM peut se comprendre de deux façons :
     ou bien "⟨parce que⟩ je n'avais jamais été triste
     devant lui / en sa présence..."; ou bien "je ne
     déplaisais pas devant lui" (cf. V.5). Il y a,
     dans ce cas, un jeu de mots avec la réponse du
     roi au V.2, où l'expression est prise dans un
     autre sens.
  Transl.: See Remark
  Trad.:   Voir Remarque

2.19

B ויבזו עלינו
    and they looked on us with contempt
    et ils nous regardèrent avec mépris
      RSV : they ... and despised us
      NEB : (asking) contemptuously
      J   : (3e éd.) et nous regardèrent avec mépris
      L   : und verhöhnten sie uns
 [ויבאו עלינו]
    and they came on us
    et ils vinrent sur nous
      J* : (1e, 2e éd.) et vinrent sur nous
  Fac.: 4
  Transl.: and they looked on us with contempt
  Trad.:   et ils nous regardèrent avec mépris

3.1

B קדשוהו   (1°)
    they consecrated it
    ils la consacrèrent
      RSV : they consecrated it
 [קרוהו] / [קרשוהו]
    they furnished it with beams
    ils en firent la charpente
      NEB*: they laid its beams
      J* : ils en firent la charpente
      L   : sie deckten es
  Fac.: 14
  Transl.: they consecrated it
  Trad.:   ils la consacrèrent

3.1

B ועד-מגדל המאה קדשוהו עד מגדל חננאל
    and as far as the tower of the Hundred they
    consecrated it, as far as the tower of Hananel
    et jusqu'à la tour des Cent ils la consacrèrent
    jusqu'à la tour de Hananéel
      RSV : they consecrated it as far as the Tower
            of the Hundred, as far as the Tower of
            Hananel
      NEB : they carried the work as far as the
            Tower of the Hundred, as far as the Tower
            of Hananel, and consecrated it
 [ועד-מגדל חננאל]
    and as far as the tower of Hananel
    et jusqu'à la tour de Hananéel

        J* : (1e, 2e éd.) et continuèrent jusqu'à la
              tour de Hananéel
Fac.: 14
[ועד-מגדל המאה ועד מגדל הננאל]
    and as far as the tower of the Hundred and as
    far as the tower of Hananel
    et jusqu'à la tour des Cent et jusqu'à la tour
    de Hananéel
        J* : (3e éd.) et continuèrent jusqu'à la tour
              des Cent et jusqu'à la tour de Hananéel
Fac.: 14
[ועד-מגדל המאה בנוהו עד מגדל חננאל]
    and as far as the tower of the Hundred they
    built it, as far as the tower of Hananel
    et jusqu'à la tour des Cent ils la bâtirent,
    jusqu'à la tour de Hananéel
        L   : sie bauten aber weiter bis an den Turm
              Mea und bis an den Turm Hananel
Fac.: 14
Rem.: 1. V.1, last part, may be translated as fol-
    lows : "and as far as the tower of the Hundred
    they consecrated it, as far as the tower of
    Hananel". It is possible that either "as far as
    the tower of Hananel" or "as far as the tower
    of the Hundred" is a gloss; or perhaps the two
    towers are those on either side of the gate.
    2. See also 12.39 for another textual difficulty
    with these names.
Rem.: 1. La traduction du V.1, fin, est comme suit :
    "et jusqu'à la tour des Cent ils la consacrèrent,
    jusqu'à la tour de Hananéel". Il se peut que "jus-
    qu'à la tour de Hananéel" ou "jusqu'à la tour des
    Cent" soit une glose; ou ce sont peut-être les deux
    tours qui flanquent la porte. 2. Voir aussi 12.39
    pour une autre difficulté textuelle avec ces noms.

    Transl.: See Remark 1
    Trad.:   Voir Remarque 1

3.6

A ואת שער הישנה
    and the old gate
    et la vieille porte
        RSV : and ... the Old Gate
        NEB*: the Jeshanah Gate
        L   : das alte Tor
[ואת שער המשנה]
    and the second gate
    et la deuxième porte

    J* : quant à la porte du Quartier neuf
  Fac.: 1,9
  Rem.: See also another textual problem with this
    name in 12.39.
  Rem.: Voir aussi 12.39 pour un autre problème
    textuel avec ce nom.
  Transl.: and the Old Gate
  Trad.:   et la Vieille Porte

3.8

בן-חרהיה צורפים B
    son of Harhaiah, goldsmiths
    fils de Harhaya, orfèvres
      RSV : son of Harhaiah, goldsmiths
  [בן חרהיה בן הצורפים]
    son of Harhaiah, son of the goldsmiths
    fils de Harhaya, fils des orfèvres
      NEB*: son of Harhaiah, a goldsmith
      L   : der Sohn Harhajas, der Goldschmied
  Fac.: 1,4
  [בן חבר הצורפים]
    son of the guild of goldsmiths
    fils de la corporation des orfèvres
      J* : membre de la corporation des orfèvres
  Fac.: 14
  Rem.: "צורפים, goldsmiths" either designates the
    profession of father and son, or it has become
    the name of a family, or it may designate "people
    of Zoref" (as in 3.32).
  Rem.: Le mot "צורפים, orfèvres" ou bien désigne la
    profession du père et du fils, ou bien c'est
    devenu un nom de famille, ou bien il s'agit des
    "gens de Çoref" (comme en 3.32).
  Transl.: son of Harhaiah, goldsmiths
  Trad.:   fils de Harhaya, orfèvres

3.12

ובנותיו A
    and his daughters
    et ses filles
      RSV : and his daughters
      NEB : (with the help) of his daughters
      L   : und seine Töchter
  [ובניו]
    and his sons
    et ses fils
      J* : et ses fils

Fac.: 1,7
Transl.: and his daughters
Trad.:   et ses filles

3.14

הוא יבננו B
   he was building it
   il la construisait
     RSV : he rebuilt it
     L   : er baute es
[הוא בנהו]
   he built it
   il la construisit
     NEB*: he rebuilt it
 Fac.: 6
[הוא ובניו]
   he and his sons
   lui et ses fils
     J* : lui et ses fils
 Fac.: 5
 Rem.: See the following case for a similar textual
   difficulty.
 Rem.: Voir le cas suivant pour un problème textuel
   analogue.
 Transl.: he ⟨then ⟩ built it
 Trad.:   lui ⟨en effet⟩ la construisit

3.15

הוא יבננו B
   he was building it
   il la construisit
     RSV : he rebuilt it
     J   : il la construisit
     L   : er baute es
[הוא בנהו]
   he built it
   il la construisit
     NEB*: he rebuilt it
 Fac.: 6
 Rem.: See the preceding case for a similar textual
   difficulty.
 Rem.: Voir le cas précédent pour un problème textuel
   analogue.
 Transl.: he ⟨then⟩ built it
 Trad.:   lui ⟨en effet⟩ la construisit

3.18

בוי
  Bavvai
  Bawwaï
    RSV : Bavvai
 Fac.: 12,9
B בְּנֻּי
  Binnui
  Binnuï
   NEB*: Binnui
   J   : Binnouï (le* éd.), Binnuï (2e*, 3e éd.)
   L   : Binnui
 Rem.: The name "בְּנֻּי, Binnui" is mentioned also in
   3.24 and 10.10.
 Rem.: Il s'agit du nom "בְּנֻּי, Binnuï", qui est
   mentionné aussi en 3.24 et 10.10.
 Transl.: Binnui
 Trad.:   Binnuï

3.20

C החרה
  he was zealous
  il fut ardent
 Lacking.Manque = RSV, NEB*, J*
 Fac.: 5,4
[ההרה]
  towards the mountain
  vers la montagne
    L   : zum Berge hin
 Fac.: 1,12,4
 Rem.: The hiphil perfect of "חרה" may be translated
  as "he was filled with zeal" or with the adverbial
  meaning : "zealously".
 Rem.: On peut traduire le hifil parfait de "חרה"
  comme :' "il fut saisi d'émulation" ou au sens adverbial : "avec émulation".
 Transl.: See Remark
 Trad.:   Voir Remarque

3.26

A והנתינים היו ישבים בעפל
    and those given ⟨to Temple service⟩ were living
    on Ophel
    et les "donnés" ⟨au service du Temple⟩ habitaient
    l'Ophel
      L   : am Ophel wohnten die Tempelsklaven
  [והנתינים הישבים בעפל]
    and those given ⟨to Temple service⟩ living on
    Ophel
    et les "donnés" ⟨au service du Temple⟩ habitant
    l'Ophel
      RSV*: and the temple servants living on Ophel
  Fac.: 1,6
  [Lacking.Manque] = NEB*, J*
  Fac.:14
  Rem.: VV. 25 end and 26 may be translated as follows :
    "after him ⟨was⟩ Pedaiah son of Parosh, (26) and
    those given ⟨to Temple service⟩ (they were living
    on Ophel) as far as opposite the Water Gate...".
    The phrase in parenthesis is probably a gloss.
  Rem.: On peut traduire les VV.25 fin et 26 comme
    suit : "après lui, ⟨ce fut⟩ Pedaya fils de Parosh,
(26)et les "donnés" ⟨au service du Temple⟩ (ils
    habitaient l'Ophel) jusqu'en face de la porte
    des eaux...". La phrase entre parenthèses est
    probablement une glose.
  Transl.: See Remark
  Trad.: Voir Remarque

4.2(8)

B לו
    to him / for him
    à lui / pour lui
      RSV : in it
      NEB : (confusion) (?)
  [לי]
    to me / for me
    à moi / pour moi
      J   : (1e*, 2e*, 3e éd.) (de) me (confondre)
  Fac.: 3,4
  [לנו]
    to us / for us
    à nous / pour nous
      L   : bei uns
  Fac.: 14
  Rem.: "לו" refers to the people ("for them"), or
    to Jerusalem ("for it"), or to Nehemiah ("for
    him").

Rem.: "לו" se réfère au peuple ("pour eux"), ou à
   Jérusalem ("pour elle") ou à Néhémie ("pour lui").
Transl.: See Remark
Trad.:   Voir Remarque

4.3(9)

B עליהם
   upon them / against them
   sur eux / contre eux
      RSV : against them (?)
      NEB : (seems to omit this expression)
      L   : gegen sie
 [עליה]
   upon it (lit. upon her)
   sur elle
      J* : pour protéger la ville
   Fac.: 14
   Transl.: against them
   Trad.:   contre eux

4.6(12)

B מכל-המקמות אשר-חשובו עלינו
   from all the places that you should come back to us
   de tous les lieux que vous devez revenir chez nous
 [ויעלו מכל-המקמות אשר ישבו עלינו]
   they will come up from all the places where they
   dwell against us
   ils monteront de toutes les localités qu'ils
   habitent,contre nous
      RSV*: from all the places where they live they
            will come up against us
      NEB*: that they would gather from every place
            where they lived to attack us
      J* : ils montent contre nous de toutes les
            localités qu'ils habitent
      L   : aus allen Orten, wo sie um uns wohnen,
            ziehen sie gegen uns heran
   Fac.: 14
   Rem.: The relative particle "אשר" is probably the
   introduction to the direct speech. The translation,
   then, of this part of the V.is : "(they informed
   us ten times from all the places) : you should
   come back to us !"
   Rem.: La particule relative "אשר" est probablement
   l'introduction au discours direct. La traduction
   de ce passage sera : "(ils nous informèrent dix
   fois de tous les lieux) : vous devez revenir chez
   nous !"

Transl.: See Remark
Trad.:   Voir Remarque

4.8(14)

A ואֵרא
    and I saw
    et je vis
      RSV : and I looked
      NEB : then I surveyed (the position)
[וָאֵרא יראתם]
    and I saw their fear
    et je vis leur peur
      J* : voyant leur peur, (je...)
      L : und als ich ihre Furcht sah
    Fac.: 14
    Transl.: and I looked / and I saw that
    Trad.:   et je regardai / et je le vis

4.9(15)

A ונשוב   Qere= וַנָּשָׁב
    and we returned
    et nous retournâmes
      RSV : we ... returned
      NEB : and we ... returned
      L : kehrten wir ... wieder ... zurück
[וישורבו ונשב]
    and they retreated and we returned
    et ils se retirèrent et nous retournâmes
      J* : ils se retirèrent et nous retournâmes
    Fac.: 14
    Rem.: There are two ways in which V.9(15) may be
      interpreted : (a) "(when our enemies heard that...,
      God frustrated their plan,) and we returned...";
      (b) "(when our enemies heard that ... and <that>
      God had frustrated their plan,) we returned...".
    Rem.: Deux interprétations du V.9(15) sont possibles :
      (a) "(lorsque nos ennemis entendirent que ..., Dieu
      fit échouer leur projet,) et nous retournâmes...";
      (b) "(lorsque nos ennemis entendirent que ... et
      <que> Dieu avait fait échouer leur projet,) nous
      retournâmes...".
    Transl.: See Remark
    Trad.:   Voir Remarque

4.10(16)

והשרים A
   and the officers
   et les officiers
     RSV : and the leaders
     NEB : and officers
 [Lacking.Manque]= J*, L
 Fac.: 14
 Transl.: and the officers
 Trad.:   et les chefs / officiers

4.17(23)

המים C
   the water
   l'eau
 [הימין] = NEB /[בימינו] = J
   the right hand / at his right hand
   la main droite / à sa droite
    NEB*: keeping his right hand on
    J* : à sa droite
    L   : zur Rechten
 Fac.: 14
 [בידו]
   in his hand
   dans sa main
    RSV*: in his hand
 Fac.: 14
 Rem.: The expression "איש שלחו המים" may be translated as follows : "each one undressed ⟨only⟩ for
   bathing (lit. the water)". The text appears to
   be corrupt, but none of the ancient witnesses is
   more original than the MT.
 Rem.: L'expression "איש שלחו המים" peut être rendue
   comme suit : "chacun se dévêtit ⟨seulement⟩ pour
   le bain (litt. l'eau)". Le texte semble être corrompu, mais aucun témoin ancien ne permet de dé-
   passer le TM.
 Transl.: See Remark
 Trad.: Voir Remarque

5.2

אנחנו רבים A
   we ⟨are⟩ many
   nous ⟨sommes⟩ nombreux
    RSV : we are many

‫[אנחנו ערבים]‬
   we ⟨are giving⟩ pledges
   nous ⟨donnons⟩ en gage
     NEB*: that they were giving ... as pledges
     J* : nous devons donner en gage
     L   : müssen wir verpfänden
  Fac.: 14
  Transl.: we ⟨are⟩ many
  Trad.: nous ⟨sommes⟩ nombreux

5.11

B ‫ומאת הכסף‬
   and the one hundreth of the silver
   et le centième de l'argent
     RSV : and the hundreth of money
‫[ומשאת הכסף]‬
   and the tax of the silver
   et l'impôt de l'argent
     NEB*: the income in money
     J* : la dette de cet argent
     L   : die Schuld an Geld
  Fac.: 14
  Rem.: "‫מאת‬, hundred of" may be interpreted as a
   "sizeable quantity" or as "interest".
  Rem.: "‫מאת‬, centaine de" peut être interprété ou
   bien comme "quantité importante" ou bien comme
   "intérêts".
  Transl.: See Remark
  Trad.: Voir Remarque

5.15

C ‫ויין אחר‬
   and wine, after
   et du vin, après
     RSV : and wine, besides
‫[ויין ליום אחד]‬
   and wine for every day
   et du vin pour chaque jour
     NEB*: a daily toll of ... and wine
     L   : und Wein täglich
  Fac.: 5,1
‫[ליום אחד]‬
   for one day
   pour un jour
     J* : chaque jour
  Fac.: 14

Rem.: אחר is used here in the adverbial sense of
"after". There are thus two ways in which it may
be translated here : (a) "(the governors ...
oppressed the people, and took from them for their
bread) and wine, after ⟨that⟩ (or: besides),
(money ⟨to the value⟩ of forty shekels)";
(b) "(the governors ... oppressed the people,
they took from them for their bread) and wine,
⟨and⟩ afterwards ⟨they also took⟩ (money ⟨to
the value⟩ of forty shekels)".

Rem.: אחר est ici adverbe avec le sens de "après".
Deux manières   de traduire sont donc possibles :
(a) "(les gouverneurs ... opprimèrent le peuple,
et ils prirent d'eux pour leur pain) et vin,
après ⟨cela⟩ (ou: en outre) (de l'argent ⟨de la
valeur⟩ de quarante sicles)"; (b) "(les gouverneurs
... opprimèrent le peuple, ils prirent d'eux pour
leur pain) et vin, ⟨et⟩ après ⟨ils prirent encore⟩
de l'argent ⟨ de la valeur⟩ de quarante sicles".

Transl.: See Remark
Trad.:   Voir Remarque

5.16

B לא קנינו
    we did not acquire
    nous n'avons pas acquis
  לא קניתי
    I did not acquire
    je n'ai pas acquis
      RSV : I ... and acquired no ...
      NEB*: and I acquired no ...
      J   : (1e*, 2e*, 3e éd.) bien que je ne fusse
            propriétaire d'aucun...
      L   : ich ... und kaufte keinen ...
  Fac.: 4
  Transl.: we did not acquire
  Trad.:   nous n'avons pas acquis

5.17

B והיהודים
    and the Jews
    et les Juifs
      RSV : Jews
      NEB : Jews
      L   : von den Juden

[והחורים]
    and the nobles
    et les notables
        J* : les chefs (le, 2e éd.), les magistrats
            (3e éd.)
   Fac.: 5,1
   Rem.: There are two ways of translating the begin-
     ning of V.17 : either "(and) the Jews and the
     officials"; or "(and) the Jews, that is, the
     officials" (in this second possibility, the "ו"
     explains the preceding word).
   Rem.: Deux possibilités de traduire le début du
     V.17 se présentent : ou bien "(et) les Juifs et
     les préposés"; ou bien "(et) les Juifs, à savoir
     les préposés" (dans cette deuxième forme, le "ו"
     explique le mot qui précède).
   Transl.: See Remark
   Trad.:   Voir Remarque

5.18

B בכל יין
    with all the wine
    avec tout le vin
       L   : eine bestimmte Menge Wein (?)
נבל יין
    a skin of wine / skins of wine
    une outre de vin / des outres de vin
      RSV : skins of wine
      NEB*: skins of wine
      J* : d'outres de vin
   Fac.: 1,4,12
   Transl.: with every kind of wine
   Trad.:   avec toute sorte de vin

6.9

B חזק
    strengthen
    fortifie
      RSV : strengthen thou
[חזקתי]
    I strengthened
    je fortifiais
      NEB*: so I applied myself to it with greater
          energy
      J* : je fortifiais
      L   : (da) stärkte ich um so mehr
   Fac.: 2,4

Rem.: This expression at the end of the V. is the
  concluding request at the bottom of a letter,
  similar to the end of the letter in V.7.
Rem.: Cette expression à la fin du V. est une ex-
  hortation finale concluant la lettre, analogue
  à la conclusion de la lettre au V.7.
Transl.: strengthen !
Trad.:   fortifie !

6.12,14

A וסנבלט ... ולסנבלט
  (V.12) and Sanballat ... (V.14) and to Sanballat
  (V.12) et Sânballat ... (V.14) et à Sânballat
    RSV : and Sanballat ... and Sanballat
    NEB : and Sanballat ... and Sanballat
    L   : und Sanballat ... und Sanballat
  [Lacking.Manque] = J*
  Fac.: 14
  Transl.: (V.12) and Sanballat ... (V.14) and to
           Sanballat
  Trad.:   (V.12) et Sânballat ... (V.14) et à Sân-
           ballat

6.16

A וַיִּרְאוּ
  and they were afraid
  et ils eurent peur / il craignirent
    RSV*: and ... (the nations) ... were afraid
    L   : und ... fürchteten sich (alle Völker)
  וַיִּרְאוּ
  and they saw
  et ils virent
    NEB*: and ... (the ... nations) saw it
    J* : et ... (les nations) ... l'eurent vu
  Fac.: 14
  Transl.: and they were afraid
  Trad.:   et ils craignirent

6.16

A ויפלו
  and they fell
  et ils tombèrent
    RSV : (all the nations...) and fell
    L   : und der Mut entfiel ihnen

[ויפלא]
    and it was wonderful
    et il fut merveilleux
      NEB*: (they thought) it a ... wonderful achieve-
           ment
      J* : ce fut (grande) merveille (le, 2e éd.),
           ce fut une (grande) merveille (3e éd.)
  Fac.: 14
  Rem.: The expression "ויפלו ... בעיניהם" may be
  interpreted either as "and they fell ... in their
  eyes" (i.e. they fell ... in their own estima-
  tion); or as "they fell ... ⟨into discouragement⟩
  in their ⟨own⟩ eyes".
  Rem.: On peut interpréter l'expression
  "בעיניהם ... ויפלו" ou bien comme "et ils tombèrent
  ... à leurs yeux" (= ils déchurent ... dans leur
  propre estime); ou bien comme "ils tombèrent ...
  ⟨dans le découragement⟩ à leurs ⟨propres⟩ yeux".
  Transl.: See Remark
  Trad.:   Voir Remarque

7.1

A והמשררים והלוים
    and the singers and the Levites
    et les chantres et les lévites
      RSV : the singers, and the Levites
      J* : (ainsi que des chantres et des lévites)
           (le, 2e éd.), (les chantres et les lé-
           vites) (3e éd.)
      L   : Sänger und Leviten
 [Lacking. Manque]= NEB*
  Fac.: 14
  Transl.: and the singers and the Levites
  Trad.:   et les chantres et les lévites

7.3

A ועד הם עמדים
    and while they are standing
    et pendant qu'ils se tiennent debout
      RSV*: and while they are still standing guard
      NEB : while the gate-keepers are standing at
          ease
 [ועד הוא עמד]
    and while it stands
    et pendant qu'il se tient debout
      J* : et il sera encore haut
      L   : und während sie noch am Himmel steht

Fac.: 4,1
Rem.: The meaning of this expression is: "as long
  as ⟨the people⟩ are ⟨still⟩ up" (i.e. have not
  yet gone to bed).
Rem.: Cette expression signifie : "aussi longtemps
  que ⟨les gens⟩ sont encore debout" (c.-à-d. ne
  sont pas encore allés dormir).
Transl.: See Remark
Trad.:   Voir Remarque

7.43

לקדמיאל לְבָנֵי
  of Kadmiel, of the sons of
  de Qadmiel, des fils de
    RSV : namely of Kadmi-el of the sons of
    J   : (3e éd.) c'est-à-dire Qadmiel, les fils de
Fac.: 9
[וקדמיאל לְבְנֵי]
  and Kadmiel of the sons of
  et Qadmiel des fils de
    NEB*: and Kadmiel, of the line of
Fac.: 9,12
B לקדמיאל לבני   [לקדמיאל לְבָנֵי]
  of Kadmiel, of Binnui
  de Qadmiel, de Binnuï
    J   : c'est-à-dire Qadmiel, Binnouï (1e éd.),
          Binnuï (2e éd.)
    L   : nämlich Kadmiël, Binnui
Rem.: See also Ezra 2.40 for a similar textual
  problem.
Rem.: Voir aussi Esd 2.40 pour un problème textuel
  analogue.
Transl.: of Kadmiel, of Binnui
Trad.:   de Qadmiel, de Binnuï

7.67

A מאתים וארבעים וחמשה
    two hundred and forty-five
    deux cent quarante-cinq
      J   : (3e éd.) 245
מאתים וארבעים וחמשה : סוסיהם שבע מאות שלשים וששה
פרדיהם מאתים ארבעים וחמשה
    two hundred and forty-five. Their horses : seven
    hundred and thirty six; their mules : two hundred
    and forty-five
    deux cent quarante-cinq. Leurs chevaux : sept cent
    trente-six; leur mulets : deux cent quarante-cinq

    RSV*: two hundred and forty-five... . (68) Their
          horses were seven hundred and thirty-six,
          their mules two hundred and forty-five
    NEB*: two hundred and forty-five ... . (68) Their
          horses numbered seven hundred and thirty-
          six, their mules two hundred and forty-
          five
    J   : (1e, 2e éd.) 245 ... . On comptait (736
          chevaux, 245 mulets,)
    L   : 245 ... . Und sie hatten 735 Rosse, 245
          Maultiere
Fac.: 5
Rem.: Although the MT of Nehemia is not original
  here, it cannot be replaced by another more original text form. For there is no ancient textual
  witness which attests to such a more original
  text than the MT. The parallel passage in Ezra
  2.65-66 shows that the original Nehemiah text
  has been lost through homoeoteleuton, and it is
  from here that certain Hebrew manuscripts and old
  and modern translations complete the Nehemiah
  text.
Rem.: Bien que le TM de Néhémie ne soit pas ici le
  texte original, celui-ci ne peut être remplacé
  par une autre forme plus originale, faute de témoins textuels.
                                           Le pas-
  sage parallèle de Esd 2.65-66 montre que le texte
  original de Néhémie est tombé par homéotéleuton,
  et c'est de là que certains manuscrits hébreux et
  des traductions anciennes et modernes complètent
  le texte de Néhémie.
Transl.: two hundred and forty-five
Trad.:   deux cent quarante-cinq

7.69(70)

B שלשים וחמש מאות
    thirty and five hundred
    trente et cinq cent
      RSV : five hundred and thirty (priest's garments)
      NEB : five hundred and thirty (priestly robes)
      L   : fünfhundertdreissig (Priesterkleider)
[שלשים וכסף מנים חמש מאות]
    thirty, and minas of silver : five hundred
    trente, et mines d'argent : cinq cents
      J* : (1e, 2e, 3e en note a en bas de la page)
          30 (tuniques sacerdotales) et 500 mines
Fac.: 14   d'argent

[שלשים]
  thirty
  trente
    J*   : (3e éd.) 30
  Fac.: 4
  Rem.: The end of V.69(70) should be translated as
    follows : "thirty priestly robes and five hundred".
    Translators who use notes might then explain in
    a note that a comparison of this V. with the two
    following VV. and with the summary in Ezra 2.69
    leads to the interpretation of the last figure
    as being the number of minas of silver offered
    by Nehemiah.
  Rem.: La traduction de la fin du V.69(70) est comme
    suit : "trente tuniques de prêtres et cinq cent ".
    Les traducteurs qui se servent de notes pourront
    ensuite expliquer dans une note qu'une comparai-
    son de ce V. avec les deux qui suivent et avec
    le sommaire d'Esd 2.69 conduit à interpréter le
    dernier chiffre comme le nombre de mines d'argent
    offertes par Néhémie.
  Transl.: See Remark
  Trad.:   Voir Remarque

7.72(73)

ומן-העם B
  and from the people
  et du peuple
    RSV : some of the people
    L   : und einige andere Leute
[ומן-העם בירושלם ובחצריה]
  and from the people in Jerusalem and its villages
  et du peuple à Jérusalem et dans ses villages
    NEB*: and some of the people lived in Jerusalem
          and its suburbs
  Fac.: 14
[ומן-העם בירושלם]
  and from the people in Jerusalem
  et du peuple à Jérusalem
    J   : (1e, 2e*, 3e* éd.) et une partie du peuple
          s'installèrent à Jérusalem
  Fac.: 14
  Rem.: 1. See the parallel passage of Ezra 2.70 with
    the Remarks there.
    2. The MT of Nehemiah has rearranged the list of
    the MT of Ezra according to hierarchical principles.
    3. It should therefore be translated as follows
    (taking the " ו " in "ומן-העם" as explicative):

"the priests and the Levites, the gatekeepers
and the singers, that is (lit.and) some of the
lay-folk (lit. some of the people), and those
given ⟨to Temple service⟩ and all Israel dwelt in
their towns".
Rem.: 1. Voir le passage parallèle d'Esd 2.70 avec
les Remarques à cet endroit.
2. Le TM de Néhémie a voulu retoucher la liste du
TM d'Esdras selon des principes hiérarchiques.
3. On doit donc traduire comme suit (en comprenant
le "ו-" en "ומן-העם" comme explicatif): "les
prêtres et les lévites, les portiers et les chantres, c'est-à-dire (litt. et) quelques-uns d'entre
les laïcs (litt. d'entre le peuple), et les
"donnés" ⟨au service du Temple⟩ et tout Israël
s'installèrent dans leurs villes".
Transl.: See Remark 3
Trad.:   Voir Remarque 3

8.8

ויקראו B
    and they read
    et ils lurent
      RSV : and they read
      NEB : they read
      L   : und sie legten ... aus (?)
[ויקרא עזרא]
    and Ezra read
    et Esdras lut
      J* : et Esdras lut
  Fac.: 1,5,4
  Rem.: "ויקראו" may be understood as either an im-
    personal plural, "one read", the subject being
    all those participating in the reading, described
    in VV.4-8 as reading, explaining, translating;
    or as "they read", i.e. the Levites mentioned in
    the preceding verse.
  Rem.: On peut comprendre "ויקראו" ou bien comme un
    pluriel impersonnel, "on lut", le sujet étant
    tous ceux qui participaient à la lecture décrite
    aux VV.4-8 en lisant, en expliquant, en traduisant;
    ou bien comme, "ils lisaient", c.-à-d. les lévites
    mentionnés au verset précédent.
  Transl.: See Remark
  Trad.:   Voir Remarque

9.5

A מן-העולם עד-העולם ויברכו
    from eternity to eternity, and let them bless
    d'éternité en éternité, et qu'on bénisse
       L   : von Ewigkeit zu Ewigkeit ! Und man lobe
[מן-העולם עד-העולם וברוך] / [מן-העולם עד-העולם ברוך]
    from eternity to eternity, blessed
    d'éternité en éternité, béni
      RSV : from everlasting to everlasting. Blessed
           be
      NEB*: from everlasting to everlasting ... is
           blessed
  Fac.: 14/1,4
[ברוך אתה יהוה אלהינו מן-העולם עד-העולם ויברכו]
    blessed are you, LORD our God, from eternity to
    eternity, and let them bless
    béni sois-tu, SEIGNEUR notre Dieu, d'éternité
    en éternité, et qu'on bénisse
      J*   : béni sois-tu, Yahvé notre Dieu, d'éternité
           en éternité ! Et qu'on bénisse
  Fac.: 14
  Transl.: from eternity to eternity, and let them
          bless
  Trad.:   d'éternité en éternité, et qu'on bénisse

9.6

B אתה-הוא יהוה
    it is you, who are the LORD
    c'est toi le SEIGNEUR
      NEB : thou alone art the LORD
      J   : (1e*, 2e, 3e éd.)c'est toi, Yahvé, qui es
      L   : HERR, du bist's allein   l'Unique
[ויאמר עזרא אתה-הוא יהוה]
    and Ezra said, "it is you, who are the LORD
    et Esdras dit, "c'est toi qui es le SEIGNEUR
      RSV*: and Ezra said : "Thou art the LORD
  Fac.: 4
  Transl.: you are the LORD
  Trad.:   c'est toi le SEIGNEUR

9.8

B לתת לזרעו ... לתת את-ארץ
    to give the land of ... to give ⟨it⟩ to his
    posterity
    pour donner le pays de ... pour ⟨le⟩ donner à sa
    postérité
      RSV : to give to his descendants the land of
      L   : seinen Nachkommen zu geben das Land
[לתת לו ולזרעו ... לו את-ארץ]
    to give to him the land of ... to him and to his
    posterity
    pour lui donner le pays de ... à lui et à sa
    postérité
      J   : (1e*, 2e*, 3e éd.) pour lui donner le pays du...
          à lui et à sa postérité
  Fac.: 1,4
[לתת לו ולזרעו ... לתת את-ארץ]
    to give the land of ... to give ⟨it⟩ to him and
    to his posterity
    pour donner le pays de ... pour ⟨le⟩ donner à
    lui et à sa postérité
      NEB*: to give to him and to his descendants
          the land of
  Fac.: 14
  Transl.: to give the land of ... to give to his.
        posterity
  Trad.:   pour donner le pays de ... pour donner à
        sa postérité

9.17

במרים
  in their rebellion
  dans leur rébellion
  Fac.: 12
C במצרים
    in Egypt
    en Egypte
      RSV : in Egypt
      NEB*: in Egypt
      J* : en Egypte
      L   : in Aegypten
  Transl.: in Egypt
  Trad.:   en Egypte

11.8

B ואחריו
    and after him
    et après lui
        RSV : and after him
[ואחיו]
    and his brothers
    et ses frères
        NEB*: and his kinsmen
        J*   : et ses frères
        L   : und seine Brüder
    Fac.: 14 / 13
    Transl.: and after him
    Trad.:   et après lui

11.8

A גבי סלי
    Gabbai, Sallai
    Gabbaï, Sallaï
        RSV : Gabbai, Sallai
        NEB*: Gabbai and Sallai
        J   : (3e éd.) Gabbaï, Sallaï
        L   : Gabbai, Sallai
[גברי חיל]
    mighty men of valour
    des vaillants
        J*   : (1e, 2e éd.) hommes adultes
    Fac.: 14
    Transl.: Gabbai, Sallai
    Trad.:   Gabbaï, Sallaï

11.10

A בן-יויריב יכין
    son of Joiarib, Jachin
    fils de Yoyarib, Yakîn
        RSV : the son of Joiarib, Jachin
יויריב יכין
    Joiarib, Jachin
    Yoyarib, Yakîn
        L   : Jojarib, Jachin
    Fac.: 5
[בן-יויריב בן]
    son of Joiarib, son of
    fils de Yoyarib, fils de
        NEB*: son of Joiarib, son of
    Fac.: 14

[בן-יויקים בן]
   son of Joiakim, son of
   fils de Yoyaqîm, fils de
      J* : fils de Yoyaqim, fils de
   Fac.: 14
   Transl.: son of Joiarib, son of
   Trad.:   fils de Yoyarib, fils de

11.17

התחלה
   of the beginning
   du commencement
      RSV : to begin
   Fac.: 12
C[התהלה]
   of the praise
   de la louange
      NEB*: as precentor
      J* : les hymnes
      L   : den Lobgesang
   Transl.: (leader) of the praise (he who made the
            confession during prayer)
   Trad.:   (chef) de la louange (lui qui formulait la
            confession à la prière)

11.20

B הכהנים הלוים
   the Levitical priests / the priests, the Levites
   les prêtres-lévites / les prêtres, les lévites
[והכהנים והלוים]
   and the priests and the Levites
   et les prêtres et les lévites
      RSV : and of the priests and the Levites
      J   : (1e*, 2e*, 3e éd.) des prêtres, et des
            lévites
      L   : Priester und Leviten
   Fac.: 5,4
[Lacking. Manque] = NEB*
   Fac.: 14
   Rem.: "הכהנים הלוים" may be translated as either
      "the Levitical priests" (i.e. the entire clergy),
      or "the priests, the Levites" (enumeration without
      "and"). See a similar problem in 2 Chron 5.5.
   Rem.: On peut traduire "הכהנים הלוים" ou bien par
      "les prêtres lévites" (c'est-à-dire les prêtres
      lévitiques, le clergé tout entier), ou bien par
      "les prêtres, les lévites" (énumération sans "et").

Voir un problème analogue ci-dessus en 2 Ch 5.5.
Transl.: See Remark
Trad.:   Voir Remarque

11.36

B ומן-הלוים מחלקות יהודה לבנימין
   and among the Levites, sections of Judah ⟨went⟩
   to Benjamin
   et parmi les lévites, des sections de Juda ⟨al-
   lèrent⟩ à Benjamin
     RSV : and certain divisions of the Levites in
           Judah were joined to Benjamin
     NEB : and certain divisions of the Levites in
           Judah were attached to Benjamin
[ומן-הלוים מחלקות ליהודה ולבנימין]
   and among the Levites, sections ⟨belonged⟩ to
   Judah and to Benjamin
   et parmi les lévites, des sections ⟨appartenaient⟩
   à Juda et à Benjamin
     J* : des groupes de lévites se trouvaient tant
          en Juda qu'en Benjamin
     L : und von den Leviten wohnten Ordnungen
          auch in Juda und in Benjamin
   Fac.: 4
   Transl.: and among the Levites, ⟨certain⟩ sections
            of Judah ⟨went⟩ to Benjamin
   Trad.:   et parmi les lévites, ⟨certaines⟩ sections
            de Juda ⟨passèrent⟩ à Benjamin

12.9

B אחיהם
   their brothers
   leurs frères
     RSV : their brethren
     NEB : their brethren
ואחיהם
   and their brothers
   et leurs frères
     J : (1e*, 2e*, 3e éd.) et leurs frères
     L : und ihre Brüder
   Fac.: 5,4
   Transl.: their brothers
   Trad.:   leurs frères

12.22

B עַל
   upon / in
   sur / dans
      RSV : until (?)
      L   : bis zur (?)
 עַד
   until
   jusqu'à
      NEB*: down to
   Fac.: 4
 [עַל סֵפֶר דִּבְרֵי הַיָּמִים עַד]
   in the Book of Chronicles until
   sur le Livre des Chroniques jusqu'à
      J* : sur le Livre des Chroniques jusqu'au
   Fac.: 14
   Rem.: "עַל" may have two meanings in this context :
      "until (the reign)" or "during (the reign)". There
      is no need of changing the MT.
   Rem.: "עַל" peut être entendu dans deux sens en ce
      contexte : "jusqu'au (règne)" ou "sous (le règne)".
      Point n'est besoin de changer le TM.
   Transl.: until / under (i.e.during the reigning period)
   Trad.:   jusqu'à / sous (c.-à-d. durant le règne)

12.24

C -בֶּן
   son of
   fils de
      RSV : the son of
 [בִּנּוּי]
   Binnui
   Binnuï
      NEB*: Binnui
      J* : Binnouï (1e éd.), Binnuï (2e, 3e éd.)
      L   : Binnui
   Fac.: 14
   Rem.: The word "בֶּן, son" is probably the remains of
      the original name "Binnui", but none of the textual
      witnesses have preserved this name here. Conse-
      quently the Committee could not alter the MT.
   Rem.: Le mot "בֶּן, fils" est probablement le reste
      du nom "Binnuï" original, mais il n'y a aucun
      témoin textuel qui ait conservé ce nom. C'est
      pourquoi le Comité ne peut pas changer le TM.
   Transl.: son of
   Trad.:   fils de

12.31

A וחהלכח
    and processions
    et des processions
      RSV : and went in procession
  [והאחח הלכח]
    and the one ⟨was⟩ going
    et l'une allait
      NEB*: one went in procession
      J* : le premier chemina
      L   : die einen gingen
  Fac.: 14
  Transl.: lines of⟨people going in⟩procession
  Trad.:   des files de processionnants

12.38

B למואל = Qere לְמֹוֹל
    in the opposite direction
    en sens opposé
  [לשמואל]
    to the left
    à gauche
      RSV : to the left
      NEB*: to the left
      J* : vers la gauche
      L   : zur Linken hin
  Fac.: 14
  Transl.: in the opposite direction
  Trad.:   en sens inverse / opposé

12.38

A וחצי העם
    and half of the people
    et la moitié du peuple
      RSV : with half of the people
  [וחצי שרי העם]
    and half of the princes of the people
    et la moitié des chefs du peuple
      NEB*: with half the leading men of the people
      J* : avec la moitié des chefs du peuple
      L   : und die andere Hälfte der Oberen des Volks
  Fac.: 14
  Transl.: and half of the troop (or : of the people)
  Trad.:   et la moitié de la troupe (ou : des gens)

12.39

ועל-שער הישנה ועל-שער הדגים ומגדל חננאל ומגדל המאה B
    and on the Old Gate and on the Fish Gate and
    the Tower of Hananel and the Tower of the Hundred
    et sur la Vieille Porte et sur la Porte des
    Poissons et la Tour de Hananéel et la Tour des
    Cent
        RSV : and by the Old Gate, and by the Fish Gate
            and the Tower of Hananel and the Tower of
            the Hundred
        NEB*: and over the Jeshanah Gate, and over the
            Fish Gate, taking in the Tower of Hananel
            and the Tower of the Hundred
        L   : zum alten Tor und zum Fischtor und zum
            Turm Hananel und zum Turm Mea
[ועל-שער הדגים ומגדל חננאל]
    and on the Fish Gate and the Tower of Hananel
    et sur la Porte des Poissons et la Tour de Hananéel
        J* : par-dessus ... la porte des Poissons, la
           tour de Hananéel
    Fac.: 1,4,10
    Rem.: See other textual problems with these names
        in 3.1 and 3.6.
    Rem.: Voir d'autres problèmes textuels avec ces
        noms en 3.1 et 3.6.
    Transl.: and by the Old Gate, and by the Fish Gate,
           and the Tower of Hananel and the Tower of
           the Hundred
    Trad.:   et sur la Vieille Porte et sur la Porte
           des Poissons, et la Tour de Hananéel et
           la Tour des Cent

13.15

ואעיד ביום מכרם B
    and I gave a warning on the day they were selling
    et je prononçai un avertissement le jour où ils
    vendaient
        RSV : and I warned them on the day they sold
        NEB : and I protested to them about selling ...
            on that day
        L   : und ich verwarnte sie an dem Tage, als
            sie ... verkauften
[ואעיד בם ממכר]
    and I warned them not to sell
    et je les avertis de ne pas vendre
        J* : je les avertis de ne point vendre
    Fac.: 4,1

Rem.: Here the MT is probably not the original text,
  for this most likely indicated the persons whom
  Nehemiah warned. Nevertheless, this oldest
  attested text is intelligible.
Rem.: Ici il ne s'agit probablement pas du texte
  original, car celui-ci indiquait vraisemblablement
  les personnes que Néhémie avertit. Néanmoins ce
  texte qui est le texte attesté le plus ancien
  donne un sens.
Transl.: and I gave a warning on the day they were
          selling
Trad.:   et je prononçai un avertissement le jour
          où ils vendaient

THE BOOK OF ESTHER

LE LIVRE D'ESTHER

==================

J   = La sainte Bible, traduite en français sous
        la direction de l'Ecole Biblique de Jéru-
        salem, Le Livre d'Esther, le éd., Paris
        1952; 2e éd., Paris 1959; 3e éd., Paris
        1973 (en un volume).

L   = Die Bibel oder die ganze Heilige Schrift
        des Alten und Neuen Testaments nach der
        Uebersetzung Martin Luthers, 3. Aufl.,
        Stuttgart 1971.

NEB   = The New English Bible, The Old Testament,
        Oxford 1970.

RSV   = The Holy Bible, Revised Standard Version,
        New York 1952.

1.13

A ידעי העתים
    ⟨those who⟩ knew the times
    ⟨ceux qui⟩ savaient les temps
      RSV : who knew the times
      NEB*: versed in misdemeanours
 [ידעי הדתים]
    ⟨those who⟩ knew the laws
    ⟨ceux qui⟩ savaient les lois
      J*   : versés dans la science des lois
      L   : die sich auf die Gesetze verstanden
  Fac.: 14
  Transl.: ⟨who⟩ knew the times
  Trad.:   ⟨qui⟩ connaissaient les temps

1.22

B ומדבר כלשון עמו
    and speaking according to the language of his
    people
    et parlant selon la langue de son peuple
      RSV : and speak according to the language of
            his people
 [Lacking.Manque] = J*, L
  Fac.: 4
 [ומדבר כל-נשיו עמו]
    and controlling all his women with him
    et maîtrisant toutes ses femmes avec lui
      NEB*: and control all his own womenfolk
  Fac.: 14
  Rem.: This expression may be an idiomatic expres-
    sion (see the commentaries of Esther for this
    point) or a usual formula of royal decrees, which
    is ironically used in this context. The sentence
    "that every man be lord in his house and speak
    according the language of his ⟨own⟩ people" is
    not the content of the imperial decree, but it
    determines the manner in which the king's command-
    ment is to be executed.
  Rem.: Il s'agit ou bien d'une formule idiomatique
    (voir les commentaires d'Esther à ce sujet) ou
    bien d'une formule habituelle d'un décret royal
    qui est reprise ici ironiquement. La phrase "que
    chacun soit maître dans sa maison et qu'il parle
    la langue de son peuple" n'est pas le contenu de
    l'édit impérial, mais indique les conditions dans
    lesquelles l'édit doit être exécuté.
  Transl.: See Remark
  Trad.:   Voir Remarque

2.19

ובהקבץ בתולות שנית B
    and when the virgins were gathered a second time
    et lorsque les jeunes filles furent rassemblées pour
    la deuxième fois
       RSV : when the virgins were gathered together
           the second time
 [Lacking.Manque] = NEB*
 Fac.: 4
[ובהקבץ בתולות בבית נשים שני]
    and when the virgins were gathered in the second
    harem
    et lorsque les jeunes filles furent rassemblées
    dans le second harem
      J* : En passant, comme les jeunes filles, dans
           le second harem
      L   : und als man nun die übrigen Jungfrauen
           in das andere Frauenhaus brachte
 Fac.: 14
 Transl.: and when the virgins were gathered a se-
         cond time
 Trad.:   et lorsque les jeunes filles furent ras-
         semblées pour la deuxième fois

2.19

ומרדכי ישב בשער-המלך A
    and Mordecai ⟨was⟩ sitting at the gate of the king
    et Mardochée était assis à la porte du roi
      RSV : Mordecai was sitting at the king's gate
      NEB : Mordecai was in attendance at court
      L   : sass Mardochai im Tor des Königs
 [Lacking.Manque] = J*
 Fac.: 14
 Transl.: and Mordecai ⟨was⟩ sitting at the king's
         gate
 Trad.:   et Mardochée était assis à la porte du roi

3.7

ומחדש לחדש שנים-עשר B
    and from month to month, twelfth
    et mois après mois, douzième
      RSV : month after month till the twelfth month
      J* : et par mois. Le sort étant tombé sur le
          douzième mois

[ומחדש לחדש ויפל הגורל על-שלשה עשר יום לחדש שנים עשר]
and from month to month, and the lot fell on the
thirteenth day of the twelfth month
et mois après mois, et le sort tomba sur le
treizième jour du douzième mois
    NEB*: and month by month, and the lot fell on
          the thirteenth day of the twelfth month
    L   : und von Monat zu Monat, und das Los fiel
          auf den dreizehnten Tag im zwölften Monat
Fac.: 14
Rem.: There are two ways in which this text may be
interpreted. It may either be rendered "(... from
day to day,) and from month ⟨to month⟩until the
twelfth month", or it may be rendered like NEB
and L, since the original text (which cannot be
reconstructed through recourse to any of the
ancient witnesses) may have been lost through
homoeoteleuton : "(... from day to day) and from
month to month, and the lot fell on the thirteenth
day of the twelfth month". Translators might put
this second possibility in a note.
Rem.: Deux façons d'interpréter ce texte sont possibles : Ou bien on peut le rendre comme "(... de
jour en jour) et de mois ⟨en mois⟩ jusqu'au douzième mois", ou bien selon les traductions de
NEB et L, puisque le texte original (qu'on ne
peut plus restituer à partir d'une version ancienne) a pu être corrompu par homéotéleuton :
"(... de jour en jour) et de mois en mois, et le
sort tomba sur le treizième jour du douzième
mois". Les traducteurs pourront indiquer cette
deuxième possibilité dans une note.
Transl.: See Remark
Trad.:   Voir Remarque

6.13

B חכמיו
   his wise men
   ses conseillers
     RSV : his wise men
     J   : (le éd.) et ses conseillers
[אהביו]
   his friends
   ses amis
     NEB*: of his friends
     J* : (2e, 3e éd.) et ses amis
     L   : seine Freunde
   Fac.: 5,4

Rem.: In fact, the "wise men" are Haman's friends.
The expression "wise man" is ironical : the wise
friends of Haman !
Rem.: En fait, les "sages" sont les amis de Hamân.
La désignation "sages" est ironique : les sages
amis de Hamân !
Transl.: his wise men / Trad.: ses conseillers

9.16

A וְנוֹחַ מֵאֹיְבֵיהֶם
    and respite from their enemies
    et du repos de leurs ennemis
        RSV : and got relief from their enemies
        J   : ils se débarrassèrent de leurs ennemis
        L   : und sich vor ihren Feinden Ruhe zu ver-
              schaffen
    [וְנָקֹם מֵאֹיְבֵיהֶם]
    and they took vengeance on their enemies
    et ils se vengèrent de leurs ennemis
        NEB*: they took vengeance on their enemies
    Fac.: 14
    Rem.: The MT is the original text, for "to get
    respite from one's enemies" is to annihilate them.
    Rem.: Il s'agit du texte original, car "obtenir du
    repos des ennemis" c'est   les anéantir.
    Transl.: and they got respite from their enemies
    Trad.:   et ils obtinrent du repos de leurs ennemis

9.25

וּבְבֹאָהּ לִפְנֵי הַמֶּלֶךְ אָמַר עִם-הַסֵּפֶר
    and when it / she came before the king, he gave
    orders at the same time in writing
    et quand cela / elle vint devant le roi, il or-
    donna, en même temps par écrit
        RSV : but when Esther came before the king, he
              gave orders in writing
        NEB : but when the matter came before the king,
              he issued written orders
        L   : und wie Esther zum König gegangen war und
              dieser durch Schreiben geboten hatte
    [וּבְבֹאָה לִפְנֵי הַמֶּלֶךְ אָמַר לִתְלוֹת אֶת מָרְדֳכַי]
    and when he came before the king, he said to
    hang Mordecai
    et quand il vint devant le roi, il dit de pendre
    Mardochée
        J* : mais quand il fut rentré chez le roi pour
              lui demander de faire pendre Mardochée
    Fac.: 13

Rem.: The Committee gave two ratings for this case :
the rating A for "וּבְבֹאָהּ", with the impersonal
feminine suffix "it"; the rating B for the phrase
"עם-הספר", translated as "at the same time in
writing". The phrase may then be interpreted :
"and when it (i.e. the matter) came before the
king, he gave orders at the same time in writing".
Rem.: Le Comité a donné deux votes pour ce cas :
le vote A pour "וּבְבֹאָהּ" avec le suffixe impersonnel "cela"; le vote B pour la phrase "עם-הספר,
en même temps par écrit". On peut donc interpréter
la phrase entière comme suit : "et quand cela
(c.-à-d. l'affaire) vint devant le roi, il ordonna, en même temps par écrit".
Transl.: See Remark
Trad.:   Voir Remarque

9.29

A ומרדכי
    and Mordecai
    et Mardochée
      RSV : and Mordecai
      L   : und Mardochai
 [למרדכי]
    to Mordecai
    à Mardochée
      NEB*: to Mordecai
  Fac.: 14
 [Lacking.Manque]= J*
  Fac.: 14
  Transl.: and Mordecai
  Trad.:   et Mardochée

9.31

A ואסתר המלכה
    and Esther the queen
    et Esther la reine
      RSV : and Queen Esther
      L   : und die Königin Esther
  [Lacking.Manque] = NEB*, J* (à propos du V.29)
  Fac.: 14
  Transl.: and Queen Esther
  Trad.:   et la reine Esther

553

Appendix / Appendice
======================

1. Erratum Joshua/Josué <u>21.36</u>

    p.62, Rem.2 (insérer) : "את עיר מקלט הרצח, la ville de refuge pour le meurtrier" a reçu A.

2. Judges/Juges

<u>20.43</u>

הגבעה A
   Gibeah
   Guibéa
    RSV : Gibe-ah
    NEB : Gibeah
    J   : (3e éd.) Gibéa (la note e est fausse !)
    L   : Gibea
[גבע]
   Geba
   Guéba
    J*   : Guéba (le éd.), Géba (2e éd.)
  Fac.: 14
  Rem.: Since the MT in 1 Sam uses two names "Gibeah" and "Geba", for one and the same place, translators may either follow the MT litteraly, giving a note, if they consider it useful, or translate everywhere with "Gibeah (of Benjamin)".
  Rem.: Puisque le TM, en 1 S, emploie deux noms "Guibéa" et "Guéba" pour un seul et même endroit, les traducteurs peuvent ou bien suivre le TM littéralement, avec une note, s'ils le jugent opportun, ou traduire toujours par Guibéa (de Benjamin).
  Transl.: Gibeah (of Benjamin)
  Trad.: Guibéa (de Benjamin)

3. 1 Samuel

<u>14.18</u>

ובני ישראל B
   and the sons of Israel/with the sons of Israel
   et les fils d'Israël/avec les fils d'Israël
    RSV : with the people of Israel
[לפני ישראל]
   before Israel
   devant Israël
    NEB*: before Israel
    J   : (1e*, 2e*, 3e éd.) en présence d'Israël

L   : vor Israel
Fac.: 4,6
Transl.: with the Israelites
Trad.:   avec les Israélites

4. 2 Samuel

22.43

B ארקעם
I stamp them
je les piétine
   RSV : I ... stamped them
   L   : will ich sie ... zertreten
[Lacking.Manque] = NEB*, J (1e*, 2e, 3e éd.)
Fac.: 5
Rem.: See above 22.2, Remark.
Rem.: Voir ci-dessus, Remarque.
Transl.: I stamp them
Trad.:   je les piétine

5. 1 Kings/Rois

8.31

ונשא
and he lends/and one lends
et il prête/ et on prête
   RSV : and is made (to take an oath) (?)
   NEB : and he is adjured (to take an oath)
   L   : und es wird ihm (ein Fluch) auferlegt
ונשא
and he takes up
et il lève
   J*   : et que celui-ci prononce (... un serment)
Fac.: 8,12
Rem.: 1. The beginning of V.31 may be translated as
    follows : "if a man were to sin against his neigh-
    bour and be subjected to (lit. and if they lend
    him) an oath in order to make him bind himself by
    imprecation, when he comes <for> the oath...
    2. See 2 Chron 6.22 for a similar textual difficulty.
Rem.: 1. Le début du V.31 a le sens suivant : "si un
    homme pèche contre son prochain, et si on lui sou-
    met (litt. si on lui prête) un serment afin de le
    faire se lier par imprécation, quand il vient <pour>
    le serment...".
    2. Voir une difficulté textuelle analogue en 2 Ch 6.22.

Transl.: See Rem. 1
Trad.:   Voir Rem. 1

6. 2 Kings/Rois

11.11

A למזבח ולבית
    to the altar and to the house
    à l'autel et à la maison
      RSV : around the altar and the house
      J* : entourant l'autel et le Temple
      L   : vor dem Altar und dem Tempel
  [Lacking.Manque] = NEB*
  Fac.: 14
  Rem.: See also the parallel passage of 2 Chron 23.10
    where the same textual conjecture is to be re-
    sisted.
  Rem.: Voir aussi le passage parallèle de 2 Ch 23.10
    où l'on doit résister à la même conjecture
    textuelle.
  Transl.: to the altar and to the house
  Trad.:   à l'autel et à la maison

7. 1 Chron/1 Ch

16.30

B תכון
    stands firm
    est ferme
      RSV : (yea, the world) stands firm
  [תִּכֵּן]
    established firmly
    affermit / a affermi
      NEB : he has fixed ... firm
      J   : il fixa
      L   : er hat ... gegründet
  Fac.: 5,4
  Rem.: See the same textual problem in Ps 93.1 and
    96.10.
  Rem.: Voir le même problème textuel aux Ps 93.1 et
    96.10.
  Transl.: stands firm
  Trad.:   est ferme